| 翻译研究论丛 |

20世纪中国
翻译批评话语研究

廖七一 / 著

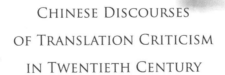

CHINESE DISCOURSES
OF TRANSLATION CRITICISM
IN TWENTIETH CENTURY

图书在版编目 (CIP) 数据

20 世纪中国翻译批评话语研究 / 廖七一著. — 北京：北京大学出版社，2020.6
（翻译研究论丛）
ISBN 978-7-301-30660-4

Ⅰ. ① 2… Ⅱ. ①廖… Ⅲ. ①翻译理论 – 研究 – 中国 Ⅳ. ① H059

中国版本图书馆 CIP 数据核字 (2019) 第 181270 号

书　　　名	20 世纪中国翻译批评话语研究 ERSHI SHIJI ZHONGGUO FANYI PIPING HUAYU YANJIU
著作责任者	廖七一　著
责 任 编 辑	郝妮娜
标 准 书 号	ISBN 978-7-301-30660-4
出 版 发 行	北京大学出版社
地　　　址	北京市海淀区成府路 205 号　100871
网　　　址	http://www.pup.cn　　新浪微博：@ 北京大学出版社
电 子 信 箱	bdhnn2011@126.com
电　　　话	邮购部 010-62752015　发行部 010-62750672　编辑部 010-62759634
印 刷 者	北京鑫海金澳胶印有限公司
经 销 者	新华书店 720 毫米 ×1020 毫米　16 开本　25 印张　500 千字 2020 年 6 月第 1 版　2020 年 6 月第 1 次印刷
定　　　价	96.00 元

未经许可，不得以任何方式复制或抄袭本书之部分或全部内容。
版权所有，侵权必究
举报电话：010-62752024　电子信箱：fd@pup.pku.edu.cn
图书如有印装质量问题，请与出版部联系，电话：010-62756370

目　录

绪论/1

第一章　翻译为强国第一义(1898—1915)/11
　　第一节　梁启超与翻译的社会批评/13
　　第二节　严复与"信达雅"/27
　　第三节　翻译批评与翻译时尚/44
　　第四节　日语译名与翻译批评/62

第二章　文化复兴与民族救亡(1915—1949)/91
　　第一节　文化转型与翻译批评/91
　　第二节　新文化运动与"信"的确认/105
　　第三节　翻译批评与现代白话规范/122
　　第四节　公共话语空间与"学衡派"的批评/142
　　第五节　战时语境与翻译批评/163

第三章　政治风向标(1949—1979)/212
　　第一节　翻译批评的政治语境/216
　　第二节　茅盾与翻译批评/232
　　第三节　翻译的专业把门人/239
　　第四节　批评话语与翻译"红色经典"/248
　　第五节　"文革"翻译批评话语/265

第四章　走出封闭的翻译批评(1979—　)/287

　　第一节　多元的翻译批评/287

　　第二节　批评的非历史语境化/302

　　第三节　批评的探索与倡导/316

　　第四节　译介学与翻译批评/328

余论:批评的惯性与趋势/341

参考文献/357

索引/387

后记/395

绪 论

中国历史上出现过四次翻译高潮：第一次是东汉至唐宋时期的佛经翻译，第二次是明清的科技翻译，第三次是清末民初的西方思想和文学作品的翻译，第四次则是1979年之后的翻译。后两次翻译高潮出现在20世纪的首尾两端，涉及的学科范围之广、著作数量之多、参与人员之众、影响之巨，都堪称历史之最。可以说，正是由于这两次翻译高潮，中国才真正从原来狭小封闭的生活状态中解放出来，开始了与现代文明的国际交往，从根本上改变了中国的政治、经济、思想和社会文化面貌。

伴随翻译高潮而来的是翻译批评的繁荣。但在前两次翻译高潮中，翻译批评大多是以散论或随感的形式出现在翻译家的译序和译跋中。学界公认的、较为系统的翻译专论，首推隋释彦琮所作《辩正论》，其次是清魏象乾的《繙清说》。批评的内容也局限于翻译的目的、功能，译者的治学态度、文字修养，或是对翻译难点问题的思考。

20世纪两次翻译高潮的深层动因是中国文化的急剧转型，伴随而来的是政治、思想、传统伦理价值翻天覆地的改变。特殊的文化语境是催生20世纪翻译批评成长和繁荣的沃土，这也注定了这一时期的翻译批评比以往任何时代都更丰富、更尖锐和更深刻：晚清对翻译合法性的申述，新文化运动对晚清翻译和翻译批评的深刻反思与颠覆，各个文学团体就翻译展开的激烈论争，鲁迅、梁实秋等有关翻译问题的论战，抗战时期对翻译民族化、大众化的讨论，1949年以后翻译政治化的倾向，1979年之后西方翻译思想的本土化等等。翻译批评一个高潮接着一个高潮，其间不乏众多非主流化的或边缘化的批评思想的隐晦抒发或委婉申述。这些不仅是翻译研究的珍贵文化资源，同时也是分析、研究翻译批评思想的源流及其形成过程的宝贵资料。

一、现有翻译批评的梳理

翻译批评是翻译实践与翻译理论（研究）之间的桥梁。相对于翻译实践和翻译理论研究，翻译批评似乎没有得到应有的重视。现有的翻译批评大致有两种模式：一是纠错式的批评，二是赞誉式的鉴赏。理性、客观、学理性较强的批评并不多见。一些批评因此被认为是动机不纯、意气用事或人身攻击。

1992年，《文学翻译批评研究》的问世，开启了翻译批评从散论、专论到专著的转变，得到多位专家的高度肯定。2000年以后，国内翻译批评持续升温，出现了不少重要的论著：马红军的《翻译批评散论》（2000）、杨晓荣的《翻译批评导论》（2005）、李明的《翻译批评与赏析》（2006）、王平的《文学翻译批评学》（2006）、王宏印的《文学翻译批评论稿》（2006）、胡德香的《翻译批评新思路——中西比较语境下的文化翻译批评》（2006）、文军的《科学翻译批评导论》（2006）、温秀颖的《翻译批评——从理论到实践》（2007）、王宏印的《文学翻译批评概论》（2009）、吕俊和侯向群的《翻译批评学引论》（2009）、肖维青的《翻译批评模式研究》（2010）、周领顺的《译者行为批评：理论框架》（2014）、《译者行为批评：路径探索》（2014）、高旭东的《翻译批评研究》（2014）和刘云虹的《翻译批评研究》（2015）等。

10余年之间出版了十多部翻译批评论著，2006年甚至还出现翻译批评论著井喷式的问世：一年出版论著竟达5部之多。应该说，这些著作代表了当今国内翻译批评的重要研究成果，开启了翻译批评研究的新时期。这些论著除了少数集中于语言转换的层面，绝大多数都比较系统深入地讨论了翻译批评的性质、特征、原则、功能和规律,既有丰富的译例作为论述的基础,又有基于理论的描述和阐发,有些甚至上升到翻译批评学的高度,实属难能可贵。

然而,当下的翻译批评研究似乎有两种相互对立的取向。

规定性研究与描述性研究。当前的翻译批评研究,除了部分局限于字词句层面的比对之外,更多的论著试图建构一个宏大的批评体系,以设计出翻译批评的一般原则,或放之四海而皆准的标准。翻译批评即价值判断,必须有一定的标准或尺度,也就是说翻译批评必然是规定性的。然而,对翻译批评的研究却是实然判断,是事实描写,因此应该是描述性的。有意思的是,在后现代主义的研究视角逐渐普及、描述翻译研究已成为主流的研究方式、人们不再认为翻译有悬空的、放之四海而皆准的标准的今天,翻译批评研究似乎还没有摆脱规定性的研究观念。一些论著刻意去探讨不受语言文化、意识形态和特定历史语境制约的批评标准和原则,也就是说坚持要探讨批评应该如何、能够如何,而很少去考察实际的翻译批评到底如何。图里就曾探讨理论研究、描述研究和应用研究的关系,认为应用研究是规定性的(postulated),讨论的是应该如何(should be);理论性研究关注的是可能如何(can be/is likely to be);而描述研究关注的事实存在(existing/is),是经验性的(empirical)[①]。事实上,任何学科的理论建构和阐发,都离不开对该学科的描述性研究。只有在描述研究基础上才能发现学科的基本特征与规律,进而上升到理论概括和抽象。这就引发了应该关注的另一个问题:当代批评理论的横向借鉴与纵向继承。

理论外求与传统阐发。在研究当代翻译批评的时候,不外有两种选择:一是理论外求、借用国外的研究成果,二是回归传统、对传统翻译批评话语进行现代诠释与阐发。应该说,当今的翻译界,几乎没有人再会否认或拒绝外国翻译研究的成果。但对梳理和研究中国翻译批评传

[①] Gideon Toury, *Descriptive Translation Studies and Beyond*, Amsterdam and Philadelphia: John Benjamins Publishing Company, 1995, p. 19.

统，不少人却不以为然，鲜有学者愿意尝试。晚清将小说、进而将小说翻译功能无限拔高，将译者视为神谕的传达者；新文化运动将文学翻译誉为中国文化再生与复兴的"血性汤"；在政治与战争成为主流话语的时代，翻译又被简单地贬斥为工具。翻译地位与功能的演变表明，翻译批评并非总是透明的，而是受制于政治文化语境，是主流话语的延伸、强化，甚至颠覆。如是观之，对传统翻译批评进行描述与阐发有助于认识翻译批评的本质、规律与特征。理论外求与传统阐发无疑是思考翻译批评相互依存的两条路径。

二、翻译批评的概念

翻译批评的理论思考，首先是要确定翻译批评在学科中的位置以及翻译批评与翻译理论、翻译实践的关系。纽马克认为，翻译批评是翻译理论与翻译实践之间的桥梁。翻译理论、翻译批评与翻译史是翻译学科的三大组成部分。霍姆斯认为，翻译批评是应用翻译下的一个分支，涉及译者的地位、翻译作品的质量评估，足见翻译批评的学科地位。要清楚认识翻译批评，必须对其核心概念和术语进行明确界定，特别是翻译批评所涉及的批评对象、批评主体、批评的方式、批评的功能或目标。

翻译批评的对象。 翻译批评有狭义和广义之分。周仪等主要采用狭义的翻译批评概念，认为翻译批评就是对译品的评价。"评价的内容包括：（1）译文是否忠于原作；（2）译文是否流畅；（3）译文是否再现了原作的艺术手法和风格。"[①]

然而，更多的学者持广义的批评概念，认为翻译批评不仅仅是对文本转换做出评估。林煌天认为，翻译批评是"对翻译过程及译作质量与价值进行全面的评价。它包括五个方面的内容：（1）分析原作，着重了解原作的意图和原作具有的功能；（2）分析译者翻译原作的目的、所采取的翻译方法及译作针对或可能吸引的读者对象；（3）从原作与译作中选择有代表性的文字进行详细的对比研究；（4）从宏观与微观的角度评

---

① 周仪、罗平：《翻译与批评》，武汉：湖北教育出版社，1999年，第146页。

价译作,包括译者采取的技巧与译作的质量等方面的内容;(5)评价译作在译语文化或科学中的作用与地位"①。

方梦之认为,翻译批评是"对具体的翻译现象(包括译作和译论)进行分析和评价的学术活动,译本或译论的艺术价值或科学价值进行判断,对其不足之处进行理论上的鉴别。"② 杨晓荣则认为,翻译批评是针对具体的译作或与译作有关的某种翻译现象所发的评论,"批评"与"评论"在此基本同义。因此,"翻译批评可以是鉴赏,也可以是指出错误式的批评,还可以是理论性的研究,借评论某种现象说明某个问题。在这个意义上说,翻译研究只要与具体译作、译者或某个具体的翻译现象相关,都具有翻译批评的性质。常规意义上比较完整的翻译批评应是:依照一定的翻译标准,采用某种论证方法,对一部译作进行分析、评论、评价,或通过比较一部作品的不同译本对翻译中的某种现象做出评论。"③ 翻译批评"作广义解,译作鉴赏是包含在内的;作狭义的即指出错误式的批评解,它与译作鉴赏同为广义翻译批评的组成部分。"④

还有学者认为,"所谓翻译批评,是指翻译家基于既定的审美观念和标准规范,对译语文本为中心的翻译文学现象——包括翻译文学的创作、接受和批评,进行价值判断和评价。……翻译批评是指专门研究译语文本以及其他翻译问题的批评实践。它主要包括翻译家批评、译语文本批评和翻译理论批评三个部分。翻译批评是语言的批评、美学的批评和文化的批评。"⑤ 许钧等认为,翻译批评关注的是"翻译过程与翻译结果,乃至最后反过来观照翻译理论,促使翻译实践,包括翻译理论在内,能够与翻译历史的规律所指同向发展。"⑥ 翻译批评是"对翻译本质、过程、技巧、手段、作用、影响的总体评析。"⑦

---

① 林煌天等:《中国翻译词典》,武汉:湖北教育出版社,1997年,第184页。
② 方梦之:《中国译学大辞典》,上海:上海外语教育出版社,2011年,第77页。
③ 杨晓荣:《翻译批评导论》,北京:中国对外翻译出版公司,2005年,第3页。
④ 同上书,第5页。
⑤ 彭甄:《文学翻译批评:结构与功能》,《北京大学学报》1997年外国语言文学专刊,第67页。
⑥ 许钧、袁筱一:《试论翻译批评》,《翻译学报》1997年创刊号,第3页。
⑦ 许钧:《翻译论》,武汉:湖北教育出版社,2003年,第403页。

郑海凌认为，批评是"按照文学翻译的审美原则，根据一定的批评标准，对具体的翻译现象（译本或译论）进行的科学的评价活动。"①邵成军认为翻译批评是"对译文、译事、译者、译评等所进行的评论。"②

显然，绝大多数学者倾向于广义的批评，即翻译批评既包括了对翻译文本的质量评估，也包括了对译者动机、态度、能力和译作的接受、传播效果，以及翻译活动在特定社会文化中的地位和功能的分析。如上分析，我们似乎可以将翻译批评界定如下：翻译批评是对特定文化语境中翻译作品的主题内容、译作的质量、译者的翻译理念、译者的动机、翻译策略、翻译的语言表现形式、翻译的功能、译作的社会反应、效果及传播等进行描述、分析、研究和评价。如果套用J.霍姆斯对翻译研究的定义，翻译批评似乎可以界定为：翻译批评是以翻译或翻译活动为中心的分析、评估和研究。

如果从翻译批评的层面来看，则可分为以下几个层次：（1）字词句层面。这类批评强调译者个人的实际语言修养和双语理解与运用能力，通常止于纠错或对翻译态度进行评价；（2）语篇层面。关注音韵、意象与意境，强调译者对接受者的阅读习惯、美学体验、审美心理的把握；（3）文化层面。关注译作的交际意义、文化内涵和文化功能，体现译入语的意识形态、文化传统和自我形象期待等。

吕俊和侯向群将翻译批评从语言层面、美学层面上升到社会、历史和文化层面：

> 人们开始把批评的目光从语言文字及文本层面转入到文本形成的过程和背后，关注译文文本形成的原因以及作用于其上的各种力量和所施加的影响，关注它的社会价值与文化意义，分析它对人的自由和解放以及人的自我完善的作用与意义。所以，无论它的艺术价值、文化价值、道德价值、知识价值等等都在评论之中，都成了翻译批评所研究的内容……从此，文本批评和语言批评转移到社会

---

① 郑海凌：《谈翻译批评的基本理论问题》，《中国翻译》2000年第2期，第19页。
② 邵成军：《翻译批评管窥》，《外语与外语教学》2003年第3期，第60页。

批评、历史批评和文化批评的层面,也就是把原来的翻译批评提升到翻译批评学的层面。①

翻译批评的目的与功能。有关翻译批评的功能和目的,不少学者做过详细的论述。周仪、罗平认为,批评就是检验"译文是否忠于原作;译文是否流畅;译文是否再现了原作的艺术手法和风格"②。方梦之认为翻译批评的目的就是分析、评价与判断:"检视翻译实践的跨文化交际效果,从中探索译者的审美境界、科学视野和艺术技巧,以提高译者和读者的鉴别能力。"③许钧认为,批评是对翻译操作的"合理程度和转换结果的等值程度做出评价。"④"促使翻译实践,包括翻译理论在内,能够与翻译历史的规律所指同向发展。"⑤邵成军认为翻译批评的目的是"提高译文质量与人才培养的水平,推动翻译学的发展。"⑥肖维青认为翻译批评是"对具体的翻译现象(包括译作、译者、译事、译论和翻译过程等)进行的分析和评价",是要"提高译者的整体素质和翻译的整体质量,推动翻译学的发展。"⑦将翻译批评的功能和目的与提高翻译质量、推动翻译学科发展联系起来,无疑有一定的合理性。但是,这似乎不是翻译批评的全部功能。如果将翻译视为文化行为,批评的功能则会超越翻译或翻译学科的局限,有很大的讨论空间。翻译批评在特定的历史语境中与主流政治话语、意识形态、传统诗学之间的关系,是有待展开的研究领域。

翻译批评主体。关于批评主体,其实也有很大的讨论空间。如果说翻译是社会文化行为,那么翻译批评的主体就要比想象的复杂得多。仅就翻译作品而言,批评主体就可能是读者、同行译者、翻译的发起人或

---

① 吕俊、侯向群:《翻译批评学引论》,上海:上海外语教育出版社,2009年,第10页。
② 周仪、罗平:《翻译与批评》,武汉:湖北教育出版社,1999年,第146页。
③ 方梦之:《中国译学大辞典》,上海:上海外语教育出版社,2011年,第77页。
④ 许钧:《文学翻译批评的基本方法》,张柏然、许钧:《译学论集》,南京:译林出版社,1997年,第96页。
⑤ 许钧、袁筱一:《试论翻译批评》,《翻译学报》1997年创刊号,第3页。
⑥ 邵成军:《翻译批评管窥》,《外语与外语教学》2003年第3期,第60页。
⑦ 肖维青:《翻译批评模式研究》,上海:上海外语教育出版社,2010年,第29页。

赞助人、专业的翻译理论家或批评家，甚或是掌握了一定话语权的政治官员。由于批评主体的语言修养、教育背景、批评意图以及关注点存在差异，批评的模式与结果也会大相径庭。

首先，读者是数量最大、也是最经常的批评主体，毕竟作品是为读者而译的。读者批评依据的是社会对翻译的期待、相关的译入语平行文本，以及与待评作品相关的其他翻译作品。就晚清的翻译文学作品（小说）而言，语言流畅生动、情节惊险离奇常常是评判标准。读者一般不关心原文和译文的对照分析，"信"是默认的、缺省的；"达"和"雅"便成为主要标准。其次是同行译者。同行译者通常会对原文本与译文本进行对比研究，一般涉及语言转换和审美鉴赏两个层次。前者多为纠错式批评，指出译文中出现的错漏添改；后者多为体验欣赏。同行批评多以自我主观感受为准绳，以自己习惯的翻译策略、文风与语言表现形式为依据，有时也涉及文化取向。"信、达、雅"三要素的理解则可能是个性化的，人见人殊。第三，发起人、赞助人（政府、出版商等）的批评。赞助人批评根据的是利益优先的原则，主要关注译作预期的社会价值、文化功能、市场效益以及与主流意识形态可能产生的关联（积极的、消极的、顺应的、矛盾的或冲突的）。最后是翻译理论家或批评家。他们通常具备良好的理论素养，客观、自省地考察译本的选题、翻译策略、语言表现形式与社会效果之间的关联，同时也会预见因政治文化语境的变化而引发的不同社会反应。

翻译批评话语的界定。话语是特定语境中的语言交际事件，也就是说"话语"是与语境相关的语言活动。法国思想家福柯将话语视为与社会权力关系相互缠绕的具体言语方式。法兰克福的批评社会学的"公众空间"、葛兰西的"领导权"、福柯的"权力话语"、哈贝马斯的"合法化"、罗兰·巴特的"泛符号化"、鲍德里亚"仿像"等思想极大地丰富了当代西方的话语理论。

研究话语的目的是要揭示或评价那些借助语言所构建的、具有社会文化意义的事件，去反思甚至改造相关的社会文化现实。话语有如下特征：（1）话语研究必然讨论相关联的社会、文化、历史环境；（2）话语不是传输意义的"透明管道";(3) 话语的形态与层次是多级的,既包括主流与非主流、强势与弱势、中心与非中心等,也包括相互排斥的另类话语;(4) 话语是多模态的,既包括语言符号,也包括语言之外的其他媒介符号(如眼神、手势、广告、声响、艺术表演等媒体手段);(5) 话语并非只是描述事实,话语同时也是一种社会行动,在描述事实的同时也"建构"和改变事物和世界的状态;(6) 话语不仅是言说方式,同时也是行为方式和思维方式,隐含着言说者的兴趣、概念、看法和感情。

蒙娜·贝克将社会叙事理论引入翻译研究。她认为翻译(包括翻译批评)是社会的话语建构;在顺应主流意识形态和强势话语的同时,也在强化,或者削弱,甚至颠覆相关的主流话语[①]。因而,翻译及翻译批评不可避免地成为社会叙事的组成部分。修辞也同样被纳入社会研究的视角,修辞已经不再是指传统意义上的文体特征,而是进行社会干预的一种语言操控策略。

批评话语的形态。批评话语不仅包括语言文本(书面和口头),而且包括非语言文本。除了翻译批评的专论、专著和评介著述之外,还包括译序、译跋、翻译评述文章、翻译回忆录、翻译论争、翻译评奖、译文批评、杂志期刊有关翻译的投稿要求和退稿理由、译作的发行广告、出版及再版说明、译本的印数、翻译研究文集选文的宗旨、理念、要求、翻译教科书有关翻译的评价、经典化的翻译作品中体现出的翻译理念、批评意识,以及政府和文化团体、亚文化圈对翻译的理念与态度。

翻译批评话语与相关领域。翻译批评话语作为特定历史语境中主流社会叙述的一个分支或组成部分,必然与其他话语叙述相互缠绕、相互制约且相互影响。我们似乎可以从以下几个方面来探讨翻译批评话语与相关领域的关系:

(1) 翻译批评话语与传统思维方式和学术话语的关系;

(2) 翻译批评话语与政治意识形态、历史语境、主流价值观念和道

---

① Mona Baker, *Translation and Conflict: A Narrative Account*, London and New York: Routledge, 2006.

德理想的关系；

（3）翻译批评话语与传统文学批评、特别是与传统的文论和画论的关系；

（4）翻译批评话语与社会规范、批评者、读者以及社会对翻译的认识和期待的关系；

（5）翻译批评话语与民众所持有的翻译观和翻译批评观念之间的关系。

三、翻译批评话语的历史划分

本书旨在对20世纪影响翻译评价的批评话语进行梳理，发掘那些具有文化意义的话语事件，而不是撰写一部翻译批评史。然而，梳理这一阶段的批评话语仍然面临历史分期的难题。

学界对过去一百年的历史存在不同的划分。政治历史的分期通常以1895年甲午战争为起点。其中五四运动、第一次国内革命战争、抗日战争、1949年、"文化大革命"、改革开放等是重要的时间节点。政治事件的分期能够清楚地揭示翻译批评话语与政治文化变革之间的联系，但翻译批评话语本身的演变和发展轨迹却难以得到呈现。从翻译批评话语的演进来看，上述历史节点的重要程度可能要让位于1898年梁启超发表"译印政治小说"、1915年《新青年》创刊、1928年开始的鲁迅、梁实秋有关直译的论争、1937年抗战全面爆发、1954年茅盾在全国翻译工作者大会上所做的报告、1964年钱锺书发表《林纾的翻译》、1980年因《尼罗河上的惨案》引发的风波、1992年《文学翻译批评研究》、1999年《译介学》的问世等这样一些标志性事件。

比较理想的是将政治历史分期与翻译批评的演变和发展结合起来，既要考虑历史分期的阶段性，同时也要关注批评观念演变的连续性和传承性。为了论述的方便，本书将翻译批评话语粗略地分为四个阶段：晚清翻译批评、民国时期的翻译批评、1949—1979年的翻译批评和1980年之后的翻译批评。需要说明的是，各个时期的分界有一定的弹性，相关事件或批评观念的论述，在时限上不可避免地会向上或向下延伸。

第一章　翻译为强国第一义（1898—1915）

　　1894年，一向自居天朝大国的大清王朝被"蕞尔小邦"打败，号称世界最强大的海军之一的北洋水师全军覆灭。1895年，大清王朝向"倭人"赔款2.3亿两白银，割让台湾及澎湖列岛等。梁启超称"唤起吾国四千年之大梦，实则甲午一役始也"。① 面临外来文明的入侵，李鸿章发出了"千古未有之大变局"的惊呼。中国人的从容和自信彻底崩溃了。在精英阶层心目中，古老、僵化的帝国体系再也无法修复；学习西方、革除积弊，"不变法不能救中国"成为朝野上下的共识。

　　甲午战争之后，国人开始意识到堂堂华夏也有不及"洋鬼子"的地方，于是将目光投向海外。一方面派遣学生出洋学习，一方面设立同文馆、制造局，组织翻译西方的文献著作。然而，最初国人承认和肯定的也仅限于西方的枪炮和技术，翻译也主要集中于实业与技术类文献。正如梁启超所言：

　　　　海禁既开，外侮日亟。曾文正开府江南，创制造局，首以译西书为第一义，数年之间，成者百种。而同时同文馆及西士之设教会于中国者，相继译录。至今二十余年，可读之书略三百种。

　　　　已译诸书，中国官局所译者，兵政类为最多。盖昔人之论，以

---

① 梁启超：《戊戌政变记》，《梁启超全集》，北京：北京出版社，1999年，第234页。

为一切皆胜西人，所不如者兵而已。西人教会所译者医学类为最多，由教士多业医也。制造局首重工艺。而工艺必本格致，故格致诸书虽非大备，而崖略可见。惟西政各籍，译者寥寥。①

陈子展曾分析当时翻译的形势，认为，

> 那时所译的书，在官设馆局以军械营阵一类的书为最多。他们以为中国人不及西洋人的地方只有军器与军队，只想自己也做到兵精械利，抵得住洋人。其次，因外交上屡屡失败，屡屡吃亏，在不懂得各国的国情，世界的大势，故兼译一些地理、历史、政治、法制的书。至于教会所译，除宗教的经典以外，还译一点医学书。因为那些教士多业医生，想做一点慈善性质的医药事业，引起中国人对于"洋教"的好感。其他当时号为"格致"的书，亦译得不少。此外关于文学上的书，哲学上的书，那时还没有人理会。直到严复，才开始翻译西洋近世思想的书，直到林纾，才开始翻译西洋近世文学的书……②

以上概括出当时官方、教会和制造局翻译的大致范围。思想文化和文学翻译则要晚得多，开始于严复与林纾。

1898年是中国近代翻译史上的一个重要节点。《天演论》译稿于1897年12月至1898年2月以《天演论悬疏》为名在《国闻汇编》第2、4至6册刊载；1898年4月，由湖北沔阳慎始基斋出版木刻本，题名《天演论》。同年10月，天津嗜奇精舍出版石印本，1905年商务印书馆出版排印本。③1898年，林纾翻译的《巴黎茶花女遗事》出版，拉开他个人翻译事业的序幕，也掀起了晚清翻译小说的热潮，被视为"吾国新小说之破天荒"④。更值得一提的是，梁启超的《译印政治小说序》

---

① 梁启超：《西学书目表·序例》，《梁启超全集》，北京：北京出版社，1999年，第83页。
② 陈子展：《中国近代文学之变迁·最近三十年中国文学史》，徐志啸导读，上海：上海古籍出版社，2000年，第83页。
③ 高惠群、乌传衮：《翻译家严复传论》，上海：上海外语教育出版社，1992年，第54页。
④ 恽铁樵：《作者七人·序》，陈平原、夏晓虹编：《二十世纪中国小说理论资料》（第一卷）(1897—1916)，北京：北京大学出版社，1997年，第530页。

也是发表于1898年。这三件划时代的事件开启了20世纪初的翻译大潮，同时也标志中国20世纪翻译批评话语的肇始。

严复的西学翻译，目的在于引进西方最新的科学文化与思想，以开阔中国人的眼界，认识自己的落后与愚昧。他提出的"信达雅"更是开中国近现代翻译批评之先河。《巴黎茶花女遗事》开创了翻译外国文学作品（小说）的新风气。林纾的小说翻译不仅"广国人之见闻"，"新国人之观念"，并视翻译家为"叫旦之鸡，冀我同胞警醒"，① 将文学翻译与国家命运联系起来。而梁启超的《论小说与群治之关系》《译印政治小说序》则确立了小说救亡启蒙的文化功能，将翻译提升到"强国第一义"的高度，并将翻译政治意识形态化。从此，翻译的合法性便通过翻译的迫切性和必然性的讨论而得到确立，翻译批评话语与救亡、启蒙、体用、传统与现代、中国与西方等核心问题紧密联系起来。

第一节　梁启超与翻译的社会批评

在戊戌变法和甲午战争后的短短数年之内，梁启超撰写了《论报馆有益于国事》（1896）、《与严幼陵先生书》（1896）、《西学书目表·序例》（1896）、《西学目录表后序》（1896）、《论中国之将强》（1896）、《湖南时务学堂学约》（1897）、《日本国志后序》（1897）、《大同译书局叙例》（1897）、《续译列国岁什政要》（1897）、《论小说与群治之关系》（1897）、《译印政治小说序》（1898）、《论译书》（1898）、《论学日本文之益》（1899）等数十篇文章，阐发了他对翻译和翻译批评的思考。他发起创办了上海译书公会、大同译书局、中东翻译局等翻译机构，大量译介西学。由梁启超和严复分别主笔的期刊《时务报》和《国闻报》成为当时南北舆论最重要的阵地，在中国思想界产生了重大影响。梁启超有关翻译与翻译批评的论述是研究中国近代翻译批评史的珍贵资源，理

---

① 林纾：《不如归·序》，陈平原、夏晓虹编：《二十世纪中国小说理论资料》（第一卷）（1897—1916），北京：北京大学出版社，1997年，第355页。

应得到系统的梳理。

梁启超的翻译批评大致可以分为前后两个阶段。第一阶段以戊戌变法和甲午战争为起点,一直延续到1900年前后,代表作是《大同译书局叙例》(1897)、《论小说与群治之关系》(1897)、《译印政治小说序》(1898)、《论译书》(1898)等,批评的首要任务是确立翻译的合法性。第二阶段是新文化运动之后,主要代表作为《翻译文学与佛典》(1922—1924);通过梳理佛经翻译的历史,探讨直译与意译的流变以及翻译策略与佛经接受和传播之间的关系。前后两阶段的翻译批评尽管都在学界产生了深远影响,但视角截然不同。前一阶段的翻译批评高度政治化,将翻译视为塑造民族之魂的利器;后一阶段则极端学术化。梁启超翻译批评重心的迁移虽有自身学术兴趣转变的原因,但更重要的是翻译批评背后的历史语境和政治话语的变迁。历史地看,梁启超翻译批评的过人之处和最大贡献在于:1)首次超越了字词句层面的翻译考量,系统阐述了翻译的社会功能;将翻译提升到"强国第一义"的高度,将翻译与民族救亡联系起来;2)开创了政治小说翻译的先河,揭示了政治小说翻译与政治乌托邦之间的关系,超越了"中学为体、西学为用"的翻译观;3)系统阐发了翻译策略、语言形式与翻译目标和读者的接受反应之间的联系。

一、以译书为强国第一义

梁启超在《五十年中国进化概论》(1922)中总结了自鸦片战争到五四时期中国思想界艰难探索救亡图存所经历的三个阶段:洋务派发展军事和科技弥补器物上的不足,维新派以政治改良弥补制度上的不足,五四知识分子发动新文化运动弥补文化上的不足。这一描述全面概括了国人在寻求制夷强国的过程中思想认识的深化。梁启超在反思中国的"见败之道"后深刻地意识到"泰西之强,由于学术";[①] 要解决中国的社会危机,必须先解决中国的文化危机,因而确立了"借思想、文化以

---

① 梁启超:《戊戌政变记》,《梁启超全集》,北京:北京出版社,1999年,第194页。

解决问题"的救国模式。晚清社会正处于由传统向现代的转型时期，社会危机空前严重，以梁启超为代表的文化精英将译介西学当作政治改良的重要手段。周桂笙曾经指出："迩者朝廷既下变法之诏，国民尤切自强之望，而有志之士，眷怀时局，深考其故，以为非求输入文明之术，断难变化固执之性，于是而翻西文、译东籍尚矣。日新月异，层出不穷，要皆觉世庸民之作，堪备开智启慧之功。洋洋乎盛矣，不可谓非翻译者之余有其功也！"①

甲午战败之后，知识界痛感变法与维新的重要性，意识到首要之事是要知己知彼、从封闭走向开放。在《论报馆有益于国事》（1896）中，梁启超称，"广译五洲近事，则阅者知全地大局，与其强盛弱亡之故，而不致夜郎之大，坐舄井以议天地矣。"②他认为，中国政治制度的革新与变革，唯一的途径是向西方列强学习："人方日日营伺吾侧，纤细曲折，虚实异见。而我尤枵然自大，偃然高卧，非直不知敌，亦且昧于自知。坐见侵陵，固其宜也。故国家欲自强，以多译西书为本，学者欲自立，以多译西书为功。"③他反复告诫说，译介西学为当务之急："今日非西学不兴之为患，而中学将亡之为患。风气渐开，敌氛渐逼，我而知西学之为急，我将兴之，我而不知，人将兴之，事机之动，在十年之间而已。今夫守旧之不敌开新，天之理也。"④在梁启超看来，"方今四夷交侵，中国微矣，数万万之种族，有为奴之痌。三千年之宗教，有坠地之惧，存亡绝续，在此数年，学者不以此自任，则颠惨覆毒，宁有幸乎？"⑤面临亡国为奴、"存亡绝续"的大变局，唯一的出路是变法；要变法，最紧要的是翻译：

> 译书真今日之急图哉，天下识时之士，日日论变法。然欲变

---

① 转引自陈福康：《中国译学理论史稿》（修订本），上海：上海外语教育出版社，2000年，第154页。
② 梁启超：《论报馆有益于国事》，《梁启超全集》，北京：北京出版社，1999年，第67页。
③ 梁启超：《西学书目表·序例》，《梁启超全集》，北京：北京出版社，1999年，第82页。
④ 同上书，第85页。
⑤ 同上书，第86页。

士，而学堂功课之书，靡得而读焉。欲变农，而农政之书，靡得而读焉。欲变工，而工艺之书，靡得而读焉。欲变商，而商务之书，靡得而读焉。欲变官，而官制之书，靡得而读焉。欲变兵，而兵谋之书，靡得而读焉。欲变总纲，而宪法之书，靡得而读焉。欲变分目，而章程之书，靡得而读焉。今夫瞽者虽不忘视，跛者虽不忘履，其去视履固已远矣。虽欲变之，孰从而变之，无已，则举一国之才智，而学西文，读西籍，则其事又迂远。恐有所不能待，即学矣，未必其即可用。而其势又不能举一国之才智而尽出于此一途也。故及今不速译书，则所谓变法者，尽成空言，而国家将不能收一法之效。①

梁启超站在政治家、思想家的高度，提出要变法，士、农、工、商、官、兵到宪法体制，都必须学习、译介西方，超越了"西学为用、中学为体"的传统思维定式。他将千百年来一直被视为边缘化或小道的翻译（in China, translation has for centuries been regarded as a marginal, if not trivial, activity），② 提高到强国保种、救亡启蒙这样一个前所未有的高度。他对"不可胜数"的"谋衣食"者译介西方的动机提出批评："西文西语之当习，今之谈洋务者，莫不言之矣。虽然，有欲学焉而为通事为买办以谋衣食者，有欲学焉而通古今中外穷理极物强国保教者，受学之始，不可不自审也。今沿江海各省，其标名中西学馆英文书塾以教授者，多至不可胜数。彼其用意，大抵若前之说而已，其由后之说者，则概乎未始有闻也。"③他还提出，不仅要译书，而且要像欧洲各国翻译、传播和接受希腊古籍一样，将所译之书"立于学官，列于科目，举国习之"④，要让西方的先进思想文化为社会精英所接受，成为学校的教学内容，甚至普及到广大民众。据统计，1902 年至 1904 年翻译的

---

① 梁启超：《大同译书局·叙例》，《梁启超全集》，北京：北京出版社，1999 年，第 132 页。
② Leo Tak-hung Chan, *Twentieth-Century Chinese Translation Theory: Modes, Issues and Debates*, Amsterdam and Philadelphia: John Benjamins Publishing Company, 2004, p. 3.
③ 梁启超：《论幼学》，《梁启超全集》，北京：北京出版社，1999 年，第 40 页。
④ 同上书，第 45 页。

西书中，社会科学有 136 种，占总数的 25.5%；史地有 128 种，占 24%；哲学 34 种，占 6.5%。① 以西方器物技艺兵学为主要目标的翻译，逐渐转向政治社科类书籍。梁启超集政治家、思想家和宣传家于一身，他的言论主张，特别是译书与强国之间的关系逐渐为国人接受。

二、政治乌托邦与翻译批评

在梁启超看来，翻译从一开始就是勾画社会理想和实现政治改革的工具，因此，他的翻译批评首先关注的是翻译的社会功能和教化效果。在《大同译书局叙例》中，他提出翻译要"以政学为先，而次以艺学。……本局首译各国变法之事，及将变未变之际一切情形之书，以备今日取法，译学堂各种功课，以便诵读，译宪法书，以明立国之本。译章程书，以资办事之用。译商务书，以兴中国商学，挽回利权。"② 他认为"当译之书"首先是"政学"而不是"兵学"：

> 中国官局旧译之书，兵学几居其半，中国素未与西人相接，其相接者兵而已，于是震动于其屡败之烈，怵然以西人之兵法为可惧，谓彼之所以驾我者，兵也，吾但能师此长技，他不足敌也，故其所译，专以兵为主。其间及算学、电学、化学、水学诸门者，则皆将资以制造，以为强兵之用。此为宗旨刺谬之第一事，起点既误，则诸线随之，今将择书而译，当知西人之所强者兵，而所以强者不在兵，不师其所以强，而欲师其所强，是由欲前而却行也，达于此义，则兵学之书，虽毋译焉可也。③

能一改洋务派详于兵学、艺学而看到西方"所以强者不在兵"、鼓吹多译政学之书以图变法，堪称先知先觉。在他看来，仅仅引进西方的炮船兵械，是"宗旨刺谬之第一事"；西方之所强，在于新道德、新宗教、新政治、新风俗——在于国民之魂的更新。1902 年，梁启超在

---

① 安宇：《冲撞与融合》，上海：学林出版社，2001 年，第 101 页。
② 梁启超：《大同译书局·叙例》，《梁启超全集》，北京：北京出版社，1999 年，第 132 页。
③ 梁启超：《论译书》，《梁启超全集》，北京：北京出版社，1999 年，第 46 页。

《论小说与群治之关系》中，一反封建文人轻视小说的观点，强调并拔高小说的社会地位和文化功能：

> 欲新一国之民，不可不先新一国之小说。故欲新道德，必新小说；欲新宗教，必新小说；欲新政治，必新小说；欲新风俗，必新小说；欲新学艺，必新小说；乃至于欲新人心，欲新人格，必新小说。何以故？小说有不可思议之力支配人道故。……小说为文学之最上乘也。吾中国人状元宰相之思想何自来乎？小说也；吾中国人佳人才子之思想何自来乎？小说也；吾中国人妖巫狐鬼之思想何自来乎？小说也。①

他甚至大声疾呼："今日欲改良群治，必自小说界革命始；欲新民，必自新小说始。"② 他认为，小说的艺术感染力来自熏、浸、刺、提四种力量。所谓熏，就是熏陶，指小说所具有的潜移默化的力量。所谓浸，即"浸入其内"，是指小说艺术感染力之深透。所谓刺，是刺激，使读者受其打动。所谓提，是指读者"自化其身，入于书中，而为其书中之主人翁"。"提"与前三者之不同处是"前三者之力，自外而灌之使入，提之力，自内而脱之使出"。③ 1898 年，他在《译印政治小说序》中，把小说与经史相提并论；他引用康有为的表述："六经不教，当以小说教之，正史不入，当以小说入之；语录不能谕，当以小说谕之；律例不能治，当以小说治之。"④ 梁启超认为，中国传统小说不出"诲盗诲淫"两端，且"陈陈相因，途途递附，故大方之家每不屑道焉。"⑤ 而小说在西方各国，则完全不同：

> 在昔欧洲各国变革之始，其魁儒硕学，仁人志士，往往以其身之所经历，及胸中所怀政治之议论，一寄之于小说，于是彼中辍学

---

① 梁启超：《论小说与群治之关系》，《梁启超全集》，北京：北京出版社，1999 年，第 885 页。
② 同上。
③ 同上。
④ 梁启超：《佳人奇遇·序》，《梁启超全集》，北京：北京出版社，1999 年，第 5495 页。
⑤ 同上。

之子簧塾之暇，手之口之，下而兵丁、而市侩、而农氓、而工匠、而车夫马卒、而妇女、而童孺，靡不手之口之。往往每一书出，而全国之议论为之一变。美、英、德、法、奥、意、日本各国政界之日进，则政治小说，为功最高焉。英名士某君曰：小说为国民之魂，岂不然哉？岂不然哉？今特采外国名儒所撰述，而有关切于今日，中国时局者，次第译之，附于报末，爱国之士，或庶览焉。①

梁启超在提升小说的社会地位、拔高其教化功能的同时，特别强调政治小说对中国的重要意义。他在《新中国未来记》绪言中写道："顾确信此类之书，于中国前途，大有裨助，夙夜志此不衰……兹编之作，专欲发表区区政见，以就正于爱国达识之君子。"②可见，政治小说的创作或翻译，是要"发表政见，商榷国计"。③ 既然欧美发达国家的成功借助于小说的力量，中国的改革同样也要借助于小说。他翻译的《佳人奇遇》《十五小豪杰》和创作的《新中国未来记》开中国小说史上政治小说之先河。有意思的是，梁启超在《佳人奇遇》的序言中，几乎一字不差地引用前面对小说功能的叙述，仅将"今特采外国名儒所撰述，而有关切于今日，中国时局者，次第译之，附于报末"改为"今特采日本政治小说《佳人奇遇》译之"，④ 可见他对小说，特别是政治小说社会意义的推崇。在邹振环视为"影响中国近代社会的一百种译作"中，政治乌托邦小说就有4部，即《百年一觉》《佳人奇遇》《经国美谈》和《十五小豪杰》。

《佳人奇遇》是梁启超最早翻译的政治小说。通过分析可以清楚地发现他翻译批评的核心思想。小说讲述了东海散士在美国留学时与西班牙亡命女郎幽兰、爱尔兰亡命女郎红莲的邂逅，通过对话将主人公对国家、社会、民族、民主的美好愿望和执著追求展现出来，表现了"故国沦亡的悲惨境遇和重建国家的政治抱负"，以及主人公"争取独立和政

---

① 梁启超：《译印政治小说序》：《梁启超全集》，北京：北京出版社，1999年，第172页。
② 梁启超：《新中国未来记》，《梁启超全集》，北京：北京出版社，1999年，第5609页。
③ 同上。
④ 梁启超：《佳人奇遇·序》，《梁启超全集》，北京：北京出版社，1999年，第5495页。

治改良"①的斗争。主人公不仅对未来充满遐想,更重要的是直面未来,克服国民的惰性和颓废的情绪。小说不仅"给正遭受迫害而亡命的梁氏以强烈的共鸣",而且"这种立足现实的乌托邦精神的表述,与梁启超等人在晚清社会倡导的'为国民之魂'而创作的观念有不谋而合之处",②最集中地体现了梁启超对翻译社会功能的关注。

对于政治小说的翻译与政治理想的关系,梁启超曾评述说:"政治小说者,著者欲藉以吐露其所怀抱之政治思想也。其立论皆以中国为主,事实全由于幻想。"③有学者称,"翻译小说所蕴涵的精神意蕴,即精英知识分子的乌托邦精神。从这个角度来说,政治翻译小说为我们构造了一个意味深长的想象世界。"④政治小说的翻译,是"梁启超等精英知识分子的精神隐喻和施展政治抱负的象征……致力于国富民强的政治实践,这种曲折的救亡路线在成就梁启超的政治理想之时,却把小说由边缘推向了中心。"⑤也就是说,梁启超提高小说的教化功能和政治小说翻译的意义,是因为政治小说的翻译不仅是"对历史、现实的批判和怀疑",体现了梁启超在文学上创作的乌托邦情结,而且是一种政治乌托邦的构建,是向深陷内忧外患的国人展示出一条救国之道和未来理想的生活模式。政治小说的翻译是"企图在现实超越中解决现实社会的文化危机,领悟和建构现代性意义的社会形式。"⑥《佳人奇遇》是梁启超译印"政治小说理论的第一次具体实践,该书译述的第一个巨大意义,就是它拉开了晚清政治小说翻译的序幕。"⑦该书在《清议报》连载时

---

① 邹振环:《影响中国近代社会的一百种译作》,北京:中国对外翻译出版公司,1996年,第128页。
② 史修永:《现代乌托邦精神——试论梁启超翻译与创作的政治小说》,《太原理工大学学报》2006年第2期,第14页。
③ 梁启超:《中国之唯一文学报(新小说)》,夏晓虹:《觉世与传世》,北京:北京大学出版社,1992年,第65页。
④ 史修永:《现代乌托邦精神——试论梁启超翻译与创作的政治小说》,《太原理工大学学报》2006年第2期,第12页。
⑤ 同上文,第13页、15页。
⑥ 同上。
⑦ 邹振环:《影响中国近代社会的一百种译作》,北京:中国对外翻译出版公司,1996年,第131页。

即引起极大反响。1901年由广智书局出版单行本，1902年此书又编入商务印书馆"说部丛书"，从1902年初版到1906年11月曾重印过六版。邱菽园在《挥麈拾遗》中称此书"于政治界上新思想极有关涉，而词意尤浅白易晓"，并在1907年《新小说丛》的《新小说品》中称此书"如清商度曲，子夜闻歌"。①

三、译意不译词

既然梁启超将翻译与实现政治理想联系起来，其翻译批评从本质上讲是社会性批评，有明确的翻译目标和预期的社会效果。为了实现特定的政治理想和社会预期，梁启超认为，"今日而言译书，当首立三义：一曰择当译之本；二曰定公译之例；三曰养能译之才。"② 这三条是他翻译批评的核心。"当译之本"涉及翻译的主题内容；"公译之例"涉及翻译规范；而"能译之才"则涉及译者的素质与培养。这三条都与他的政治理想和抱负密切相关。梁启超所关心的不是让译作藏之名山传之后人，也不是字词的准确，甚至也不是文辞优美。他关心的是翻译的传播功能和接受效果，这必然使翻译策略工具化。梁启超在《十五小豪杰》中这样陈述自己的翻译策略：

> 此书为法国人焦士威尔奴所著，原名《两年间学校暑假》，英人某译为英文，日本大文家森田思轩又由英文译为日本文，名曰《十五少年》。此编由日本文重译者也。英译自序云："用英人体裁，译意不译词，惟自信于原文无毫厘之误。"日本森田氏自序亦云："易以日本格调，然丝毫不失原意。"今吾此译，又纯以中国说部体段代之，然自信不负森田。果尔，则此编虽令焦士威尔奴复读之，当不谓其唐突西子耶？

> 森田译本共分十五回，此编因登录报中，每次一回，故割裂回

---

① 转引自邹振环：《影响中国近代社会的一百种译作》，北京：中国对外翻译出版公司，1996年，第129页。

② 梁启超：《十五小豪杰》，《梁启超全集》，北京：北京出版社，1999年，第5666页。

数,约倍原译。然按之中国说部体制,觉割裂停逗处,似更优于原文也。①

首先,梁启超的翻译策略是三度转译。最有意思的是标题;从"两年间学校暑假",到"十五少年",再到"十五小豪杰"。如果熟悉梁启超的《少年中国说》和"少年""新民""豪杰"的观念演变,就不难理解他的良苦用心。

其次是添加按语。在第三回末尾,有按语道:"此两回专表武安,就中所言'今日尚是我辈至危极险之时,大家同在一处,缓急或可相救;若彼此分离是灭亡之道也'","我同胞当每日三复斯言。……有竞争乃有进化,天下公例也。武杜两党抗立,借以为各国政党之影子,全书之生气活泼,实在于是。""且看其他日服从公议之处,便知文明国民尊重纪律之例。观其后来进德勇猛之处,便知血性男子克己自治之功。"②

在第四回末尾,又有按语道:"殊不知自由与服从两者,如车之两轮,鸟之双翼,相反而相成也。最富于自由性质者,莫英人若;最富于服从性质者,亦莫英人若……"③

再其次是割裂回数,重拟回目。如果细读译文就会发现,梁启超不仅改变小说体例,割裂回数,而且主人公都采用中国人的名字,如"武安""俄顿""莫科""杜番"。他认为,这样的改动不悖原文,"丝毫不失原意",甚至"更优于原文"。在梁启超看来,"忠实"的含义是与译作的预期功能保持一致,而不是对"信"的刻板理解。

影响更加深远的则是他主张的"译意不译词"。"译意不译词"中的"意",本身就人见人殊。可以是"言意"中的"意",或代表"精神""实质",还可以是婉转表现梁启超的政治意图。词意的弹性和包容性正好符合他要实现的政治理想,"译意不译词"成为梁启超翻译的突出特

---

① 梁启超:《十五小豪杰》,《梁启超全集》,北京:北京出版社,1999年,第5666页。
② 同上书,第5669页。
③ 同上书,第5671页。

征。除了《佳人奇遇》之外，他翻译的拜伦诗歌也是如此。译诗从主题到诗节的选择，集中体现了他重政治意识形态、轻艺术审美的倾向。也就是说，梁启超不是刻意保持与原文的字当句对，而是将原诗看成是"有待再创造的一套话语条件"。[1] 他翻译的《哀希腊》已被纳入民族国家的构想，而对原诗的艺术形式和审美特征，梁启超则无暇顾及。他套用"沉醉东风"和"如梦忆桃源"的曲牌作为译诗的表现形式，正好说明他以艺术审美的归化来换取民族国家意识的增强。译诗中最让人感奋、甚至令人热血沸腾的是"如此好河山，也应有自由回照"，"难道我为奴为隶，今生便了？不信我为奴为隶，今生便了！"[2] 有学者称"许多有志于建立自由民主的中国知识分子是流着眼泪来吟诵"《哀希腊》的，这首诗"深深震撼和抚慰了他们淌血的心灵"。[3] 然而，对照原诗可以发现，这几句最具感染力的诗句与原文相去甚远。不仅意义上很难算是对等或准确，而且语气也相差悬殊。原文是陈述句，译文转换成感叹句和修辞问句，并使用排比结构，所表达的情感之强烈远非原文所能相比。他翻译的《佳人奇遇》也被认为是"流畅文字的译述"，"是用外国资料自由改编的创作，根本无法表现原著的风格神韵。"[4]不论从再现、对等还是忠实的角度，梁启超的翻译都不能称作"善译"。然而，他翻译的拜伦诗却产生了"读此诗而不起舞必非男子"[5] 的效果。

其实，梁启超的"译意"和改译不仅受到当时日本译坛的影响，也与当时主流的翻译规范相吻合。王德威就曾说过，"当时的翻译其实包括了改述、重写、缩写、转译和重整文字风格等作法"，并称严复、林纾和梁启超"皆个中高手"。[6] 陈平原认为，

---

[1] Sherry Simon, *Gender in Translation: Cultural Identity and the Politics of Transmission*, London and New York: Routledge, 1996, p.13.
[2] 梁启超：《新中国未来记》，《梁启超全集》，北京：北京出版社，1999年，第5631页。
[3] 邹振环：《影响中国近代社会的一百种译作》，北京：中国对外翻译出版公司，1996年，第155—156页。
[4] 同上书，第129页。
[5] 陈引驰：《梁启超学术论著集》（文学卷），上海：华东师范大学出版社，1998年，第368页。
[6] 王德威：《想像中国的方法——历史·小说·叙事》，北京：生活·读书·新知三联书店，1998年，第102页。

"译意不译词"中的"译意"在晚清翻译家那里主要体现在四个方面:(1)改用中国人名、地名,便于阅读记忆;(2)改变小说体例,割裂回数,甚至重拟回目,以适应章回小说读者口味;(3)删去"无关紧要"的闲文和"不合国情"的情节,前者表现了译者的艺术趣味,后者则受制于译者的政治理想;(4)大加增补,译出好多原作中没有的情节和议论。①

"译意不译词"的翻译策略旨在实现"译者的政治理想",可谓精到之论。梁启超在谈到信与达的矛盾时,特别提出"译书有二蔽":"一曰徇华文而失西义;二曰徇西文而梗华读。"用当今的术语来看,即信还是顺、异化还是归化、原文取向还是译文取向、对原作者负责还是对读者负责的问题。他认为,"六朝、唐诸古哲之译佛经,往往并其篇章而前后颠倒,参伍错综之,善译者固当如是也",主张翻译家"宜勿徒求诸字句之间,惟以不失其精神为第一义"。②他认为,翻译不仅在于传神,还在于"达旨";"凡译书者,将使人深知其意,苟其意靡失,虽取其文而删增之,颠倒之,未为害也。"③ 在他看来,善译者为了能传达出原作的精神与主旨,对原作进行增添、删减甚或前后颠倒是允许的,甚至是必要的。而当时译界一个比较突出的弊病就是本末倒置,过分追求"术艺"之末而忘了"治国"之本。显然,梁启超的"译意不译词"与严复采取的"达旨""取便发挥"不谋而合,都是出于类似的动机。

然而,在翻译文体上,梁启超并不赞同严复"太务渊雅,刻意摹仿先秦文体"的译笔。他虽然热情称赞《原富》"其精美更何待言!"但同时也坦率批评了译著的复古文风:"非多读古书之人,一繙殆难索解。著译之业,将以播文明思想于国民也,非为藏山不朽之名誉也。"④ 翻译必须对当下的时局产生功用,必须对读者负责,满足读者的期待与需

---

① 陈平原:《中国现代小说的起点》,《清末民初小说研究》,北京:北京大学出版社,2005年,第39—40页。
② 梁启超:《新中国未来记》,《梁启超全集》,北京:北京出版社,1999年,第5637页。
③ 梁启超:《论译书》,《梁启超全集》,北京:北京出版社,1999年,第50页。
④ 梁启超:《绍介新著〈原富〉》,《新民丛报》1902年第1号,第113页。

求。梁启超文风的基本取向是创新,是近俗,"务为平易畅达",力求使用广大国民能懂的文体,甚至使"学童受其益"。社会需要的是"觉世之文"而非"传世之文",所以语言文体必须有感染力,必须有影响力。他的翻译批评观具有经世致用、追求社会实效的价值取向,他主张的"译意不译词"的翻译策略体现了译者强烈的政治诉求,他提倡的翻译文体也是以译著应该实现宣扬政见、开启民智的社会功效为前提的。

对于"养能译之才",梁启超首先陈述了当时的翻译现状:"口授者未必能无失其意也,笔受者未必能无武断其词也",他引用马建忠的话痛陈当时译书的不足:

> 今之译者,大抵于外国之语言,或稍涉其藩篱,而其义字之微辞旨奥旨,与夫各国之所谓古文词者,率茫然未识其名划,或仅通外国文字语言,而汉文则粗陋鄙俚,未窥门径,使之从事译书,阅者展卷未终,俗恶之气,触人欲呕,又或转请西人之稍通华语者,为之口述,而旁听者,乃为仿佛摹写其词中所欲达之意,其未能达者,则又参以己意,而武断其间,盖通洋文者,不达汉文,通汉文者,又不达洋文,亦何怪乎所译之书,皆驳杂迂讹,为天下识者鄙夷而讪笑也。吁,中国旧译之病,尽于是矣。①

在《论译书》中,梁启超在论及译才的选拔标准时称:"夫仅能语能文,则乌可以为学也?"翻译需"以通学为上,而通文乃其次也"。要实现变法图新的政治任务,能译之才必须"于华文西文及其所译书中所言颛门之学,三者具通,斯为上才;通二者次之,仅通一则不能以才称矣。"②

有意思的是,若干年以后,在论述翻译标准和策略时,梁启超极力推崇严复提出的"信达雅",认为翻译应首先求"信";并主张直译,认为直译虽晦涩难懂,但相对于"不忠"的意译而言,却更能取"信"于人。"然直译而失者,极其量不过晦涩诘鞠,人不能读,枉费译者精力而已,犹不至于误人。意译而失者,则以译者之思想,横指为著者之思

---

① 梁启超:《论译书》,《梁启超全集》,北京:北京出版社,1999年,第46页。
② 同上书,第50页。

想,而又以文从字顺故,易引读者入于迷途,是对于著者、读者两皆不忠,可谓译界之蟊贼也。"① 他又称,"盖译家之大患,莫过于羼杂主观的理想,潜移原著之精神",不忠实的翻译,犹如"被水之葡萄酒也。"② 如果"信达雅"产生矛盾,"兼之实难,语其体要,则惟先信然后求达,先达然后求雅。"③ 他相信,"信达雅"的重要程度顺次递降。不过,这只是20年后梁启超基于翻译学理上的认识。

两相对照,可以看出,梁启超前后的翻译批评观发生了很大变化。这表明,在特定的历史语境中,一旦涉及实际的翻译,"信达雅"三要素之间会发生冲突,翻译的求信与翻译的意图、读者的反应、译作的社会效果更会发生矛盾。作为政治家、思想家的梁启超,必然要协调求信与求达、求雅的矛盾,更要协调塑造民族国家主义的形象与具体翻译中求信的矛盾。

结　语

梁启超是中国近代历史上第一个将小说和翻译拔高到塑造"国民之魂"高度的翻译批评家,他提出翻译为"强国第一义"更使翻译政治意识形态化,使文人士大夫不屑的翻译成为朝野瞩目的第一急务。梁启超的翻译批评,在很大程度上"改变了读者把文学仅仅视为欣赏消闲的心理惯性,培养了适应现代社会的读者。"④ 他开创了政治小说的翻译与撰述,使政治小说成为维新人士构建理想社会的乌托邦。他提出的"译意不译词"的翻译策略顺应了当时的政治情势与文化语境。他启蒙思想家、宣传家与政治家的身份,再加上他采用的新文体所具有的特殊感染力,使他的翻译和批评话语如

> 雷鸣怒吼,恣睢淋漓,叱咤风云,震骇心魄,时或哀感曼鸣,

---

① 梁启超:《翻译文学与佛典》,《梁启超全集》,北京:北京出版社,1999年,第3804页。
② 同上书,第3799页。
③ 劳陇:《意译论——学习梁启超先生翻译理论的一点体会》,《外国语》1996年第4期,第60页。
④ 秦弓:《"五四"时期翻译文学的价值体认及其效应》,《天津社会科学》2005年第4期,第91页。

> 长歌代哭，湘兰汉月，血沸神销，以饱带情感之笔，写流利畅达之文，洋洋万言，雅俗共赏，读时则摄魄忘疲，读竟或怒发冲冠，发热泪湿纸……①

他对小说社会功能的独特认识，最终将清末民初的翻译推向高潮。他有关翻译社会功能的阐述，在其后的新文化同人、"学衡派"以及抗战时期的翻译家中，不断得到丰富和扩展。特别是在 1949 年之后，翻译的社会功能更是被推向极致，翻译批评演变为纯粹的政治批评，甚至是政治斗争。

第二节 严复与"信达雅"

严复不仅是清末民初杰出的启蒙思想家、教育家、诗人和政论家，同时也是最著名的翻译家。他学贯中西，被认为是"百科全书"式的学界奇才。1898 年，严复翻译出版了赫胥黎（T. H. Huxley）的名作《天演论》（*Evolution and Ethics*），译著宣传的"物竞天择，适者生存"和"优胜劣汰"的观点振聋发聩，成为维新变革、强国保种的思想武器。吴汝纶称《天演论》于思想界如"刘先主之得荆州"。② 梁启超称严复"于中学、西学皆第一流人物"，③ 推其为"译界之宗师"。④ 康有为称严复"为中国西学第一者也"，⑤ 并对严复的翻译给予高度评价："译才并世数严林，百部虞初救世心"。⑥ 革命党人胡汉民称严复是"译界泰斗"，"近时学界译述之政治学书，无有能与严译比其价值者"。⑦ 新文化领袖几乎无一例外地高度肯定严复在思想界的影响。蔡元培说：

---

① 吴其昌：《梁启超传》，天津：百花文艺出版社，2004 年，第 23 页。
② 吴汝纶：《吴汝纶致严复书》，《严复集》（第 5 册），北京：中华书局，1986 年，第 1560 页。
③ 梁启超：《绍介新著〈原富〉》，《新民丛报》1902 年第 1 号，第 113 页。
④ 《新民丛报》1903 年第 25 号，第 73 页。
⑤ 康有为：《与张之洞书》，汤志钧编：《康有为政论集》（上），北京：中华书局，1981 年，第 436 页。
⑥ 康有为：《琴南先生写〈万木草堂图〉题诗见赠赋谢》，《庸言》1913 年第 1 卷第 7 号，《诗录》第 1 页。
⑦ 胡汉民：《述侯官严氏最近之政见》，《民报》1905 年第 2 期，第 1、7 页。

"五十年来介绍西洋哲学的,要推侯官严几道为第一。"① 胡适称严复的"英文与古中文的程度都很高,他又很用心不肯苟且,……他对于译书的用心与郑重,真可佩服,真可做我们的模范。"② 《天演论》出版之后,在"清末就流传着三十多种不同的版本,这是出版界所罕见的"③。严译"版本之多,重印率之高,成为近代中国出版史上的奇迹"④。

严复的翻译实践与翻译思想是近代中国翻译史上宝贵的文化资源,他提出的"信达雅"一百年来成为译界圭臬。学术界,特别是翻译界,从不同的视角对严复的翻译进行了系统、全面的评价与研究,进一步丰富和发展了严复的翻译思想。

然而,严复的翻译批评思想似乎没有引起译界足够的重视。人们较多关注对"信达雅"的解读和诠释,而对"信达雅"与"达恉""取便发挥"之间的逻辑联系缺少足够的研究,似乎没有提出令人信服的解释。有意思的是,有人坚持以今天对翻译的认识去讨论严复翻译的局限性,而非根据当时的历史语境去考察严复翻译批评的合理性和有效性。

一、译例言解读

《天演论·译例言》在中国翻译界的地位与影响,许多学者有详细论述,沈苏儒概括如下:

> 严复在翻译理论上的最伟大贡献是他提出了"信达雅"学说,把"信""达""雅"作为翻译的原则(标准)。如果说严译名著当时曾风靡一时并产生深远的影响,那么现在这些名著已随着时代的演进而成为只具有历史价值的学术文献,只有从事研究的学者会去阅读了。但他的"信达雅"说却在我国文化界翻译界流传至今,无处不在,可以说直到现在还没有一种有关翻译的学说(不论是本国

---

① 转引自陈福康:《中国译学理论史稿》,上海:上海外语教育出版社,1992年,第118页。
② 胡适:《五十年来中国之文学》,姜义华主编:《胡适学术文集·新文学运动》,北京:中华书局,1993年,第107页。
③ 王栻:《前言》,《严复集》,北京:中华书局,1986年,第3页。
④ 皮后锋:《严复评传》,南京:南京大学出版社,2006年,第375页。

的还是外国的）能够具有如此持久、广泛的影响力。①

《天演论·译例言》有七段，内容概括如下：

1. 翻译应做到"信达雅"；但《天演论》的翻译方法是"达恉"和"取便发挥"；

2. 对英文的术语名词进行注释；

3. "修辞立诚""辞达而已"和"言之不文，行之不远"是做文章必须遵循的原则，也是翻译的原则；

4. 翻译新学说、新名词非常困难；

5. 对原文中涉及的学派、名人和思想做扼要介绍；

6. 凡涉及作者理论与其他人有异同时，在文末添加按语，"间亦附以己意"，供读者参考；

7. 本书翻译与出版经过。

除了第 7 段介绍翻译与出版经过之外，其余均涉及"信达雅"的要旨与关系。严复在《译例言》开篇提出

> 译事三难：信、达、雅。求其信，已大难矣！顾信矣，不达，虽译，犹不译也，则达尚焉。海通以来，象寄之才，随地多有；而任取一书，责其能与于斯二者，则已寡矣！其故在浅尝一也；偏至二也，辨之者少，三也。今是书所言，本五十年来西人新得之学，又为作者晚出之书，译文取明深义，故词句之间，时有所慎到附益、不斤斤于字比句次，而意义则不倍本文。题曰"达恉"，不云"笔译"，取便发挥，实非正法。什法师有云"学我者病"！来者方多，幸勿以是书为口实也！②

严复指出，翻译要做到准确、畅达、典雅非常不容易。原因有三：对原著只作粗略的浏览，对原著缺乏全面的分析研究，不能真正理解原著。他接下来又说，《天演论》是五十年来西方科学最新的研究成果，

---

① 沈苏儒：《论信达雅：严复翻译理论研究》，北京：商务印书馆，1998 年，第 37 页。
② 严复：《天演论·译例言》，北京：商务印书馆，1981 年，第 xi 页。

其翻译着重揭示原作的理论精髓。因此,翻译不免会有所增损,甚至修正补充。只要不违背原文精神,译文则尽可能不照原著语言结构直译,以便有再创造的余地。但这不是正确方法。正如鸠摩罗什法师所言,"学得不好会产生流弊"。以后的译者切记不要搬用这种做法。

"信达雅"是从传统辞章学、文论和佛经翻译中概括出的翻译原则。然而,他明确表示,现在翻译的《天演论》则不能(或没有)按"信达雅"来翻译;原因是要"取明深义"就必须"有所颠到附益、不斤斤于字比句次",只能采用"实非正法"的"达恉"和"取便发挥"。短短的一段话,至少暗示如下几点:

    1. 严复将"信达雅"视为翻译的"正法";

    2. 但《天演论》的翻译却不能用(或没有用)"正法";

    3. 根据第 2 点可以看出,"取便发挥"和"达恉"是有意识的偏离(或深思熟虑的选择)而非无意的失误;

    4.《天演论》的翻译揭示了原作的理论精髓,并没有违背原文的精神。

那么,为什么严复就不能(或不愿或没有)用"信达雅"来翻译《天演论》?为什么《天演论》的翻译就不适合用"正法"、只能用"取便发挥"和"达恉"?严复没有明示,一百年来也没有人给出令人信服的理由。

有学者概括了学界对严复翻译的批评:"一、他过于追求古雅,译文对于一般人来说确实难以理解;二、有时严复在翻译时强烈地表现自己的观点,以致译文不能与原文十分贴切,甚至以己意译述原作;三、再有,那就是他不时把古今中外不尽相同的概念牵强附会地联系在一起,似乎一切外国的理论观点中国古已有之。"[①] 学界对严复的翻译与翻译思想质疑最多的有两点:一是"雅"作为翻译标准的理据,二是《天演论》译文的忠实。严复是少有的审慎的翻译家,他的中西文化和

---

① 高惠群、乌传衮:《翻译家严复传论》,上海:上海外语教育出版社,1992 年,第 68 页。

语言素养更是极少有人能够比肩。要回答上述问题，我们只能回到历史现场，从《译例言》的字里行间，从其译著的译序、译跋，进而从相关的历史语境中去发现严复的批评理路。

二、严复的"尔雅"观

严复最受诟病的是他的"尔雅"观。那么他是如何理解"尔雅"的呢？严复在《译例言》中写道：

> 《易》曰："修辞立诚"。子曰："辞达而已"。又曰："言之无文，行之不远"。三者乃文章正轨，亦即为译事楷模。故信、达而外，求其尔雅。此不仅期以行远已耳，实则精理微言，用汉以前字法、句法，则为达易；用近世利俗文字，则求达难。往往抑义就词，毫厘千里，审择于斯二者之间，夫固有所不得已也，岂钓奇哉！不佞此译，颇贻艰深文陋之讥，实则刻意求显，不过如是。又原书论说，多本名数格致及一切畸人之学，倘于之数者向未问津，虽作者同国之人，言语相通，仍多未喻，矧夫出以重译也耶！①

严复要强调的是，"信达雅"不仅是做文章的正轨，也是翻译的楷模。因此，要求译文要达到很高的文字水平（"求其尔雅"）。原因是：1)"尔雅"能够吸引尽可能多的读者；2) 自己不是沽名钓誉、自命清高，深奥的理论和含蓄深沉的思想用中国汉代以前的语法句法反倒易于表达；3) 有人议论讥讽说文字过于艰深，失之粗糙，自己只是力图做到明白表述原著的内容罢了；4) 即便是操同种语言的人，对于未曾接触过的专业知识，理解仍会有困难，何况用异国文字辗转翻译过来的译本呢。

对于《天演论》的翻译文体，梁启超曾有过批评，严复也有回应；双方的论辩有助于认识当时的历史语境和严复的批评理路。1902年，梁启超在《新民丛报》第一期上，撰文推荐严复刚刚面世的译著《原

---

① 严复：《天演论·译例言》，北京：商务印书馆，1981年，第 xi 页。

富》,称"其精美更何待言!"但同时也提出批评:"吾辈所犹有憾者,其文章太务渊雅,刻意摹仿先秦文体,非多读古书之人,一繙殆难索解。夫文界之宜革命久矣,欧美日本诸国文体之变化,常与其文明程度成正比例。……著译之业,将以播文明思想于国民也,非为藏山不朽之名誉也。文人结习,吾不能为贤者讳矣。"① 梁启超的批评有三点含义,一是文体过于渊雅,二是文体应该与时代进步与发展同步,三是翻译的目的应该是传播文明于国民。三点似乎都合情合理。

然而,严复并不认可梁启超的批评,并很快作了回应。那么,严复的理由是什么呢?严复严格地圈定了其译著的读者范围:"中国多读古书之人",而不是一般学僮。为了迎合这些读者的需求与爱好,他必须使用士大夫阶层所熟悉、所推崇的语言文体。典雅的文言在当时是一种稀缺的文化资源,是统治阶层掌握的主流话语形式。有学者认为,严复"使用汉以前字法、句法进行译述完全是顺应时势的做法。后世将'尔雅'解释为'古雅'、'文雅',并进而否定严复作为翻译理论提出的'雅',实在是断章取义,是以其译述方法的不同来否定其理论的正确性。"②

对于梁启超的批评,严复回应道:"《丛报》于拙作《原富》颇有微词,然甚佩其语;又计学、名学诸名义皆不阿附,顾言者日久当自知吾说之无以易耳。其谓仆于文字刻意求古,亦未尽当;文无难易,惟其是,此语所当共知也。"③严复的译书均为当时西方最有影响的政治、经济、哲学、社会思想等著作,而非一般的小说。这些学理邃赜之书,正如他所言,几十年以内再不会有人翻译,真能了解所译内容的也仅限于少数熟读古书、有学养的专业人士,不是每一个人都能了解,也不可能希望每一个人都了解。懂与不懂涉及文本的专业内容,与翻译所使用的

---

① 梁启超:《绍介新著〈原富〉》,《新民丛报》1902年第1号,第113页。
② 徐守平、徐守勤:《雅义小论——重读〈天演论·译例言〉》,《中国翻译》1994年第5期,第5页。
③ 严复:《与张元济书》,王栻编:《严复集》(第三册),北京:中华书局,1986年,第551页。

语言文体没有太大关系。对此,梁启超心里也十分清楚。在《论译书》中他就说过,"中国旧译,惟同文馆本多法家言。……然彼时受笔者、皆馆中新学诸生,未受专门,不能深知其意,故义多闇昒。"① 他明确指出,没有专门训练,要理解思想文化译著十分困难。事实也是如此。当时同文馆的翻译,"整个译文,不但文字晦涩,诘屈聱牙,而且译意不明,使人很难了解,甚至无法知道律文的含意。这不是用现代的眼光苛求前人。与译本同时代的人,就无法读懂。"② 严复明确表示没有"刻意求古"的动机;但也不愿采用如"蜉蝣日暮之已化"的通俗文体。他甚至认为,"若徒为近俗之辞,以便市井乡僻之不学,此于文界,乃所谓凌迟,非革命也。"③

梁启超与严复在文风上的分歧产生于各自对译文功能的定位、读者对象的取舍以及社会反应的预期的差异。严复从事西学翻译有十分明确的政治目的。这就是用西学的新思想唤醒国民,也即他在《原富》一文中所提倡的"鼓民力""开民智""新民德",以及所谓"愈愚"(治疗愚昧)。④ 梁启超对翻译功能的认识,几乎与严复一样,没有太大的区别。然而,梁启超"播文明思想于国民也"中的国民,显然比严复的读者对象广泛得多;严复的"多读古书之人"所受的教育程度也远非一般的国民所能相比。梁启超翻译的政治小说,是要鼓吹革命尚武,激励行动。而严复翻译的是学术著作,甚至是形上之学;他希望系统全面地介绍西方的政治、经济、哲学和社会思想的精髓,首先对士大夫精英阶层进行长期而持续的启蒙,这显然是迂远之道。要用新文体使读者热血沸腾、积极投身于变法维新,还是让社会精英了解西方的思想精髓,进而推动社会进步,这是严复、梁启超救亡启蒙的不同路径,也是两种不同的文本功能。要将西方思想输入中国的知识界,严复的选择自有其合理性。

---

① 梁启超:《论译书》,《梁启超全集》,北京:北京出版社,1999年,第47页。
② 李贵连:《〈法国民法典〉的三个中文译本》,何勤华等主编:《法律翻译与法律移植》,北京:法律出版社,2015年,第21页。
③ 严复:《与新民丛报论所译〈原富〉书》,罗新璋、陈应年编:《翻译论集》(修订本),北京:商务印书馆,2009年,第217页。
④ 高惠群、乌传衮:《翻译家严复传论》,上海:上海外语教育出版社,1992年,第68页。

其次，社会需求和期望往往是多元的，甚至是矛盾的。这可以从严复给张元济的书信中略知一二：

> 昨晤汪、杨二君，皆极口赞许笔墨之佳，然于书中妙义实未领略，而皆有怪我示人以难之意。天乎冤哉！仆下笔时，求浅、求显、求明、求顺之不暇，何敢一毫好作高古之意耶？又可怪者，于拙作既病其难矣，与言同事诸人后日有作，当不外文从字顺，彼则又病其笔墨其不文。有求于世，则啼笑皆非。此吴挚甫所以劝复不宜于并世中求知己。①

严复接受了吴汝纶的建议，对稿本进行反复润色，"不宜于并世中求知己"。有学者对照严复的稿本与后来出版发行的通行本做过比较，发现通行本比稿本"更为古雅艰深，哲学气味更浓，尤其是正文部分"②。可以看出，严复深知翻译很难面面讨好；他只能按自己认定的方向踽踽独行，希望译著成为"完全中国化的文学名著"③。言之不文行之不远，在当时这是学界共识。吴汝纶在其序中就盛赞严复的文字造诣："今西书虽多新学，顾吾之士以其时文、公牍、说部之词，译而传之，有识者方鄙夷而不知顾，民智之瀹何由？此无他，文不足焉故也。文如几道，可与言译书矣。"他认为严复的译文"其义富，其辞危，使读焉者怵焉知变，于国论殆有助乎？"④后来的学者也多从读者接受的角度客观评价严复的"尔雅"观。蔡元培就指出，有了"雅驯"的译文，"那时候的学者都读得下去"。⑤ 胡适也说："严复用古文译书，正如前清官僚戴着红顶子演说，很能抬高译书的身价。"⑥ 王佐良称严复的翻

---

① 严复：《与张元济书》，王栻编：《严复集》（第三册），北京：中华书局，1986年，第535页。
② 皮后锋：《严复大传》，福州：福建人民出版社，2003年，第171页。
③ 同上书，第182页。
④ 吴汝纶：《吴汝纶序》，赫胥黎著，严复译：《天演论》，北京：商务印书馆，1981年，第vii页。
⑤ 高平叔编：《蔡元培全集》（第4卷），北京：中华书局，1984年，第351页。
⑥ 胡适：《胡适学术文集·新文学运动》，姜义华编，北京：中华书局，1993年，第107页。

译是涂了糖衣的苦药:"雅,乃是严复的招徕术。"① 这不仅有助于理解严复的翻译批评,同时也能理性地解读学界对严复的批评。

三、有关"达恉"的论争

严复《天演论》受人诟病的另一点是没有精确地再现原著的思想和意义,亦即没有遵循他自己提出的"信"的原则。黄克武曾系统梳理过后人对严复的评价,不再赘述。② 对于严复译文的"信",实际上存在三种不同的观点。

持第一种观点的代表人物有王国维、傅斯年、张君劢、钱锺书等。傅斯年在《新潮》上发表《译书感言》,首先批评当时翻译小说的笔法,认为"最下流的是林琴南和他的同调"③,随后提出严复译书不曾"对作者负责任":

> 作者说东,译者说西,固然是要不得了;就是作者说两分,我们说一分,我们依然是作者的罪人。作者的理由很充足,我们弄得他半不可解,原书的身份便登时坠落——这便是不对作者负责任的结果。严几道先生译的书中,《天演论》和《法意》最糟。假使赫胥黎和孟德斯鸠晚死几年,学会了中文,看看他原书的译文,定要在法庭起诉;不然,也要登报辩明。这都因为严先生不曾对作者负责任。④

张君劢也认为,严复用"传统哲学与政治思想的语汇"解读西方"以逻辑为基础的'科学'性语汇",⑤ 离"信"存在一定的距离。

贺麟是第二种观点的代表。贺麟比较系统和客观地分析了严复早期、中期和晚期的翻译,认为早期的《天演论》《法意》《穆勒名学》与

---

① 王佐良:《严复的用心》,《论严复与严译名著》,北京:商务印书馆,1982年,第27页。
② 黄克武:《严复的翻译:近百年来中西学者的评论》,《东南学术》1998年第4期。
③ 转引自陈福康:《中国译学理论史稿》,上海:上海外语教育出版社,1992年,第217页。
④ 同上书,第218页。
⑤ 转引自黄克武:《严复的翻译:近百年来中西学者的评论》,《东南学术》1998年第4期,第91页。

晚期的《名学浅说》分别采取意译与"换例译法",与传统理解的"信"有一定的差距,"略亏于信";中期的翻译基本上合乎"信达雅"的翻译三原则;特别是《群己权界论》,简直就是忠实的直译。①

第三种观点的代表是胡先骕、柳诒徵,以及"梁启超、胡适、蔡元培、朱执信等人",他们"都同意严译在信方面没有问题。"② 胡先骕认为,"严氏译文之佳处,在其殚思竭虑,一字不苟,'一名之立,旬月踟蹰',故其译笔'信达雅'三善具备。吾尝取《群己权界论》、《社会通诠》与原文对观,见其义无不达,句无胜义,其用心之苦,惟昔日六朝与唐译经诸大师为能及之。以不刊之文,译不刊之书,不但其一人独自擅场,要为从事翻译事业者永久之模范也。"③

柳诒徵也持类似的观点:"近世译才,以侯官严复为称首。其译赫胥黎《天演论》标举译例,最中肯綮。嗣译斯密亚丹之《原富》、约翰穆勒之《名学》、斯宾塞尔之《群学肄言》、孟德斯鸠之《法意》、甄克斯之《社会通诠》等书,悉本信达雅三例,以求与晋、隋、唐、明诸译书者相颉颃,于是华人始知西方哲学、计学、名学、群学、法学之深邃,非徒制造技术之轶于吾上,是为近世文化之大关键。"④

三种评价相差如此悬殊,似乎让人怀疑翻译评价标准的客观性。倘若进一步思考,上述三种意见可以说都有一定的合理性。傅斯年是着眼于字当句对的文字层面;贺麟是比较三个时期的译文,发现忠实度的差异,也是着眼于语言意义层面;而胡先骕和柳诒徵则超越了字词句的语言层面,是从精神内涵看待严复的译文。更重要的是,三种观点的差异更多的是反映了批评者的翻译观念和文化立场:以传统文化还是以西化为旨归。严复对翻译的选择和眼光似乎不能简单地从字词句对应来评价,在他看来,翻译已不是单纯的语言转换而是文化输入和移植。

---

① 贺麟:《严复的翻译》,《东方杂志》1925年第二十二卷第二十一号,第75—87页。
② 黄克武:《严复的翻译:近百年来中西学者的评论》,《东南学术》1998年第4期,第94页。
③ 胡先骕:《评胡适〈五十年来中国之文学〉》,《学衡》1923年第十八期,第7页。
④ 柳诒徵:《中国文化史》(下卷),上海:东方出版中心,1988年,第798—799页。

有意思的是，晚清学人很少质疑严复翻译的水平和忠实，甚至连林纾的翻译也被世人推崇备至。事实上，严复所具备的中外文涵养和对西方学术思想的了解，远远超过当时的维新人士。有学者对此有精到的评述：

> 严复则不然，他自十四五岁起，便到船政学堂学科学技术；二十五岁后，又到英国留学，醉心于西方资产阶级的文物制度，阅读亚当·斯密、边沁、孟德斯鸠、达尔文、赫胥黎等英法资产阶级思想家的著作。回国以后……他除了发愤钻研中国旧籍外，仍孜孜不倦地继续研究西方资本主义的思想学说，追求西方国家所以富强并横行五洲的基本原因。我们可以大胆地说：1895年（光绪二十一年）时，这一位四十三岁的北洋水师学堂校长，对于西洋学问造诣之高，对于西洋社会了解之深，不仅远非李鸿章、郭嵩焘、张之洞等洋务派人物可比，就是那些甲午战争前曾经到过外国的维新派人物，如王韬、郑观应、何启之流，甲午战争后领导整个维新运动的人物，如康有为、梁启超们，也都不能望其项背。①

对自己的中英文水平和翻译能力，严复很是自负："弟于此事，实有可以自信之处。且彼中尽有数部要书，非仆为之，可决三十年中无人为此者；纵令勉强而为，亦未必能得其精义也。"② "细思欧洲应译之书何限，而环顾所知，除一二人外，实无能胜其任者，来者难知，亦必二十年以往……"③ 不仅如此，严复曾非常严厉地批评过同时代那些不忠实的翻译："乃观近人所译，如《万法精理》等编，大抵不知而作，羼以己意，误己误人，于斯为极。原文具在，来者难诬，即令译者他日反观，而不面赤汗下者，未之有也。"④

---

① 王栻编：《严复与严译名著》，《论严复与严译名著》，北京：商务印书馆，1982年，第4页。
② 严复：《与张元济书》，王栻编：《严复集》（第三册），北京：中华书局，1986年，第525—526页。
③ 同上书，第546页。
④ 严复译：《孟德斯鸠法意》，北京：商务印书馆，1981年，第49页。

其次，他对翻译又极端审慎，每一个字都是费尽斟酌，称"字字由戥子称出"。"鄙人于译书一道，虽自负于并世诸公未遑多让，然每逢义理精深、文句奥衍，辄徘徊踯躅，有急与之搏力不敢暇之慨。"① "一名之立，旬月踯躅"是他审慎敬业的写照。② 毋庸讳言，严复的翻译带有明显的译经意识，指望自己的译著"愈久而不沉没"长久流传于世，成为救亡济世的经典；称"复今者勤苦译书，羌无所为，不过闵同国之人，于新理过于蒙昧，发愿立誓，勉而为之。"③ 他还说，这些书译成之后"仆亦不朽矣。"④ 他甚至寄希望于未来的读者。1903 年 3 月 25 日他写道："吾译此书真前无古人，后绝来哲，不以译故损价值也，惜乎中国无一赏音。扬子云：'期知者于千载'，吾则望百年后之严幼陵耳！"⑤

四、"达恉"与"格义"

如果说从求信的学养和功底而言，没有人能超过严复；就对翻译的审慎和敬业而言，也无人能与严复比肩。那么，严复为什么要用"达恉"和"取便发挥"的翻译策略，而不坚持翻译的"正法"呢？有学者概括了严复偏离原意的原因：(1) 严复缺乏知识上的能力；⑥ (2) 严复高度经世的动机，其译文的本质是"托译言志"；⑦ (3) 严复思想与固有文化的连续性；(4) 依赖传统的伦理、哲学的范畴与语汇。⑧

认为严复的翻译不够忠实是缺乏"知识上的能力"，也就是认为他所译的学术思想在当时没有可译性。严复不能译，则无人能译。这样的观点近乎不可译论，这里似乎不必展开讨论。至于"经世"和"托译言

---

① 严复：《与张元济书》，王栻编：《严复集》（第三册），北京：中华书局，1986 年，第 537 页。
② 王栻：《严复与严译名著》，《论严复与严译名著》，北京：商务印书馆，1982 年，第 13 页。
③ 严复：《与张元济书》，王栻编：《严复集》（第三册），北京：中华书局，1986 年，第 527 页。
④ 同上书，第 537—238 页。
⑤ 孙应祥、皮后锋：《严复集补编》，福州：福建人民出版社，2004 年，第 12 页。
⑥ 黄克武：《严复的翻译：近百年来中西学者的评论》，《东南学术》1998 年第 4 期，第 94 页。
⑦ 同上。
⑧ 同上文，第 90 页。

志",已有众多的学者讨论,史华兹就曾断言,严复曲解原文很少是因为他所使用的语言,"更多的是由于他的先入为主"的成见。① 他的选择蕴含了他对中国命运的文化解读;他所撰写的大量的按语,更是出自于"唤醒中国人保种自强,与天争胜,变法图存"②的良苦用心。将严复的翻译与"救亡启蒙"联系起来的论述甚多,不再赘述。

如果撇下"信"的不同理解不论,权且认为严复早期采用"达恉"方式的译介"略亏于信",没有精确再现原文的意义,那么,我们有理由认为严复使用"达恉"的翻译策略自有其深意,是他在特定文化语境下深思熟虑的选择;或者说是有意的"偏离"。这样看来,"文化的延续性"和"依赖传统的伦理、哲学的范畴与语汇"似乎有更多讨论的空间。张君劢认为,"严氏译文,好以中国旧观念,译西洋新思想,故失科学家字义明确之精神,其所以为学界后起者之所抨击,即以此焉。"③"学界后起者"认为严译的弊端是运用充满了文化意涵的古文来诠释西方概念,即"格义"的策略,有失精确。这样的批评似乎忽略了两点:(1) 文本类型;(2) 时代的局限。

首先严复翻译的是"形上之学"而非一般的"时文、公牍、说部"。吴汝纶就曾担心严复译作的文本类型不太为世人所接受。他在《天演论》序文中就说:"凡为书必与其时之学者相入,而后其效明,今学者方以时文、公牍、说部为学,而严子乃欲进以可久之词,与晚周诸子相上下之书,吾惧其舛驰而不相入也。"④ 吴汝纶是明眼人,非常清楚严复的翻译主题和内容的特殊性。严复翻译的学术思想著作中的核心概念术语,其意义只能在西方的政治、经济、文化、思想中得以界定,一旦脱离了原语语境就很难表述和言说。在《论新学语之输入》一文中,王国维就分析了"形上之学"翻译的艰难。他说像严复这样的"博雅"之

---

① 史华兹:《寻求富强:严复与西方》,叶凤美译,南京:江苏人民出版社,1996年,第87页。
② 马勇:《严复学术思想评传》,北京:北京图书馆出版社,2001年,第126页。
③ 转引自贺麟:《严复的翻译》,罗新璋、陈应年编:《翻译论集》,北京:商务印书馆,2009年,第218页。
④ 吴汝纶:《序》,《天演论》,严复译,北京:商务印书馆,1981年,第viii页。

士,"造语之工者固多,而其不当者亦复不少。"① 原因是严复尝试用"格义"的方法,即用传统文化的概念术语来解释西方概念。汤用彤、陈寅恪、冯友兰等都对"格义"做过深入论述。冯友兰认为,"格义"是"两种文化初遇时互相理解的一个必然过程"。② 例如,外国的哲学概念"传到别国的时候,也要经过类似的过程。佛教初到中国的时候,当时的中国人听到佛教的哲学,首先把它翻成中国哲学原有的术语,然后才觉得可以理解。"③ 汤用彤也指出:

> 大凡世界各民族之思想,各自辟途径。名辞多独有含义,往往为他族人民,所不易了解。而此族文化输入彼邦,最初均抵牾不相入。及交通稍久,了解渐深。于是恍然二族思想,固有相通处。因乃以本国之义,拟配外来思想。此晋初所以有格义方法之兴起也。迫文化灌输既甚久,了悟更深,于是审知外族思想自有其源流曲折,遂了然其毕竟有异,此自道安、罗什以后格义之所由废弃也。④

在不同文化接触的初期,用本土文化的思维框架来解读外来思想,几乎是唯一的选择,古今中外,概莫能外。例如西方文化概念初次进入中国,格义成为理所当然的选择。如:英文"President"在当时就译为:"总理""首领主""统领""主"(取万民之主的意思)、"国主""酋""长""酋长""大酋""头目""监督""头目""尚书""正堂""天卿""地卿""(花旗合部)大宪""头人""邦长""总领""大统领""皇帝""国君"和"国皇"等。要么就采用音译形式:"伯理师天德""伯理玺""伯理玺天德"和"伯里玺天德";⑤ 音译仍然需要进一步"格义"。用中国传统的概念术语翻译外来术语清楚地展示了外国文化思想

---

① 王国维:《论新学语之输入》,《王国维文选》,姜东赋、刘顺利选注,天津:百花文艺出版社,2006年,第42—43页。
② 冯友兰:《中国哲学史新编》(第六册),北京:人民出版社,1992年,第152页。
③ 冯友兰:《中国哲学史新编》(第四册),北京:人民出版社,1992年,第213页。
④ 汤用彤:《汉魏两晋南北朝佛教史》,北京:北京大学出版社,2011年,第132—133页。
⑤ 屈文生:《早期英文法律术语的汉译研究——以19世纪中叶若干传教士著译书为考察对象》,何勤华等主编:《法律翻译与法律移植》,北京:法律出版社,2015年,第303—304页。

的本土化演进轨迹。

何勤华在分析《万国公法》的翻译时就曾道出术语翻译的尴尬：丁韪良

> 将 law（法律）译为"律法"或"法度律例"，将 judge（法官）译为"法师"或"公师"，public jurist（公法学家）译为"公师"，将 federation（联邦）译为"合邦"，将 diet（议会）和 congress（国会）译为"总会"，将 House of Representatives（众议院）译为"下房"，将 Senate（参议院）译为"上房"，将 judgment（审判、裁判）译为"判断"，将 constitution（宪法）译为"国法"，将 debt（债务）译为"债欠"等。这些译法，后来没有一个能够为人们所认同、采纳，也未能流传下来。①

西方的学术思想在中国文化中缺少相应的、甚至类似的言说方式，更没有完全等同的术语来表述，所以处理方式只有以下数种：（1）传统术语代换；（2）音译；（3）释义（或格义）；（4）借用日语词；（5）创造新词。即便借用日语，其意也未必与原意吻合，而且生僻费解，在当时被视为"危害和败坏本国固有的思想学术、政教风俗和统治权威的威胁。"② 1904 年颁布的《京师大学堂章程》开篇"学务纲要"称：

> 近日少年习气，每喜于文字间袭用外国名词谚语，如"团体"、"国魂"、"膨胀"、"舞台"、"代表"等字，固欠雅驯。即"牺牲"、"社会"、"影响"、"机关"、"组织"、"冲突"、"运动"等字，虽皆中国所习见，而取义与中国旧解迥然不同，迂曲难晓。又如"报告"、"困难"、"配当"、"观念"等字，意虽可解，然并非必需此字。而舍熟求生，徒令阅者解说参差，于办事亦多窒碍……夫叙事述理，中国自有通用名词，何必拾人牙慧……倘中外文法，参用杂糅，久之必渐将中国文法

---

① 何勤华：《法律翻译在中国近代的第一次完整实践——以 1864 年〈万国公法〉的翻译为中心》，何勤华等主编：《法律翻译与法律移植》，北京：法律出版社，2015 年，第 290—291 页。

② 王健：《晚清法学新词的创制及其与日本的关系》，何勤华等主编：《法律翻译与法律移植》，北京：法律出版社，2015 年，第 328 页。

字义尽行改变。恐中国之学术风教,亦将随之俱亡矣……①

京师大学堂的《学务纲要》代表了当时的学术规范。在这样的语境下,"达恉"和"取便发挥"似乎是西方文化资源被中国文化认可最有效的策略。至于1911年之后,日语名词大量涌入中国,取代严复多数译名的原因,黄克武有所论述,②笔者后面还有专论,不再赘述。佛经、西方科技、宗教、政治、经济、哲学、社会等著作在输入中国的过程中,似乎全都经历了类似的本土化阶段。毋庸讳言,"格义"是"开启性的、起始性的、必然的方法",同时也是"初步的、不成熟的和过渡性的方法"。③无论采用何种翻译策略,有失精确都在所难免。这是西方思想中国化必须付出的代价,也是当时的翻译家面临的共同难题,更是当时被社会认可和接受的翻译规范。为了让更多的人能理解他的翻译,在《严译名著丛刊》170多万字中,严复撰写的按语多达数百条,约合17万字,占十分之一。这些按语实际上是"格义"或释义的常规策略,其内容包括名物的诠释,"近乎字典解说","对原书意见的补充甚或指出它的缺点",或联系国内实际问题的"随感录"。④在最初接触西方、面对完全陌生的思想文化概念的时候,试想严复或其他翻译家还能有什么选择?设身处地想一想,我们会发现严复的选择是审慎和成熟的,也是有效和成功的。用今天知识界对西方术语的理解与处理来非议和否定当时严复的翻译策略显然是不合时宜的。

严复在《天演论·译例言》中坦承自己的译介策略是"达恉",是"取便发挥"。他所从事的不是简单的文字转换,也不是简单的翻译,而是跨文化传播和文化改造。李泽厚在《论严复》一文中精辟地指出,"严复《天演论》的特点恰恰在于它不是赫胥黎原书的忠实译本,而是

---

① 王健:《晚清法学新词的创制及其与日本的关系》,何勤华等主编:《法律翻译与法律移植》,北京:法律出版社,2015年,第327页。
② 黄克武:《严复的翻译:百年来中西学者的评论》,《东南学术》1998年第4期。
③ 《格义》,见http://baike.baidu.com/view/2780638.htm?fr=aladdin。
④ 王栻:《严复与严译名著》,《论严复与严译名著》,北京:商务印书馆,1982年,第17页。

有选择、有取舍、有评论、有改造，根据现实，'取便发挥'的'达旨'。"① 晚清救亡启蒙的紧迫性和严复的政治诉求使他不能将翻译视为与政治无涉的艺术品，他必须思考翻译的政治内容、读者对象、表现形式和社会效果；他所选择的译作表述形式体现了他对"生存斗争学说的诠释和对社会进化论的反复思考。"②

结　语

从翻译批评的角度来看，"信达雅"与"达恉"之间的逻辑联系不仅揭示了晚清的主流意识形态、学术规范和诗学传统，而且表明外来概念在进入中国的初始阶段必然选择"格义"这样一种本土化的策略。围绕严复翻译和翻译观念的论争，实际上反映了批评者所持的翻译观念、所预设的读者对象以及所希求的预期社会效果的差异，进而折射出译者对中西文化的理解差异，乃至富国强兵、维新变革路线的认识差异。对翻译文化功能的认知决定了译者对翻译的认知，也决定了译者对翻译策略的选择和语言文体形式的选择。如果仅仅关注翻译策略上的差异，双方很难在批评中达成一致。经过100年来无数学者的诠释、解读和丰富，也"包括对它的驳难和批评"③，严复提出的"信达雅"实际已成为我国翻译界共同的理论成果和宝贵的文化资源。

而更重要的是，通过达恉的翻译策略，严复成功地"在两个不同的语言和知识系统，以及两种截然不同的政治话语之间，建立起了初步的虚拟对等关系，并构成起码的可译性。"④ 如果说严复的翻译没有精确地再现原文的意义，其重要原因是他所选择的是"形上之学"⑤。当全新的知识体系第一次进入中国，意义的流失、变形，以及多种中国化的

---

① 李泽厚：《论严复》，《中国近代思想史论》，北京：人民出版社，1979年，第261页。
② 王天根：《〈天演论〉传播与清末民初的社会动员》，合肥：合肥工业大学出版社，2006年，第4页。
③ 沈苏儒：《论信达雅：严复翻译理论研究》，北京：商务印书馆，1998年，第260页。
④ 屈文生：《早期英文法律术语的汉译研究——以19世纪中叶若干传教士著译书为考察对象》，何勤华等主编：《法律翻译与法律移植》，北京：法律出版社，2015年，第315页。
⑤ 王国维：《论新学语之输入》，《王国维文选》，姜东赋、刘顺利选注，天津：百花文艺出版社，2006年，第42页。

解读不仅是历史的局限,也是历史的必然。黄克武曾经指出,即便20、30年以后,像"胡适、鲁迅、贺麟等中国第一流的知识分子",也和"严复一样无法完全掌握弥尔……的思路",如果忽略了语言与文化交织在一起的翻译问题,"很难避免将翻译变成主观的诠释与想象。"① 在梳理了100年来学者对严复翻译的评价之后,他指出:"将西方一些与认识论密切相关的典籍翻译为中文之时,翻译者必须要对因为文化差距所造成双方认识论的不同有所了解,才能有比较忠实的翻译……忠实的译本必须依靠文化之间的广泛交流与深入的相互了解,并奠定在讲求高度精确的'现代翻译文化'的基础之上,在中国这样的条件或许是在赵元任之后才逐步建立的。"② 但《天演论》的翻译无疑是"介绍西方思想的首次重大尝试",是"严复的最大成功"。③

第三节 翻译批评与翻译时尚

但凡谈到晚清的翻译批评,人们首先想到的是严复在《天演论·译例言》中提出的"信达雅"三原则,"信达雅"也确实影响了中国翻译界100年。但是,如果回到历史现场,我们会发现翻译家的理论表述与翻译实践之间存在明显的差距。在具体的翻译中,"信"似乎总是悬空的,即便《天演论》本身的翻译也采取非"正法"的"达恉"和"取便发挥",这实在耐人寻味。不少翻译理论家从规定性研究思路出发,过多关注"信达雅"的解读和诠释,将理论与实践的抵牾归咎于译者缺少相应的中外文交际能力,职业道德的缺失,或翻译理论的粗疏。但对《天演论·译例言》中所提到的"信达雅"与"达恉"和"取便发挥"之间的逻辑联系缺少足够的研究,也没有将"信达雅"置于晚清的翻译

---

① 黄克武:《严复对约翰·弥尔自由思想的认识——以严译〈群己权界论〉(*On Liberty*)为中心之分析》,《近代史研究所集刊》1995年第24期,第147—148页。
② 黄克武:《严复的翻译:近百年来中西学者的评论》,《东南学术》1998年第4期,第95页。
③ 史华兹:《寻求富强:严复与西方》,叶凤美译,南京:江苏人民出版社,1996年,第89页。

时尚之下来思考。

翻译既然是一种社会化的行为，必然受到社会意识形态和社会习俗的驱动与制约。无论是意识形态、主流诗学还是社会、历史、文化等宏观制约因素，都必须转化为普遍接受的翻译规范，再内化为译者自觉遵循的翻译原则和策略。那么，清末民初的翻译家是如何评价当时的翻译活动？翻译批评家主要关注的是哪些翻译问题？在众多的译序、译跋、按语中提出了什么样的翻译观念和评判标准？翻译批评与翻译时尚是什么关系？这些问题对认识和了解当时的翻译活动、洞悉翻译家所做选择背后的文化动因都有积极的意义。

翻译批评作为一种社会话语实践，一方面受制于主流政治意识形态、传统诗学和普遍接受的翻译观念；另一方面又对翻译活动产生反拨，培养翻译阅读习惯，进而确立翻译经典，规范后继的翻译行为，最终强化或建构某种翻译观念。通过对晚清翻译批评话语的梳理，笔者认为，清末民初的翻译批评表现为民族救亡宏大叙述主导下的政治功利观，达恉和取便发挥的翻译策略观，以及语言雅驯、情节离奇的传统诗学观。

一、翻译与政治功利观

清末民初的翻译家无不抱有取经求道的宏愿和学为政本、经世致用的思想。戊戌变法失败以后，中国的维新派对自上而下的变革彻底绝望，他们清楚地意识到仅仅引进西方的科学和器物有不可克服的局限性，开始意识到国民素质在民族救亡中的重要作用。作为新民和启蒙的手段，梁启超破天荒地将小说（文学）的社会功能提高到前所未有的高度：

> 欲新一国之民，不可不先新一国之小说。故欲新道德，必新小说；欲新宗教，必新小说；欲新政治，必新小说；欲新风俗，必新小说；欲新学艺，必新小说；乃至欲新人心，欲新人格，必新小说。何以故？小说有不可思议之力支配人道故。①

---

① 梁启超：《论小说与群治之关系》，陈平原、夏晓虹编：《二十世纪中国小说理论资料》（第一卷）（1897—1916），北京：北京大学出版社，1997年，第50页。

在拔高文学的社会功能的同时，梁启超将文学翻译直接与宏大的政治叙述——救亡启蒙联系起来，使文学翻译合法化和政治化。当时译介的小说不仅数量激增，种类也繁多。《小说林》曾将已印和未印各书厘定为12种：历史小说、地理小说、科学小说、军事小说、侦探小说、言情小说、国民小说、家庭小说、社会小说、冒险小说、神怪小说、滑稽小说。其中最受关注、影响最大的要数政治小说、侦探小说和科学小说。究其原因，一是中国文学传统缺少相应的种类，二是这三类小说与新民启蒙、救亡图存直接相关。政治小说"借以吐露其所怀抱之政治思想"①，图"政界之日进"②；科学小说能使读者"获一斑之智识，破遗传之迷信，改良思想，补助文明"③；侦探小说则"餍人好奇之性"，药中国著述"向壁虚造"，"不合情理"之大病。④

西方列强的入侵对中国的政治精英产生了巨大震撼。"亘古未有之大变局"表达了士大夫阶级对未知命运的恐惧；严复的《天演论》将世界描绘为"弱肉强食、适者生存"的战场，进一步印证和强化了陆沉的恐惧。翻译选目所表现出的政治"宣教启蒙"和强国保种倾向迎合了国民对翻译社会功能的期待。当时的翻译批评，几乎无一例外地要与"救亡启蒙"联系起来：

> 终谓民智不开，则守旧维新，两无一可。即使朝廷今日不行一事，抑所为皆非，似令在野之人，与夫后生英俊洞识中西实情，昔日多一日，则炎黄种类未必遂至沦胥；即不幸暂被羁縻，亦将有复苏之一日也。所以屏弃万缘，惟以译书自课。⑤

> 且闻欧、美、东瀛，其开化之时，往往得小说之助。是以不惮

---

① 新小说报社：《中国唯一之文学报〈新小说〉》，陈平原、夏晓虹编：《二十世纪中国小说理论资料》（第一卷）（1897—1916），北京：北京大学出版社，1997年，第61页。

② 任公：《译印政治小说序》，陈平原、夏晓虹编：《二十世纪中国小说理论资料》（第一卷）（1897—1916），北京：北京大学出版社，1997年，第38页。

③ 周树人：《月界旅行·辨言》，陈平原、夏晓虹编：《二十世纪中国小说理论资料》（第一卷）（1897—1916），北京：北京大学出版社，1997年，第68页。

④ 成之：《小说丛话》，陈平原、夏晓虹编：《二十世纪中国小说理论资料》（第一卷）（1897—1916），北京：北京大学出版社，1997年，第455页。

⑤ 王栻编：《严复集》（第三册），北京：中华书局，1986年，第525页。

辛勤，广为采辑，附纸分送。或译诸大瀛之外，或扶其孤本之微。文章事实，万有不同，不能预拟；而本原之地，宗旨所存，则在乎使民开化。自以为亦愚公之一畚、精卫之一石也。①

往往每一书出，而全国之议论为之一变。彼美、英、德、法、奥、意、日本各国政界之日进，则政治小说，为功最高焉。英名士某君曰："小说为国民之魂。"岂不然哉！岂不然哉！②

小说为文学之最上乘……盖今日提倡小说之目的，务以振国民精神，开国民智识。③

迄今读史，犹懔懔有生气也。我今掇其逸事，贻我青年。呜呼！世有不甘自下于巾帼之男子乎？必有掷笔而起者矣。④

小说……为开通民智之津梁，涵养民德之要素……此其所以绝有价值也。⑤

翻译西书者之功用大矣……知其风俗，识其礼教，明其政治之源流，与社会之性质，故译书尚焉。⑥

译述泰西小说，寓其改良社会、激劝人心之雅志。⑦

纾年已老，报国无日，故日为叫旦之鸡，冀吾同胞警醒。⑧

观《经国美谈》……能歼除奸党，修内政，振国威，声震九

---

① 严复：《本馆附印说部缘起》，陈平原、夏晓虹编：《二十世纪中国小说理论资料》（第一卷）（1897—1916），北京：北京大学出版社，1997年，第27页。
② 梁启超：《译印政治小说序》，陈平原、夏晓虹编：《二十世纪中国小说理论资料》（第一卷）（1897—1916），北京：北京大学出版社，1997年，第38页。
③ 《新小说》第一号，陈平原、夏晓虹编：《二十世纪中国小说理论资料》（第一卷）（1897—1916），北京：北京大学出版社，1997年，第56页。
④ 自树：《斯巴达之魂》弁言，陈平原、夏晓虹编：《二十世纪中国小说理论资料》（第一卷）（1897—1916），北京：北京大学出版社，1997年，第108页。
⑤ 《新世界小说社报》发刊辞，陈平原、夏晓虹编：《二十世纪中国小说理论资料》（第一卷）（1897—1916），北京：北京大学出版社，1997年，第201页。
⑥ 世：《小说风尚之进步以翻译说部为风气之先》，陈平原、夏晓虹编：《二十世纪中国小说理论资料》（第一卷）（1897—1916），北京：北京大学出版社，1997年，第321页。
⑦ 陈熙绩：《歇洛克奇案开场》叙，陈平原、夏晓虹编：《二十世纪中国小说理论资料》（第一卷）（1897—1916），北京：北京大学出版社，1997年，第350页。
⑧ 林纾：《不如归·序》，陈平原、夏晓虹编：《二十世纪中国小说理论资料》（第一卷）（1897—1916），北京：北京大学出版社，1997年，第355页。

州，名播青史。①

……

可以看出，由严复、梁启超等思想家、启蒙家主导的翻译政治批评话语，通过林纾等文学翻译家的具体实践和泛政治化的解读，逐渐演变成民族的集体叙述。救亡启蒙和实用功利也成为其后100年翻译批评的主导话语。

二、达恉与译意

由于翻译的政治功能是翻译批评的首要关注点，批评界对译文质量的评估，便自然以翻译的社会效果和读者反应为旨归，并不十分关注译文与原著之间的精确对应。可接受性始终压倒了充分性。批评注重译语文化的读者习惯，允许甚至鼓励间接翻译或经过第三国语言转译，批评家很少斤斤于原著与译文的比对分析。节译、改译、编译、取便发挥成为翻译的时尚和常态。达旨和译意是晚清普遍遵循的翻译规范，也是批评家主张和接受的翻译策略。翻译批评话语默许甚至肯定（1）间接翻译，（2）译与创不分，（3）译评合一。

1. 间接翻译

晚清文学翻译的一个比较突出的特征是对转译作品的高度认可（或容忍）。王宏志曾作过统计，在清末民初有明确国籍的1 748种翻译小说中，经由日本译本再翻译成汉语的其他国家的小说达77种，占4.4%，数量超过同期直接从德语翻译的小说。如果加上翻译的日本小说103种，其数量超过从俄语翻译的小说，仅次于从英文和法文翻译的小说，位居第三位，出现了西学来自东方的文化传播奇观。就转译而言，批评家从便利、忠实程度和必要性三个方面展开讨论。梁启超在《论译书》中就强调从日文翻译的优势：

> 日本与我为同文之国，自昔行用汉文，自和文肇兴，而平假名

---

① 孙宝瑄：《忘山庐日记》（节录），陈平原、夏晓虹编：《二十世纪中国小说理论资料》（第一卷）(1897—1916)，北京：北京大学出版社，1997年，第571—572页。

片假名等,始与汉文杂厕,然汉文犹居十六七,日本自维新以后,锐意西学,所翻彼中之书,要者略备,其本国新著之书,亦多可观,今诚能习日文以译日书,用力甚鲜,而获益甚巨,计日文之易成,约有数端,音少,一也;音皆中之所有,无棘刺捍格之音,二也;文法疏阔,三也;名物象事,多与中土相同,四也;汉文居十六七,五也;……以此视西文,抑又事半功倍也。①

间接从日文翻译有诸多便利,但更重要的是,日本明治维新以来,不仅翻译了诸多西方的重要著作,而且日本维新人士撰写的著作,也都能为我所用;因而间接从日文翻译就事半功倍。

梁启超曾明确指出间接翻译并不影响译文的忠实;在《十五小豪杰·译后记》中他写道:

> 此书为法国人焦士威尔奴所著,原名《两年间学校暑假》。英人某译为英文,日本大文学家森田思轩,又由英文译为日本文,名曰《十五少年》,此编由日本文重译者也。②

梁启超首先明确承认是转译,是经由法语到英语到日语再到汉语。虽经转译,但"自信于原文无毫厘之误"、"丝毫不失原意","今吾此译,又纯以中国说部体段代之,然自信不负森田。"③尽管后来有人对"三次豪杰译"④颇有微词,批评译者"挥动大笔,对原作宰割挥斥之意",⑤但梁启超和当时的读者并不在意转译会导致意义的偏离。

对于转译的必要性,若干年以后鲁迅有过比较精到的论述:"我们因为想介绍些名家所不屑道的东欧和北欧文学,而又少懂得原文的人,

---

① 梁启超:《论译书》,《梁启超全集》,北京:北京出版社,1999年,第50页。
② 梁启超:《十五小豪杰·译后语》,陈平原、夏晓虹编:《二十世纪中国小说理论资料》(第一卷)(1897—1916),北京:北京大学出版社,1997年,第64页。
③ 同上。
④ 邹振环:《〈十五小豪杰〉与所谓"豪杰译"》,《影响中国近代社会的一百种译作》,北京:中国对外翻译出版公司,1996年,第166页。
⑤ 同上。

所以暂时只能用重译本，尤其是巴尔干诸小国的作品。"① 鲁迅所谓的"重译"即"转译"，通过第三国语言翻译。1934年，鲁迅在《论重译》中进一步讨论重译的必要：

> 懂某一国文，最好是译某一国文字，这主张是断无错误的，但是，假使如此，中国也就难有上起希罗，下至现代的文学名作的译本了。中国人所懂的外国文，恐怕是英文最多，日文次之，倘不重译，我们将只能看见许多英美和日本的文学作品，不但没有伊卜生，没有伊本涅支，连极通行的安徒生的童话，西万提司的《吉呵德先生》，也无从看见了。②

鲁迅主张转译是出于无奈，出于缺少熟悉相关语言的翻译人才。与直接翻译相比，转译的局限也是显而易见的。严复在光绪三十一年（1905）曾论述过间接翻译：

> 大抵翻译之事，从其原文本书下手者，已隔一尘，若数转为译，则源远益分，未必不害，故不敢也。颇怪近世人争趋东学，往往入者主之，则以谓实胜西学……夫以华人而从东文求西学，谓之慰情胜无，犹有说也；至谓胜其原本之睹，此何异睹西子于图画，而以为美于真形者乎？俗说之讳常如此矣！③

概言之，理想的翻译应该从原著直接译出；但由于需要与现实的差距，间接翻译也是必要的，特别是在中国与西方接触的初期，间接翻译就显得更加必要，自然也被批评界认可。

2. 译创不分

从现代翻译学的定义来看，翻译与创作存在明显的界限。但是，在清末的特殊语境中，社会似乎并不计较翻译与创作的本质性差异。当时文学翻译的一个重要特点便是随意增删，将创作穿插于翻译之中。施蛰存曾说，清末民初的文学翻译"最严重的缺点，莫如对原作的大量删

---

① 鲁迅：《通讯复张逢汉》，《鲁迅全集》（第7卷），北京：人民文学出版社，1973年，第495页。
② 鲁迅：《论重译》，《鲁迅全集》（第5卷），北京：人民文学出版社，1973年，第560页。
③ 王栻编：《严复集》（第三册），北京：中华书局，1986年，第567页。

节……德国作家史笃姆的中篇小说《茵梦湖》，近年出版的全译本有五万字，而1916年发表在《留美学生季报》上的译文《隐媚湖》，只有四千字。我们能说它是一个译本吗？"① 与此同时，凭空创造和杜撰也十分普遍。许多翻译家本身就是作家，"在翻译作品时，不免有所创造，常常添枝加叶，增加一些内容……实际上是半译半作。所谓译述，是又译又述，成为一时的风气。"②

苏曼殊翻译的《惨世界》堪称译创合一的典型。小说分两部分；第一部分"包括第一回至第六回和最后的第十四回；第二部分包括第七回至第十三回"。第一部分是"雨果原著第一部《芳汀》中第二卷《沉沦》的自由翻译……第二部分，是篇幅相近的新颖的故事，纯粹是曼殊的创作，和这部法国小说几乎没有类似之处或任何关联"③。《惨世界》的翻译反映了清末民初文学翻译的基本策略。第一，合译流行。《惨世界》由苏曼殊做初步翻译，后由陈独秀"负责润色并继续完成"④；这种合作形式到五四以后基本消失。第二，不求中外文的对应。译者偏离原文，"不介意忠实性与精确性"；随意改动，将译者认为无关的内容"整句整段地略去"。⑤ 第三，根据从原著得到的灵感，任意发挥，自行演义创作，最大限度地表现译者的政治理想和道德批判。鲁迅在谈到自己早年翻译的《月界旅行》和《地底旅行》时就承认，"虽说是译，其实乃是改作"⑥。正如有译者言："凡删者删之，益者益之，窜易者窜易之，务使合于我国民之思想习惯。"⑦ 译者"宜参以己见，当笔则笔，

---

① 施蛰存：《导言》，《中国近代文学大系·翻译文学集》（1），上海：上海书店出版社，1990年，第20页。
② 王继权：《略论近代的翻译小说》，王宏志编：《翻译与创作——中国近代翻译小说论》，北京：北京大学出版社，2000年，第49页。
③ 柳无忌：《苏曼殊传》，王晶垚译，北京：生活·读书·新知三联书店，1992年，第27—28页。
④ 同上书，第27页。
⑤ 同上书，第28页。
⑥ 转引自郭延礼：《中国近代翻译文学概论》，武汉：湖北教育出版社，1998年，第176页。
⑦ 海天啸子：《空中飞艇·弁言》，陈平原、夏晓虹编：《二十世纪中国小说理论资料》（第一卷）（1897—1916），北京：北京大学出版社，1997年，第108页。

当削则削"①；有译者甚至凭空添加，"以悼亡歌作结，余音袅袅，绕梁三周，从容自然，不现一毫枯意。"②

译者为了提高读者兴趣，有时会凭空杜撰。如《毒蛇圈》的译者就"恐阅者生厌，故不得不插入科译［诨］，以醒眼目"，并坦言"此为小说家不二法门"。③ 更多的则是从道德教化或传统诗学的角度改易原文。

> 译本小说，每述兄弟姐妹结婚之事，其足以败坏道德、紊乱伦常也，尤甚。愚以为译者宜参以己见，当笔则笔，当削则削耳。④

> 译本日多。咭叨咕噜，地名人名，累四五字，至不能句读。读者病之，宜其然矣。……译笔最忌率直。鄙意以为应取长弃短，译其意不必译其辞。⑤

译创界限的模糊使翻译作品的完成形式呈现出繁复多样的类型。有学者对清末民初五大小说杂志（《新小说》《绣像小说》《月月小说》《小说林》和《新新小说》）中的翻译完成形式进行过统计，105种小说共有9种形式，⑥ 可图示如下：

完成形式（策略）9	译（者）	述译	译述	撰（著）	重演	重译	译演	译意	未标明形式
数量：105	45	1	23	2	4	1	1	2	26

在标注为"译"的45种小说中，严格意义上翻译的作品估计不会太多。其余的60种小说（约占60%）只能算是编译或改写。不仅译者

---

① 铁：《铁瓮烬余》，陈平原、夏晓虹编：《二十世纪中国小说理论资料》（第一卷）（1897—1916），北京：北京大学出版社，1997年，第356页。

② 蘦红女史：《红粉劫·评语》，陈平原、夏晓虹编：《二十世纪中国小说理论资料》（第一卷）（1897—1916），北京：北京大学出版社，1997年，第498页。

③ 趼廛主人：《毒蛇圈·评语》，陈平原、夏晓虹编：《二十世纪中国小说理论资料》（第一卷）（1897—1916），北京：北京大学出版社，1997年，第112页。

④ 铁：《铁瓮烬余》，陈平原、夏晓虹编：《二十世纪中国小说理论资料》（第一卷）（1897—1916），北京：北京大学出版社，1997年，第356页。

⑤ 蘦红女史：《红粉劫·评语》，陈平原、夏晓虹编：《二十世纪中国小说理论资料》（第一卷）（1897—1916），北京：北京大学出版社，1997年，第497页。

⑥ 胡翠娥：《文学翻译与文化参与——晚清小说翻译的文化研究》，上海：上海外语教育出版社，2007年，第172页。

不在乎"译"与"作"之间的界限与区别,读者也不苛求,欣然接受。译、创不分的翻译规范在普遍接受和期待中得到确立。

此外,一些外国诗歌还被编译成歌词。如金一将《吊希腊》译编成"广为传唱的一首学生乐歌"①;陈冷血将《马赛曲》改编为"震旦学院的传唱词"②。小说翻译则改编为传统小说的程式和故套,长篇小说采用的章回体。有学者统计,在具有代表性的《新小说》《新新小说》和《绣像小说》这三种期刊上的 22 篇长篇翻译小说中,60%以上采用章回体,达 13 种。③ 也就是说,小说翻译"在诗学范式上基本沿袭中国古典小说程式"④:(1)分章标回,有对仗(或不对仗)回目。(2)全知全能的第三人称叙事和固定的叙事模式。如"话说""看官""未知后事如何,且听下回分解""话分两头"等。(3)以对偶诗话概括该回的故事。(4)展现诗词歌赋才华的"有诗为证"。(5)已成窠臼的人物和景物描写。

概言之,清末民初的翻译批评并不在意翻译与创作之间的差异,翻译家常常集文学家与批评家于一身,翻译策略至少包括意译、重写、删改、合译、译述等多种形式,"所译作品的意识形态及感情指向,常常与原作大相径庭"⑤。

3. 译评合一

译、评合一是晚清独特的批评方式,通常是对原作内容、思想倾向、创作手法、译介方式、翻译难点、译文与当下的联系等发表批评意见,阐述译者的政治立场和翻译策略,规范或引导读者的解读。晚清的译评通常有两种形式:一是翻译作品前后的译序、译跋、译者识语、弁言和注释等,即赫曼斯所谓的副文本。二是"译者以叙述者和人物的三重身份所作的个性化的发挥和衍义"⑥。所谓的译评合一指的是后者。

---

① 郭长海:《试论中国近代的译诗》,《社会科学战线》1996 年第 3 期,第 179 页。
② 同上文,第 180 页。
③ 郭延礼:《近代西学与中国文学》,南昌:百花洲文艺出版社,2000 年,第 70 页。
④ 胡翠娥:《文学翻译与文化参与——晚清小说翻译的文化研究》,上海:上海外语教育出版社,2007 年,第 115 页。
⑤ 罗爱华:《晚清文人文化的转向与文学翻译活动》,《船山学刊》2006 年第 2 期,第 103 页。
⑥ 同上文,第 145 页。

译评在清末民初的文学翻译中几乎是一种常态。译者常常是有意识地介入原作的叙述，或增添内容，或发表议论，或抒发自己的思想情感，或宣扬自己的价值观。试看下面的译诗：

  Superior beings, when of late they saw
  A mortal man unfold all Nature's law,
  Admired such wisdom in an earthly shape,
  And show'd a Newton as we show an ape.
  英国纽登，能识天文，世人见之，不复敬帝，反敬纽登，奉之如神；正如吾人，见猴作剧，敬猴之心，甚于敬人，其愚若斯，岂不可叹！①

  O sons of earth! Attempt ye still to rise
  By mountains piled on mountains to the skies?
  Heav'n still with laughter the vain toil survey,
  And buries madman in the heaps they raise.
  上古之人，欲避洪水，造巴别塔，高与天齐；后人求福，但靠富贵，徒劳无益，其愚亦然。嗟彼疯人，萦情名利。葬身利禄，真福未享；以此求福，愈求愈远。②

译者在扼要地选译了原作中的部分内容之后，取便发挥，开始道德说教，批评世人被名利和富贵所蒙蔽。胡怀琛也认为，诗歌翻译应该"撷取其意，锻炼而出之，使合于吾诗范围"；③ 他甚至提出译诗可分上中下三等："取一句一节之意，而删节其他，又别以己意补之，使合于吾诗声调格律者，上也。"④ 吴趼人在《电术奇谈》的附记中曾言："书中间有议论谐谑等，均为衍义者插入，为原译所无。衍义者拟借此以助阅

---

  ① 转引自刘树森：《〈天伦诗〉与中译英国诗歌的发轫》，《翻译学报》1998年第2期，第8—9页。
  ② 同上文，第9页。
  ③ 转引自陈福康：《中国译学理论史稿》，上海：上海外语教育出版社，1992年，第199页。
  ④ 同上书，第200页。

者之兴味，勿讥为蛇足也。"① 再看下面的翻译：

>（德国士兵的伤）不是弹子穿的，就是刀锋斫过的伤。或则头上，或则身上，或则手脚，伤处不一，都用布带子绷裹着。……甲午之役，中国与日本战败，兵勇之伤皆在后脑后背后膀后腿等处，始知中国兵勇未战即逃之故。②

译者在翻译中显然将自己对中国兵勇怯弱的批评和对甲午战争的反省一并带入翻译，引导读者以此反思战败的原因。在晚清，几乎所有的翻译家都忍不住要对所译内容进行评论；严复、梁启超、林纾等等，概莫能外。

有学者在对照分析《天演论》的两个汉译本之后，发现严复在《导论十三·制私》中，将赫胥黎"良心是社会的看守人，负责把自然人的反社会倾向约束在社会福利所要求的限度之内"③引申发挥：

>夫物莫不爱其苗裔，否则其种早绝而无遗，自然之理也。独爱子之情，人为独挚，其种最贵，故其生有待于父母之保持，方诸物为最久。久，故其用爱也尤深，继乃推类扩充，缘所爱而及所不爱，是故慈幼名，仁之本也。而慈幼之事，又若从自营之私而起，由私生慈，由慈生仁，由仁胜私，此道之所以不测也。④

赫胥黎简单的一句话"竟变成了117字的文言文！仅仅这一事实，就足以证明严复开掘之深。凡是有可能在这里借译发挥的人生道理，都已经被严复阐发得十分透辟。"⑤严复通过理清"私""慈""仁"三者之间的关系，"使人心悦诚服地相信，慈幼之心真的是人类普遍同情心

---

① 我佛山人：《电术奇谈·附记》，陈平原、夏晓虹编：《二十世纪中国小说理论资料》（第一卷）（1897—1916），北京：北京大学出版社，1997年，第164页。
② 转引自胡翠娥，《文学翻译与文化参与——晚清小说翻译的文化研究》，上海：上海外语教育出版社，2007年，第156页。
③ 俞政：《严复著译研究》，苏州：苏州大学出版社，2003年，第40页。
④ 赫胥黎：《天演论》，严复译，北京：商务印书馆，1981年，第30—31页。
⑤ 俞政：《严复著译研究》，苏州：苏州大学出版社，2003年，第40—41页。

（'仁'）的本源。"①

在《严译名著丛刊八种》中，严复所写的按语有数百条。有学者称，

> 严复采取意译的方法，对原著采取了随心所欲的删削附益。他在译文中不时掺和自己的话语，有的地方干脆增加了许多段落，以致严复添加的话语与赫胥黎原文错综复杂地交织在一起。尤为明显的是，严复别出心裁地采用了一种表达自己思想的独特方式——附加按语，有的按语之长，远远超过译文。②

梁启超在其翻译的《十五小豪杰》的第一、第二和第四回末尾，均有按语，要么介绍自己的翻译策略、语言使用形式，要么对所译内容阐发引申，进而介入评论：

> 此书寄思深微，结构宏伟，读者观全豹后，自信余言之不妄。观其一起之突兀，使人堕五里雾中，茫不知其来由，此亦可见泰西文字气魄雄厚处。武安为全书主人翁，观其告杜番云，"我们须知这身子以外，还有比身子更大的哩"，又观其不见莫科，即云"我们不可以不救他"，即此可见为有道之士。③

> 自由与服从两者，如车之两轮，鸟之双翼，相反而相成也。最高于自由性质者，莫英人若；最富于服从性质者，亦莫英人若，盖其受教育之制裁者有自来矣。立宪政体之国民，此二性质，缺一不可。盎格鲁撒逊人种所以独步于世界，皆此之由也。④

> 船中所存什物，统计之不能值五百磅金，然莫不有用。所最无用者，则此金钱五百磅耳！生计学言金钱非财富，在此等境地，便

---

① 俞政：《严复著译研究》，苏州：苏州大学出版社，2003年，第41页。
② 皮后锋：《严复大传》，福州：福建人民出版社，2003年，第180—181页。
③ 梁启超：《十五小豪杰》，《梁启超全集》，北京：北京出版社，1999年，第5666页。
④ 同上书，第5671页。

足证学理之确当。①

除了以"外史氏曰""西史氏曰"间接隐晦地介入原文进行评述之外,在翻译小说《不如归》第十八章"鸭绿之战"的结尾,林纾还直接以"林纾曰"出现在译文中,"为甲午海战中战败的闽人水师声辩":

> 林纾曰:甲午战事,人人病恨闽人水师之不武,望敌而逃。余戚友中殉节者,可数人。死状甚烈,而顾不能胜毁者之口,欲著《甲午海军覆盆》以辩其诬。今译此书,出之日人之口,则知吾闽人非不能战矣!若云林纾译时为乡人铺张,则和文、西文俱在,可考而知。天日在上,何可欺也?即以丁汝昌、刘步蟾言,虽非将才,尚不降敌而死,亦自可悯。唯军机遥制,主将不知兵事,故至于此。吾深恨郎威里之去,已为海军全毁之张本矣,哀哉!②

有时为了匡正世道人心,评点者甚至与译者合谋,添加"杜撰"的内容:"近时专主破坏秩序,讲家庭革命者,日见其众。此等伦常之蟊贼,不可以不有纠正之。特商于译者插入此段。虽然,原著虽缺此点……吾知其断不缺此思想也。故虽杜撰,亦非蛇足。"③ 不经意之间,译者与评点者、叙述者,译者与小说主人公之间的界限已经变得模糊,翻译与创作的界限也随之消解。

三、译作形态中国化

晚清的翻译理论并不系统,尚未成熟,翻译批评多借用传统的文论与诗学术语。批评标准也多参照中国传统文学的标准,再加上最初接触西方的抵触与排斥心理,翻译的形态高度本土化。西方的学术著作必须转换成传统的话语系统与言说方式,诗歌翻译以传统诗体形式出现,小说则大多改编为章回小说体。而语言雅驯、情节离奇的批评视角正是小说批评的传

---

① 梁启超:《十五小豪杰》,《梁启超全集》,北京:北京出版社,1999年,第5674页。
② 刘宏照:《林纾小说翻译研究》(博士论文),上海:华东师范大学,2010年,第95页。
③ 趼䴥主人:《毒蛇圈·评语》,陈平原、夏晓虹编:《二十世纪中国小说理论资料》(第一卷)(1897—1916),北京:北京大学出版社,1997年,第112页。

统套路。严复、梁启超就"雅"的讨论就是典型的对译文语言表现形式的批评。用文言翻译是当时的风气。之所以采用文言，一是因为用文言是当时主流政治话语的载体，文言翻译可以提高翻译的地位；二是因为翻译设定的目标读者是饱读诗书的士大夫阶层，文言翻译易于得到认可。在晚清的历史语境下，语言雅驯和情节离奇成为译作批评的两个重要因素。

首先，批评家高度关注译文语言的雅驯，以适应读者的审美心理和阅读习惯。下面是评点家对译家或译作的批评文字：

"林琴南先生，今世小说界之泰斗也，问何以崇拜之者众？则以遣词缀句，胎息史汉，其笔墨古朴顽艳，足占文学界一席而无愧色。"①

《梦游二十一世纪》："文笔亦畅达可读。"

《环游月球》："译笔亦修洁可读。"

《雪中梅》："文笔亦旖旎可读。"

《政治波澜》："至其文笔旖旎，颇得六朝气习，是亦大可观者。"

《毒蛇案》："译笔亦奇惊可喜。"

《俄国情史》："文笔亦隽雅可读。"

《吟边燕语》："译笔复雅驯隽畅，遂觉豁人心目。"②

《茶花女遗事》："以华文之典料，写欧人之性情，曲曲以赴，煞费匠心，好语穿珠，哀感顽艳……冷红生之笔意，一时都活，为之欲叹观止。"③

《新新小说叙例》："文笔务求流畅，描摹尽致。"④

《迦因小传》："译笔丽瞻，雅有辞况，抗词幽说，闲意眇旨。"⑤

---

① 觉我：《余之小说观》，陈平原、夏晓虹编：《二十世纪中国小说理论资料》（第一卷）(1897—1916)，北京：北京大学出版社，1997年，第336页。

② 胡翠娥：《文学翻译与文化参与——晚清小说翻译的文化研究》，上海：上海外语教育出版社，2007年，第204—205页。

③ 邱炜萲：《茶花女遗事》，陈平原、夏晓虹编：《二十世纪中国小说理论资料》（第一卷）(1897—1916)，北京：北京大学出版社，1997年，第45页。

④ 侠民：《新新小说·叙例》，陈平原、夏晓虹编：《二十世纪中国小说理论资料》（第一卷）(1897—1916)，北京：北京大学出版社，1997年，第141页。

⑤ 林纾：《迦茵小传·小引》，陈平原、夏晓虹编：《二十世纪中国小说理论资料》（第一卷）(1897—1916)，北京：北京大学出版社，1997年，第154页。

《大食宫余载》:"总先生所译诸书,其笔墨可分三类:《黑奴吁天录》为一类,《技击余闻》为一类,余书都为一类。一以清淡胜,一以老练胜,一以浓丽胜。一手成三种文字,皆臻极点,谓之小说界泰斗,谁曰不宜?……译笔故属绝唱。"①

《离恨天》:"用心之细,用笔之洁。"②

《小说月报·特别广告》:"文字力求妩媚,文言、白话,兼擅其长。"③

《红粉劫》:"译笔最忌率直。"④

《拊掌录》《双鸳侣》《吟边燕语》等:"译笔雅似《史》、《汉》。"⑤

《玉环外史》:"译笔、叙事,并皆入妙。"⑥

《海底沉珠》:"布局、译笔均佳。"⑦

《东欧女豪杰》:"笔墨极为优胜,与体裁最合。"⑧

相反,批评家认为失败的翻译,要么"情迹简短,一览之后,即无余味";或"叙事、译笔两无可取,阅之令人作三日恶";⑨ 或"令人读之,味同嚼蜡"⑩;或"译笔太俗,不能以激昂慷慨出之,故毫无精彩"⑪;

---

① 伺生:《小说丛话》,陈平原、夏晓虹编:《二十世纪中国小说理论资料》(第一卷)(1897—1916),北京:北京大学出版社,1997年,第388页。

② 林纾:《离恨天·译余剩语》,陈平原、夏晓虹编:《二十世纪中国小说理论资料》(第一卷)(1897—1916),北京:北京大学出版社,1997年,第414页。

③ 《小说月报·特别广告》,陈平原、夏晓虹编:《二十世纪中国小说理论资料》(第一卷)(1897—1916),北京:北京大学出版社,1997年,第419页。

④ 蛰红女史:《红粉劫·评语》,陈平原、夏晓虹编:《二十世纪中国小说理论资料》(第一卷)(1897—1916),北京:北京大学出版社,1997年,第497页。

⑤ 铁樵:《编辑余谈》,陈平原、夏晓虹编:《二十世纪中国小说理论资料》(第一卷)(1897—1916),北京:北京大学出版社,1997年,第501页。

⑥ 新庵:《月刊小说平议》,陈平原、夏晓虹编:《二十世纪中国小说理论资料》(第一卷)(1897—1916),北京:北京大学出版社,1997年,第527页。

⑦ 同上书,第528页。

⑧ 布袋和尚:《致饮冰主人手札》,陈平原、夏晓虹编:《二十世纪中国小说理论资料》(第一卷)(1897—1916),北京:北京大学出版社,1997年,第575页。

⑨ 新庵:《月刊小说平议》,陈平原、夏晓虹编:《二十世纪中国小说理论资料》(第一卷)(1897—1916),北京:北京大学出版社,1997年,第528—529页。

⑩ 《绍介新书〈福尔摩斯再生后之探案第十一、十二、十三〉》,陈平原、夏晓虹编:《二十世纪中国小说理论资料》(第一卷)(1897—1916)》,北京:北京大学出版社,1997年,第272页。

⑪ 新庵:《月刊小说平议》,陈平原、夏晓虹编:《二十世纪中国小说理论资料》(第一卷)(1897—1916),北京:北京大学出版社,1997年,第528页。

或"译笔冗复,可删三分之一"①;或"笔法太板,无多趣味"②。

除了语言雅驯之外,译书的语言也模仿国人熟悉的传统文体。《母夜叉》的译者就称:"我手里译这部书,心里拿着两本书做蓝本:一部就是《水浒》,那一部不用说了。所以这书里骂人的话,动不动就是撮鸟,或者是鸟男女,再不就是鸟大汉,却也还俗不伤雅。又像那侦探夜里瞧见人家私会,他不耐烦,自言自语的说道:'那鸟男女想已滚在一堆,叫得亲热。我兀自在这儿扳空网,有什么鸟趣!'"③披发生在《红泪影·序》中也称,该书翻译"体裁则有意仿《金瓶梅》、《红楼梦》二书者"④。

形式的归化还包括人名地名的译写,如我佛山人所言:"原书人名地名,皆系以和文谐西文,经译者一律改过。凡人名皆改为中国习见之人名字眼,地名皆借用中国地名,俾读者可省脑力,以免艰于记忆之苦。好在小说重关目,不重名词也。"⑤

其次,批评家对翻译小说的情节也高度关注,认为故事务必惊险离奇:

"……凭空落墨,恍如奇峰突兀,从天外飞来,又如燃放花炮,火星乱起。然细察之,皆有条理。"⑥

"离奇变幻,与中国小说之界截然不犯。"⑦

"前后关锁,起伏照应,涓滴不漏。言哀则读者哀,言喜则读者喜,

---

① 胡翠娥:《文学翻译与文化参与——晚清小说翻译的文化研究》,上海:上海外语教育出版社,2007年,第204—205页。
② 新庵:《月刊小说平议》,陈平原、夏晓虹编:《二十世纪中国小说理论资料》(第一卷)(1897—1916),北京:北京大学出版社,1997年,第529页。
③ 《母夜叉·闲评八则》,陈平原、夏晓虹编:《二十世纪中国小说理论资料》(第一卷)(1897—1916),北京:北京大学出版社,1997年,第174页。
④ 披发生:《红泪影·序》,陈平原、夏晓虹编:《二十世纪中国小说理论资料》(第一卷)(1897—1916),北京:北京大学出版社,1997年,第380页。
⑤ 我佛山人:《电术奇谈·附记》,陈平原、夏晓虹编:《二十世纪中国小说理论资料》(第一卷)(1897—1916),北京:北京大学出版社,1997年,第164页。
⑥ 知新室主人:《毒蛇圈·译者识语》,陈平原、夏晓虹编:《二十世纪中国小说理论资料》(第一卷)(1897—1916),北京:北京大学出版社,1997年,第111页。
⑦ 涛园居士:《埃司兰情侠传·叙》,陈平原、夏晓虹编:《二十世纪中国小说理论资料》(第一卷)(1897—1916),北京:北京大学出版社,1997年,第136页。

至令译者啼笑间作,竟为著者作傀儡之丝矣。"①

"书中故为停顿蓄积,待结穴处,始一一点清其发觉之故,令读者恍然,此顾虎头所谓'传神阿堵'也。"②

"情迹离奇已极,欲擒故纵,将成复败,几于无可措手,则又更变一局……。"③

"盖于未胚胎之前,已伏线矣。惟其伏线之微,故虽一小物一小事,译者亦无敢弃掷而删节之,防后来之笔,旋绕到此,无复叫应。"④

"惟末章收束处,能于水尽山穷之时,异峰忽现,新小说结局之佳,无过此者。"⑤

"《天囚忏悔录》一书,亦林先生所译,事实奇幻不测……"⑥

"结构曲折,情事离奇,侦探中杰作也。"⑦

"设想甚奇,亦一佳本。"⑧

"译笔互见详略,似此本较为简切,删去首尾数节甚是。《纨扇谈》词句虽稍典雅,而首尾所赘,似为蛇足……"⑨

从上述译评可以看出,批评家和杂志社对翻译的要求基本一致。第一,译者的文笔代替了译笔;第二,对译笔的评论已成窠臼,不仅没有文学翻译自身的特色与个性,而且缺少针对性,对不同文学种类的译笔,似乎没有不同的要求;第三,译评针对的是译者"字法(文学修

---

① 林纾:《块肉余生述·续编识语》,陈平原、夏晓虹编:《二十世纪中国小说理论资料》(第一卷)(1897—1916),北京:北京大学出版社,1997年,第349页。
② 林纾:《歇洛克奇案开场·序》,陈平原、夏晓虹编:《二十世纪中国小说理论资料》(第一卷)(1897—1916),北京:北京大学出版社,1997年,第351页。
③ 林纾:《西利亚郡主别传·附记》,陈平原、夏晓虹编:《二十世纪中国小说理论资料》(第一卷)(1897—1916),北京:北京大学出版社,1997年,第353页。
④ 林纾:《冰雪因缘·序》,陈平原、夏晓虹编:《二十世纪中国小说理论资料》(第一卷)(1897—1916),北京:北京大学出版社,1997年,第374页。
⑤ 同上书,第389页。
⑥ 侗生:《小说丛话》,陈平原、夏晓虹编:《二十世纪中国小说理论资料》(第一卷)(1897—1916),北京:北京大学出版社,1997年,第390页。
⑦ 新庵:《月刊小说平议》,陈平原、夏晓虹编:《二十世纪中国小说理论资料》(第一卷)(1897—1916),北京:北京大学出版社,1997年,第529页。
⑧ 同上。
⑨ 同上书,第528页。

养)、句法和章法的要求",很少有"系统的原作和译作之间的对比评论,即使有也不是建立在语言对比的基础上。"①

结　语

从上分析可以看出,晚清的翻译评论家所强调的社会功能、达恉的翻译策略、译笔的雅驯和情节的离奇都不是翻译与创作的区别性特征。批评家和翻译家似乎形成了"共谋"(collusion),直接将创作的标准运用于译作。不关心、不在乎——在绝大多数情况下也无法了解——原作的真正面貌;基本上忽略了文学翻译与原作之间最重要的区别性特征。译作与原作之间的关系在译者与批评家本来就不系统、不完整的译评、译序或译跋中失落了。忠实的标准被悬空,翻译与创作的界限也因此被淡化,甚至被消解。人们无意、甚至拒绝回答"什么是翻译?"这个重要问题。局势的紧迫性和翻译的功利性使译者与评论家都乐意接受一个更宽泛、更可塑的文学翻译概念。译文与原文语言上的对照分析,实际上要到19世纪20年代赵元任的翻译中才真正有所体现;对文学翻译本质的刻意追问、对信的坚守也要等到五四新文学的翻译家和评论家。

第四节　日语译名与翻译批评

晚清以来,大量的概念术语通过翻译进入中国。一个有趣的现象是,严复创制的400多个译名很少流传至今,译界围绕术语的翻译也展开过多次深入的讨论。梳理各方提出的翻译原则与标准,探讨译名生成和流传的历史语境,有助于认识外来概念赖以生存的文化批评生态。

一、严复译名与日文外来语

外来概念和术语译名,标志中国迅速打破闭关自守的文化心态,开

---

① 胡翠娥:《文学翻译与文化参与——晚清小说翻译的文化研究》,上海:上海外语教育出版社,2007年,第206页。

始了与世界文化合流的发展趋势。有学者认为,外来语(1)极大地丰富了现代汉语词汇,(2)促进汉语语词的多音节化,(3)增加了新的语素,推动了汉语成分的语义发展,(4)增强了汉语词语结构的能产性,(5)促进了词语内部形式的复杂化,(6)增加了词语理据的复杂性,(7)增加了汉语词语结构的复杂性,(8)促使汉语书写的多符号化,(9)增加了异形词、同义词、同音词,(10)增加了新的语音形式。①可见,外来语提高了不同语言文化之间的可译度,促进了文化的趋同。

  严译八部名著和《天演论·译例言》在晚清社会产生了极其深远的影响。其译风审慎、译文尔雅,惠泽整整一代社会精英。严复直接从英文翻译西方的著作,苦心孤诣地创立了许多译名。相比之下,日语外来语或借词是西方的概念术语经由日语转译再引进到中国;也就是所谓的间接翻译。从理论上看,严复的翻译应该更加忠实可靠。不仅如此,严复还曾代表官方负责中外名词的编定和规范:"1909年5月清政府学部奏派严复编定各科中外名词对照表以及各种词典,9月复奏设立编订名词馆,以严复为总纂。"这是中国历史上"第一个审定学术名词的官方负责人以及官方机构。"② 有意思的是,严复的努力并不能保证他所创立的译名流传久远,今天他的译名大多已被日语译名取代。史华兹就发现,尽管严复的译书远非当时的中译日书所能相比,但"大多数由他创造的新词在与日本人所创造的新词的生存竞争中逐渐被淘汰"③。马西尼也曾言:"虽然严复著作读的人很多,但是他所创造的新词很短命。只有少数几个词在后来还有人使用,例如'乌托邦'(utopia)以及曾一度使用的'争存'(struggle for existence)。"④ 据熊月之统计,商务印书馆在严译名著八种后附的《中西译名表》中,共收词482条,被学术界沿用的只有56条(包括严复沿用以前的译名,如"歌白尼""美利

---

① 杨锡彭:《汉语外来词研究》,上海:上海人民出版社,2007年,第7—18页。
② 史有为:《汉语外来词》,北京:商务印书馆,2000年,第219页。
③ 史华兹:《寻求富强:严复与西方》,叶凤美译,南京:江苏人民出版社,1996年,第86页。
④ 马西尼:《现代汉语词汇的形成——十九世纪汉语外来词研究》,黄河清译,上海:汉语大词典出版社,1997年,第137页。

坚"等），所占比例不到12%。①

清末民初中国大量吸收日语外来语是不争的事实。王力在讨论鸦片战争以后汉语词汇的发展时认为，"现代汉语新词的产生有两个特点：第一个特点是尽量利用意译；第二个特点是尽量利用日本译名。"② 高名凯、刘正埮考证了1500多个汉语外来词的来源。其中，英语来源的有547个，法语来源的79个，德语来源的21个，日语来源的359个，俄语、意大利语及西班牙语来源的90个。③ 日语借词是除英语之外最大的来源。这些词"占现代汉语外来词的极大部分，许多欧美语言中的词都是通过日本人运用汉字的'意译'，先成为日语的外来词而再传入汉语的。"④ 有学者认为，借自日语的词语多达844个。⑤

在中国积极吸收外来术语的时候，国人为什么没有普遍认可严复的译名而听任日语译名大行其道？学者的解释主要集中于译文的精确和文体的雅驯这两个方面。张君劢认为："严氏译文，好以中国旧观念，译西洋新思想，故失科学家字义明确之精神"⑥；他认为用充满文化意涵的中文来诠释西方概念（即"格义"的策略）容易造成意义的混淆。如果说外来概念有意译、音译和释义三种方式，除了音译之外，意译和释义似乎都无法避免使用本文化的概念术语。日本创制的译名同样是利用本文化固有的概念术语来诠释和解读，这与严复的做法没有本质区别。西方的概念在转译成日语后意义同样会发生变迁。日本人在用汉字转写西方概念的时候，原意仍然会——甚至必然会——发生衍变，必然会因语境的变化而出现变异。有学者认为，"无论是以汉字合成的新词，还是借用古籍中的汉字词语加以改造、赋予新义，新生的译名仍多少带着汉字/词原有的语义，这是近代中日接受西方文化时发生'变容'的原

---

① 熊月之：《西学东渐与晚清社会》，上海：上海人民出版社，1994年，第701页。
② 王力：《汉语史稿》，北京：中华书局，1980年，第525页。
③ 高名凯、刘正埮：《现代汉语外来词研究》，北京：文字改革出版社，1958年。
④ 同上书，第80—81页。
⑤ 实藤惠秀：《中国人留学日本史》，北京：生活·读书·新知三联书店，1983年，第327页。
⑥ 转引自贺麟：《严复的翻译》，罗新璋、陈应年编：《翻译论集》（修订本），北京：商务印书馆，2009年，第218页。

因之一。"① 每一种文化都会根据自身的语境去诠释、选择、丰富，甚至操控原意。日本借词在进入中国文化语境时，尽管有相当的兼容性，仍需"二度诠释"。忠实与否与忠实的程度似乎都不能解释为何严复的译名被日语译名取代。

还有学者认为，严复的译名被取代是因为日文外来语更精确，理据更充分。这同样值得商榷。"任何概念、词语、意义的存在，都来自于历史上跨越语言的政治、文化、语境的相遇和巧合。"② 西方理论术语在中国的传播与接受过程，实际上是"与中国文化思想不断接触、反复碰撞与交融，不断衍生出新的含义、并实现它与中国文化的融合的过程。"③ 外国概念的翻译实际上是在"本土文化背景下被重新诠释"，或多或少会"偏离原有词汇的含意，对偏离程度的判断与容忍，则无一绝对的标准。"④ 有学者甚至认为，"语言在本质上是任意的，无理据的，不可论证的。"⑤ 一个非常生动的例子是传教士有关"God"长达3个世纪的"译名之争"。美国传教士"主张用'神'为译名，而英国和德国传教士则坚持认为'上帝'才是最合适的词汇。"⑥ 也就是说，外来概念译名的差异反映了翻译者自我解读与时代理解的差异。从后现代的视角来看，差异是必然的，也是积极的，合理的。精确与否仍然不能成为日文外来语取代严译的充分理由。

首先，日本借词并非具有当然的内在合理性。以"经济"一词为例。严复在《译斯氏〈计学〉例言》中充分陈述了他对"计学"与"经济学"的思考：

---

① 王克非：《若干汉字译名的衍生及其研究——日本翻译研究述评之二》，《外语教学与研究》1992年第2期，第60页。
② 赵晓阳：《译介再生中的本土文化和异域宗教：以天主、上帝的汉语译名为视角》，《近代史研究》2010年第5期，第70页。
③ 高圣兵、辛红娟：《Logic汉译的困境与突围》，《外国语》2008年第1期，第89页。
④ 赵晓阳：《译介再生中的本土文化和异域宗教：以天主、上帝的汉语译名为视角》，《近代史研究》2010年第5期，第72页。
⑤ 姜望琪：《论术语翻译的标准》，《上海翻译》（翻译学词典与翻译理论专辑），2005年，第84页。
⑥ 赵晓阳：《译介再生中的本土文化和异域宗教：以天主、上帝的汉语译名为视角》，《近代史研究》2010年第5期，第72页。

> 计学，西名叶科诺密，本希腊语。叶科，此言家。诺密，为聂摩之转，此言治。言计，则其义始于治家。引而申之，为凡料量经纪撙节出纳之事，扩而充之，为邦国天下生食为用之经。盖其训之所苞至众，故日本译之以经济，中国译之以理财。顾求必吻合，则经济既嫌太廓，而理财又为过陿，自我作故，乃以计学当之。①

也就是说，严复用"计学"不是随意的，他的选择有充分的历史合理性。吴汝纶就认为，"计学名义至雅训，又得实，吾无间然。"②而对日文译语，梁启超在《新民丛报》答读者问中指出："惟经济二字，袭用日本，终觉不安。以此名中国太通行，易混学者之目。而谓其确切当于西文原义，鄙意究未敢附和也。"③有学者称，"经济"已"不再是中国古代那种治理国家的含义……逐渐失去了原有概念指称。"④"以笔者之见，严复的'计学'译得很不错，而且论之有理。"⑤还有学者认为，"从汉语的本来含义看，'经济学'的译法并不准确，不如'理财学'贴切"。⑥有学者甚至称"经济"是一种"误植"：

> "经济"的古汉语义为"经世济民"、"经邦济国"，意近"政治"，近代日本人以"经济"对译英语 economy，含义转变为社会生产、分配、消费的总和，兼指节俭、合算，这些意义已与"经济"的古汉语义脱钩，亦无法从"经济"的词形推导出来。……中国第一个留美经济学博士马寅初 1914 年撰写的博士论文，也不用"经济学"一词。日本学者中不满意此一译词的也为数不少，如启蒙思想家西周曾创"制产学"，试图取代"经济学"。福泽谕吉虽是

---

① 严复：《译斯氏〈计学〉例言》，王栻编：《严复集》（第一册），北京：中华书局，1986年第97页。

② 《吴汝纶致严复书》（戊戌二月廿八日，1898年3月20日），《严复集》（第五册），北京：中华书局，1986年，第1562页。

③ 《新民丛报》第 8 号（光绪二十八年四月十五日），1902 年 5 月 22 日。

④ 方维规：《"经济"译名溯源考》，《中国社会科学》2003 年第 3 期，第 185 页。

⑤ 同上文，第 186 页。

⑥ 邹进文、张家源：《Economy、Economics 中译考——以"富国策"、"理财学"、"计学"、"经济学"为中心的考察》，《河北经贸大学学报》2013 年第 4 期，第 119 页。

"经济学"译词的最早厘定者之一,但他也并不以为此词精当,长期另用"富国学"、"理财学"……当代日本经济学史家山崎益吉也批评译词"经济"不仅脱离了该词原义,且使经济学走向物化,失去了本来面目。①

我们再以"天演"和"进化"为例。有学者认为,"严复在《天演论》中试图分别用'天演'表达自然的演化,用'进化'表示人类道德的升华。从造词的理据上看,'天演'没有人为的价值取向的含义,要优于'进化'"。② 王克非在讨论严复"天演"译名时称:

> 对"天"字,严复剖析甚精,划分出三意。但"天"字不论用何意,都能同时使人感到另外两意。因此"天演"虽用第三意,却仍可使人感到第一、二意,从而使这个词更显高深。严复在《天演论》中,用过不少含"天"之词对译 evolution,nature 等,如天演、天运、天行、物竞天择、与天争胜等,发人警醒。③

显然,日语译名并不优于严译。贺麟曾言:"日本翻译家大都缺乏……中国文字学与中国哲学史的工夫,其译名往往生硬笨拙,搬到中文里来,遂使中国旧哲学与西洋的哲学中无有连续贯通性。"④ 还有学者发现,日语译名"社会""经济""民主""自由"等,在中国"都曾引起误解与曲解"。⑤

其次,有不少学者从文体上寻求解释。他们首先批评严复的译文太务渊雅、刻意仿古,限制了其译名的流通与传播。其次,他们认为,严复的译名多以音译为主,这也不利于译名的接受。第三,他们认为严复遵循先秦词法,译名以单音节词为主。据韩江洪统计,《天演论》下卷

---

① 冯天瑜:《中西日文化对接间汉字术语的厘定问题》,《光明日报》2005年4月5日。
② 沈国威:《回顾与前瞻:日语借词的研究》,《日语学习与研究》2012年第3期,第4页。
③ 王克非:《〈严复集〉译名札记》,《外语教学与研究》1987年第3期,第53页。
④ 转引自文炳:《从〈康德译名的商榷〉一文解读贺麟的早期哲学术语翻译思想》,《岱宗学刊》2010年第1期,第33页。
⑤ 熊月之:《从晚清"哲学"译名确立过程看东亚人文特色》,《社会科学》2011年第7期,第145页。

《论一·能实》第一段的466词中,其中单音节词就有415个,占总词量的89%,双音节词仅占11%。① 单音节词和刻意仿古都违背了现代汉语的发展方向;这似乎有一定道理。有论者就认为,"大众文化、通俗文化的发展和普及也是致使新词向多音节方向发展的一个不可忽略的因素……而通俗化、口语化的结果必然是语词多音节化。"② 然而,也有学者对此持质疑态度。史华兹就认为,"严复的翻译的确传达了他想传达的思想的实质",③ 用"天"表示"nature"、用"竞存"表示"the struggle for existence"、用"适者生存"表示"the survival of the fittest"等,其"基本的意思已被传达出来了,这是不能否定的。"如果意义有所偏离,"很少是由于严复所使用的语言。"④ 弗格尔(Joshua Fogel)在《近期翻译理论》中提到了应该如何看待严复的译文:"这些术语之所以在中国不能奏效,并不是因为它们太文学化了,或者是因为它们要求过于深奥的中国古典知识而被摒出。在严复写作时,还没有广泛流传和使用白话文,而且能够阅读其译作的大多数读者毫无疑问都能理解他使用的典故。"⑤我们承认上述观点有一定的道理,但仍不能解释为什么一些明了通俗的双音节译名,如"理财学"被"经济学"、"天演"被"进化"、"名学"被"哲学"取代,也不能解释为什么音译"逻辑"会取代意译"论理"等等。

有意思的是,除了术语的理据之外,日本译词在情感上也并非一开始就得到中国学界的认可。严复曾以"宪法"为例,称:"宪即是法,二字连用,于辞为赘";批评"今日新名词,由日本稗贩而来者,每多此病"。⑥ 有学者甚至上升到民族自立和文化创新的高度,批评大量转

---

① 韩江洪:《严复话语系统与近代中国文化转型》,上海:上海译文出版社,2006年,第63页。
② 钟吉娅:《汉语外源词——基于语料的研究》(博士论文),华东师范大学,2003年,第123页。
③ 史华兹:《寻求富强:严复与西方》,叶凤美译,南京:江苏人民出版社,1996年,第85页。
④ 同上书,第86—87页。
⑤ 转引自向仍东:《严译新词探究》,《成都大学学报》2010年第1期,第90页。
⑥ 严复:《宪法大义》,《严复集》(第二册),北京:中华书局,1986年,第238—239页。

译日本书籍的做法:"若本意为翻译西书,通知西国政学源流,而以日文为之过渡,则断断不可。……勉强以译日文代译西书,自属万不得已";①甚至认为"中国人向无自立之心,动辄依傍门户。……欲其养成自立性质,务能自读西书,勇往直前。"②余又荪曾言:"我国学术界所用的学术名辞,大都是抄袭日本人创用的译名。这是一件极可耻的事。"③张东荪也指出:"国人于翻译一道远不如清末时代,尚有人自创名词。近则止知拾人吐馀而已。文化失其创造性,可哀也已。"④而对严复的翻译,张君劢曾说:"侯官严复以我之古文家言,译西人哲理之书,名词句调皆出独创。译名如'物竞'、'天择'、'名学'、'逻辑',已为我国文字中不可离之部分。其于学术界有不刊之功,无俟深论。"⑤对严复的译著译名被日本转译过来的著作与日语借词所取代,萧一山在《清代通史》中深感惋惜:"又陵介绍西方文化,绝无笼统肤浅之弊,独惜当时正在东洋留学生之稗贩狂潮之中,竟未能发生交流之作用,殊可慨矣。"⑥

事实上,日文外来语在中国的接受也经历了曲折的过程。日本学者宫岛达夫用"语词年轮"来表述词语使用的趋势。⑦日文外来语在中国的接受就是一个非常有意思的"年轮"。有学者将清末民初翻译日书分为如下几个阶段:清政府主导翻译期(1860—1880)、停滞期(1880—1895)、日本书翻译期(1895—1919)。他认为汉字文化圈近代新词有三种类型:中日流向词、日中流向词、中日互动词,并将1895—1919年称为"日→中"流向词类型。⑧实际上,日文外来语与中国本土译名存

---

① 廖云翔:《论日本文·本馆附跋》,李天纲:《万国公报文选》,北京:生活·读书·新知三联书店,1998年,第668页。
② 同上书,第669页。
③ 转引自文炳:《从〈康德译名的商榷〉一文解读贺麟的早期哲学术语翻译思想》,《岱宗学刊》2010年第1期,第32页。
④ 同上。
⑤ 转引自熊月之:《西学东渐与晚清社会》,上海:上海人民出版社,1994年,第700页。
⑥ 萧一山:《清代通史》(第四册),北京:中华书局,1986年,第2031页。
⑦ 沈国威:《汉语的近代新词与中日词汇交流——兼论现代汉语词汇体系的形成》,《南开语言学刊》2008年第1期,第75页。
⑧ 沈国威:《日语借词的研究》,《日语学习与研究》2012年第3期,第4页。

在一个并存、竞争和取代的过程：

> 根据对1833年至1915年中国古籍中词语使用频率的统计：在戊戌变法之前，"富强"是表达经济事物时较常采用的词语，"经济"一词在1902年左右大大超越"富强"成为常用词，并在1905年追随日俄战争的影响普及开来。……"经济"与"生计"存在此起彼伏的使用状况，其中1900—1905年以及1910年左右，"生计"的出现频率甚至超过"经济"。"经济"在民国立国之后，才呈现出明显优势。①

相对来说，梁启超对日文借词的态度比较理性、公允。1902年5月至1906年3月，梁启超多使用"生计"，1906年3月至1910年2月多使用"经济"，1910年2月至1912年10月回归"生计"，1912年10月以后"经济""生计"并用。② 严译新词在社会上的影响也可粗略地分为四个阶段：1897年至1904年，严译新词逐渐流传并达到流行的高峰，影响超过日译新词；1905年至1910年，严译新词与日文借词分庭抗礼；1911年至1919年严译新词使用频率下降，日译新词频率超过严译新词；1919年以后，大部分严译新词逐渐被日译借词取代。③

综上所述，外来语的创制与流通虽然相关，但在本质上分属两个完全不同的问题。创制主要涉及翻译方法与策略以实现精确对接；而流通则涉及接受语境，特别是翻译批评话语。译名的理据、译者的修养与敬业虽有影响，但并非译名流通的充分条件。如果从词语的年轮来分析译名的传播与接受，我们似乎可以认为，日语译名与汉语的兼容性、中日文化交流的骤然繁荣、日本化概念进入中国当时的教育体制等因素的共同作用使日语译名最终主导了西方观念在中国的译介。

---

① 刘群艺：《"理财学"、"生计学"与"经济学"——梁启超的翻译及其经济思想解读》，《贵州社会科学》2015年第4期，第146页。
② 金观涛、刘青峰：《观念史研究：中国现代重要政治术语的形成》，北京：法律出版社，2009年，第579页、第310—311页。
③ 韩江洪：《严复话语系统与近代中国文化转型》，上海：上海译文出版社，2006年，第53页。

二、日语借词的兼容性

外来词或外来语是指外来概念的中国译名,其称谓繁多。有学者统计至少有如下名称:"外来语""外来词""借用语""借词""借字""借语"等。① 日语借词是指现代汉语中的日语外来词。外来语或外来词的界定在学界有狭义和广义之分,学者的意见不完全相同。狭义外来词特别强调将译音作为判断标准,"即音译词,才是严格意义上的借词"②。

广义外来词是指"一个汉语词语的音、形、义中有一个是从其他民族的语言中借用来的,那么这个词语就可以被看作是'外来词'"。③ 也就是说,音译词、意译词和借形词都是外来词。广义外来词有一定的模糊性和不确定性,但是"将意译词和借形词纳入汉语外来词的研究视野,有着非常积极的现实意义。"④ 本研究中所谓的外来语或借词采纳的是广义的概念。

在汉语文字系统中,音和形之间总是存在一种强烈的语义关系。因此,在决定怎样翻译外来语语音时,总是倾向于选用在组合中具有意义价值的字。⑤ 有学者称,"由于汉语的表意文字系统与西方语言的文字系统毫无共同之处,所以音译词还必须经过字形的吸收过程。"⑥ 汉语与西方的语音系统是"不通融的,它不准备与外语因素去合并组成本系统已经包括的因素以外的新的连接体"⑦。由于汉语的"语音和文字之

---

① 曹莉亚:《百年汉语外来词研究热点述要》,《深圳大学学报》(人文社科版)2009年第3期,第116页。
② 伍铁平:《普通语言学概要》,北京:高等教育出版社,1993年,第237页。
③ 转引自曹莉亚:《百年汉语外来词研究热点述要》,《深圳大学学报》(人文社科版)2009年第3期,第117页。
④ 同上。
⑤ 马西尼:《现代汉语词汇的形成——十九世纪汉语外来词研究》,黄河清译,上海:汉语大词典出版社,1997年,第166页。
⑥ 同上。
⑦ 同上书,第165页。

间存在着一种形与影的关系",外来语的"语音方面必须与本族词相一致"。① 这就是译名与汉语兼容。

与西方语言相比,汉语与日语有天然的联系,兼容性相对较高。首先,在 19 世纪中叶,日语中已有 60% 的"汉语词"和"音读词"。马西尼称:

> 在明治维新以后,当日本人亟须翻译外语(多为英语)词语创造新词时,他们就从汉语古籍中去寻找有关词语;只要有可能,就把新义加在汉语古词上。此外,复合词都是根据汉语词汇的词法结构来创造的,这些词法结构就是偏正结构、联合结构、动宾结构以及这三种结构的各种组合。②

实藤惠秀曾描述过日语如何"完全依照汉语语法"创造新词,如形容词＋名词,副词＋动词,复合同义语,动词＋宾语等;并且认为:

> 日本书籍使用大量的汉字,中日"同文"的要素甚多,故此中国人翻译日文较为容易。那些用汉字制成的新语,乍然一看,有的字面上与汉语相同,其实含义与汉语迥异(例如"文学"、"革命");有的虽用汉语组合而成,但在传统的中国却不见这种名词(例如"哲学"、"美学")。不过对于这种新语,中国人一听解说便可理解;理解之后,记忆便容易;只要改换读音,便可以立刻当作中国语使用了。③

高名凯和刘正埮将现代汉语中日本借词分为三类:(1)"纯粹日语(即日语原有的而非用汉字翻译欧美词汇成员的日语的词)来源的现代汉语外来词",④ 如服务、方针、解决、申请、想象、支配、展开、话

---

① 马西尼:《现代汉语词汇的形成——十九世纪汉语外来词研究》,黄河清译,上海:汉语大词典出版社,1997 年,第 165 页。
② 同上书,第 175 页。
③ 实藤惠秀:《中国人留学日本史》,谭汝谦、林启彦译,北京:生活·读书·新知三联书店,1983 年,第 284 页。
④ 高名凯、刘正埮:《现代汉语外来词研究》,北京:文字改革出版社,1958 年,第 82 页。

题等。(2)"日本人用古代汉语原有的词,去意译欧美语言的词,再由汉族人民根据这些日语的外来词而改造成的现代汉语的外来词",① 如法律、封建、共和、经济、社会、思想、文学、文明、演说、表情、自由、政治等。(3)"先由日本人以汉字的配合去意译(或部分意译)欧美语言的词,再由汉族人民加以改造而成的现代汉语外来词",② 如美术、抽象、同盟、现实、原则、科学、观念、政府、社会主义、资本、商业、数学、哲学等。上述三类借词,对中国人来说,都有似曾相识的感觉。有学者称:"明治维新后,日本从西欧吸收了大量语词,其中有许多是用汉字书写的,并又流回到汉语,读音和意思都跟原来的汉字不一样,故这类外来词常难以辨认和确认。"③ 对普通民众而言,上述三种类型的日语借词都足以以假乱真。日语借词所使用的汉字和遵循的汉语构词法,不仅大大降低了民众的抵触情绪,而且增强了其在中国民众中的亲和力。

　　汉字和与汉语相同的词法结构使日语借词与汉语存在事实上的高兼容性。马西尼称之为"相容性";"很容易被现代汉语吸收"。④ 大部分日语汉字借词是"原语借词"⑤,这些新词与"传统的汉语词汇相一致"⑥。对中国人而言,日语借词的音、形、义都与汉语无异;以至于众多学者都认为中国人学习日语、翻译日书"事半功倍"。康有为称:"译日本之书,为我文字者十之八,其费事至少,其费日无多也。"⑦ 主张改革的杨深秀在1898年的奏折中指出按日文翻译之便,说"臣曾细研日本变法,如彼邦已译就西方佳著。日文书写与我相同,仅若干文法与我相反,苟经数月研习,即可大致明了,故利于我译(西方著作)

---

　　① 高名凯、刘正埮:《现代汉语外来词研究》,北京:文字改革出版社,1958年,第83页。
　　② 同上书,第88页。
　　③ 张德鑫:《中外语言文化漫议》,北京:华语教育出版社,1996年,第192页。
　　④ 马西尼:《现代汉语词汇的形成——十九世纪汉语外来词研究》,黄河清译,上海:汉语大词典出版社,1997年,第176页。
　　⑤ 同上书,第178页。
　　⑥ 同上书,第176页。
　　⑦ 转引自任达:《新政革命与日本——中国,1898—1912》,李仲贤译,南京:江苏人民出版社,1998年,第129页。

也。"① 张之洞认为,中国与日本的"情势风俗相近",因此"易仿行。事半功倍,无过于此。"② 梁启超也认为:"名物象事,多与中土相同","汉文居十六七","苟能强记,半岁无不尽通者。以此视西文,抑又事半功倍也"。③

日语借词不仅与汉语兼容,而且构词派生力很强。马西尼曾断言:"在现代汉语词汇所吸收的各种类型的借词中,日语汉字借词肯定是构词能力最高的,而且对汉语词法结构的影响也是最大的。"④ 明治维新之后,"日本人所创造的新词数以千计……无数新词构成了一个重要的词汇宝库,后来它成了汉语用来丰富自己词汇的重要源泉。"⑤ 有意思的是,中国人自己创制的译名反倒不如日语借词流行。马西尼就敏锐地发现:"当汉字借词与汉语古词发生冲突时,通常是汉字借词取胜。例如,'世界'取代了'天下'和'万国'这两个古词。"⑥ 可见,日语借词比其他外来语有更强的构词能力,而且比国人自创的译名更为便利。

民国时期,国立编译馆曾出版了科技名词统一译名辞典,其中附有日译名。有学者研究发现,"这些日译名与国立编译馆最后决定采用的中译名,竟有一部分是完全相同,故可推断中译名是借用自日译";"中译与日译相同的科学名词共二千六百七十七个之多。"⑦ 日语译名不仅数量大,其影响更是深远。马西尼认为,日语借词"构成了现代汉语借词中的主体,而且是借词中使用最为普遍的一种。"⑧ 美国学者任达认

---

① 转引自李杰泉:《留日学生与中日科技文化交流》,中国中日关系史研究会编:《日本的中国移民》,北京:生活·读书·新知三联书店,1987年,第283页。
② 张之洞:《劝学篇》,李忠兴评注,郑州:中州古籍出版社,1998年,第117页。
③ 梁启超:《饮冰室合集》(文集一),北京:中华书局,1988年,第76页。
④ 马西尼:《现代汉语词汇的形成——十九世纪汉语外来词研究》,黄河清译,上海:汉语大词典出版社,1997年,第181页。
⑤ 同上书,第176页。
⑥ 同上书,第179页。
⑦ 李杰泉:《留日学生与中日科技文化交流》,中国中日关系史研究会编:《日本的中国移民》,北京:生活·读书·新知三联书店,1987年,第285页。
⑧ 马西尼:《现代汉语词汇的形成——十九世纪汉语外来词研究》,黄河清译,上海:汉语大词典出版社,1997年,第175页。

为，词语"塑造并规限了人或社会的思想世界"。如是观之,"日本对塑造现代中国的贡献，差不多是无法估量的。"① 实藤惠秀甚至断言，在当今的中国，如果"不用日本词汇，便委实不能谈高深的学理"②。

史华兹有一段话令人深思：

> 严复对"新词汇的创作颇费脑筋……他没有过多地采用日本人在先前几十年里创造的新词。这位高傲的中国人，完全相信他对于本国语言渊源的理解远远超过"东方岛夷"的那些自命不凡的家伙……随着放弃古汉语作为翻译工具，随着中国学生大批去日本和将日文译著译成中文的潮流的出现，最省事的办法自然是大量采用日文新词汇。③

除了日语借词的兼容性之外，史华兹认为日语借词的流行还有两个重要的文化因素：中日交流的骤然升温和大量日本译著，特别是日本教科书被转译成中文。

三、中日交往的"黄金十年"

讨论严复的译名和日语借词的竞存关系，不能不考察晚清的文化语境。确切地说，是从1898年到1907年的文化语境。这非常关键的十余年似乎能够揭示译名流通的历史机制。美国学者任达将其概括为新政时期中日文化交往的"黄金十年"：

> 中国在1898至1910这12年间，思想和体制的转变都取得令人注目的成就。但在整个过程中，如果没有日本在每一步都作为中国的样本和积极参与者，这些成就便无从取得。和惯常的想法相反，日本在中国现代化中，扮演了持久的、建设性而非侵略的角色。不管怎样，从1898至1907年，中日关系是如此富有成效和相

---

① 任达：《新政革命与日本——中国，1898—1912》，李仲贤译，南京：江苏人民出版社，1998年，第138页。

② 转引自任达：《新政革命与日本——中国，1898—1912》，李仲贤译，南京：江苏人民出版社，1998年，第138页。

③ 史华兹：《寻求富强：严复与西方》，叶凤美译，南京：江苏人民出版社，1996年，第86页。

对地和谐，堪称"黄金十年"。①

甲午战争之后，中国割地赔款、与日本交恶；这是历史的一个面相。而西方列强虎视眈眈，企图划分在中国的势力范围，又形成了另一种复杂的政治角力关系。一方面清政府竭力避免西方侵略，另一方面日本政府也正千方百计遏制西方，特别是俄国在中国的渗透。"在日俄战争前后，围绕着这一共同利益，出现了日本人称之为对支外交的黄金时代。"② 日本国内的"清国保全论"认为，"支那之兴败与日本之存亡息息相关。从而主张由唇齿辅车关系的日本帮助中国觉醒，谋求保卫自己以抵抗列强的瓜分侵略。"③ 为此，日本"通过在军事、警务和教育方面的领导，直接参与了清政府的改革，扩展了新的日支关系。"④ 实藤惠秀将1896至1905年这段时间称为中国"纯粹的亲日时代"。"日清战争后到日俄战争之间的年份，是无比的日、中两国的亲和时代。关系密切得使其他外国人妒忌。"⑤ 西方学者甚至预言："新的中国将是日本人的中国。"⑥ 1906年，李提摩太撰文描述日本在中国的影响：

> 很明显，日本对中国18省的影响在不断地扩大，日本的旅游者、商人、教员、军事教官，在帝国无远弗至。中国贵族和统治阶级成千上万的子孙在日本受教育，回国后按在日本所学，依样画瓢。中国本地最好的报纸是日本人控制……本身就最具革命现象的意义。⑦

---

① 任达：《新政革命与日本——中国，1898—1912》，李仲贤译，南京：江苏人民出版社，1998年，第7页。
② 同上书，第9页。
③ 汪向荣：《日本教习》，《社会科学战线》，1983年第3期，第330页。
④ 神崎清：《日语在华北的文化势力（上）》，《支那》1936年8月1日；转引自任达：《新政革命与日本——中国，1898—1912》，李仲贤译，南京：江苏人民出版社，1998年，第9页。
⑤ 实藤惠秀：《中国人留学日本史》，谭汝谦、林启彦译，北京：生活·读书·新知三联书店，1983年，第141页。
⑥ 雷里·宾茹：《中国的日本化》，王凤冈：《日本对中国教育改革的影响，1895—1911年》，北平，1933年，第107页。转引自任达：《新政革命与日本——中国，1898—1912》，李仲贤译，南京：江苏人民出版社，1998年，第8页。
⑦ 转引自任达：《新政革命与日本——中国，1898—1912》，李仲贤译，南京：江苏人民出版社，1998年，第10—11页。

中日交往的勃兴受中日共同利益所驱动，救亡图新、师法日本成为晚清朝野的共识。1898年6月，张之洞将《劝学篇》上报皇上，光绪帝"详加披览"，认为"于学术人心大有裨益"，传旨总理衙门排印300册，作为维新教科书，甚至要求各省督抚人手一册认真学习领会。据说前后发行量不下200万册。① 试想200万册在当时是何概念。《劝学篇》提出："游学之国，西洋不如东洋：一路近省费，可多遣；一去华近，易考察；一东文近中文，易通晓；一西书甚繁，凡西学不切要者，东人已删节而酌改之。"② 该书后来被实藤惠秀称为"留学日本的宣言书"。③

1898年，盛宣怀在《筹集商捐开办南洋公学折》中提出，"照日本海外留学生之例，就学于各国大学堂以广才识而资大用。"④ 同年5月，御史杨深秀提出上奏，指出效法日本，"中华欲游学易成，必自日本始。政俗文字同则学之易，舟车饮食贱则费无多。"⑤ 1898年8月2日，光绪皇帝谕军机大臣等："出国游学，西洋不如东洋。东洋路近费省，文字相近，易于通晓，且一切西书均经日本择要翻译。着即拟定章程，咨催各省迅即保定学生陆续咨送；各部院如有讲求时务愿往游学人员，亦一并咨送，均毋延缓。"⑥ 由于皇帝和各军政大臣的支持，派遣留日学生遂作为国策确定下来。

从1901年开始，清政府还制定、颁布了一系列的政策与实施方案，鼓励国人留学日本：（1）推行"新政"，"奖励游学"；（2）制定鼓励游学章程；（3）颁布新学制，废除旧科举。⑦ 与此同时，清政府还广开渠道，积极推动留学：中央的练兵处、商部、学部以及京师大学堂，各省、县，各地的工商矿局、商会等民间团体以及学校都向日本派遣留学

---

① 沈殿成：《中国人留学日本百年史》（1896—1996）（上册），沈阳：辽宁教育出版社，1997年，第34—35页。
② 张之洞：《劝学篇》，李忠兴评注，郑州：中州古籍出版社，1998年，第117页。
③ 实藤惠秀：《中国人留学日本史》，谭汝谦、林启彦译，北京：生活·读书·新知三联书店，1983年，第23页。
④ 转引自沈殿成：《中国人留学日本百年史》（1896—1996）（上册），沈阳：辽宁教育出版社，1997年，第36页。
⑤ 同上。
⑥ 同上书，第41页。
⑦ 同上书，第91—97页。

生。此外，还有为数众多的学子自费留学日本，形成了史无前例的留日热潮。有学者生动地描述了当时留学日本的盛况：

> 在这大批留学生中间，除男子之外，也有步履维艰的缠足女子、老人和小孩子。他们为接受由小学至大学程度的各种教育而来。他们当中，父子、夫妇或兄妹同时留学者甚多。甚至有全家、全族同来留学的情形。论学历，有的拥有进士、举人、秀才各种头衔。①

对于留学生毕业回国，清政府也出台了《奏定考验出洋毕业生章程》八条，从1906年起，每年举行一次归国留学生"毕业考试"。1906年至1911年，清廷共举办了六届留学毕业生考试，连同第一届在内，及格者共1399人。最优等的172名，授予进士出身，优等的325名，中等的902名，均授予举人出身。② 同时，清政府还举办了四届廷试，通过廷试者，授予与其科名相应的官职。

中国向日本派遣留学生还得到日本政府的积极回应。日本文部省专门学务局长兼东京帝国大学教授上田万年撰写长文，论述中国学生留日的"意义及日本人在教育上的责任"，提出对中国留学生"必须予以特殊保护及奖掖"，"务以我帝国全国之力，谋求协助彼等获得成功之门径"。③ 由此可见，日本官方对中国留日学生十分重视，期望也很高。日本还专门为中国留学生创办学校：嘉纳治五郎为首批13名中国留学生创办的亦乐书院（后改名宏文学院）、成城学校、日华学堂、东亚商业学校、东京同文书院、东斌学堂、振武学校、法政速成科及普通科、经纬学堂、早稻田大学清国留学生部、路矿学堂、警监学校、志成学校、警官速成科等。在留学生比较集中的地区，有专门为中国人开设的书店、书局、印刷所、当铺，还有专为中国人学习日语而编著的语言教材和留学指南。由于中日双方的积极努力与协作，留日学生于1905、

---

① 实藤惠秀：《中国人留学日本史》，谭汝谦、林启彦译，北京：生活·读书·新知三联书店，1983年，第40页。
② 左玉河：《论清季学堂奖励出身制》，《近代史研究》2008年第4期，第48—49页。
③ 实藤惠秀：《中国人留学日本史》，谭汝谦、林启彦译，北京：生活·读书·新知三联书店，1983年，第25页。

1906年达到高潮。具体统计如下：

年份	人数
1901	280
1902	约500
1903	约1000
1904	约2406
1905	约7285①
1906	7283
1907	6797
1908	5216
1909	5266
1910	3979②

历年留日学生统计：

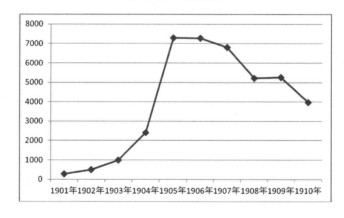

不同学者统计结果不太一致。据实藤惠秀统计，1905、1906年留

---

① 沈殿成：《中国人留学日本百年史》（1896—1996）（上册），沈阳：辽宁教育出版社，1997年，第115页。

② 周一川：《近代中国留日学生人数考辨》，《文史哲》2008年第2期，第104页。

日学生高达 8000 人;① 还有人认为同期留学日本的人数超过 1 万人。②

相比之下,同期中国留学欧美的人数则少得可怜。除了留日学生之外,留美学生人数最多:"1900—1907 年间,官费留美学生总计约有 100 余人。"③ 到 1910 年,"留美学生已达 500 多人。1911 年,留美人数又增至 650 人。"其中,"官费 207 人,自费 443 人。"④ 留欧学生人数则更少:"据清政府驻欧洲各国留学生监督呈报,在 1908 年至 1910 年前后,中国留欧学生总计约 500 人。其中留法学生 140 余人,留英官费生 124 人,留德学生 77 人,留俄学生 23 人。留比(比利时)学生人数不详。……官费和自费的比例约为 7∶3。"⑤ 留日学生压倒性的数量优势不仅对年轻一代的语言和知识结构产生了强烈冲击与巨大影响,改变了年轻知识分子的行为倾向,更重要的是形塑了其后若干年中国知识分子的情感归依和思维方式。

中国留日学生的剧增带来了翻译活动的高潮。为推动日书的翻译,1898 年康有为在《请广译日本书派游学折》中,请求皇上对翻译日书的译者给予加官晋爵:

> 巨愚请下令,士人能译日本书者,皆为大赉之。若童生译日本书一种五万字以上者,若试其学论通者,给附生。附生增生译日本书三万字以上者试论通,皆给廪生,廪生则给贡生。凡诸生译日本书过十万字以上者,试其学论通者给举人,举人给进士,进士给翰林,庶官皆晋一秩。……以吾国百万之童生,二十万之诸生,一万之举人,数千之散僚,必皆竭力从事于译日本书矣。若此则不费国币,而日本群书可二三年而毕译于中国,吾人士各因其性之所近而研究之,以成通

---

① 实藤惠秀:《中国人留学日本史》,谭汝谦、林启彦译,北京:生活·读书·新知三联书店,1983 年,第 451 页。
② 参见实藤惠秀:《中国人留学日本史》,谭汝谦、林启彦译,北京:生活·读书·新知三联书店,1983 年,第 36—39 页。
③ 王奇生:《中国留学生的历史轨迹:1872—1949》,武汉:湖北教育出版社,1992 年,第 14 页。
④ 同上书,第 17 页。
⑤ 同上书,第 57 页。

才,何可量数。①

据黄福庆统计,从1850年至1899年,中国所译外文书籍大约有567种,其中译自西方文字的共410种,占72.3%,而译自日文的仅有86种,只占15.2%。

1850—1899年译书比例：

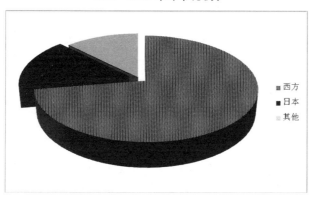

而到了1902年至1904年,中国留日学生"纷纷组织翻译团体,从事译书"。中国翻译外文书籍约533种,译自英、美、法、德等国西方文字的书籍只有130种,占24.4%;而译自日文的书籍却高达321种,占60.2%。②

1902—1904年译书比例：

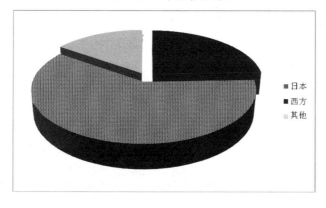

---

① 康有为:《请广译日本书派游学折》(1898年6月),汤志钧编:《康有为政论集》(上),北京:中华书局,1981年,第301—302页。

② 黄福庆:《清末留日学生》,台北:"中央研究院"近代史研究所,1975年,第179—180页。

不仅译自日语的书籍数量发生逆转,从 15.2% 上升到 60.2%,学科内容也有变化。有学者统计,"在 1896 年至 1911 年间,中国翻译日文书籍 958 种,其中,社会科学、人文科学的译书达 778 种,占 81.2%,而自然科学与应用科学加起来仅 172 种,占 18%。在社会科学类译书中,法律类最多,有 98 种,其次政治类 96 种,教育类 76 种。"① 有学者指出,"从甲午到民元,中译日书的数量是压倒性的……这批书在迻入新思想新事物的同时,又使一大批日本词汇融汇到现代汉语,丰富了汉语词汇,而且促进汉语多方面的变化。"② 大量的日语翻译还促进了中国部分国内出版机构的繁荣。根据熊月之"翻译、出版日文西书机构录要"的统计,1896 年至 1911 年间,中国主要出版日文西书的机构就有 97 家。③ 作为翻译的赞助机构,出版社也为汉译日文著作和日语借词在中国的传播和接受创造了有利条件。

在众多的留日学生中,有为数不少的维新人士和社会贤达。19 世纪末至 20 世纪初,"日本是中国维新派人士的第二故乡"④,孙中山、黄遵宪、康有为、梁启超、章太炎、鲁迅、陈天华等等,都在自己的文章和讲话中大量使用日本词汇和术语,被誉为"站在两个世界之间的""两栖人"。就传播西学而言,他们"所写的大众化的宣传品"比"翻译的书更有效"。⑤ 黄遵宪撰写的《日本国志》中使用的日语借词有:物理学、生物学、政治学、宪政、投票、司法、法庭、兵事、预备役、常备兵、后备兵、海军、电信机、改进、干事、广场、联络、农场、破产、汽船、消防、政党、证券、传播、方法、进步、意见、营业等。⑥ 梁启超著作中的日语原语借词有:民法、历史(history)、宗教(religion)、体操(gymnasium)、商业和商务(trade)、动物学(zoology)、

---

① 谭汝谦:《中国译日本书综合目录》,香港:香港中文大学出版社,1980 年,第 41—47 页。
② 任达:《新政革命与日本——中国,1898—1912》,李仲贤译,南京:江苏人民出版社,1998 年,第 131 页。
③ 熊月之:《西学东渐与晚清社会》,上海:上海人民出版社,1994 年,第 651—656 页。
④ 马西尼:《现代汉语词汇的形成——十九世纪汉语外来词研究》,黄河清译,上海:汉语大词典出版社,1997 年,第 123 页。
⑤ 吉尔伯特·罗兹曼:《中国的现代化》,国家社会科学基金"比较现代化"课题组译,上海:上海人民出版社,1989 年,第 261 页。
⑥ 马西尼:《现代汉语词汇的形成——十九世纪汉语外来词研究》,黄河清译,上海:汉语大词典出版社,1997 年,第 119—120 页。

民权(democratic right)、邮政(post system)、师范(teachers' training)以及农学（agronomy）。①这些"社会领袖式的人物"因其社会地位与影响，"成为日译新词的主要传播者"。②

随着赴日学习高潮的兴起，转译日语著作的数量繁多，特别是随着留日学生逐渐成为中国政治和学术上的精英，日语词语在中国的使用日渐普遍，这为汉语吸收日语借词创造了文化土壤。中、日术语的创制，并存到最终被日语借词所取代的过程，都与中国留日学生的学习、翻译和最后掌握社会话语权有一种对应与平行关系。

四、教育体制的日本化

成千上万的中国学生到日本留学、西方的社会科学与自然科学著作通过日语转译成中文、无数的社会贤达在自己的文章著作中大量使用日语外来语，所有这些因素都为日语外来语进入中国、进而取代严复的译名创造了有利的文化生态。但是，日语外来语在中国走红、生根并最终成为现代汉语语汇最重要的因素恐怕是中国教育体制的日本化、日本教材的译介和引进。这使年轻一代几乎没有选择地通过体制化的教育接受日本化的西方学术思想，日语外来语因而成为不可取代的话语形式与表述工具。日语外来语也从消极（通过阅读）的知识变成积极（通过写作）的大众知识基础。

晚清是中国教育体制的转型期。传统中国"没有形成制度化的学校体系"，教育"在很大程度上也是民间的、自发的和地方性的，没有任何管理体制"，甚至"没有固定的场所和资金"。③而传统教育的主要内容是孔孟之道，这"不仅是一种哲学"，更多的是"做官的敲门砖、派别斗争的武器、控制的工具、地位的标志"。④传统教育体制和内容的"狭隘性和保守

---

① 马西尼：《现代汉语词汇的形成——十九世纪汉语外来词研究》，黄河清译，上海：汉语大词典出版社，1997年，第120—121页。
② 张静、解庆宾：《论民初严复话语体系的衰落》，《天津师范大学学报》（社会科学版）2012年第5期，第31页。
③ 吉尔伯特·罗兹曼：《中国的现代化》，国家社会科学基金"比较现代化"课题组译，上海：上海人民出版社，1989年，第241页。
④ 吉尔伯特·罗兹曼：《中国的现代化》，国家社会科学基金"比较现代化"课题组译，上海：上海人民出版社，1989年，第256页。

性"表现在"教育水平与社会地位和权力之间具有不同寻常的密切联系……这种联系本身是现行制度合理性和稳定性的根源,又是教育变革的一种障碍。"①

甲午战争之后,教育体制的改革已刻不容缓。而中国教育的现代化转型从一开始就深受日本的影响:

> 中国的新教育,从开始到后来之惊人发展,直接间接都和留日教育有关。……中国教育史学者都认为"光绪二十八年的钦定学堂章程,整个是从日本学制里抄来的。光绪二十九年的奏定学堂章程,除了张之洞附加了自己的几分经古教育之外,也完全是照抄的。"直率地说:"本期新教育,完全就是日本式的教育","本期所有一切新教育的设施,大部分取法于日本"。……教员大半是曾留学日本,或受过日本教习教育的。②

美国学者在《中国的日本化》中认为,(京师大学堂)"管学大臣张百熙有关'大清国之教育改组'的报告……直接受日本体系启发……宣布除外语教员外,全部教员都应在日本选聘。事实上,最近成立的师范学堂,所有外籍教师都是日本天皇的臣民……不用说,这些日本人的教育使命必定产生巨大的影响。"③

随着教育改革的推进,到废除科举前的1904年,新式学堂已发展到4 222所,学生92 169人,到辛亥革命前的1909年,学堂数量猛增到52 348所,学生达1 560 270人。④新式学堂是"西方知识体系的制度性载体"⑤,更确

---

① 吉尔伯特·罗兹曼:《中国的现代化》,国家社会科学基金"比较现代化"课题组译,上海:上海人民出版社,1989年,第282页。

② 汪向荣:《中国的近代化建设和留日学生——兼论松本龟次郎的影响》,杨正光主编:《中日文化与交流》(第一辑),北京:中国展望出版社,1984年,第36页。

③ 雷里·宾茹:《中国的日本化》,王凤冈:《日本对中国教育改革的影响,1895—1911年》,北平,1933年,第107页。转引自任达:《新政革命与日本——中国,1898—1912》,李仲贤译,南京:江苏人民出版社,1998年,第8页。

④ 费正清、刘广京编:《剑桥中国晚清史》(下卷),北京:中国社会科学出版社,1985年,第440页。

⑤ 张法:《日本新词成为中国现代哲学基本语汇的主要原因——"中国现代哲学语汇的缘起与定型"研究之三》,《中国政法大学学报》2009年第4期,第70页。

切地说,是西方知识日本化的载体。

1904 年与 1909 年新式学堂学生数量变化对比:

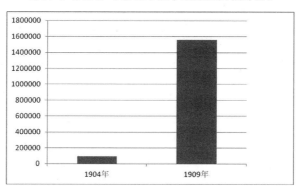

不仅小学、中学及大学的体制、设置和章程效法日本,各级学堂还大量聘用日本教习。日本教习分两类,一是在中国开办学校投身教育;二是应中国学校的招聘。这些人大多毕业于日本师范学校。据估计,全盛时期在中国的日本教习总数不下五六百名之多。①日本教习"遍及全中国,从沿海的山东、江苏、浙江,一直到内地的陕西、四川、贵州、云南,甚至连在当时汉人足迹罕到的僻地,如内蒙古的喀喇沁旗都有他们的存在。"②中国给予日本教习的待遇相当优厚,薪俸"比中国同工人员的薪俸,约高五倍至十倍";"比日本国同工的薪俸最高标准,也要高三至五倍左右;具体说,在一百五十两到五百两左右。"③

许多日本教习都学有所长。任达称:"来华日本教习及顾问中,近1/4(200 人中有 46 人)出自东京高级师范学校;在师范学校毕业生中,72 人就有 46 人,差不多 2/3 是该校学生。在中国的日本教习或教育顾问中,每 14 人就有一个是嘉纳学校的学生。"他强调,"在这短暂的却又是关键性的时间里,在建设和巩固新的现代教育体制方面",中国"依赖日籍教习和顾问"以"打破重重障碍"。④中岛半次郎曾调查发现,全国 20 个省的

---

① 汪向荣:《日本教习》,《社会科学战线》1983 年第 3 期,第 331 页。
② 同上文,第 338 页。
③ 同上文,第 340 页。
④ 任达:《新政革命与日本——中国,1898—1912》,李仲贤译,南京:江苏人民出版社,1998 年,第 107—111 页。

145所学校聘有日本教习占聘用外籍教师总数的84%以上。①据说聘用日本教习最多的时候达到461人。②日本教习"几乎全用日语讲授,故须由曾经留日或在日人所办学校读过书的中国人传译。"③这也是日语语汇进入中国教育知识界最直接的方式。有学者称:经过日本教育的成千上万的中国学生,"回国后从事写作、教书或在政府工作……帮助促进并巩固中国急速的转变。数以百计、遍及全中国的日籍教习和顾问,按照中国人的计划,都在灌输现代思想,重新塑造中国的机构。"④

与大量聘用日本教习相对照的是,欧美籍教师则受到冷落,甚至遭到解聘。京师大学堂校长、管学大臣张百熙曾

> "辞退丁韪良及其一切教务职员,力图改弦更张"。丁韪良在长达1/4世纪以上的时间里,一直担任总理衙门的同文馆总教习,1898年受任为京师大学堂总教习。他的免职无论对他本人或对所有西方改革者而言,都是重大的打击。⑤

自从张百熙1902年春集体辞退了以丁韪良为首的西方教习后,京师大学堂在聘请"外国教习和学习外国路径"两个方面开始了"由西向东,由欧美向日本的转变";京师大学堂遂由日本教习主导,"进士馆亦以日本法政为宗"。⑥清政府的这些教育方针和政策,促使中国整个教育体制的日本化,甚至单一化,为日语语汇进入中国创造了独特的文化语境。

除了教育体制和聘用日本教习之外,日本教材的翻译同样是引入日语语汇的重要渠道。在教育转型的初期,"中国不但没有一本能用作教材的教科书,甚至连能编写教科书的人,也找不到一个……因此最初的教科

---

① 实藤惠秀:《中国人留学日本史》,谭汝谦、林启彦译,北京:生活·读书·新知三联书店,1983年,第70—73页。
② 同上书,第74页。
③ 同上书,第75页。
④ 任达:《新政革命与日本——中国,1898—1912》,李仲贤译,南京:江苏人民出版社,1998年,第113页。
⑤ 同上书,第112页。
⑥ 韩策:《师乎?生乎?留学生教习在京师大学堂进士馆的境遇》,《清华大学学报》(哲学社会科学版)2013年第3期,第36页。

书,几乎都是从日文翻译过来的。"①实藤惠秀曾写道,"当时差不多每一本中级教科书都译成中文了"。②科学的教科书更是如此:"清末自然科学的教科书,几乎全是日文译本。"③时任清政府出洋学生总监督的夏谐复就建议,中国教科书的编纂应借鉴日本教科书:"虑始之际,似可取日本现行之教科,师其用意,略为变通,颁而行之,作为底稿,然后视所当增减,随时修改,以至于宜。"④

留日学生还成立了多个翻译团体,积极从事教科书的翻译,译书汇编社和教科书译辑社就是比较有影响的两家。译书汇编社推出的"西洋诸国书籍的译本全由日文重译"⑤。教科书译辑社可以说是译书汇编社的分社,后者"以翻译大学教材为主",前者则"专译中学教科书";宗旨是"编译东西教科新书,备各省学堂采用"。⑥

实藤惠秀在统计过中国"字学作文门""经学门""词章门""中外史学门""中外与地门""算学门""名学门""理财学门""博物学门""物理化学门""地质矿产门"等11个学科的教科书以后,认为"中国自己编写的教科书为数并不多……标明为日本原本的书物亦不少,其实凡以'教科书'为名的书籍,都可看作'从日文翻译过来的东西'……清末民初新式学堂的教科书,大部分是留日学生的译著"。⑦

《教科书之发行概说》(23号)曾对译自日文的教科书有如下描述:"同年广智书局发行日文翻译教科书多种,销路甚佳。有《速成师范讲义丛书》,陈文译《支那史》及《中等教育伦理学》等数种。惟完全按日人语气

---

① 汪向荣:《日本教习》,北京:生活·读书·新知三联书店,1988年,第156—157页。
② 实藤惠秀:《现代中国文化的日本化》,实藤惠秀:《日本文化对支那的影响》,东京:萤雪书院,1940年,第6页。
③ 任达:《新政革命与日本——中国,1898—1912》,李仲贤译,南京:江苏人民出版社,1998年,第133页。
④ 夏谐复:《学校刍言》,璩鑫圭、唐良炎:《中国近代教育史资料汇编》(学制演变),上海:上海教育出版社,1991年,第183页。
⑤ 实藤惠秀:《现代中国文化的日本化》,实藤惠秀:《日本文化对支那的影响》,东京:萤雪书院,1940年,第220页。
⑥ 同上书,第222页。
⑦ 同上书,第233页。

及日本材料者。"①

清末新政时期留学日本的范迪吉等人,以日本中小学教科书和一般大专程度参考书为材料,翻译成《普通百科全书》100种,于光绪二十九年(1903年)出版。有学者直接称其为"100种中学教科书及有关教育的著作"②。全书包括社会科学、自然科学和应用科学,③分为8大类:宗教和哲学6种,文学1种,教育5种,政治法律18种,地理历史18种,自然科学28种,实业(包括农业、商业、工业)22种,其他2种。这些译作的新词汇是"现代日本新创造的,或使用旧词而赋予新意而被中国广大知识分子借用的"④。在将西方的启蒙精神、学术思想及科学方法论传授给学生的同时,日本教材也将日本现代词汇"在不知不觉中"变成了"现代中国词汇"。⑤

由于日本词汇大量涌入中国,相关的词典也应运而生。1903年出版了汪荣宝和叶澜编写的《新尔雅》,全书分14个部分,解释各个学科的名词术语。1905年京师译学馆出版了《汉译新法律词典》(原作者为日本"新法典讲习会")。1907年出版了《日本法规解字》,商务印书馆编印了《新译日本法规大全》,郭春涛和郭开文翻译的《汉译法律经济辞典》(日本出版);1909年商务印书馆出版了《汉译日本法律经济辞典》;1911年中国词典公司刊行了黄摩西编辑的《普通百科大词典》(15册)。王克非在讨论"Religion"译名在日本的统一时就指出词典工具书的重要意义,

> 明六社的同仁似乎并未视"宗教"为最佳译名,此后撰文仍使用"教法、法教、宗门、教门"等,直到1880年代后……这些译名难分优

---

① 转引自实藤惠秀:《中国人留学日本史》,谭汝谦、林启彦译,北京:生活·读书·新知三联书店,1983年,第288页。
② 任达:《新政革命与日本——中国,1898—1912》,李仲贤译,南京:江苏人民出版社,1998年,第135页。
③ 熊月之:《西学东渐与晚清社会》,上海:上海人民出版社,1994年,第647—651页。
④ 任达:《新政革命与日本——中国,1898—1912》,李仲贤译,南京:江苏人民出版社,1998年,第136页。
⑤ 同上书,第133页。

劣,何以最终"宗教"成名定译,这恐怕要归因于《哲学字汇》的权威。①

不可否认,工具书在译名的规范和统一中发挥了不可估量的作用。上述词典、百科全书的出版不仅促进了日本本土译名的规范和统一,也为中日交流提供了方便,强化了日语外来语在中国现代生活中的运用。

结　语

清末民初国人对整个日本教育体制、现代知识体系的引介和接受,不仅使西方的学术思想经由一条"道源西籍,取径东瀛"的道路,保证了日语外来语在中国的顺利融入,而且日语借词注定将取代严复等国人自创的若干术语。有学者称:

> 但凡读过严复译述的人,对于其选材之卓识,以及文辞之美、用思之精,无不留下深刻印象。严译译名在"物竞天择"的角逐中落败,并非他的翻译水准低于后起的象鞮之流,只是当时社会和大众文化环境下,他"自出手眼""惬心贵当"尽可能在译名中容纳传统语言精粹的努力无法抗衡"约定俗成"的大势。②

所谓的"大势",不外是当时的大众语境或主流的学术话语。从严复的翻译和日语借词的流行趋势可以看出,外来概念和术语的转译、接受与流通,似乎不完全取决于个别译者的语言素养、专业知识和敬业努力。外来语的流通必须具备如下条件:(1)与本族语言系统兼容;(2)为特定人群或学术共同体认可;(3)成为一定群体的公共文化资源或知识基础。尽管严复的一些译名,如"适者生存"与当时的文化语境产生共鸣,但绝大多数译名没有进入大众的公共知识领域,成为阅读、写作和交流的文化资源。而晚清留学日本不仅得到官方的大力支持和日本政府的积极协助,而且得到民间学子的广泛响应,形成了强大的有日语背景的知识群体。与此

---

① 王克非:《若干汉字译名的衍生及其研究——日本翻译研究述评之二》,《外语教学与研究》1992年第2期,第60页。

② 王亮:《学部编订名词馆时期的严复与王国维》,《文化广角》2014年第4期,第147页。

同时,大量的社会科学和自然科学著作通过日语传译到国内,形成了以日语借词为核心的公共知识基础,并通过中国"日本化"的教育体制,日本教习和日语转译的教材,使日语借词成为交流中表达新概念的基本词汇。意义更为深远的是,以日文译名为表征的整个日本化的教育体制和知识系统被中国人完整接受。严复的译名、王国维的译名,甚至传教士的译名,凡是没有被纳入上述体制和系统的,都有可能被取代。正如有学者所言,"正是在这样一个教育结构和知识结构的大背景下,日本新词必然要取得胜利",并认为这是"一种命定的结果"。①

---

① 张法:《日本新词成为中国现代哲学基本语汇的主要原因——"中国现代哲学语汇的缘起与定型"研究之三》,《中国政法大学学报》2009年第4期,第75页。

第二章　文化复兴与民族救亡（1915—1949）

第一节　文化转型与翻译批评

从晚清到五四是中国文化的转型期，也是文学翻译异常繁荣、翻译规范急剧变化的时期。翻译是一种有意识、有目的的社会文化行为：一方面翻译受制于特定的历史文化语境；另一方面翻译家、翻译批评家的积极实践活动不仅形塑了特定历史时期的翻译活动，甚而改变了中国文化的面貌，构建了近现代国人的精神和思想。研究这个时代的翻译批评自然具有精神文化史的重要意义。

1915 年《新青年》的创刊，标志着新文化运动的兴起，这也是翻译批评话语一个新时期合理的起点。1915 年到 1949 年又可分为两个阶段，前一阶段从 1915 年到 1936 年，后一阶段从 1937 年到 1949 年。这两个阶段面临的政治问题和文化语境迥然不同，翻译批评的关注对象、批评方法、对翻译的社会文化功能的认知也完全不同。新文化运动将翻译与文化复兴联系起来，在批评晚清翻译批评规范的基础上重构了"信"的观念，推动了白话作为翻译语言正统的建立，并营造了相对宽松的自由批评和多元并存的批评语境，翻译批评家的理论探讨与翻译实践草创了现代翻译批评规范。抗日战争爆发以后，严峻的政治军事形势使整个翻译活动，包括翻译批评,成为抗战救国的组成部分。虽然也有批评家主张或呼吁为翻译而翻译,或从美学或从哲学的视角看待翻译,但主流的翻译批评仍然是围绕"为抗战服务""趋时性""大众化""民族形式"等问题展开;翻译作品,无论是文学翻译、军事翻译、科技翻译或对外宣传和文化交流,都与当下的时局密切相关。抗战救国成为这一阶段翻译批评的主旋律和核心关键词。

一、文化转型

清末民初是中国文化由传统向现代的转型期。中国的政治、经济、思想、文学和伦理道德都发生了深刻的变化。翻译批评,无论是作为对翻译作品的品评、评估或对翻译活动的认识,还是作为主流政治话语的补充和顺应,也都随之发生了巨大的变化。如果站在文化史、思想史的高度来观察翻译批评的变迁与发展方向,评判翻译家的历史地位与功能,思考翻译的本质、特征与形态,我们也许会有另一种认识。因此,考察转型期的历史语境,梳理文化转型的特征与规律,有助于对翻译批评的认识。有学者对文化转型作如下定义:

> 所谓转型时代,是指一八九五年至一九二〇年初,前后大约二十五年时间,这是中国思想文化由传统过渡到现代,承先启后的关键时代。无论是思想知识的传播媒介,或者思想的内容,均有突破性的巨变。①

各个国家或民族在自身特定的历史发展中,都会经历思想文化的转型。传统文化结构、价值观念以及文化运行机制都会发生深刻的变化。比如,20世纪初美国也经历了一次思想文化的急剧转变。虽然中国与美国的转型在时间上基本吻合,但却存在相当大的差别。有学者认为,西方文化的现代化属于"早发内生"型,"起步时间较早",基本上没有外来力量

---

① 张灏:《转型时代在中国近代思想史上与文化史上的重要性》,《张灏自选集》,上海:上海教育出版社,2002年,第109页。

介入,是"由本土文化自然演进所推动的现代化模式"。①而中国的现代化转型则属于"后发外生"型。有学者概括了中国文化转型的三个特征:(1)"第一推动力由外部世界提供,不是本土文化内部现代性因素的自然积累结果";(2)文化转型是在外部世界的威逼之下,"自上而下将现代化强行启动";(3)后发外生型的现代化转变"必须采借已经实现现代化国家的成功经验"。②

中国社会文化的转型显然从一开始就与外求、特别是与译介密不可分。也就是说,中国的现代化转型一开始就与西方思想文化的输入纠缠在一起,或者说是通过文化外求、文化输入而引发、启动的自身演变。对于现代化与中国文化转型,杨春时认为,中国近代社会文化的转型不能从主体文化找到现代化的依据,必须从西方文化引进,只能从"异质文化中吸取力量"③。中国文化的近现代演变经历了从物质文化层面、政治制度、然后进入心态文化层面而"完成本土文化接受异质文化影响、文化变迁一般规律的三部曲"④。

"外在刺激"和"异质文化"的需求决定了这一历史时期译介活动在国民文化生活中不可替代的重要作用。自从中国的大门被西方的坚船利炮打开以后,国人被迫和被动地与西方世界进行交往。最初的交往仅仅局限于经济贸易、军事和外交等领域。中国的士大夫阶层被迫承认西方列强武器的先进,但对西方的文化仍不屑一顾,甚至完全排斥。"师夷长技""中学为体,西学为用"之说多少体现了国人从完全排斥到半开半闭的心态。有学者对文化转型和国人文化心态转变的长期性作了如下描述:"这种半开半闭的文化观念,对于大多数中国人,特别是其士大夫阶层,可以说,一直到五四新文化运动兴起之前,仍占据着主流地位。当辛亥革命前后,大多数人学西方也只到学其政治制度而止,至于文化中最内在、最核心的人伦道德之属,他们认为,中国固有的东西仍远在西方之上,不但不

---

① 吕进:《文化转型与中国新诗》,重庆:重庆出版社,2000年,第23页。
② 同上书,第23—24页。
③ 杨春时:《中国文化转型》,哈尔滨:黑龙江教育出版社,1994年,第25页。
④ 同上。

应学习西方,而且应该加以护持,使不受西方之浸染。这种观念,甚至到新文化运动起来之后很久,仍残留在一部分人的头脑中。"①无论是"师夷长技"或"中学为体,西学为用",都注定了将目光投向西方,国人开始如饥似渴地译介西方的科学技术、政治、经济、社会、伦理、文学等著作,开始了中国历史上令人瞩目的翻译大潮。

笔者曾对这一问题做过讨论:

> 清末民初是中国文学翻译最活跃的时期,同时也是中国文化转型、传统规范急剧变化、现代翻译规范逐渐确立的重要阶段。就小说翻译的数量而言,有学者称"空前绝后"。②而翻译文类的丰富性、翻译策略的多样化、语言表现的差异、出版形式的繁多,以及翻译观念的矛盾与冲突,同样堪称"空前绝后"……我们所知的小说、诗歌、戏剧、散文等文学形式,都能找到翻译作品的代表。仅以小说翻译为例,政治小说、侦探小说、黑幕小说、言情小说、科幻小说、历史小说、童话、寓言、神话,不一而足。翻译家所采用的策略,有译意、意译、译述、编译、改易、直译、重演、重译、译演、述译,甚至改头换面的"伪译"或"伪作",令今天的译界大开眼界,甚至瞠目结舌。翻译家将翻译语言更是推向了极致:古奥渊雅的有之,浅显的文言有之,通俗的白话有之,文白相间的也有之。在救亡启蒙的宏大叙述下,有为推翻清朝而翻译的,有为改变政治形势而翻译的,有为开启民智而翻译的,有为移情而翻译的,有为引入"文术新宗"而翻译的,还有为消遣而翻译的,甚至有为谋生、取富贵、排遣失落而翻译的。翻译的发起人或赞助形式也是史无前例的多样化。这一历史阶段犹如百花齐放、百家争鸣的春秋战国时代,不同的翻译思想、翻译理念、翻译目的和翻译策略都充分展示自己的存在,争取应有的话语权和生存空间,成为翻

---

① 耿云志:《近代社会转型中政治与文化的互动》,《四川大学学报》(哲学社会科学版)2008年第1期,第24页。
② 王宏志:《还以背景,还以公道——论清末民初英语侦探小说中译》,王宏志编:《翻译与创作》,北京:北京大学出版社,2000年,第105页。

译规范研究难得而真实的实验室。①

如此广泛而持久的翻译活动凸显了翻译在中国文化转型中的重大意义。梁启超、严复和林纾在自己译作的前言后语中,更是将翻译与国族的生死存亡联系起来。有意思的是,晚清翻译批评家对翻译的文化功能的认识,与20世纪80年代后佐哈尔的多元系统理论不谋而合。佐哈尔提出,在三种历史时期翻译可能占据多元系统的中心位置;而翻译处于中心位置时则有一系列的特征与规律。换言之,文化转型实际上暗含了佐哈尔所说的三个历史关头;翻译功能的拔高也与翻译占据中心位置高度契合。因此,不少学者用多元系统理论来分析晚清到五四时期的翻译活动,不仅顺理成章,而且得心应手。

二、翻译规范

值得注意的是,以严复、林纾和梁启超为代表的晚清翻译批评家与以《新青年》为代表的新文化运动的翻译批评家之间是既有传承又有断裂的关系。清王朝瓦解之后,内忧外患并没有像大多数士大夫所期望的那样得到缓解,民国的建立带来更多的似乎是失望和幻灭,这从文学创作中可见一斑。如果说晚清因甲午之败使救亡压倒启蒙,那么,新文化运动中的翻译批评家则相信,西方思想文化的译介会带来中国的文艺复兴。这一认识的转变引发了批评界对翻译诸多问题的重新思考。新一代的翻译批评家继承了晚清强调翻译社会文化功能的传统,欣赏并赞成翻译的教化功能,但对具体的文化功能的解读却存在相当大的差异。资本主义经济的发展、教育的逐渐普及、新兴印刷业和出版发行运转机制的产生,特别是相对开放自由的公共空间的形成等,为翻译和翻译批评的勃兴提供了难得的机遇。有意思的是,读着严复、林纾和梁启超的翻译和诗文而成长起来的五四知识分子,首先对严复、林纾的翻译和翻译观念发起批评。而批评的突破口正是严复提出的"信达雅"。"忠实"这个界定模糊的标准竟

---

① 廖七一:《中国近代翻译思想的嬗变——五四前后文学翻译规范研究》,天津:南开大学出版社,2010年,第5—6页。

成为严复和林纾无可招架的批判武器。我们知道,不同时代的批评家对"合理""合适""正确""应该"等观念并非都有一致的看法。同理,一个时代推崇的优秀翻译文本也许会在另一个时代受到激烈的批评。翻译的观念、翻译的策略、翻译的语言、翻译的表现形式,以及翻译的目标和翻译的效果当然也会时过境迁,发生变化,甚至翻译的定义和对忠实的解读也会根据视角的转换有所不同。用非历史化(a-historical)的观点评价特定的翻译行为或特定的翻译作品,显然有其局限性。试图用一个标准(无论看起来多么正确)来评价所有时代、所有文化的翻译,注定是徒劳和无效的。正如有学者所言:"令人感到沮丧的是,经过一千多年众多精英知识分子的反复讨论,对于'翻译的标准'这个可以说是翻译学上一个最基本的问题,始终没有得到一个获得普遍认同或较为圆满的答案……其实,问题的症结在于人们把翻译看成一项纯粹的文字活动,一种以原著为中心的文本转移活动,同时把翻译活动抽离于实际的操作环境以及文化状态,脱离译文文化,甚至脱离读者的阅读期待和阅读模式。"[①]显然,传统的翻译批评的理论基础是模仿论,其方法是规定性研究。

如果将翻译视为一种有目的、有意识的社会活动,那么翻译批评也就非得考察翻译与具体历史语境的互动关系。切斯特曼(A. Chesterman)曾比较生动地描述过这种相互依存的关系:社会文化条件(规范、历史、意识形态、语言……)→翻译事件(目的、原文、计算机、时间限制、报酬……)→翻译行为(知识状态、情绪、自我形象……)→翻译形态(语言特征)→认知效果(改变认知或情感状态……)→行为效果(个体行为、批评……)→社会文化效果(对目的语言、读者行为、翻译话语、译者地位……等产生影响)[②]其中的箭头表示驱动与制约。切斯特曼描述的实际上是一种复杂的因果关系。就翻译批评而言,批评家会提出如下一些问题:当下应该翻

[①] 王宏志:《怎样研究鲁迅的翻译》,乐黛云、李比雄主编:《跨文化对话》,上海:上海文化出版社,2004年,第82—83页。

[②] Andrew Chesterman, "A Causal Model for Translation Studies," in Maeve Olohan ed., *Intercultural Faultlines: Research Models in Translation Studies I, Textual and Cognitive Aspects*, Manchester and Northampton: St. Jerome Publishing, 2000, p. 20.

译什么？翻译应该发挥什么样的社会功能？翻译的目标读者应该是谁？理想翻译的标准是什么？翻译的形态应该如何？翻译应该具备什么样的语言形态和文体特征？这些问题的解答必然引出更深层次的问题：翻译批评家如何理解翻译与当下政治话语的关系？

这样的思考已上升到文化层面。批评家尽管要对翻译的局部技能进行细致入微的讨论，甚至斤斤于一字一句的得失，但是，对翻译细节的描述是为了阐发翻译家对翻译问题以及翻译所涉及的整个文化语境的思考。

换一个角度思考，翻译批评是要确立一种翻译行为规范，其机制是"协调个人与群体、个人意图、选择和行为与群体信念、价值和偏好之间的关系……规范减少不确定性，有助于人际关系的稳定。"规范是"对过去经验的概括和对未来类似情境的预测，规范使行为更具可预测性。规范具有社会协调功能"①。

规范具有文化独特性和不稳定性，翻译批评也是如此。迄今为止，许多学者仍然孜孜以求地希望构建一个宏大的批评体系，或发现放之四海而皆准的批评标准。正如王宏志所言，传统的翻译批评试图"追求和原著一模一样的译本。这既没有可能，也没有必要。因为面对着不同的语言、不同的文化、不同的读者、不同的社会政治因素，甚至不同的年代，难道还能够期待产生完全相同的译本来吗？"②

规范具有矛盾性或冲突性，因此，批评的标准也具有一定的矛盾性和冲突性。由于社会文化系统具有的复杂性与协调适应性，不同的文化子系统会生成不同的、甚至是相互矛盾的"正确"或"应该"的观念。即便在同一文化群体中也经常存在彼此冲突的批评标准。从另一个角度来看，批评的标准并非一定是理性的建构。人们认为某种行为正确、合理或得体与否，并不取决于行为本身内在的合理性或逻辑性，而是取决于社会成

---

① Theo Hermans, *Translation in System: Descriptive and Systemic-oriented Approaches Explained*, Manchester: St. Jerome Publishing, 1999, p.80.
② 王宏志:《怎样研究鲁迅的翻译》，乐黛云、李比雄主编:《跨文化对话》，上海：上海文化出版社，2004年，第82—83页。

员的接受与认可;大多数成员的认可便是规范存在的合理性。批评的标准也是如此。翻译是目的明确的社会活动,成功的翻译必须以满足读者期待、最大限度地完成跨文化交际功能为先决条件。而"对等"或"忠实"与人们所认定或接受的翻译并无太大关系。翻译批评的标准则是符合特定时期、特定文化的主流翻译规范,是对相应翻译典范的建构。①

三、转型中的翻译批评

从晚清到五四短短的不足 20 年间,整个翻译界的翻译观念、翻译标准、翻译策略和翻译表现形式都发生了翻天覆地的变化。翻译主题变得多样化;翻译在一定程度上摆脱了政治功利化,翻译的艺术本质开始受到青睐,翻译功能从单一的"载道"逐渐发展到"言情"、进而到美学体验;翻译策略从完全的归化转向异化;"豪杰译"逐渐淡出历史,取而代之的是对信和直译的强调;统治文坛千年的文言让位于白话;翻译策略与评价标准也逐渐趋于多元。概言之,翻译在短短的 20 年间实现了从传统向现代的历史性跨越。五四时期的诗歌翻译最明显地记录下了这些变化。

1. 翻译主题的多元

甲午之后,国人的忧患意识便从忧虑强化为焦虑,焦虑再强化为"亡国灭种的恐惧"。②这种情绪逐渐演变为公共和大众叙述——从康有为的上书、奏议,梁启超的政论文章到文学创作与翻译,以及各种报纸杂志上的文章,实际上都是在"复述、演绎"亡国灭种的恐惧。"陆沉"一时间成为民族恐惧心理的符号象征和"集体无意识"。这种焦虑是诗歌翻译主题选择的直接动因,译诗从一开始就被定格于救亡和启蒙。王韬翻译的《马赛曲》和德国《祖国歌》所具有的思想和精神上的潜在价值,使其立刻产生了广泛的社会影响。1902 年梁启超在《新中国未来记》中节译了拜伦的《阿

---

① Theo Hermans, "Translational Norms and Correct Translations," in Kitty M. van Leuven-Zwart and Ton Naaijkens eds., *Translation Studies: The State of Art: Proceedings of the First James S. Holmes Symposium on Translation Studies*, Amsterdam-Atlanta, GA: Rodopi, 1991, p. 166.

② 单正平:《晚清民族主义与文学转型》,北京:人民出版社,2006 年,第 87 页。

渣亚》和《端志安》，引发了中国的"拜伦热"，拜伦也因此成为中国民众救亡和启蒙的符号象征。与此同时，梁启超还撰写了一系列的政论文章，阐述翻译与民族救亡的关系，称"处今日之天下，则必以译西书为强国第一义"。①在《译印政治小说序》一文中，梁启超几乎将翻译与翻译文学的功能神化，称"往往每一书出，而全国之议论为之一变。彼美、英、德、法、奥、意、日本各国政界之日进，则政治小说，为功最高焉"②。梁启超虽以政治小说立论，但实际包含了整个文学，其中也包括诗歌翻译。译诗自然与传统文学的"载道"联系起来，成为清末民初反清意识的载体。此类译作还有留日青年高剑公翻译的克利斯笃的《战斗之歌》、刘师培翻译的柴门霍夫的《希望之歌》、胡适翻译的《军人梦》和《六百男儿行》。其中，杨笃生翻译的雪莱的《醒狮之歌》被誉为这一阶段最具战斗精神的译诗：

> 叔兮伯兮，倡予和汝。起起起！汝为人中狮。汝起勿复迟，汝睡已失时。多数在汝曹，人孰能侮之！铁索伴汝身，乘汝酣睡时。汝今一怒吼，掷地脆如泥！多数在汝曹，胜算汝所知。彼辈居少数，请公勿复疑。起起起！汝为人中狮，汝今勿复疑！③

此外，梁启超极力推崇的政治小说的翻译，以及1903年以后流行的虚无党小说的翻译，似乎都是特定文化语境下必然会产生的现象。赵稀方曾言，政治小说强调"政治改革与小说启蒙的直接关系"④，而虚无党小说是立宪政治破产、革命兴起的产物。如果说"政治小说对应于'立宪'，那么虚无党小说则对应于'革命'，两者之间有内在逻辑关系"⑤。毋庸讳言，这个时期也出现过一些与时局政治不太相关的诗歌翻译，但其数量甚

---

① 梁启超：《变法通议·论译书》，转引自郭延礼：《中国近代翻译文学概论》，武汉：湖北教育出版社，1998年，第226页。
② 陈平原、夏晓虹编：《二十世纪中国小说理论资料》（第一卷）（1897—1916），北京：北京大学出版社，1997年，第38页。
③ 转引自郭长海：《试论中国近代的译诗》，《社会科学战线》1996年第3期，第181页。
④ 赵稀方：《翻译现代性——晚清到五四的翻译研究》，天津：南开大学出版社，2012年，第71页。
⑤ 同上书，第81页。

少,"其文献价值远远超过了"社会价值,其政治和社会影响"也可想而知了"。①流行一时的"拜伦热"就清楚地揭示了译诗的功利化与价值取向。西方诗歌的审美和认识功能基本上被排除在翻译家的视野之外。

1912年清王朝的覆灭似乎并没有让仁人志士看到理想社会的降临,社会上弥漫着一种失败感。许多文人"对于个人命运的关注代替了显明的政治意图,伤惨的情调替换了悲壮的尚武精神,我们能从中感受到'悔不当初'的自叹孟浪的情绪。"②言情小说一度成为主流,其下甚至可再细分为"惨情""孽情""烈情""艳情""妒情"和"哀情"等众多类型。③文学翻译所依傍的最直接和最具体的政治目标消失了,译诗的主题变得多元。借文学抒胸臆,寄郁愤,这就使译诗增加了"直接宣泄的功能"。④带有明显政治意图和尚武精神的译诗仍然占有一定比例,如叶中泠翻译的《战死者之孀与孤》等。但这类译诗相当一部分是重译。如狄君武的《轻骑六百》、刘半农的《马赛曲》《吊希腊》等;其影响远不如从前。而描写平民生活与苦难、讴歌爱情、探究人生意义和抽象思辨的译诗日渐增多,主题呈现出多元化的趋势。

首先是宣扬人道主义和描写平民生活的译诗大幅度增加。如刘半农复译的《缝衣歌》(1917)"哀女工劬劳而得值微也!"译者称该诗"语意之沉痛,刻画贫女心理之周到,"竟能与《汤姆叔叔的小屋》媲美。⑤陆志韦翻译的《贫儿行》(1914)描写主人公的不幸遭遇;周作人翻译的波希米亚民歌《鹧鸪》(1914)、颜铸欧、陈家轩合译的《村中锻工》(1917),或赞美平凡的劳动,或歌颂质朴的生活。除了宣扬人道主义的诗歌翻译之外,另一个明显的特征是爱情主题受到关注。高平子翻译的《妙龄,赠彼姝也》(1913)和《夏之夜二章》(1914)、鲁迅翻译的《少女的爱》(1914)、任鸿隽翻译的拜伦的《三十六生日诗》(1914)、蒋同超翻译的

---

① 转引自郭长海:《试论中国近代的译诗》,《社会科学战线》1996年第3期,第178页。
② 刘纳:《民初小说的情感取向和文体特色》,《海南师院学报》1996年第3期,第27页。
③ 参见卫茂平:《德语文学汉译史考辨》,上海:上海外语教育出版社,2004年,第18页。
④ 刘纳:《民初小说的情感取向和文体特色》,《海南师院学报》1996年第3期,第25页。
⑤ 参见郭长海:《试论中国近代的译诗》,《社会科学战线》1996年第3期,第183页。

《紫罗兰》《玫瑰》(1916)、杨杏佛翻译的雪莱《情诗四章》等,都是直白的爱情诗。爱情一度成为译诗最流行的主题。胡适的译诗中也有相当比例的"情诗",有的甚至被称作"艳体"。①

1912年以后,哲理诗逐渐成为译诗中一个重要的类别。朱自清认为,说理诗在"旧诗中极罕见"②,并称胡适是我国哲理诗翻译和创作尝试的先行者。胡适从1914年到1915年所翻译的诗歌,除《哀希腊》以外,几乎全是哲理诗。这个时期"译诗转向了思维的角度,多含人生哲理的意味"③。有学者称胡适是"现代说理诗的始作俑者"④,肯定其在哲理诗方面的贡献。但也有人批评说理诗是"枯燥无味的教训主义"⑤。不管是赞成还是反对,说理诗开始显现是不争的事实,译诗主题变化无疑引起了批评界的高度关注。

2. 翻译策略:从归化到异化

清末民初译诗模式的转变最明显地表现在译诗的表现形式上。在晚清,几乎所有的翻译家都从传统诗学中寻找译诗的表现形式,完全采用归化的策略,⑥主要形式有四言、五言、七言、骚体和曲牌等。长篇翻译小说则采用传统的章回体;原作中的文化语境大多被中国化,语言的雅顺和情节的离奇则是其鲜明的特征。小说翻译"在诗学范式上基本沿袭中国古典小说程式"⑦,其特征表现为:(1)分章标回,有对仗(或不对仗)回目。(2)全知全能的第三人称叙事和固定叙事格式。如"话说""看官""未知后事如何,且听下回分解""话分两头"等。(3)以对偶诗话概括该回的故事。

---

① 周质平:《胡适与中国现代思潮》,南京:南京大学出版社,2002年,第193页。
② 朱自清:"导言",《中国新文学大系·诗集》,上海:上海文艺出版社,1981年,第2页。
③ 郭长海:《试论中国近代的译诗》,《社会科学战线》1996年第3期,第184页。
④ 王锦厚:《五四新文学与外国文学》,成都:四川大学出版社,1996年,第491页。
⑤ 胡先骕:《评〈尝试集〉》,沈卫威编:《自古成功在尝试——关于胡适》,北京:北京广播学院出版社,2000年,第76页。
⑥ 参见廖七一:《中国近代翻译思想的嬗变——五四前后文学翻译规范研究》,天津:南开大学出版社,2010年,第178—180页。
⑦ 胡翠娥:《文学翻译与文化参与——晚清小说翻译的文化研究》,上海:上海外语教育出版社,2007年,第115页。

(4)展现诗词歌赋才华的"有诗为证"。(5)已成窠臼的人物和景物描写。①

晚清翻译采用完全归化的手法,一方面是出于无奈;翻译家尚无其他选择,只能借用中国传统的诗歌表现形式。另一方面是为了传播的方便。采用士大夫阶层喜闻乐见的归化形式降低了国人对域外文学的排斥与反感,为外国文学作品在中国的接受、传播提供了便利条件。识字,特别是通晓文言,是士大夫阶层数十年皓首穷经才获得的安身立命的文化资本,他们对传统的文学形式有一种天然的认同与亲切感。

从晚清到新文化运动期间,译诗的形式和语言都发生了历史性的转变。1918年3月,胡适率先用白话新诗体翻译了安妮·林赛的《老洛伯》之后,用白话译诗遂成为不可逆转的趋势。浅显易懂的文言夹杂音译的外来词,双音/复音词增多,主语,特别是人称代词使用频率增加,被动式频繁使用,译诗不仅诗行长短不一,诗行的字数也不尽相同,诗句与所表达的意义结构错位,出现跨行,甚至出现定语长度失控和结构的欧化。译诗所使用的白话既非古代汉语书面语,又非普通民众日常使用的口语,而是一种带有明显翻译意味的书面语。白话译诗的影响无疑超越了工具的层面,语言变革"改变了中国的伦理观、价值观、历史观、哲学观、文化观、文学观",并从整体上改变了"中国文化状况",引发了"中国文化和文学的现代转型"。②

3. 信的确认

晚清的文学翻译大多具备中国传统文学的艺术特征;翻译作品必须具有感染力,要求能咏、能吟、能唱,特别关注翻译的社会影响。至于翻译是否与原作在意义和形式上对等,似乎并没有多少人关心。尽管马建忠提出的"善译"也在意译作与原作的对应:"适如其所译而止,而曾无毫发出入于其间","能使阅者所得之益,与观原文无异",③但紧迫的情势使豪

---

① 廖七一:《中国近代翻译思想的嬗变——五四前后文学翻译规范研究》,天津:南开大学出版社,2010年,第99页。
② 高玉:《现代汉语与中国现代文学》,北京:中国社会科学出版社,2003年,第72页。
③ 马建忠:《拟设翻译书院议》,罗新璋、陈应年编:《翻译论集》(修订本),北京:商务印书馆,2009年,第192页。

杰译成为一时的风尚。

外国诗歌在当时是一种重要的文化资源。清末民初懂外文的人不多,能翻译外国文学作品的人更是寥寥无几。掌握了外语这种文化资源的译者"所扮演的角色几乎像是神谕传授人"[①],在国人心目中自然享有崇高的地位。他们的"翻译"通常被不加质疑地接受和认可。读者对译作的判断与接受在很大程度上取决于对译者的认可。译者的身份、地位和声望便成为读者判断译诗权威的尺度,尽管后来证明这个尺度是靠不住的。即便有人批评译作不忠,其影响也仅限于学术圈内,并不影响译作的流传和接受。

"忠"和"信"作为翻译的标准具有很大的主观随意性,常常因具体语境的变化而难以把握和操作,译诗尤其如此。从晚清到新文化运动期间,知名译家几乎无一例外都崇尚"信达雅",从林纾、严复到马君武、苏曼殊、鲁迅、周作人、徐志摩、胡适、郭沫若等,但自己的译作却不时偏离"信达雅"的标准,大多数译者都曾被批评为"不忠"或"不信"。具有讽刺意味的是,提出译事三难"信达雅"的严复也被批评为有违忠信。不仅翻译家在翻译时自己把握的尺度不一,而且在判断他人译作时也缺少客观标准,评价大多基于主观印象和个人好恶。

在晚清特定的文化语境下,宏大的政治目标、翻译标准的主观随意性以及翻译批评的缺失致使节译、编译、意译、译述、改窜等成为时尚,甚至伪译、伪作也大行其道,翻译与创作几乎合一。坊间流行的间接翻译、转译更让人对忠实的认定十分困难。不过,读者似乎并不在意。翻译与创作的界限变得模糊,译者与作者的身份界限已经淡化。

新文化运动开始以后,翻译的标准和策略发生了明显变化,现代翻译规范逐渐确立。译界内部开始对一些译作提出质疑。林纾不懂外文,其翻译首先受到非议。具有讽刺意味的是,通晓中英语言和文化、羞于与林纾为伍的翻译家严复也受到批评。各个杂志和期刊均要求译稿"附上原

---

① 王德威:《想像中国的方法——历史、小说、叙事》,北京:生活·读书·新知三联书店,1998年,第104页。

文,无法附寄原文者必须提供出处"①。不少期刊甚至刊登中外文对照的作品,以标识对"信"的恪守。曾一度流行的创译、误译和豪杰译开始受到冷遇,基于译文和原文比照的信的观念逐渐成为翻译批评的尺度。

与此相关联的是,直译的翻译手法开始受到推崇,至少在理论上如此。1928年胡适在《论译书》一文中曾经说,"十年前直译的风气未开……而近年直译之风稍开,我们多少总受一点影响,故不知不觉地都走上谨严的路上来了。"②1921年茅盾甚至说,"翻译文学之应直译,在今日已没有讨论之必要",③并称"直译这名词,在五四以后方成为权威。"④在新文化运动中,傅斯年就明确地将直译与忠实联系起来,他在《译书感言》中明确强调的第一点就是"用直译的笔法",认为"直译没有分毫藏掖,意译却容易随便伸缩,把难的地方混过!"⑤

20世纪20年代以后,寻章摘句、纠错式的翻译批评也逐渐展开。其后几次有关翻译的论争,如创造社与文学研究会的论争、梁实秋与鲁迅的论争等,至少表面上都是源自对译作"不忠"的批评。梁实秋批评郑振铎的《飞鸟集》,闻一多指正郭沫若翻译的《鲁拜集》,朱湘指正胡适的《老洛伯》,郁达夫指正王统照翻译的道生的诗等,翻译"批评文章日渐增多,纠错成风,名家也难幸免。"⑥尽管其背后有着文学宗派、政治意识形态等复杂的动因,批评难免意气和偏激,但足见当时译界追求"信"的迫切和认真。

更重要的是译界对译诗的比较、观摩、探讨和批评。1925年《现代评论》二卷三十八期上同时刊登了胡适、朱骝先、周开庆、郭沫若以及徐志摩

---

① 王建开:《五四以来我国英美文学作品译介史》,上海:上海外语教育出版社,2003年,第140页。
② 胡适:《论译书——与曾朴先生书》,姜义华主编:《胡适学术文集·新文学运动》,北京:中华书局,1993年,第502页。
③ 茅盾:《译文学书方法的讨论》,罗新璋编:《翻译论集》,北京:商务印书馆,1984,第337页。
④ 茅盾:《直译·顺译·歪译》,罗新璋编:《翻译论集》,北京:商务印书馆,1984,第351页。
⑤ 傅斯年:《译书感言》,罗新璋编:《翻译论集》,北京:商务印书馆,1984,第366页。
⑥ 王建开:《五四以来我国英美文学作品译介史》,上海:上海外语教育出版社,2003年,第141页。

的译诗,讨论涉及诗歌翻译的各个层面。① 1925 年《学衡》三十九期同时发表了贺麟、张荫麟、陈铨、顾谦吉、杨葆昌、杨昌龄、张敷荣、董承显 8 位翻译家翻译的《威至威斯佳人处僻地诗》(She Dwelt Among the Untrodden Ways);1926 年《学衡》四十九期再次同时推出吴宓、陈铨、张荫麟、贺麟、杨昌龄 5 人翻译的罗塞蒂的《愿君常忆我》;1928 年《学衡》六十四期又组织吴宓、张荫麟、贺麟同译罗塞蒂的"Abnegotion"。译界这些努力不仅强化了信的翻译标准、促进了翻译艺术的发展,更重要的是推动了现代翻译诗学的形成。

结 语

尽管近代中国的文学翻译始终带有强烈的工具性,具有政治化和道德泛化的倾向,但仔细观察译诗的演变可以发现,五四时期的文学翻译已经开始关注翻译作品的文学性、趣味性和审美功能。诗歌翻译经历了体式逐渐散文化,语言白话化,主题泛化,翻译标准和策略逐渐规范化的过程。翻译批评家对"信"的论争与确认,对"白话"翻译语言的坚持和普及,都促进了翻译传统的消解和现代译诗规范的确立。

第二节 新文化运动与"信"的确认

晚清到五四是中国文化的转型期,西方社会、政治、思想、经济学说的引进是引发中国文化转型的重要动力,译介甚至成为知识传播和生产的主渠道。翻译在中国社会文化多元系统中无可争议地从边缘进入中心。由于这种历史性转变,翻译呈现出一些鲜明的特征,并且改变了国人对翻译的认识。晚清主流的翻译规范普遍受到质疑,新一代翻译家在翻译策略、翻译作品的形态、表现形式、批评焦点、对翻译的期待和界定等方面,都呈现出与晚清相背离的发展趋势。考察翻译家、翻译批评家和读者对翻译作品和翻译行为的论述、批评和反应,我们似乎可以发现晚清翻译向

---

① 徐志摩:《徐志摩全集》(第 4 卷)散文集(丙、丁),上海:上海书店出版社,1988 年,第 31—49 页。

现代翻译规范流变的轨迹:传统翻译时尚受到质疑和否定,翻译的"信"和"忠"在探索、论争和翻译家的实践中逐步确立。

一、批评时尚的流转

1898年严复提出了"信达雅"的翻译标准,成为其后一百年译界的"圭臬"。但是,不论是作为翻译标准还是翻译目标,"信"在当时始终是悬空的。翻译家虽理论上认同但实际上并不刻意遵循,"译意""达旨"和"取便发挥"大行其道,成为主流的翻译规范。无论是翻译批评家还是读者并不关注原文和译文的对应关系,甚至将貌似翻译的原创文本都当作翻译来接受。所谓"信"与"不信",大多为论者的主观想象所左右,很少以细致的文本对照为依据。梁启超就自信他翻译的《十五小豪杰》"不负森田"①。苏曼殊在《文学因缘·自序》中称"友人君武译摆轮《哀希腊》诗,亦宛转不离原意"②。苏曼殊在翻译《哀希腊》之前,显然对照原文审读过梁启超、马君武的翻译,他所谓的"宛转不离原意"在后世译评家眼里并不足信。胡适就称马君武的译文"失之讹",③很难称得上忠实。柳无忌则称马君武"窜改原作"④。苏曼殊本人曾立愿他的翻译要"按文切理,语无增饰,陈义悱恻,事辞相称"⑤。结果,胡适却认为他的翻译"失之晦",并非善译。当然,"晦"并非一定"不信"。然而,陈子展以苏曼殊《去国行》的英汉对照为例,对其译文的"信"提出质疑:"这种译诗,真是如译者自己所说'按文切理,语无增饰,陈义悱恻,事辞相称'么?只好让读者各自去下怎样的批评了。"⑥陈子展似乎并不认可苏曼殊自信的忠实。没有文本对

---

① 梁启超:《十五小豪杰·译后语》,陈平原、夏晓虹编:《二十世纪中国小说理论资料》(第一卷)(1897—1916),北京:北京大学出版社,1997年,第64页。

② 苏曼殊:《文学因缘·自序》,柳亚子编:《苏曼殊全集》(第一卷),北京:中国书店,1985年,第123页。

③ 胡适:《尝试集》,北京:人民文学出版社,1984年,第92页。

④ 柳无忌:《苏曼殊与拜轮"哀希腊"诗——兼论各家中文译本》,《佛山师专学报》1985年第1期,第19页。

⑤ 苏曼殊:《拜轮诗选·自序》,柳亚子编:《苏曼殊全集》(第一卷),北京:中国书店,1985年,第127页。

⑥ 陈子展:《中国近代文学之变迁·最近三十年中国文学史》,徐志啸导读,上海:上海古籍出版社,2000年,第95页。

照为依据,信的认定难免人见人殊。

晚清的翻译家并不反对忠实,但晚清的翻译,即便在当时也受到质疑。1906年,周桂笙批评当时的翻译,"译一书而能兼信达雅三者之长,吾见亦罕。今之所谓译书者,大抵能率尔操觚,惯事直译而已。其不然者,则剿袭剽窃,敷衍满纸。译自和文者,则惟新名词是尚;译自西文者,则不免诘屈聱牙之病。而令人难解……"①

1907年,王国维在批评辜鸿铭翻译的《中庸》时,指出"吾人之译古书,如其量而止则可矣。或失之减,或失之增,虽为病不同,同一不忠于古人而已矣!"而辜鸿铭的翻译"前病失之于减古书之意义;而后病失之于增古书之意义"②。显然,王国维认为辜鸿铭的翻译不论是增还是减,都有违忠信。

如果说晚清也有学者对当时译作的"信"提出过质疑,那只是零星的议论和印象。到了新文化运动兴起之时,晚清翻译作品的"信"开始受到质疑,而首当其冲的正是影响最为深远的名家和名译。

1917年,钱玄同在《新青年》第三卷六号上批评林纾的翻译:"某大文豪用《聊斋志异》文笔和别人对译的外国小说,多失原意,并且自己掺进一种迂谬批评,这种译本,还是不读的好。"③ 1919年9月,钱玄同在评论翻译时,一方面推崇周作人,另一方面再次贬抑林纾;称周作人"既不愿用那'达旨'的办法,强外国人学中国人说话的调子;尤不屑像那'清室举人'的办法叫外国文人都变成蒲松龄的不通徒弟"④。他还利用《新青年》的《通信》栏目,向青年推荐翻译范本,影射林纾和严复的翻译:

> 周启明君翻译外国小说照原文直译,不敢稍以己意变更。他既不愿用那"达旨"的办法,强外国人学中国人说话的调子……我以为他在中国近来的翻译界中,却是开新纪元的。⑤

---

① 转引自陈福康:《中国译学理论史稿》,上海:上海外语教育出版社,1992年,第162页。
② 同上书,第159页。
③ 钱玄同:《通信》,《新青年》1917年第三卷六号,第10—11页。
④ 钱玄同:《通信》,《新青年》1919年第六卷六号,第640页。
⑤ 同上。

1918年,胡适批评林纾的翻译过度归化:

> 林琴南的"其女珠,其母下之",早成笑柄,且不必论。前天看见一部侦探小说《圆室案》中,写一位侦探"勃然大怒,拂袖而起"。不知道这位侦探穿的是不是康桥大学的广袖制服?——这样译书,不如不译。又如林琴南把萧士比亚的戏曲,译成了记叙体的古文!这真是萧士比亚的大罪人,罪在《圆室案》译者之上!①

胡适反对扭曲原文以适应自己的政治主张或审美情趣;强调对原作者负责,对读者负责,坚持和重申了翻译忠实再现的本质要求。

1918年,刘半农在《新青年》上发表有名的"双簧信",批评林纾的翻译"谬误太多……删的删,改的改,精神全失,面目皆非……这大约是和林先生对译的几位朋友,外国文本不高明,把译不出的地方,或一时懒得查字典,便含糊了过去;林先生遇到文笔蹇涩,不能达出原文精奥之处,也信笔删改,闹得笑话百出"。②刘半农强调翻译与创作的区别:"当知译书与著书不同,著书以本身为主体,译书应以原文为主体;所以译书的文笔,只能把本国文字去凑就外国文,决不能把外国文字的意义神韵硬改了来凑就本国文。"③此外,刘半农还对林纾翻译中戏剧小说不分、严复的术语翻译提出了批评意见。

1918年11月,罗家伦在《新潮》杂志创刊号上撰文,也对林纾的翻译提出批评:

> 林先生……错的地方非常之多……译外国小说还有一个重要条件,就是不可更改原来的意思,或者加入中国的意思。须知中国人固有中国的风俗习惯思想,外国人也有外国的风俗习惯思想。中国人既不是无所不知的上帝;外国人也不是愚下不移的庸夫。译小说的人按照原意各求其真便了!现在林先生译小说,常常替外国人改思想,而且加入"某也不孝""某也无良""某事契合中国先王之道"的评

---

① 胡适:《建设的文学革命论》,《新青年》1918年第四卷第四号。
② 刘半农:《文学革命之反响》,《新青年》1918年第四卷第三号,第273页。
③ 同上。

语,不但逻辑上说不过去,我还不解林先生何其如此不惮烦呢?林先生以为更改意思,尚不满足,巴不得将西洋的一切风俗习惯,饮食起居,一律变成中国式,方才快意。他所译的侦探小说中,叙一个侦探在谈话的时间"拂袖而起"……设如我同林先生做一篇小传说:"林先生竖着仁丹胡子,戴着卡拉 Collar,约着吕朋 Ribbon,坐在苏花 Sofa 上做桐城派小说",先生以为然不以为然呢?①

除了林纾,罗家伦还对马君武在翻译中任意删改提出批评:遇到困难,"马先生译不出来,竟将此段与下一段连合拢来,做成中文一节,就含糊过去了!其中有最精彩的段落,不知删去多少。后半部全未译出……"②

四个月以后,傅斯年在《新潮》上发表《译书感言》,首先批评当时翻译小说的笔法,认为"最下流的是[翻译]小说。论到翻译的文词,最好的直译笔法,其次便是虽不直译,也还不大离宗的笔法,又其次便是严译的子家八股合调,最下流的是林琴南和他的同调"。③他提出译者"第一要对原作者负责任,求不失原意",并对严复翻译的《天演论》等提出批评:

> 作者说东,译者说西,固然是要不得了;就是作者说两分,我们说一分,我们依然是作者的罪人。作者的理由很充足,我们弄得他半不可解,原书的身份便登时坠落——这便是不对作者负责任的结果。严幾道先生译的书中,《天演论》和《法意》最糟。假使赫胥黎和孟德斯鸠晚死几年,学会了中文,看看他原书的译文,定要在法庭起诉;不然,也要登报辩明。这都因为严先生不曾对作者负责任。④

傅斯年所说的"最糟"和"不曾对作者负责任"指的是严复使用"达恉"和"取便发挥"的翻译策略,使译文偏离了原文的意思和精神。为了求真,傅斯年主张"直译":

> 严幾道先生那种"达旨"的办法,实在不可为训,势必至于"改旨"

---

① 志希(罗家伦):《今日中国之小说界》,《新潮》1919年第一卷第一期。
② 同上。
③ 陈福康:《中国译学理论史稿》,上海:上海外语教育出版社,1992年,第217页。
④ 傅斯年:《译书感言》,《新潮》1919年第一卷第三期。

而后已。想就别人的理论发挥自己的文章,是件极难的事。不但对于原书不能完全领略的人不能意译,就是对于原书能完全领略的人,若用意译的方法顺便改变一番,也没有不违背原意的……直译一种办法,是"存"真的"必由之径"……老实说罢,直译没有分毫藏掖,意译却容易随便伸缩,把难的地方混过!所以既用直译的法子,虽要不对于作者负责任而不能。既用意译的法子,虽要对于作者负责任而不能。直译便真,意译便伪;直译便是诚实的人,意译便是虚诈的人。①

傅斯年将忠实与翻译策略联系起来,认为策略是保证译作效果的必要手段。

1924年,郑振铎在肯定林纾翻译的同时,也提出了批评:"小说与戏剧,性质本大不同。但林先生却把许多的极好的剧本,译成了小说——添进了许多叙事,删减了许多对话,简直变成与原本完全不同的一部书了。如莎士比亚的剧本,《亨利第四纪》《雷差得纪》《亨利第六遗事》《凯撒遗事》以及易卜生的《群鬼》《梅孽》都是被他译得变成了另外一部书了——原文的美与风格及重要的对话完全消灭不见……"②将剧本改译成小说,已经算不得忠实的翻译。

郑振铎在批评林纾翻译选择不严、文类不分(戏剧小说混淆)和"任意删节"之后,也实事求是地指出,"中国数年之前的大部分译者,都不甚信实,尤其是所谓上海的翻译家;他们翻译一部作品,连作者的姓名都不注出,有时且任意改换原文中的人名地名,而变为他们所自著的;有的人虽然知道注明作者,然其删改原文之处,实较林[纾]先生大胆万倍。"③可以看出,在晚清"不甚信实"的翻译不在少数,"取便发挥"是译家通用的策略。被康有为誉为并世译才的严复、林纾以及当时影响最大的译作《天演论》,在不到20年之后就受到新文化同人的尖锐批评,译风时尚随之改

---

① 傅斯年:《译书感言》,《新潮》1919年第一卷第三期。
② 郑振铎:《林琴南先生》,罗新璋、陈应年编:《翻译论集》(修订本),北京:商务印书馆,2009年,第249—250页。
③ 同上书,第252页。

变。译家和译作开始受到严格检验,这样的检验和质疑有时近乎苛刻。批评家开始从不同的角度解读和诠释"信",纠错式翻译批评一度成为更深层次翻译论争的导火索。

二、"信"的诠释

严复在《天演论·译例言》中首提"译事三难,信、达、雅"①。但是,正如王宏志所言,严复并没有对"信"进行"定义或作详细的解释"。②在晚清,极少有人用文本对照的方式对译文的精确程度做出评价,更多的是主观印象式的批评,而且是以传统文学的标准评价译文,关注作品的社会教化功能、语言雅驯和情节离奇。当新一代人不再满足于对翻译外部的探讨而希望对翻译的本质和"信"的内涵进行探究,并试图通过文本对照来考察晚清文学翻译的时候,他们发现,严复不得已而采用的"达旨"翻译策略已经成为主流翻译规范,"信"完全悬空,没有了依托。

1918年,刘半农在批评林纾的翻译没有"以原本为主体"、没有用"本国文字去凑外国文""把外国文字的意义神韵硬改了来凑就本国文"时,③实际上是强调翻译必须以"原本为主体",必须忠实于原文的"意义神韵",必须"实事求是,用极曲折极缜密的笔墨,把原文精义达出","没有自己增损原义一字"。④他认为,翻译不能"以中国古训,补西说之未备"⑤。在《关于译诗的一点意见》中,刘半农提出翻译必须做到三点:第一,要传达出原诗的意思;第二,要尽力地把原文中的语言方式保留下来;第三,要传达出原诗的情感。⑥在他看来,"信"必须是在意义、语言形式和情感上符合原文。

---

① 严复:《天演论·译例言》,罗新璋、陈应年编:《翻译论集》(修订本),北京:商务印书馆,2009年,第202页。
② 王宏志:《重释"信达雅"——二十世纪翻译研究》,上海:东方出版中心,1999年,第80页。
③ 王敬轩:《文学革命之反响》,《新青年》1918年第四卷第三号,第273页。
④ 同上文,第274页。
⑤ 同上文,第267页。
⑥ 刘半农:《关于译诗的一点意见》,转引自陈福康:《中国译学理论史稿》,上海:上海外语教育出版社,1992年,第213页。

罗家伦用"求真"来表述文学翻译中的"信",即"按照原意各求其真"。① 而傅斯年则用"负责任"来表述"信",即对原作者负责任和对读者负责任。他同时强调"信"不仅有对错之分,而且有程度的差别。1923 年胡适在此基础上又增加了"对自己负责任,求不致自欺欺人"。② 鲁迅也曾多次讨论翻译的"信"。《小约翰》译本的引言称,"我久已觉得仿佛对于作者和读者,负着一宗很大的债了。"③ 鲁迅的"债"仍然是译者对原文和原作者的责任和承诺;译文既要忠实于原文,又要让读者能懂。他认为,如果译文与原文"貌合神离","从严辨别起来,它算不得翻译"。④ 在鲁迅看来,信是创作与翻译的本质区别。牺牲顺,目的是为了求信,硬译只是达到"信"不得已的策略或手段。用"求真""负责"和"债"来表述"信"应该说颇有独到之处。

1920 年,郑振铎进一步分析了"信"和"达"的关系:"译书自以能存真为第一要义。"⑤ 在忠实与流畅的辩证关系中,"信"是首位。如果"过于意译,随意解释原文,则略有误会,大错随之,更为不对。最好一面极力求不失原意,一面要译文流畅"⑥。"我们应该忠实地在可能的范围以内,把原文的风格与态度极力地重新表现在译文里;如果有移植的不可能的地方,则宜牺牲这个风格与态度的摹拟,而保存原文的意思。"他认为,好的译文应该是"贵于得其中道,忠实而不失其流利,流利而不流于放纵"⑦。郑振铎已经注意到信达的辩证关系,具有现代翻译批评的眼光。

其实,翻译家对抽象"信"的理解并无太大差别;不同的是翻译家在具体翻译实践中表现出来的忠实形态会因具体的历史语境发生变化。早在清乾隆六年(1741 年),实录馆兼内翻书房纂修魏象乾对翻译"正者"就有

---

① 志希(罗家伦):《今日中国之小说界》,《新潮》1919 年第一卷第一期。
② 胡适:《译书》,季羡林主编:《胡适全集》(第 20 卷),合肥:安徽教育出版社,2003 年,第 437 页。
③ 转引自李季:《鲁迅对于翻译工作的贡献》,罗新璋:《翻译论集》,北京:商务印书馆,1984 年,第 305 页。
④ 罗新璋:《翻译论集》,北京:商务印书馆,1984 年,第 316 页。
⑤ 转引自陈福康:《中国译学理论史稿》,上海:上海外语教育出版社,1992 年,第 222 页。
⑥ 同上。
⑦ 同上书,第 230 页。

过精辟的论述,"了其意,完其辞,顺其气,传其神;不增不减,不颠不倒,不恃取意"。①"不增不减,不颠不倒,不恃取意"正是"信"的核心。1907年,王国维在评辜鸿铭英译《中庸》时就强调,"吾人之译古书,如其量而止则可矣,或失之减或失之增,虽为病不同,同一不忠于古人而已"。②王国维主张翻译不增不减,恰到好处,亦即我们今天所谓的"信"。苏曼殊提出的"按文切理,语无增饰,陈义悱恻,事辞相称"③也是强调译文应在意义文体上与原文相当。耐人寻味的是,晚清的翻译实践所呈现出的"信"却形态不一,译家自我认定的"信"与批评家感受的"信"并不一致,更不被后人所接受。究其原因,时局的紧迫和翻译的教化功能使翻译家更关注社会效果而非文本意义和形式的对应。"如何翻译"压倒了"何为翻译"。

到了五四前后,"信"逐渐成为翻译家相互批评和译作品评的兴奋点,也成为一些翻译家考察翻译终端产品的标准。人们在反思晚清文学翻译实践的同时,试图从学理上探讨和研究翻译的规律。以文本对照为依据的现代意义上的翻译批评话语才逐渐形成。

拜伦《哀希腊歌》在中国早期的译介就清楚地揭示了译风和翻译观念的转变。从梁启超在《新中国未来记》中节译拜伦的诗到1920年,已出现了六个译本,柳无忌有如下评述:

> 至于各家译诗的方法与品质:胡适的译文最为正确,但亦不无可以商量的地方;马君武有时误译或随意删改原诗,但他的诗句有情感与活力,足以表达拜轮原诗的精神;苏曼殊诗中的晦涩处并不多,无损于整个诗篇,亦不能掩盖他的许多可圈可点的佳句;胡寄尘的译本虽后来而未能居上;柳无忌的翻译忠实而近原作,是白话诗体的长处。④

---

① 王若昭:《〈繙清说〉简介》,《中国翻译》1988年第1期,第31页。
② 王国维:《书辜氏汤生英译〈中庸〉后》,罗新璋:《翻译论集》,北京:商务印书馆,1984年,第197页。
③ 苏曼殊:《拜轮诗选·自序》,柳亚子编:《苏曼殊全集》(第一卷),北京:中国书店,1985年,第127页。
④ 柳无忌:《苏曼殊与拜轮"哀希腊"诗——兼论各家中文译本》,《佛山师专学报》1985年第1期,第23页。

柳无忌的比较分析揭示了翻译家不同的价值追求：胡适的翻译最忠实，马君武的翻译最具感染力，苏曼殊的翻译艺术价值最高，而他自己的翻译不仅忠实而且体现了译诗语言的发展方向。用当代翻译批评眼光来看，胡适、柳无忌的译文忠实于原作；马君武的译文实现了最佳社会效果，而苏曼殊的译文则是原作在中国文化语境中艺术生命的延续。在短短的不到20年间，文学翻译表现出明显的变化趋势。梁启超、马君武是从启蒙思想家、革命家的视角翻译，高度关注翻译的功利性和社会效果；胡适及以后的译文，尽管情感活力或感染力没能胜出，但译文忠实和正确却是不容置疑的事实。

1914年，胡适在参考借鉴了马君武和苏曼殊的译文基础上重译《哀希腊歌》。他的译诗不仅提供了拜伦原诗作为对照，而且有长篇的译序，介绍拜伦其人、诗歌创作背景、拜伦在英国文学上的地位、原文中所涉及的典故，以及译诗缘由，为后人客观考察译文忠实与否提供了翔实的依据。胡适的译诗与译评为后来的翻译评估提供了可行的批评模式。

1917年，刘半农在《新青年》二卷六期上发表的译诗《马赛曲》就以法文、英文"直译法文"和中文（文言）译文并列的形式呈现，供读者比较观摩：

1er COUPLET

Allons, enfants de la Patrie,
Le jour de gloire est arrivé!
Contre nous de la tyrannie
L'étendard sanglant est levé! (bis)
Entendez-vous, dans les campagnes,
Mugir ces féroces soldats?
Ils viennent jusque dans vos bras
Egorger vos fils, vos compagnes!

Aux armes, citoyens! Formez vos bataillons!

Marchons! (bis) Qu'un sang impur abreuve nos sillons!①

1ST COUPLET

　　Let us go, children of the Fatherland, the day of glory is arrived! Against us by the tyranny, the bloody banner is raised! (twice) Do you hear, in the field, the roar of those fierce soldiers? They come up to our arms. Charge our sons, our wives!

　　To the arms, fellow citizens, form your battalions! March on! (twice) Let an impure blood drench our furrows!

第一阕

　　我祖国之骄子。趣赴戎行。

　　今日何日。日月重光。

　　暴政与我敌。血旌已高扬。

　　君不闻四野贼兵呼噪急。

　　欲戮我众。

　　欲歼我妻我子以勤王。

[合唱]

　　我国民，秣而马，厉而兵。整而行伍。

　　冒死进行，沥彼秽血以为粪，用助吾耕。②

　　刘半农的译诗，与胡适1914年翻译的《哀希腊歌》有异曲同工之妙。前有描述历史文化背景的长篇译文，中有《马赛曲》作者李塞尔的生平介绍，后有有关译诗的评述：

　　　　此歌英文译本，余前后所见，不下十余种。就中文笔最佳，各读本各国歌集传载最广之一种，则以 Ye sons of France, awake to

---

　　① 依照刘半农的原文打印排列，与现在的版本有细微区别。
　　② 刘半农：《阿尔萨斯之重光马赛曲》，《新青年》1917年第二卷第六号。

glory! Hark, hark! What myriads bid you rise! 为起。而译歌体为八句,和歌为四句。又改原歌六首为四首。细核文义,则置之英国诗歌中,自不失其文学之上价值。若与李塞尔原本对照,则十句之中,能与原义符合者,直不及一二。(观其改六首为四首,已可见其增损极多,非复本来面目矣。)华文译本,余所见有二种。一依音谱填译,似有牵强处。一译四言古诗,又微病晦涩。且两种多未译全……特踵 paraphrase 之成例,用英文浅显之 prose,直译法文,对列其下。又不辞谫陋,译为华文附之。惟华法文字相去绝远,又为音韵所限,虽力求不失原义,终不能如 paraphrase 逐句符合也。(此不独华文为然,即英法二国,文字本属同源,字义相同者,十居三四,而对译诗歌,亦往往为切音 Syllables 叶韵 Rhymes 诗体 Poetic forms 空间 Hiatus 诸端所限,不能尽符原意。故 Paraphrase 之法尚焉。惜吾国译界,尚无此成例也。)①

王韬、张芝轩将原诗六首转译为四首(也许他们所依照的英文本就是如此),这种改窜必然是"增损极多"。而"依音谱填译",译文"能与原义符合者,直不及一二"。②读者很难想象王韬所翻译的就是李塞尔的《马赛曲》。从翻译批评话语的角度来看,刘半农的译诗有如下特点:

第一,译诗不再是应时应景之作,也不再是嵌入自己创作的附属物;译诗本身就具有独立的艺术价值;③

第二,译者不再以政治家或思想启蒙家的身份做翻译,而是希望从学理上来探讨诗歌译介方式和转换规律;其翻译的忠实性和可靠性来自相关的前期研究;

第三,译文翻译过程有两个阶段:一是用浅显的英文"直译法文",二

---

① 刘半农:《阿尔萨斯之重光马赛曲》,《新青年》1917 年第二卷第六号。
② 同上。
③ 王韬、张芝轩译《普法战纪》(1871)包含法语诗歌"法国国歌"即《马赛曲》和德语诗歌《祖国歌》,显然,这不是现代意义上独立的诗歌作品。当时的译者翻译诗歌,并不是为了诗歌本身。李提摩太、辜鸿铭是自觉翻译英诗的译者,突出了诗歌翻译的价值,但是都尚未自觉转向文学领域和文学质量。

是再以长短交错的半文言体传译。无论是对原文的理解,还是译语的表达,都比之前的译文①"更加忠实于原文的精神实质和语言形式"。"从内容理解到断句方法,比王译更贴近原文。"②

第四,译者深刻地意识到诗歌形式的抗译性,体悟到诗歌形式转换与原意再现之间的矛盾与张力。翻译中有意识、有目的"变通"或"偏离",并非完全源自误解。

"刘半农在几种语言之间相互比较参照,力图在意义、字句乃至音韵上达到协调。"③他的译文,以及他对翻译特有的解读与处理形式,已经具备现代翻译批评的雏形。

三、赞助人与"信"的规范

新文化运动中的翻译家,除了将晚清的翻译视为旧规范加以质疑、否定和批判,对"信"进行重新阐释之外,他们还身体力行,践行"信"的标准,创立体现新兴规范的翻译范例,并通过社会赞助系统推行新的翻译规范。《新青年》就是最有影响的推行、实践新的翻译规范的赞助机构。

《新青年》是五四前后最重要的期刊之一,对新文化运动产生了深远的影响。胡适称《新青年》是"代表三个时代"和"创造了三个时代"的三个杂志之一:"一是《时务报》;一是《新民丛报》;一是《新青年》。"④陈平原认为,《新青年》"有广泛而且相对固定的读者群",将北京大学等高校学者的"书斋著述,转化为大众的公共话题,借以引起全社会的广泛关注","直接介入并影响时代思潮之走向"。⑤北京大学和《新青年》组成的一校一刊将

---

① 王韬和张芝轩的译文发表于1871年,当时被称作《麦须尔诗》;后被梁启超收入《饮冰室诗话》,流传甚广。其后,侠民又重译其第一段,题为《汉译法兰西革命国歌》,刊于《新新小说》第1年第2号(1904年10月26日)。3年之后,《民报》第13期又译为《佛兰西革命歌》。
② 张峰、佘协斌:《〈马赛曲〉歌词及其翻译》,《法国研究》1999年第2期,第32页。
③ 赵稀方:《翻译现代性——晚清到五四的翻译研究》,天津:南开大学出版社,2012年,第205页。
④ 胡适:《致高一涵、陶孟和、张慰慈、沈性仁》,季羡林主编:《胡适全集》(第23卷),合肥:安徽教育出版社,2003年,第415页。
⑤ 陈平原:《思想视野中的文学——〈新青年〉研究》(上),《中国现代文学研究丛刊》2002年第3期,第1—2页。

翻译家和翻译批评家对翻译学理的探讨转变为社会共同认可的行为准则,成为推行和建构主流翻译批评话语的重要力量。

首先,《新青年》从创刊起就坚持"信"的标准,一卷一号上的"投稿简章"对来稿提出明确要求:"来稿译自东西文者,请将原文一并寄下。"《新青年》刊发了大量的翻译作品,要求原文译文"一并寄下"具有相当重要的意义。第一,有效地杜绝了晚清时有发生的伪译和凭空杜撰谋求稿费的现象;第二,有效地遏制了晚清流行的可能导致不忠的翻译方式:改译、述译、译述、重演、重译、译演、译意、编译等;第三,避免了译者迫于生计而出现的抢译、删改、错译或漏译。从此以后,"附寄原文"成为许多杂志接受翻译文稿的普遍要求。有学者曾描述如下:

> 各个期刊众口一词都欢迎译稿,并有一个共同要求:附上原文,无法附寄原文者须提供出处。《小说月报》"本社投稿简章"之三(12:3)、《现代》"本[杂]志投稿简章"之三(1:4)、《文艺月刊》"征稿简章"(3:10)、《新中华》月刊"投稿简则"之三(复刊1:9)、《世界文学》"投稿简章"之六(1:6)、《西风》月刊"投稿简章"之三(第一期)、《时与潮文艺》"稿约"之二(1:1)、《文学译报》"稿约"之三(1:4)等,都有规定,且措辞基本相同。如此高度一致,表明对译文已经有了规范要求,也暗示着对译介方式的一种共识。①

有些杂志在"投稿规约"中还明确指出,"请附原文,以便核对"②。

各个杂志期刊要求附寄原文不仅有助于规范和引导翻译行为,同时也暗示严复、林纾赖以成名的"取便发挥"和"达恉"已经过时;穿凿附会,以中国之古训补西文之不备的译风受到遏制。到1920年,曾经大量发表林纾翻译小说的《小说月报》也因风气的转变发行量锐减,不得不大刀阔斧地改革。商务印书馆总经理张元济就曾在日记中表示出对林纾粗制滥造的译文不满:"竹庄昨日来信,言琴南近来小说译稿多草率,又多错误,

---

① 王建开:《五四以来我国英美文学作品译介史》,上海:上海外语教育出版社,2003年,第140页。
② 同上。

且来稿太多。余复言稿多只可接受,惟草率错误应令改良。"①张元济虽顾及"林译小说"的影响,但在译文质量上没有退让。林纾晚期"很多粗制滥造、格调和趣味都不高的作品"均被"断然否定和排斥"。②

除了附寄原文之外,英汉对照也是强化"信"的有效方式。《新青年》早期的几卷中刊登了相当数量的英汉对照作品,如《新青年》第一卷共发表译作28篇(次),英汉对照的有《妇人观》《青年论》《赞歌》《美国国歌亚美利加》《铁与血》《富兰克林自传》《美国之自由精神》等14篇(次),高达50%;甚至像王尔德的《意中人》(An Ideal Husband)这样的长篇连载剧本也都附有英文原文。每期的正误表中也将英文错误一一列出,其严谨求真的态度远非晚清报刊所能相比。无论是散文、戏剧还是诗歌,其翻译均能丝丝入扣,一一对应,基本上消除了晚清的"取便发挥"或"以中国之古训,补西文之未备"。③试比较《新青年》上的翻译:

> Woman is an angel who may become a devil, a sister of mercy who may change into a viper, a ladybird who may be transformed into a stinging bee.
>
> 妇人,天人也。或化而为夜叉。善人也,或化而为蛇蝎。流萤也,或化而为蜂螫。
>
> Women were not born to command, but they have enough inborn power to govern man who commands, and, as a rule, the best and happiest marriages are those where women have most authority, and where her advice is oftenest followed.
>
> 夫女子虽非为发号施令而生,然其天赋之权能,足以统驭发号施令之男子。最善良最和乐之伉俪,其妇人每最拥权威,计从而言听也。
>
> It is a great misfortune not to be loved by the one you love; but

---

① 转引自谢晓霞:《〈小说月报〉1910—1920:商业、文化与未完成的现代性》,上海:上海三联书店,2006年,第119页。
② 同上。
③ 王敬轩:《文学革命之反响》,《新青年》1918年第四卷第三号,第267页。

it is a still greater one to be loved by the one whom you ceased to love.

不见爱于所爱之人,大不幸也。然爱汝者为汝不爱之人,其不幸尤甚。①

Oh! I don't care about the London season! It is too matrimonial. People are either hunting for husbands, or hiding from them. I wanted to meet you. It is quite true. You know what a woman's curiosity is. Almost as great as a man's! I wanted immediately to meet you, and… to ask you to do something for me.

呀。我不留意你们伦敦的时节。伦敦人所忙的大半是婚姻的事。不是女子寻求丈夫,就是躲避着丈夫。我要见你,这是真的。你晓得女子好事的心,和男子一样。我狠要遇见你请你帮助我做点事。②

I HAVE not ga' hered gold;
　　The fame that I won perished;
In love I found but sorrow
　　That withered my life.

守钱吾非房,荣誉今亦毁,恩爱多酸辛,用随秋草萎。

Of wealth or of glory,
　　I shall leave nothing behind me;
(I think it, O God, enough)
　　Save my name in the heart of a child.

无钱遗家人,无名传青史,愿帝取我魂,移植后人体。③

英汉对照的翻译文本已成为公共资源,供读者,特别是熟悉两种文

---

① 陈独秀译:《妇人观》,《新青年》1915年第一卷第一号。
② 薛琪瑛译:《意中人》,《新青年》1915年第一卷第三号。
③ 刘半农译:《爱尔兰爱国诗人》,《新青年》1916年第二卷第二号。

字的读者品评、切磋,甚至质疑。英汉对照的文本一方面提供了客观理性批评的参照,另一方面也培育了社会阅读习惯和评价标准,逐渐构建起社会认可和社会期待的翻译典范。

除了英汉对照,新文化运动中报纸杂志上的译文比较也有助于树立、强化或传播新兴的翻译规范,马君武、胡适和刘半农等翻译的三个译本的《缝衣曲》,马君武、苏曼殊、胡适翻译的三个译本的《哀希腊》,《新青年》六卷六号上刊登的《奏乐的小孩》的两个中译本,为读者比较品评翻译标准提供了方便。1925年《晨报副刊》展开对诗歌翻译的讨论,同时刊登出胡适、朱骝先、周开庆、郭沫若以及徐志摩等的六个不同的译本,并附有歌德和卡莱尔的德、英两种文字的原文,使讨论涉及翻译的各个层面,如音韵,忠实的标准,神似,直接翻译和间接翻译,但批评家最关注的仍然是对"信"的理解和把握。

《新青年》和北京大学组成的"一校一刊"掌握了当时的批评话语权。而北京的《晨报附镌》《京报副刊》、上海的《时事新报》副刊《学灯》和《民国日报》副刊《觉悟》等,与"《新青年》《新潮》以及二十年代前期的四百余种报刊一道,组成了新文学传播的强大阵容"。[1]这些刊物在形式和内容上,效仿与默契,同气相求,逐渐形成了新的时尚与潮流。《新青年》的译者和批评家大多为北京大学的师生,他们的翻译批评思考又被带入课堂;一些优秀的译作还被选编进入中小学教材。随着形势的发展,白话、标点与书写横排等,最终都以教育部体制化的形式颁发实施,确认了《新青年》主导文化意识形态的地位,成为翻译批评规范和"权力话语"[2]:

> 《新青年》本身的特殊领导地位、他们的翻译所具有的文化意义所引发的巨大社会反响和文化效应也使其翻译活动构成了一种模式,成为五四新文化运动时期,甚至是后来很长一段时间内的典型

---

[1] 杨义:《中国新文学图志》(上),北京:人民文学出版社,1996年,第158页。
[2] 黄亚平:《典籍符号与权力话语》,北京:中国社会科学出版社,2004年,第6页。

翻译"模式"。①

《新青年》并非纯粹的翻译期刊，但对翻译的影响，特别是对现代翻译规范的贡献，却绝不亚于翻译期刊或以翻译为主的刊物。如果说现代文学翻译规范的创建是一个渐进过程，《新青年》的翻译标志着旧规范的终结；《新青年》同人通过自身的翻译实践和翻译批评，探索翻译的现代特征，发表了具有典范意义的翻译作品。这些翻译通过读者的接受、编入教科书，不断被引用、转载，以及《新青年》本身的重印、再版，逐渐成为学术共同体接受的典范。

结　语

五四前后，传统的翻译规范因逐渐失去赖以生存的社会基础而失去约束力和影响力，新一代翻译家和翻译批评家通过对晚清翻译时尚的质疑与批评、对"信"的重新解读和诠释、并以自己的翻译实践确立了新兴翻译规范，使其成为新文化运动特定文化群体遵循的准则，从而推动了翻译规范的现代化转型。

第三节　翻译批评与现代白话规范

一、现代白话规范的源流

学界似乎都承认，现代白话规范有如下几个源流：（1）中国传统的章回白话小说；（2）清末传教士的翻译，特别是宗教翻译；（3）晚清开明士大夫从"启蒙""救亡"出发，倡导"言文一致"和语言通俗化。

近年来，清末传教士的翻译对现代白话的影响日益受到学界关注。袁进认为传教士白话文译著在现代白话文发展中功不可没，认为传教士的翻译语言"甚至要比五四时期的作家所写的现代汉语白话文更加像我

---

① 潘艳慧：《〈新青年〉翻译与现代中国知识分子的身份认同》，济南：齐鲁书社，2008年，第104页。

们正在创作的白话文。它们出自西方传教士或者是西方传教士与其中国合作者之手,绝大部分是翻译作品,它们无论在语言还是形式上,都不同于中国古代的文言白话作品。"①

陈鸿彝曾分析过1758年(乾隆二十三年)耶稣会士贺清泰用北京话翻译的《古新圣经》,并认可语言贵在说明事理,不在文法奇妙的观点:

> 天地,万物,神人,万物终始,人类归向,在世何为,什么是真正善德,真正美功,什么是罪,什么是恶,什么是卑贱,什么是过愆,这些紧要的事,《圣经》全讲明,又有真切的凭据。……共总紧要的是道理,贵重的是道理。至于说的体面,文法奇妙,与人真正善处,有何裨益?

在《再序》中,贺清泰重申重"道理"不重"文法"的主张:

> 看书有两样人:一样是诚心爱求道理,并不管话俗不俗,说法顺不顺,只要明白出道理来足足够了,也对他的意思。这样的人,可不是贤人么?所该贵重的,他们也贵重;本来要紧的是道理。话虽是文彩光辉,若无道理,算甚呢?一口空嘘气而已。还有一样人,看书单为解闷。倘或是读书的人,单留心话的意思深奥不深奥,文法合规矩不合;讲的事情,或者从来没见过的,或是奇怪的,或是多有热闹的;一见没有,或是书上没有修饰,就厌烦了,抛下书,无心看了。论这样人,一定不服我翻的《圣经》……天主贵重的,不过是人的灵魂。聪明愚蒙,天主不分别。为几个懂文法的人,不忍耽搁了万万愚蒙的人。不能懂文深的书,他们的灵魂,也不能得受便益。天主的圣意是这样,翻《圣经》的人,敢背他的旨意么?

贺清泰认为,翻译《圣经》的语言,一定要浅显明了,翻译是为了教"万万愚蒙的人"学道理、行道理。200多年以前能有这样"清楚的

---

① 袁进:《中国文学的近代变革》,桂林:广西师范大学出版社,2006年,第5页。

白话主张"和如此"流利顺达"的白话①表述，难能可贵。

1819年，马礼逊曾对《圣经》翻译的文体提出以下意见：

> 在我的译本中，我力求忠实、明达和简易（fidelity, perspicuity, and simplicity），我宁愿采用常见的一般词汇而不用生僻的古词古语。我也避免异教哲理和异教经典中的术语。我宁可让人觉得译文俚俗不雅，也不愿让人费解难懂。②

在1900年《教务杂志》（Chinese Recorder）上，狄考文发表了《官话圣经的风格》（The Style of the Mandarin Bible），他认为：

> （1）字词应当是操官话的平民百姓所日常使用和明白的。书面用语和不大通用的用词应该避免……
>
> （2）文句的结构应符合口语……
>
> （3）文笔风格应清楚简单……
>
> （4）文笔风格应是真正的中文。外国人所撰写或监督的官话往往在用字和习惯上，多少有些洋化……③

狄考文主张《圣经》翻译必须面向平民百姓，符合口语，清楚简单，符合汉语规范。他的继任者富善在《为3亿中国人翻译的圣经》（A Translation of the Bible for Three Hundred Millions）一文中，持相同的翻译主张。他有四条翻译原则，前两条特别强调语言的通行、上口和易懂：

> （1）语言必须能通行各地，而不是地方性的……
>
> （2）语言必须是（和我们的英王詹姆斯译本一样）在讲坛上朗读时，所有阶层人士都容易明白的……④

---

① 转引自陈鸿彝：《明清传教士的译著启动了中国白话文的初澜》，学术交流网/学术问题讨论，2010年9月5日发布。http://www.bh9z.com/info_Show.asp?InfoId=207&ClassId=30&Topid=0。

② 转引自任东升：《圣经汉译文化研究》，武汉：湖北教育出版社，2007年，第168页。

③ 同上书，第176页。

④ 同上书，第178页。

6年以后,富善在《官话和合译本圣经》(*The Union Mandarin Bible*)一文中,提出5条翻译原则,将原来的前两条修改为三条,特别强调语言的口语化、规范化和浅白易明:

(1)语言必须是真正口语化的(和我们的"英王詹姆斯圣经"一样),容易被所有能够阅读的人所明白。

(2)语言必须是普遍通用而不是地区性的官话。

(3)文体虽然要浅白易明,却必须高雅简洁。①

传教士对翻译语言的思考是基于宗教翻译非常明确的目的。首批来华的传教士用文言翻译。1885年杨格非(Griffith John,1831—1912)出版了"浅文理"译本《圣经》;后将"浅文理《新约》改订为官话"。为了扩大《圣经》的影响力,欧美传教士还尝试"参照同一个《圣经》原本,同时推出'文理'、'浅文理'和'官话'三种语体的版本。1890年,美传教士代表在上海召开大会,决定进行'和合译本'《圣经》的翻译,"②以适应不同人群和不同场合的需求,实现不同的文化目标。传教士在宗教翻译中追求语言的白话化、通俗化和规范化所做的努力,显然早于新文化运动的先贤们。遗憾的是,由于种种原因,他们的翻译思想和翻译批评原则没有引起中国士大夫阶层的注意,五四时期的白话翻译批评似乎是独立平行的另一发展源流。为什么五四的翻译批评家很少提到传教士的翻译主张,没有有效利用传教士的翻译经验并从中受益,这是一个值得深思的课题。

清末现代报刊的兴起也极大地推动了现代白话的形成。"1898年,现代报刊史上第一份白话文报纸《无锡白话报》创刊,接着,杭州、上海、苏州、宁波、湖州等地也出现了白话报……据晚清文学史专家阿英估计,晚清白话小说约有1500种以上。"③梁启超、夏曾佑、狄葆贤、伍光建等力倡的白话小说创作和白话文学翻译,对五四白话运动中的新

---

① 转引自任东升:《圣经汉译文化研究》,武汉,湖北教育出版社,2007年,第179页。
② 同上书,第136页。
③ 何九盈:《中国现代语言学史》,广州,广东教育出版社,2005年,第19页。

一代翻译家与批评家产生了积极影响。

晚清的文学语言正处于动荡变化的过渡时期,文学语言可大致分为四类:一是文言,二是浅近文言,三是古白话,四是现代汉语。① 文言与白话并行,文言与白话杂糅相当普遍。就语言规范而言,除少数传教士的翻译之外,译诗基本上是文言的一统天下,完全归化是主流的翻译策略。小说翻译则是"文言短篇笔记体和白话长篇章回体和平共处"②。但是,实际翻译比理论概括要复杂得多。翻译不时突破了语言规范的传统格局,出现了白话短篇、文言长篇,甚至文言长篇章回体的"奇怪"组合,③即所谓的"变格"。长篇文言翻译甚至风靡一时,形成了中国现代翻译肇始之初的动荡与过渡。试比较短篇小说《灯台守》的译文:

> 有一天,离巴拿马(在中美洲接连南北两美之处,乃是地腰)地方不远,有个阿斯宾福尔灯台,看守灯台的人,忽然不见,不知往哪里去。原来那灯台,本造在一座小岛之上,壁立陡峭,岩石重重,岛形直削而下,四面凌着波涛。这一天刚刚又是狂风暴雨,因此当时的人,个个猜疑,说守台人气运不佳,定是无意中走到岛边角上,突然被惊涛大浪卷了去。有的体察情形,知道这话,必然真确。到第二天早晨,进那岛湾澳里察看,不见一条船的影子,益发说是猜疑得毫无可疑。这一下子,灯台的位置,变成空虚,没了看守的人。可知乡村地方,更换守台人,要算一起紧要大事;况且船舶打从巴拿马航海到纽约,都是力求迅速,不能耽延。④

> 一日,巴奈马左近亚斯宾华尔灯台守者忽失踪迹。时方暴风雨,因疑行小岛水次,为浪所卷也。及次日,山隅所系小舟亦杳,

---

① 袁进:《中国文学的近代变革》,桂林:广西师范大学出版社,2006年,第5页。
② 胡翠娥:《文学翻译与文化参与——晚清小说翻译的文化研究》,上海:上海外语教育出版社,2007年,第120页。
③ 同上。
④ 吴梼译:《灯台守》,施蛰存编:《中国近代文学大系·翻译文学集》,上海:上海书店出版社,1999年,第808页。

说乃益信。守者之职遂阙,当急补之。盖地方交通与航船之自纽约趣巴奈马者,咸恃灯台,而蚊子湾复多沙碛礁石。白日行舟,犹惧不易。逮入暮,则地处热带,海水为烈日所蒸,恒起浓雾,几不能行。①

前一段发表于1906年的《绣像小说》,译者吴梼的译文使用了白话"变格"。而后一段选自1909年的《域外小说集》,周作人使用文言,遵循了语言的"正格"。林纾用文言翻译长篇小说原本背离了长篇白话章回体,但大获成功。他"深于史汉,出笔高古而又风华"②,不仅为文学翻译的语言载体创造出"变格",而且使文言一时成为翻译长篇小说的时尚。包天笑曾说:"这时候写小说,以文言为尚,尤其是译文,那个风气,可算是林琴南翁开的。"③胡适也称:"林纾居然用古文译了《茶花女》与《迦茵小传》等书……也可以算是一种尝试……替古文开辟一个新殖民地。"④晚清的翻译在引进西方思想文化的同时,也促使传统语言使用格局的松动,体现了翻译家个人的尝试与社会期待之间的纠缠与互动。

新文化运动的领袖,几乎都在晚清文化语境中受过白话语言的影响。胡适就说过,编辑《竞业旬报》"不但启发我运用现行口语为一种文艺工具的才能,且以明白的语言及合理的次序,想出我自幼年就已有了形式的观念和思想。"⑤他又认为:"这几十期的《竞业旬报》,不但给了我发表思想和整理思想的机会,还给了我一年多作白话文的训练……我知道这一年多的训练给了我自己绝大的好处。白话文从此形成了我的一种工具。七八年之后,这件工具使我能够在中国文学革命的运

---

① 周作人译:《灯台守》,伍国庆编:《域外小说集》,长沙:岳麓书社,1986年,第318页。
② 范伯群:《中国现代通俗文学史》,北京:北京大学出版社,2007年,第151页。
③ 同上书,第151页。
④ 同上书,第108页。
⑤ 胡适:《我的信仰》,欧阳哲生编:《胡适文集》(1),北京:北京大学出版社,1998年,第13页。

动里做一个开路的工人。"①

可以看出,在新文化运动之前,白话在传教士的翻译、清末民初的外国文学翻译,以及国人自己传统的文学创作中已有比较广泛的使用,但士大夫仍然将文言视为书面语的正宗,译界似乎对传教士翻译的影响还缺少比较深入的研究。然而,在文言、白话并行的转型期,新文化运动就文言白话的论争的确对白话取代文言、将白话提升到文学正宗的地位产生了至关紧要的推动作用。

二、白话的传承与断裂

晚清黄遵宪、梁启超、裘廷梁等都深刻认识到言文分离和文言文的弊端,明确主张言文合一。黄遵宪认为,"盖语言与文字离,则通文者少;语言与文字合,则通文者多,其势然也。……欲令天下之农工商贾妇女幼稚皆能通文字之用,其不得不于此求一简易之法哉!"②

梁启超在分析"中国群治不进之原因"时说,"吾思之,吾重思之,其原因之由于天然者有二,由于人事者有三"。人事者首要的一条便是"言文分而人智局"。梁启超认为:

> 文字为发明道器第一要件,其繁简难易,常与民族文明程度之高下为比例差。列国文字,皆起于衍形,及其进也,则变而衍声……故衍声之国,言文常可以相合;衍形之国,言文必日以相离。社会之变迁日繁,其新现象,新名词必日出……言文合,则言增而文与之俱增,一新名物,新意境出,而即有一新文字以应之。新新相引,而日进焉。言文分,则言日增而文不增,或受其新者而不能解,或解矣而不能达,故虽有方新之机,亦不得不窒,其为害一也。言文合,则但能通今文者,已可得普通之智识……故能操语者即能读书,而人生必需之常识,可以普及。言文分,则非多读古

---

① 胡适:《四十自述》,欧阳哲生编:《胡适文集》(1),北京:北京大学出版社,1998年,第85页。

② 参见蔡成文:《清末白话文运动资料》,《近代史资料》1963年第2期,第115—116页。

书,不足以语于学问,故近数百年来,学者往往瘁毕生精力于《说文》、《尔雅》之学,无余裕以从事于实用,夫亦有不得不然者也,其为害二。且言文合而主衍声者,识其二三十之字母,通其连缀之法,则望文而可得其音,闻音而可解其意。言文分而主衍形者,则《苍颉篇》三千字,斯为字母者三千;《说文》九千字,斯为字母者九千;《康熙字典》四万字,斯为字母者四万。夫学二三十之字母,与学三千、九千、四万之字母,其难易相去何如?故泰西、日本,妇孺可以操笔札,车夫可以读新闻,而吾中国,或有就学十年,而冬烘之头脑如故也,其为害三也。夫群治之进,非一人所能为也,相摩而迁善,相引而弥长,得一二之特识者,不如得百千万亿之常识者,其力逾大,而效逾彰也。我国民既不得不疲精力以学难学之文字,学成者固不及什一,既成矣,而犹于当世之应用之新事物、新学理多所隔阂,此性灵之浚发所以不锐,而思想之传播所以独迟也。①

梁启超明确提出,"中国文字,能达于上不能逮于下,盖文言相离之为害。"②言文分离不仅无法普及教育,无法提高民众素质,而且限制了读书人接受新思想,新观念。钱玄同积极肯定梁启超在语言文字革新中的功劳:

> 梁任公先生实为近来创造新文学之一人。虽其政论诸作,因时变迁,不能得国人全体之赞同,即其文章,亦未能尽脱帖括蹊径,然输入日本文之句法,以新名词及俗语入文,视戏曲小说与《论》《记》之文平等(梁先生之作《新民说》、《新罗马传奇》、《新中国未来记》,皆用全力为之,未尝分轻重于其间也),此皆其识力过人处。鄙意论现代文学之革新,必数及梁先生。③

在中国最早的白话文报纸《无锡白话报》(后改为《中国官音白话报》)

---

① 梁启超:《新民说·论进步》,夏晓虹编:《梁启超文集》,北京:中国广播电视出版社,1992年,第139—140页。
② 梁启超:《沈氏音书·序》,《饮冰室书话》,长春:时代文艺出版社,1998年,第350—351页。
③ 钱玄同:《通信》,《新青年》1917年第三卷第一号。

中，裘廷梁明确指出：方今"中外大通，环球各国，大势尽变。……欲民智大开启，必自广兴学校始；不得已而求其次，必自阅报始。报安能人人而阅之。必自白话报始。"① 陈荣衮更是将文言的弊害与国家兴亡联系起来："今夫文言之祸亡中国，其一端矣。中国四万万之人之中，试问能文言者几何？""大抵变法，以开民智为先，开民智莫如改革文言。不改文言，则四万九千九百分之人，日居于黑暗世界之中，是谓陆沉；若改文言，则四万九千九百分之人，日嬉游于琉璃世界中，是谓不夜。"② 晚清的有识之士已经开始将语言文字的功能从简单抒情表意上升到普及教育、传播新思想、提高民众素质和民族救亡的高度。

但新文化运动提倡的白话与晚清的白话毕竟存在巨大差异。周作人指出：

> 第一，现在白话文，是'话怎么说便怎么写'。那时候却是由八股翻白话……仍然是古文里的格调，可见那时的白话，是作者用古文想出之后，又翻作白话写出来的。
>
> 第二，是态度的不同——现在我们作文的态度是一元的，就是：无论对什么人，作什么事，无论是著书或随便地写一张字条儿，一律都用白话。而以前的态度则是二元的，不是凡文字都用白话写，只是为一般没有学识的平民和工人才写白话的……但如写正经的文章或著书时，当然还是作古文的，因此我们可以说，在那时候，古文是为'老爷'用的，白话是为'听差'用的。
>
> 总之，那时候的白话，是出自政治方面的需求，只是戊戌政变的余波之一，和后来的白话文可说是没有大关系的。③

也就是说，五四以后的白话与晚清有了本质的区别，从前的"二元"态度也不可逆转地让位于白话的一统天下，并深入到国民精神的各个层

---

① 裘廷梁：《无锡白话报·序》，《无锡白话报》1898年5月。
② 陈荣衮：《论报章宜改用浅说》，《知新报》第111册，1900年1月1日。
③ 周作人：《儿童文学小论·中国新文学的源流》（周作人自编文集），石家庄：河北教育出版社，2002年，第51—52页。

面:"现在的国语运动却主张国民全体都用国语,因为国语的作用并不限于供给民众以浅近的教训与知识,还要以此为文化建设之用。"①

胡适也持相同的观点。早在1916年胡适就指出,"一边是应该用白话的'他们',一边是应该做古文古诗的'我们'。我们不妨仍旧吃肉,但他们下等社会不配吃肉,只好抛块骨头给他们吃去罢。"②在《新文学·新诗·新文字》一文中,胡适再次尖锐批评了中国士大夫阶级二元的语言观:"他们总觉得高人一等,他们自己是上等阶级、上等人,一般老百姓是低一等的人,下等人……他们办'白话报',自己却看文言报……永远把社会分成两层阶级。"③ 他们"哀怜老百姓无知无识,资质太笨,不配学那'宇宙古今之至美'的古文"。④ 胡适同时指出,文学革命运动与那些白话报纸或字母的运动有根本的不同,"第一,这个运动没有'他们''我们'的区别。白话并不单是'开通民智'的工具,白话乃是创造中国文学的唯一工具。白话不是只配抛给狗吃的一块骨头,乃是我们全国人都该赏识的一件好宝贝。第二,这一运动老老实实的攻击古文的权威,认他做'死文学'。"⑤ 白话运动已不再是纯粹的语言工具问题,白话运动引发的是一场全面而深刻的思想革命和文化再生。

三、新文化运动与白话规范

在梳理过清末民初的翻译语言规范之后再来考察新文化运动中有关翻译语言的批评话语,似乎可以更加清楚地了解当时翻译批评与白话规

---

① 周作人:《国语改造的意见》,《夜读的境界》,长沙:湖南文艺出版社,1998年,第773页。
② 胡适:《五十年来中国之文学》,姜义华主编:《胡适学术文集·新文学运动》,北京:中华书局,1993年,第149页。
③ 胡适:《新文学·新诗·新文字》,姜义华主编:《胡适学术文集·新文学运动》,北京:中华书局,1993年,第282页。
④ 胡适:《中国新文学大系》第一集导言,姜义华主编:《胡适学术文集·新文学运动》,北京:中华书局,1993年,第239页。
⑤ 胡适:《文学革命运动》,阿英编:《中国新文学大系·史料索引》,上海:上海文艺出版社,2003年,第13页。

范之间的联系。五四文学革命时期,新文学家和翻译家不再把白话文简单地视为宣传的工具,而是作为整个新文学——国语文学创造、甚至中国的文艺复兴的有机组成部分,促使传统语言符号系统发生了根本性的转变。胡适、陈独秀、鲁迅、周作人、钱玄同、刘半农等都撰文参与白话文论战,用自己的白话翻译与创作,特别是利用北京大学和《新青年》形成的"一校一刊"阵地,建构白话话语的叙述空间。

胡适从"一时代有一时代之文学"的进化论角度,正式提出废文言而倡白话的主张,并从"八事"入手,具体制定了以白话代替文言的原则:"一曰,须言之有物。二曰,不摹仿古人。三曰,须讲求文法。四曰,不作无病呻吟。五曰,务去滥调套语。六曰,不用典。七曰,不讲对仗。八曰,不避俗字俗语。"[①] 他对白话有明确的界定:"(一)白话的'白',是戏台上'说白'的白,是俗语'土白'的白。故白话即是俗话。(二)白话的'白'是'清白'的白,是'明白'的白。白话但须要'明白如话',不妨夹几个文言的字眼。(三)白话的'白',是'黑白'的白。白话便是干干净净没有堆砌涂饰的话,也不妨夹入几个明白易晓的文言字眼。"[②] 胡适的白话主张不仅宣告了一种全新的语言观念的诞生,而且明确表现了用白话置换古文言说方式的决心。在《建设的文学革命论》中,胡适提出了"国语的文学,文学的国语"十个大字,认为"我们所提倡的文学革命,只是要替中国创造一种国语的文学。有了国语的文学,方才可有文学的国语。有了文学的国语,我们的国语才可算得真正国语。"[③]在论述白话与国语文学之间的关系之后,胡适坚信"用死了的文言决不能做出有生命有价值的文学来。这一千多年的文学,凡是有真正文学价值的,没有一种不带有白话的性质,没有一种不靠这个'白话性质'的帮助。"他甚至断言:"死文言决不能产出活

---

① 胡适:《文学改良刍议》,姜义华主编:《胡适学术文集·新文学运动》,北京:中华书局,1993年,第20页。
② 胡适:《论小说及白话韵文》,《新青年》1918年第四卷第一号。
③ 胡适:《建设的文学革命论》,姜义华主编:《胡适学术文集·新文学运动》,北京:中华书局,1993年,第41页。

文学。中国若想有活文学，必须用白话，必须用国语，必须做国语的文学。"①

　　胡适的新文学和白话主张引起了思想文化界的巨大反响。在《新青年》二卷六号上，陈独秀撰文《文学革命论》，将文学的语言载体与内容结合起来，明确提出文学的"三大主义"："曰推倒雕琢的阿谀的贵族文学，建设平易的抒情的国民文学；曰推倒陈腐的铺张的古典文学，建设新鲜的立诚的写实文学；曰推倒迂晦的艰涩的山林文学，建设明了的通俗的社会文学。"②周作人、钱玄同、刘半农、傅斯年等也都纷纷参与讨论，使《新青年》和《新潮》杂志成为讨论白话运动的公共空间。1918年12月，周作人在《新青年》五卷六号上发表《人的文学》作为呼应，认为"用这人道主义为本，对于人生诸问题，加以记录研究的文字，便谓之人的文学"，并强调人道主义"是一种个人主义的人间本位主义"，批判了十种"非人的文学"，指出凡是"妨碍人性的生长，破坏人类的平和的坏东西，统应该排斥"。③1919年1月，周作人又在《每周评论》上发表《平民的文学》，认为"就形式上说，古文多是贵族的文学，白话多是平民的文学"，并将"平民文学"界定为以普通的文体，记普遍的思想与事实；以真挚的文体，记真挚的思想与事实；将文言与贵族文学、白话与平民文学，文学表现内容与文学表现形式有机结合起来。

　　周作人将语言与语言所承载的思想联系起来，认为：

> 我们反对古文，大半原是为他晦涩难解，养成国民笼统的心思，使得表现力与理解力都不发达。但另一方面，实又因为他内中的思想荒谬，于人有害的缘故。这宗儒道合成的不自然的思想，寄寓在古文中间，几千年来，根深蒂固，没有经过廓清，所以这荒谬的思想与晦涩的古文，几乎已融合为一，不能分离。我们随手翻开

---

① 胡适：《建设的文学革命论》，姜义华主编：《胡适学术文集·新文学运动》，北京：中华书局，1993年，第43页。
② 陈独秀：《文学革命论》，《新青年》1917年第二卷第六号。
③ 周作人：《人的文学》，《新青年》1918年第四卷第六号。

古文一看，大抵总有一种荒谬思想出现。便是现代的人做一篇古文，既然免不了用几个古典熟语，那种荒谬思想已经渗进文字里面去了，自然也随处出现。①

周作人显然已经洞悉了语言思想互为表里的辩证关系。与周作人一样，钱玄同也将文言与传统旧思想联系起来，并对古文发起了更猛烈的批评：

> 我要爽爽快快说几句话：中国文字论其字形，则非拼音而为象形文字之末流，不便于识，不便于写；论其字义，则意义含混，文法极不精密；论其在今日学问上之应用，则新理新事新物之名词一无所有；论其过去之历史，则千分之九百九十九为记载孔门学说及道教妖言之记号。此种文字，断断不能适用于二十世纪之新时代。②

傅斯年则从语言学的角度，提出具体的"文言合一"实施方案，制定出十条规定：（1）"代名词全用白话"；（2）"介词位词全用白话"；（3）"感叹词宜全取白话"；（4）"助词全取白话"；（5）"一切名静动状，以白话达之，质量未减，亦未增者，即用白话"；（6）"文词中所独具，白话所未有，文词能分别；白话所含混者，即不能曲徇白话，不采文言"；（7）"白话之不足用"，"以文词益之"；（8）"在白话用一字，而文词用二字者，从文词。在文词用一字，而白话用二字者，从白话。但引用成语，不拘此例"；（9）"凡直肖物情之俗语，宜尽量收容"；（10）"文繁话简，而量无殊者，即用白话"。③

在建设现代白话文、如何对待文言文，以及如何对待传统文化的问题上，傅斯年十分理性与冷静，提供了切实有效的措施，并提出翻译是促进现代白话规范发展的有效手段。他认为，如果要用现代白话语言创

---

① 周作人：《思想革命》，胡适编：《中国新文学大系·建设理论集》，上海：良友图书公司，1935年，第200页。
② 钱玄同：《中国今后之文字问题》，《新青年》1918年第四卷第四号，第354页。
③ 傅斯年：《文言合一草议》，胡适编：《中国新文学大系·建设理论集》，上海：良友图书公司，1935年，第122—124页。

作出流畅的文章,有效的方法是借助西洋的文法。即"在乞灵说话之外,再找出一宗高等凭借物",这种"高等凭借物"就是"西洋文法"。具体说来,就是"直用西洋文的款式,文法、词法、章法、词枝(Figure of speech)……一切修辞学上的方法,造成一种超于现在的国语,因而成就一种欧化国语的文学。"①换言之,现代白话的发展与成熟必须"应用西洋修辞学上的一切质素,让国语具有精工的技术"。第一,因为白话在野生的状态中异常直白干枯,"仍是浑身赤条条的,没有美学培养"。因此"须得用西洋修辞学上各种词枝"。"据近代修辞家讲起,词枝最能刺心上的觉性,文章的情趣,一半靠它",只有这样才能使白话文由简陋到丰满,更好地表达现代人精密深邃的思想。第二,国语里的字太少,"为了补救这条缺陷,须得随时造词",借鉴西方语言的构词法。第三,"读西洋文学时,除了领会思想情感以外,应时刻留心他的达词法,想办法把它运用到中文上",用直译的方法翻译西方文学,"径直用他的字调、句调,务必使他原来的旨趣一点不失。练习久了,便能自己作出好文章"。②可以看出,白话文的成长与规范,除了吸取传统语言的积极因素,还必须借鉴西方的文法字法。而对西方的借鉴,最直接的方式便是通过直译的方法翻译西方的文学,而傅斯年所谓的"欧化国语"实际上是对西方语言形式的模仿。

新文化运动的同人除了积极的论争与批评之外,还身体力行,率先使用白话翻译与创作。钱玄同在1917年8月1日《新青年》三卷六号上撰文呼吁:"我们既然绝对主张用白话体做文章,则自己在《新青年》里做的,便应该渐渐的改用白话。"③《新青年》第四卷、第五卷是文言向白话的过渡期,到了第六卷,所有文章不论翻译或创作,完全采用白话文,包括诗歌翻译。

当然,白话运动必然受到传统文人的顽强抵抗。林纾、严复以及

---

① 傅斯年:《怎样做白话文》,胡适编:《中国新文学大系·建设理论集》,上海:良友图书公司,1935年,第217—226页。
② 同上。
③ 钱玄同:《通信》,《新青年》1917年第三卷第六号。

《学衡》派学者就是文言规范的忠实捍卫者。

在讨论白话与文字改革的出路时，钱玄同、黎锦晖等甚至提出推进汉字变革的方案。1923年9月13日，钱玄同在《晨报副刊》上刊出《请组织"国语罗马字委员会"案》，希望成立一个"国语罗马字委员会"，在征集各方面的意见后能制定出一种"国语罗马字"来；同期《晨报副刊》还刊登了由黎锦晖提出的《请教育部令全国学校使用新文字案》，概括了汉字变革的动议和方案，指出文言是传统文化、特别是腐朽文化的同流："汉字流传至今，只跟着一班知识闭塞、思想简陋的民族在一块儿鬼混，从来没有受过科学的洗礼，已经腐朽不堪，笨拙无比！……绝没有用它作表情达意的工具之理"，[①]希望借助国家体制推动文字改革，消灭汉字，改用拼音文字。

出于《新青年》在新文化运动中的影响，其他报刊也相继仿效，使用白话文。五四前后不到两年的时间，白话报纸已迅速发展到四百多种。一些使用文言文的报纸杂志，如《国民公报》《晨报》《东方杂志》等，也开始办白话文副刊，或采用白话文短评、通讯，或在一部分消息和社论中采用白话文。与白话报纸杂志的风行同步，商务印书馆发行了系列白话文教科书，白话文已是大势所趋。1920年1月，教育部颁令，国民学校一二年级的国文，从当年秋季起，一律改用国语，"照旧制编辑之国民学校国文教科书，其供第一第二学年用者，一律作废；第三学年用书，准用至民国十年为止。第四学年用书，准用至民国十一年为止。"[②]白话文在文化地位上全盘取代了文言文，成为主导的文化载体。

四、翻译与五四白话

现代文学翻译语言的流变与形成，首先是通过翻译这个中介而得以完成的。施蛰存认为，近代白话翻译文学与现代白话文体的生成有密切

---

① 钱玄同：《钱玄同文集》（第3卷），北京：中国人民大学出版社，1999年，第128—129页。
② 胡适：《文学革命运动》，阿英编选：《中国新文学大系·史料索引》，上海：上海文艺出版社，2003年，第19页。

的关系,"早期的外国文学译本,对当时创作界的文学语言也起过显著的影响";"这一种白话文体的转变,是悄悄地进行的,我们在最近看了不少译本和创作小说及杂文,才开始有所感觉。"① 翻译已被公认为影响白话规范的重要中介。严家炎曾经撰文,称现代汉语是因为翻译而"被逼出来的新体文":"最早促成它的动因,实在出于忠实译介西方文学的需要。换句话说,新体白话是由面对民众的文学翻译逼出来的……这种白话文与传统白话小说的语言有所不同,它以现代口语为基础,容纳某些文言词汇,避开过于生僻的方言乡音,语法结构上有时虽略带一些外语的痕迹,却比较顺畅自然,容易为一般读者所接受。"② 现代白话的句法、结构,甚至标点符号,也都通过翻译而首先为国人所认识、被认可,然后被本土化或中国化,成为现代汉语的组成部分。

如果细读《新青年》就会发现,翻译语言的白话化始于戏剧(话剧)翻译,逐渐扩展到短章和其他文类,最后才是诗歌的白话翻译。《新青年》第一卷开始连载的话剧《意中人》便使用白话:

> 呀,我同来的人,较约翰更为可爱,约翰君自从热心考究政治以后,他性情,变得真是难堪,实在是如今的众议院,渐渐想出风头,这件事是有极大的害处。
>
> 麻克别夫人,我盼望不是这样。我们无论如何,应当尽我们的力量,度这公共的光阴。岂不是吗。但是和同来的那可爱的人,到底是谁呢。③

但是,剧中背景和剧情说明则用浅近文言:

> 纪尔泰洛勃脱上。此人年已四十,而外观犹不及此。相貌清秀,修容洁净。发眼俱黑。高贵出众。其性质虽有为人所不喜者数事,然有极爱慕者。尊重之者亦自不少。彼之品貌极完美。但略有

---

① 施蛰存:《导言》,《中国近代文学大系·翻译文学集》(1),上海:上海书店出版社,1990年,第25页。
② 严家炎:《"五四"新体白话的起源、特征及其评价》,《中国现代文学研究丛刊》2006年第1期,第61—62页。
③ 薛琪瑛:《意中人》,《新青年》1915年第一卷第三号,第2页。

>　　骄气自负其生平之成就。为人有勇气而略呈倨容。乃刚毅之人。①

由于话剧的表演性与对话性，白话化是自然的选择。其排版形式为左右横排、英汉对照。而短篇小说和散文的翻译到四卷以后才逐渐完成白话化。

《新青年》第四卷到第六卷（1918年1月15日到1919年1月15日）是文言到白话的过渡期。第五卷三号上杨昌济所译的《结婚论》、五卷五号上陈达材所译的《协约国与普鲁士政治理想之对抗》都仍然使用文言。四卷五号上刘半农所译《我行雪中》也使用浅近文言：

>　　其声细弱，如一滴泪；强壮不坏，乃如真空。诸花诸萤，与诸岩石，均化歌曲。诸原本物，悉返真纯，更复乐之，使成音乐。一切事物，悉归天然，是自在不灭，是美亦是爱。②

到了五卷三号上，刘半农的《译诗十九首》则是文、白交替，大约一半对一半；既有文言译诗，如《依楼》：

>　　我所爱，我将何以饲汝？
>　　　　以金色之蜜与菓。
>　　我所爱，我将何以悦汝？
>　　　　以铙与琵琶之声。③

也有白话译诗，如《同情》：

>　　假使我只是只小狗，不是你的宝贝，那么，好母亲，我要吃你盘子里的食，你要说"不许"么？
>　　你要把我赶去，向我说，"走开，你这讨厌的小狗"么？
>　　那么，母亲，去了！你叫我，我决不再来了；也决不再要你喂我了。④

---

① 薛琪瑛：《意中人》，《新青年》1915年第一卷第三号，第1—2页。
② 刘半农：《我行雪中》，《新青年》1918年第四卷第五号，第435页。
③ 刘半农：《依楼》，《新青年》1918年第五卷第三号，第233页。
④ 刘半农：《同情》，《新青年》1918年第五卷第三号，第230页。

诗歌翻译的白话化则始于1918年胡适发表的译诗《老洛伯》：

> 我爹爹不能做活，我妈他又不能纺纱，
> 我日夜里忙着，如何养得活这一家？
> 多亏得老洛伯时常帮衬我爹妈，
> 他说，"锦妮，你看他两口儿分上，嫁了我罢。"①

译诗不可避免地还残留一些文言的痕迹；但就翻译白话化而言，这首译诗应该是中国翻译史上的第一首白话译诗。胡适曾经将1919年3月15日《新青年》六卷三号上发表的《关不住了!》视为白话新诗的纪元：

> 我说"我把心收起，
> 　　像人家把门关了，
> 叫'爱情'生生饿死，
> 　　也许不再和我为难了。"②

到了六卷，所有的小说、诗歌、话剧、散文的翻译都已完全采用白话：它标志文言从此不可逆转地退出了翻译主流规范，白话已取代文言成为翻译语言的正宗。

其次，翻译为白话的规范提供了实验的场所，促进白话语言规范的演变。作为中介语言，当时的翻译语言可以说是"口语基础上的'欧化语'"，是外语、"古文、方言等"的"杂糅"。③所谓"杂糅"实际上是一种"翻译腔"，是民族语言通过译介而发生嬗变必然留下的痕迹：

> 他大抵坐在事务所里，直到午饭时光；随后出外办事。Olenka便代他坐在事务所里，结算账目，登录订货的账，一直到晚。他常对客人或熟识的人说，"木材年年增价；价目已经涨了二成。你只试想我们从前单贩本地的木材，现在是 Vassitshla 须得到 Mogilev 贩木去了。还有那运费呵！"

---

① 胡适：《老洛伯》，《新青年》1918年第四卷第四号，第325页。
② 胡适：《关不住了!》，《新青年》1919年第六卷第三号，第44页。
③ 周作人：《国语改造的意见》，《夜读的境界》，长沙：湖南文艺出版社，1998年，第773页。

……他_女_丈夫的意见,便是他_女_自己的意见。倘他以为这屋子里太热,或生意不旺,他_女_也是如此想。他_女_的丈夫不爱娱乐;礼拜日便只在家里坐。他_女_也照样做。他_女_的朋友对他_女_说,"你整日的在家,事务所里,你何不到剧场或马戏场去玩玩呢?"他_女_便庄重的答道,"Vassitshla 和我没有功夫到剧场去。我们没有功夫做无聊的事。那些剧场有什么用处的呢?"①

这段白话翻译,吸取了传统白话中的"便"("便代他坐在事务所里")、"倘"("倘他以为这屋子里太热")、"何"("何不到剧场或马戏场去玩玩呢");也具有现代白话口语大量双音节词的特征;但最明显的是其中的欧化成分:汉语译文中夹杂英语的人名(Olenka,Vassitshla,Mogilev),使用新式标点符号(逗号、句号、分号、引号、感叹号、问号),特别是女性的代词"他_女_"。新的句法结构,新的语汇,新的表现手法,甚至新的概念、新的思想,都是通过翻译而进入中国语言和国民的精神生活。今天再读五四时期的文学翻译,我们可以深切地体验到汉语的演变过程。

最后,翻译促进了五四白话创作的成熟,使创作语言结构日趋精密,意义日趋清晰。试看鲁迅在小说《孔乙己》中所使用的语言:

鲁镇的酒店的格局,是和别处不同的:都是当街一个曲尺形的大柜台,柜里预备着热水,可以随时温酒。做工的人,傍午傍晚散了工,每每花四文铜钱,买一碗酒,——这是二十多年前的事,现在每碗要涨到十文,——靠柜外站着,热热的喝了休息;倘肯多花一文,便可买一碟盐煮笋,或者茴香豆,做下酒物了……②

严家炎认为,从句子结构上看,"这里有倒装句,又有插话,都是为了把意思表述得清楚一点。特别是破折号后面的插话,绝非可有可无,而

---

① 周作人:《可爱的人》,《新青年》1919 年第六卷第二号,第 127 页。
② 鲁迅:《孔乙己》,《鲁迅全集》(第 1 卷),北京:人民文学出版社,1973 年,第 292 页。

是关系重大，埋伏着许多意思。"① 此外，白话翻译也引进和制定了"比较细密的新式标点符号"，如"句号和逗号、顿号、感叹号分开，还用引号、冒号、破折号、书名号等等"，② 消除了句子的歧义和含混。当然，我们并不能断言，所有上述特征在晚清白话里面完全没有；没有晚清，何来五四？五四白话理应是传统白话的延续与发展，但新文学运动使现代白话具有了质的区别。

白话语言规范不仅是语言工具的转变，而且预示着一场思想革命，涉及思维方式、价值观、伦理观、宗教观等等的转变。晚清传统白话与五四以后的现代白话之所以是两种不同的语言，除了周作人前面提到的原因之外，更重要的是，传统白话"在思想层面上可以说是古汉语的翻译语言。而胡适等人提倡的白话文在思想层面上可以说是西方语言的翻译语言，是一种强烈西化的新语言，表达的是新思想"③。

用传统文言翻译，或者说用完全归化的手法翻译，是用中国传统思维框架去理解或诠释西方的作品，这对了解西方，认识自己自然有积极的意义。但是，用白话直译西方著作，特别是引进西方的概念与术语则是逼真再现这一语言使用者的民族精神和思维方式。由此看来，用文言或用现代白话来翻译，这关乎译作语言所承载的文化内涵和精神思想，二者具有本质上的区别。

结　语

五四白话运动的源头可以追溯到晚清传教士的翻译、中国传统的白话创作和晚清黄遵宪、梁启超等推行的"诗界革命"和"小说界革命"。《新青年》同人围绕文言、白话展开的批评与论争、尝试用白话翻译和创作，这一切共同构建了白话规范和白话翻译的叙述空间，促进了中国传统文学向现代化过渡。在白话最终取代文言成为文学正宗的演变过程

---

① 严家炎：《"五四"新体白话的起源、特征及其评价》，《中国现代文学研究丛刊》2006年第1期，第68页。
② 同上文，第69页。
③ 高玉：《现代汉语与中国现代文学》，北京：中国社会科学出版社，2003年，第96页。

中，思想文化的译介和翻译批评发挥了极其重要的作用。翻译不仅使国人了解了西方，而且使国人在了解西方的同时改变了自己的语言和思维习惯，完成了语言与思维的现代化。

第四节　公共话语空间与"学衡派"的批评

"学衡派"是20世纪20年代之后出现的一个产生过重要影响的文学一文化流派。长时间以来，"学衡派"一直被视为新文化运动的对立面而受到严厉批判，被斥责为"顽固守旧"。鲁迅曾批评"学衡派""于新文化无伤，于国粹也还差得远"，不过是"几个假古董所放的假毫光"。① 鲁迅的评价几近偏颇。周作人就认为，"学衡派""只是新文学的旁支，决不是敌人"，"不必去太歧视他的"。② 在激进的文化氛围中，"学衡派"的文化主张、他们为文化建设所做的努力，特别是他们在译介西方思想文化上的贡献，一直被主流政治话语所遮蔽。梳理"学衡派"的翻译活动有助于认识民国时期批评话语的多元与走向。

一、公共话语空间与翻译论争

1. 公共领域与翻译批评

清末民初现代出版业和期刊的发展与繁荣，民众发表个人思想渠道的逐渐增多，扩展了自晚清以来形成的公共话语空间。1895—1898年间，全国报纸总数增加了3.7倍；③ 从1900年到1905年8月，国内（包括港、澳地区）出版的中文报刊将近200种；④ 辛亥革命以后，全国的报纸由十年前的一百余种陡增至近500种，总销数达四千二百万份。⑤

---

①　鲁迅：《估〈学衡〉》，《鲁迅全集》（第一卷），北京：人民文学出版社，2005年，第399页。
②　周作人：《恶趣味的毒害》，见《晨报副刊》1922年10月9日，转引自段怀清《三个层面、三条途径、三种结果——欧文·白璧德在中国》，《中国比较文学》1998年第1期，第129页。
③　郭浩帆：《清末民初小说与报刊业之关系探略》，《文史哲》2004年第3期，第47页。
④　方汉奇：《中国新闻事业通史》（第一卷），北京：中国人民大学出版社，1992年，第682页。
⑤　同上。

与新闻出版和期刊的繁荣相一致的是，各种思潮也源源不断地进入中国。从亚里士多德、康德、黑格尔、柏格森、尼采到罗素、杜威、马克思等人的哲学思想，从人文主义、古典主义、浪漫主义、唯美主义到以象征主义为先导的现代主义的各种文学思潮，先后都有了译介。可以说西方从15世纪到20世纪初的500年中的各种思潮都被大量地译介进来。① 每一种思潮都有坚定的信奉者。在哲学领域，"胡适坚持杜威的科学主义，陈独秀和李大钊信奉马克思的共产主义；在文学领域，胡适的文学改良主张及诗歌尝试受美国'意象派'影响，陈独秀的文学革命主张受法国自然主义文学思潮影响，周作人提倡'人的文学'受日本文坛兴起的'白桦派'人道主义文学理论影响，李大钊受苏俄影响。"②

　　与此同时，各种民间团体结社不断涌现。清末民初最早出现的是大量的社会政治团体；辛亥革命与五四之间又诞生了各种思想文化社团。五四新文化运动之后，纯文学社团（如新潮社、文学研究会、创造社、左联、文协、新月诗派、现代诗派、京派、海派、七月诗派、九叶诗派等等）应运而生。据《中国现代文学社团流派辞典》一书所列条目的不完全统计，"文学社团逾千个，文学流派也接近50个"③。

　　现代新闻出版的繁荣、国外各种思潮的引入和各种社团的应运而生极大地扩展了社会公共领域。哈贝马斯曾赋予"公共领域"理想的内涵：所谓"公共领域"，"首先是指我们社会生活中的一个领域，其间能够形成公众舆论一类的事物。在原则上讲，公共领域对所有公民都是开放的……当人们在不必屈从于强制高压的情况下处理有关普遍利益的事务时，也就是说能够保证他们自由地集会和聚会、能够自由地表达和发表其观点时，公民也就是起到了公众的作用。"④ 还有学者认为，"公共

---

① 邵伯周：《中国现代文学思潮研究》，上海：学林出版社，1993年，第61页。
② 王雪明：《制衡·融合·阻抗——学衡派翻译研究》（博士论文），上海：复旦大学，2008年，第80页。
③ 杨洪承：《"公共空间"与文学社群关系——20世纪中国现代文学社团流派研究的再思考》，《文学评论》2011年第6期，第131页。
④ 转引自魏斐德：《市民社会与公共领域问题的论争》，J.C.亚历山大编：《国家与市民社会——一种社会理论的研究路径》，邓正来译，北京：中央编译出版社，1999年，第375页。

领域是以在一个共享的空间中聚集在一起、作为平等的参与者面对面地交谈的相互对话的个体观念为基础的,其本质就是为人们提供自由、公共的话语交流的互动平台,即公共话语空间。"因此,"公共话语空间是指在国家政治权力之外,公民运用话语权参与政治的活动空间。在这一空间,人们可以发表自由言论、传播信息,以达到沟通上下、促进社会信息流通、维护社会安定团结的目的。"① 当公众达到较大规模时,自由表达和公开自己的意见需要一定的传播和影响的手段;报纸和期刊,今天的广播和电视就是交往的媒介。② 但是,早期的公共领域"最突出的特征,是在阅读日报或周刊、月刊评论的私人当中,形成一个松散但开放和弹性的交往网络。通过私人社团和常常是学术协会、阅读小组、共济会、宗教社团这种机构的核心,他们自发聚集在一起。剧院、博物馆、音乐厅,以及咖啡馆、茶室、沙龙等等对娱乐和对话提供了一种公共空间"③。哈贝马斯曾言:

> 随着资本主义经济的出现及其所导致的个人的解放,由这些场所或出版物所构成的公共领域日益扩展。市民、商人、财产所有者和自由职业者(作家、艺术家、医生、律师等),以及新的社会阶层的其他成员们,越来越多地在其中讨论各种与社会生活和公众利益有关的问题。正是这种公开的、各抒己见的自由讨论,逐步瓦解了中世纪社会潜在的合法性基础——因为它并不是由民众自由表达的意愿,而是由宗教势力和传统观念所构成的。④

由此看来,公共领域形成的必要条件是一定的物理或地理空间、交往的媒介载体和一定的自由文化生态。公众媒介与公众场所是"公共领域的物化形式,也是公众舆论的表达手段,在很多时候,也很可能是公

---

① https://baike.baidu.com/item/公共话语空间/2512140?fr=aladdin
② https://wenku.baidu.com/view/c55ace99fd4ffe4733687e21af45b307e871f9e9.htm
③ https://baike.baidu.com/item/哈贝马斯的公共领域理论
④ 转引自萧瑟:《布尔特曼与哈贝马斯》,《读书》1996年第10期,第46页。

共领域的主体与标志"①。

新文化运动以后中国社会的公共领域得到空前的扩展,前面提到的媒体与社团为各种文学流派、政治思潮、文化学说和理想相互交流、碰撞提供了机会和场域。翻译批评作为文化理念的集中表现或延伸,批评家在表达自身价值取向的同时,根据相似的志趣营造一个自己的公共网络关系空间,明示自己的翻译主张,并通过自身的翻译实践争取社会的认同:新文化运动批评质疑晚清"取便发挥"和文言文的翻译传统,主张直译与白话翻译;创造社反对封建文化传统、崇尚天才,主张自我表现和个性解放,表现出浪漫主义和唯美主义的倾向,反对简单的模仿与机械复制;文学研究会主张文学为人生,反对唯美主义的"为艺术而艺术"的观点,主张写实主义,翻译强调对现实有用,坚持直译策略;新月社表现了自由主义的特点,注意艺术技巧和风格的追求,努力推行新诗格律化运动,相信"完美的形体是完美的精神唯一的表现",注重灵魂的表达和美的诠释,带有唯美主义倾向;"学衡派"则主张节制、理智、中庸、理性,反对彻底否定文化传统,希望通过西方古典文化的引入促使中国传统文化的再生。在翻译理念上则与新文化运动截然相反,主张归化的翻译策略和文言的表现形式。

2. 翻译论争

1915年到1949年是中国近代以来学术思想最为活跃的时期,社团林立,学派繁多,论争此起彼伏,议题之广泛、论辩之深入、语言之尖锐与偏激、牵涉学者之多都堪称史无前例。许多论争都直接与翻译和翻译批评相关,举其要者有:关于译名的讨论、创造社与新文化运动的论争、创造社与文学研究会的论争、梁实秋与鲁迅就"直译"问题的论争、鲁迅与赵景深就"牛奶路"展开的论争、"抗战无关论"之争、"华威先生"出国之争,以及对西方文学著作的解读之争。

有意思的是,几乎每次论争的缘起都是翻译中一些简单的、比较低

---

① 陈勤奋:《哈贝马斯的"公共领域"理论及其特点》,《厦门大学学报》(哲学社会科学版)2009年第1期,第117页。

级的语言失误,随后便逐步升级、上纲上线,开始质疑译者的语言文化功底、译风和学术态度,最后演变为对译者政治动机的揣测和人身攻击。有学者称,"在翻译的理论建设方面",文学研究会与创造社的论争没有"真正的建树","含有太多意气之争",是翻译批评的"歧途"。① 黄嘉德也认为,当时翻译界"义气用事的谩骂式的评论,似乎没有甚么大价值"②。

唯一例外的是从 20 世纪 20 年代开始、一直持续到 40 年代的有关译名的讨论,这场讨论持续了 30 多年,几乎涉及与译名相关的所有问题,卓有成就,出现了许多深刻的论述和精到的见解。黄嘉德在他编辑的《翻译论集》中辟专章收录了有关译名的讨论:胡以鲁的"论译名""科学名词审查会物理学名词审查组第一次审查本凡例""科学名词审查会化学名词审查组第一次审查本说明",容挺公的"致甲寅记者论译名"和章行严的"答容挺公论译名"等。遗憾的是,前人的研究成果没有引起足够的重视,90 年代前后发表的有关译名的讨论似乎还在重复一些老问题,没有明显的超越和发展。

然而,从另一个角度看,民国时期的翻译论争似乎也见证了当时较为宽松的学术氛围和公共话语空间。"学衡派"与新文化运动同人之间有关翻译主题的分歧、翻译策略和译作呈现形式等方面的差异,从本质上看,是不同文化理念的表征。"学衡派"的翻译批评思想直接透视出他们对中国文化走向的思考。

二、"学衡派"界定

沈卫威曾对"学衡派"活动的历史和影响做过比较全面的概括,他将"学衡派"界定如下:

> 《学衡》杂志的实际存在是 1922 年 1 月—1933 年 7 月。"学衡派"成员的活动却不限于这个具体的时间。准确地说,"学衡派"

---

① 咸立强:《译坛异军——创造社翻译研究》,北京:人民出版社,2010 年,第 133 页。
② 黄嘉德:《翻译论集·编者序》,上海:西风社,1940 年,第 vii 页。

的存在是新文化—新文学的反动。换句话说,"学衡派"是反对新文化—新文学的,是以保守来反对、牵制和制衡激进的新文化—新文学运动。在反抗新文化—新文学的话语霸权时,是以求中西思想融通、尊孔、国学研究和古典诗词创作来作为对抗手段的。①

作为个性鲜明的文学—文化团体,"学衡派"持续的时间似乎远远超过其他文学—文化团体。"学衡派"的活动可划分为三个时期。(1)"前学衡时期"。1917年到1921年南京高师—东南大学师生是"学衡派"作为反对势力形成之前的基本力量集结,酝酿则是在美国的哈佛大学。(2)"学衡时期"。1922年1月,《学衡》在南京东南大学创刊,自哈佛大学归来的梅光迪、吴宓、汤用彤、楼光来在东南大学执教;这一时期一直持续到1933年7月。(3)"后学衡时期"。② 1933年之后《学衡》由《国风》取代,后"学衡"时期一直持续到1949年之后的台湾:

> 到台湾的"学衡派"成员的活动兵分两路:以张其昀为首于1962年创办"中国文化学院"(1980年改为"中国文化大学"),复刊《思想与时代》,影印《学衡》、《史地学报》等;以戴运轨(《国风》时期的主要作者)为首于1962年筹备成立"国立中央大学"地球物理研究所,随后恢复"中央大学"。③

在相对自由的公共话语空间中,"学衡派"之所以能持续地产生影响有赖于他们经营的众多期刊和杂志。除了《学衡》杂志之外,"学衡派"成员还先后创办或实际拥有如下期刊:1922年8月湖南长沙明德中学创办的外围期刊《湘君》,1923年3月"东南大学南高师国学研究会"创办的《国学丛刊》,1932年9月1日在南京中央大学创办的《国风》杂志,由南京高师—东南大学"史地研究会"主办的《史地学报》,"文学研究会"和"哲学研究会"合办的《文哲学报》,1941年8月到1948年11月,张其昀与张荫麟等在浙江大学文学院创办《思想与时

---

① 沈卫威:《我所界定的"学衡派"》,《文艺争鸣》2007年第5期,第84页。
② 同上。
③ 同上文,第85页。

代》杂志。此外,1928年到1934年,吴宓还任《大公报·文学副刊》主编。① 实际活动涉及南京高师—东南大学、清华大学、南京中央大学、浙江大学、台湾"中国文化大学"和"国立中央大学"。在抗战期间,

> "学衡派"主要成员也随之散居在昆明、重庆、成都、乐山、遵义等地的西南联大、云南大学、中央大学、金陵大学、齐鲁大学、四川大学、武汉大学、浙江大学等高校。《思想与时代》在遵义的浙江大学创刊(贵阳出版发行),又将散居西南各地的"学衡派"成员"群聚"在一起。《思想与时代》在这时就是"学衡派"成员的阵地。②

三、新人文主义与翻译

1922年1月,《学衡》杂志创刊于南京的东南大学,由梅光迪发起、吴宓主编。到1933年前后,共刊行79期,聚集了一批如梅光迪、吴宓、刘伯明、胡先骕、柳诒徵、汤用彤、吴芳吉、景昌极、李思纯等这样的学者,形成了自己鲜明的办刊特色和文化理念,影响了中国文化的现代走向,"学衡派"因此而得名。刊登在创刊号上的《学衡杂志简章》明确指出,杂志将以"论究学术,阐述真理,昌明国粹,融化新知,以中正之眼光,行批评之职事,无偏无党,无激无随"③ 为宗旨。《学衡》弁言则提出"四义":

> 一 诵述中西先哲之精言以翼学。
> 二 解析世宙名著之共性以邮思。
> 三 籀绎之作必趋雅音以崇文。
> 四 平心而言不事谩骂以培俗。④

---

① 沈卫威:《我所界定的"学衡派"》,《文艺争鸣》2007年第5期,第84—85页。
② 同上文,第86页。
③ 《学衡杂志简章》,《学衡》1922年第一期,第1页。
④ 同上。

"学衡派"从一开始就以"昌明国粹，融化新知"为己任。他们对中国文化的思考、他们的教育背景与借鉴西方所做的努力，与《新青年》同人多有相似之处。

"学衡派"的成员和《新青年》的同人一样，都痛感中华文化的衰落与式微，希望中华民族复兴与昌盛，在实现文化复兴的战略目标上应该说没有太大的区别。吴宓在论述安诺德的诗歌时，将中国当时的情势与欧洲19世纪相比：

> 入十九世纪，凡百分崩离析，杂糅散漫，至于极地。学术思想，纷纭万端，旧日之宗教道德，悉遭屏弃。而人心乃旁皇无主，歧途百出，莫知所从。且政治社会之改革，一时未见收效。世乱日甚，民生之苦不减……实为迷梦顿醒之时 Age of Disillusion。其时高明闳识之士，皆深致忧戚，以为破坏之局已完成而建设难期。旧者已去而新者未立譬之栋拆榱崩，而风雨飘摇，栖身无所。安诺德之诗所谓 Standing between two worlds, one dead, another powerless to be born 者是也。①

接下来他便道出"学衡派"对中国文化走向的隐忧："安诺德等之所苦，皆吾侪之所苦。而更有甚焉。且中国其危疑震骇迷离旁皇之情，尤当十倍于欧西之人。则吾侪诚将何以自慰、何以自脱、何以自救也耶。呜呼，此吾之所以读安诺德之诗而感慨低徊不忍释卷也。"②

"学衡派"和新文化运动的成员有诸多相似之处。首先，他们都关注同样的问题：即如何看待中国的传统文化和如何建设或复壮中国的新文化。这些问题的解答必然涉及如何看待和处理"中学"与"西学"、"传统"与"现代"之间的关系问题。其次，"学衡派"的成员大多有西方留学的背景，堪称学贯中西、博古通今的饱学之士；他们所接受的西方教育丝毫也不比《新青年》的作者逊色。"在对西方文化的整体发展以及西方文学实际成就的认知方面，'学衡'派成员所掌握的信息绝对

---

① 吴宓：《英诗浅释》（三），《学衡》1923年第十四期。
② 同上。

是所有的传统知识分子无法匹敌的,即便是与五四新文学的倡导者们相比也未必就一定逊色。"① 他们与传统士大夫的文化观有很大区别。在文化观念上,有学者称:

> 学衡诸公并不因循守旧,妄自尊大,相反更具有一种世界视野,希望通过古今中外优秀文化的融合,成就一种新的中华文化。在伦理观念上,他们并不是传统思想道德的卫道士,而是通过美国新人文主义对传统伦理道德进行选择性的继承与发扬。②

再者,"学衡派"成员和新文化运动的成员都高度关注西方思想文化的引介,并以译介西方作为复壮更新自身文化的手段。"学衡派""引介西学"的热情,一点也不亚于激进派。③ "学衡派"成员在译介西方思想文化、文学方面所做的努力和所取得的成就,完全可以与《新青年》同人媲美。《学衡》杂志刊载的译文,涉及西方思想、文化、文学、哲学等多个领域,共计300多篇。无论是载文数量还是期刊的持续时间,《学衡》都超过《新青年》。

然而,《学衡》派诸人与《新青年》同人确实存在重要分歧。首先,他们对中国传统文化的认知存在很大差异。《新青年》成员主张破旧立新或弃旧图新,批判和否定传统文化,以革命、创新、全盘西化等激进和功利的手段来改造,甚至替代传统文化。而"学衡派"则主张维护传统文化,认为中国文化的出路既不是"西化",也不是固守传统,而是取长补短,实现中体西用式的折衷调和。他们希望通过从容、谨慎、儒雅的方式将西方文化思想与中国传统文化精髓融为一炉,实现文化的更新与复壮。也就是说,他们在实现文化战略目标的路径和方式上都存在分歧。

其次,"学衡派"与《新青年》同人的分歧"并不在于整体性地肯

---

① 李怡:《论"学衡派"与五四新文学运动》,《中国社会科学》1998年第6期,第152页。
② 王雪明:《制衡·融合·阻抗——学衡派翻译研究》(博士论文),上海:复旦大学,2008年,第21页。
③ 乐黛云:《"昌明国粹,融化新知"——汤用彤与〈学衡〉杂志》,《社会科学》1993年第5期,第59页。

定或者否定西方文化",他们认为,"新文化者没有对西方文化进行辨析",只是学习了西方文化的"糟粕"。① "学衡派"反对纯粹以时间先后、新旧来判断优劣:"昔之弊在墨守旧法,凡旧者皆尊之,凡新者皆斥之。所受者则不假以旧之美名,所恶者则诬以新之罪状。此本大误,固吾极所不取者也。今之弊在假托新名,凡旧者皆斥之,凡新者皆尊之。所恶者则诬以旧之罪状,所受者则假以新之美名。此同一误也,亦吾所不取也。"②

第三,"学衡派"中吴宓等多人直接或间接受教于美国哈佛大学的白璧德,他们在白璧德的新人文主义中"不仅找到了批判现代思潮的话语力量",而且也找到了"重新诊释传统文化的话语力量"。③ "学衡派"主张对中国传统文化进行选择性的继承与发扬,推崇渐进式的改良;反对简单的进化论和激进的革命;主张秩序、纪律、规矩,奉行中庸平和的人生哲学。

四、"学衡派"的翻译批评

"学衡派"对传统文化的定位及其所选择的民族复兴的路径,直接决定了他们的翻译批评理念,进而决定了他们所选择的待译主题、译介方式与策略、翻译理想的语言表现形式,以及对翻译标准的认定。

"学衡派"的翻译批评继承了晚清以来翻译批评的套路。首先,他们有关翻译批评的专论不多,大多采取译序、译跋、按语、注释、评注等形式。其次还包括对原著的历史背景、原作的观点及其历史地位,甚至中国传统核心观念或术语的阐释。再次,在著述或论争中附带提出自己的翻译主张。这些序跋或随感与《学衡》杂志上发表的译文、译文本身所体现出的翻译理念、翻译原则、翻译策略或语言表现形式,以及与

---

① 赵稀方:《另类现代性的构建——从翻译看〈学衡〉派》,《安徽大学学报》(哲学社会科学版)2014 年第 3 期,第 47 页。
② 吴宓:《论新文化运动》,《学衡》1922 年第四期,第 12—13 页。
③ 段怀清:《三个层面、三条途径、三种结果——欧文·白璧德在中国》,《中国比较文学》1998 年第 1 期,第 126 页。

新文化运动同人论争中有关翻译的评述，共同构成了"学衡派"的翻译批评话语。换言之，这些译序、译跋、按语、注释、评注等，已经成为其翻译文本的补充和延伸，是研究"学衡派"翻译思想和翻译批评理念的重要资源。

1. 译介主题

在中国文化的出路上，吴宓认为中西文化应相互熔铸、贯通。他明确地提出，"今欲造成中国之新文化，当自兼取中西文化文明之精华而熔铸之，贯通之。吾国古今之学术、德教、文艺、典章，皆当研究之，保存之，昌明之，发挥而广大之；而西洋古今之学术、德教、文艺、典章，亦当研究之，吸取之，译述之，了解而采用之。"① 也就是说，要将"孔孟之人本主义"的精华，"与柏拉图、亚里士多德以下学说相比较，融会贯通，撷精取粹，再加以西洋历代名儒巨子之所论述，熔于一炉，撷精取粹……造成新文化融合东西文明之奇功"。② 他们反对《新青年》偏颇的翻译选择；胡先骕就认为，浪漫主义任凭"感情之冲动"、缺少理性与纪律："浪漫主义多门，而其共同之性质，则为主张绝对之自由，而反对任何之规律。尚情感而轻智慧，主偏激而背中庸，且富于妄自尊大之习气也。"③他们认为，对于西方的学术思想和文化，应"不卷入一时之潮流，不妄采门户之见，……以其上者为标准，则得各西方学问之真际"④。"学衡派"稳健、理性的文化观理所当然地将新人文主义思想、西方古典文化、西方文学、西方文化理论等具有永久价值的思想文化著作作为译介的重点。

有关白璧德的新人文主义思想以及"学衡派"对新人文主义的阐发已有相当多的讨论，不再赘述；应该关注的是新人文主义思想及"学衡派"对新人文主义的解读如何影响他们的翻译批评和理念，在何种程度上以何种方式影响"学衡派"翻译对象的选择、翻译策略的取舍，以及

---

① 吴宓：《论新文化运动》，《学衡》1922年第四期。
② 同上文，第22页。
③ 胡先骕：《评〈尝试集〉》，《学衡》1922年第二期。
④ 吴宓：《论新文化运动》，《学衡》1922年第四期。

最终翻译文本的呈现形式。

对于译介对象，"学衡派"有严格的标准。"学衡派"认为，新文化运动对西方的译介，并未真正掌握西方文化精髓。梅光迪在《学衡》第一期上就撰文，批评新文化运动者"彼等于欧西文化，无广博精粹之研究，故所知即浅，所取尤谬"①。吴宓随后在《论新文化运动》一文中提出，"其取材则惟选西洋晚近一家之思想，一派之文章，在西洋已视为糟粕、为毒酖者，举以代表西洋文化之全体。"②汤用彤也曾批评新文化倡导者"仅取一偏，失其大体"③。针对《新青年》引介西方文化资源的偏颇，吴宓提出："本杂志于翻译之业，异常慎重，力求精美。"谈到选材，他特别强调："所译者或文或诗，或哲理或小说，要必为泰西古今之名著，久已为世所推重者。甄取从严，绝不滥收无足重轻之作"；并称这样的选择标准是"学衡派"同人"所悬之鹄的"。④在"学衡派"看来，引入西方文化不是要摒弃中国文化，而是要发扬民族的传统文化。在《现今西洋人文主义》一文中，梅光迪提出，西洋文化的译介，除了应有"正当之价值"之外，还"当以适用于吾国为断"，或"与中国固有文化之精神，不相背驰"，或"为中国向所缺乏，可截长以补短也"，或"能救吾国之弊，而为革新改进之助也"。⑤

在"学衡派"心目中，"泰西古今之名著，久已为世所推重者"包括新人文主义论著、希腊、罗马文明和西方文学三大部分。第一，新人文主义论著。有学者统计，《学衡》"讨论西方文化者总计69篇，其中涉及新人文主义的译作达20篇，占总数的三分之一，比例极高；译自白璧德本人所写的文章共计7篇。"⑥新人文主义思想是"学衡派"用以对抗《新青年》实验主义、进化论的外来文化资源，也是他们希望与

---

① 梅光迪：《评提倡新文化者》，《学衡》1922年第六期。
② 吴宓：《论新文化运动》，《学衡》1922年第四期。
③ 汤用彤：《评近人之文化研究》，《学衡》1922年第十二期。
④ 吴宓：《编者按》，《梦中儿女》(Dream-children: A Reverie)，陈钧译，《学衡》1922年第九期。
⑤ 梅光迪：《现今西洋人文主义》，《学衡》1922年第八期。
⑥ 王雪明：《制衡·融合·阻抗——学衡派翻译研究》（博士论文），上海：复旦大学，2008年，第32页。

中国文化传统精髓互释互证、创造崭新民族文化的重要资源。

第二，希腊、罗马文明。《学衡》系统地翻译过西方三大古典哲学家苏格拉底、柏拉图、亚里士多德的思想言论和有关罗马文化的译文共17篇，开中国译介希腊、罗马思想的先河。举其要者有：景昌极与郭斌和两人合力译出的柏拉图五大对话录：《苏格拉底自辩文》（第3期）、《克利陀篇》（第5期）、《斐都篇》（第10、20期）、《筵话篇》（第43、48期）、《斐德罗篇》（第69期）；由郭斌和撰写的《柏拉图之埃提论》（第77期）、《柏拉图五大语录导言》（第79期）；向达和夏崇璞两人合译的《伦理学》十卷（即《尼可马拉伦理学》），汤用彤翻译的《亚里士多德哲学大纲》（第17、19期），钱壁新翻译的古罗马政治家、雄辩家和哲学家西塞罗的《西塞罗说老》（第15期）。此外还推出《希腊之流传》与《罗马之流传》两大系列。无论从译介的规模、系统性和影响来看，都远远超过其他文学－文化社团。正如有学者言："学衡派"对西方文化思想的翻译，旨在"针砭新文化运动的缺失；同时也是在宣扬一种信念：'真正'的西方文化，与'真正'的中国传统文化，非但不相冲突，反而具有普遍而且永久的价值，因此有融铸会通的可能"①。

第三，西方文学。对西方文学的翻译，"学衡派"同样强调经典，强调能代表西方文学传统的经典名著。当然，新文化运动也强调名著的翻译，胡适、傅斯年等都有过相关论述。但近代以来的工具理性和功利主义仍然不时左右市场和译界的选择。与此同时，对经典或古典的界定，各个文学流派或翻译家本人，也有不同的解读。《新青年》同人和文学研究派偏重于译介批判现实主义的"名著"与表现弱小民族压迫和反抗的作品，创造社特别青睐浪漫主义、表现主义和未来派的作品，特别是浪漫主义的诗歌，新月社则以翻译英美现代文学为主。以吴宓为首的"学衡派"则主张，译介对象必须是西方文学真正的经典。他们认为："盖自新文化运动之起，国内人士竞谈'新文学'，而真能确实讲述

---

① 王雪明：《制衡·融合·阻抗——学衡派翻译研究》（博士论文），上海：复旦大学，2008年，第40页。

《西洋文学》之内容与实质者则绝少。"仅有周作人的《欧洲文学史》上册、谢六逸的《日本文学史》、钱稻孙的《神曲一脔》。因此,在当时研究介绍"西洋文学,乃甚合时机者也"。《学衡》开风气之先,"所撰各国文学史,述说荷马至近二万余言,亦当时作者空疏肤浅,仅能标举古今大作者之姓名者所不能为者矣。"① 吴宓选择翻译萨克雷而不是狄更斯,其根本原因是"注重文学恒定的道德内容和精神价值之文学观在文学翻译领域与新文学相颉颃的体现"②。在《文学与人生》中,吴宓称萨克雷为"一个精神的现实主义者"。其"现实主义"是指"小说是具体而微的人生",而"精神"则表明"小说又高于历史",在于"试图显示体现在不同人物身上的、不同性质和不同生活环境的各种爱。这样可以使读者爱上'真诚的爱'"。③

2. 翻译策略

"学衡派"对翻译精益求精,一丝不苟。在吴宓看来,在翻译过程中有两个重要环节:首先是"校勘"。"凡译者,必其于所译原作,研究有素,精熟至极,毫无扞格含糊之处。更由编者悉心覆校,与原文对照,务求句句精确,字字无讹,庶不贻误读者。"④ 翻译要求译者不仅对原作"研究有素,精熟至极",而且要求编者和校对"务求句句精确,字字无讹"。第二是"加注"。"凡原文之义理词句,以及所引史事故实等,有难解之处,则由译者(或编者)加以精确简短之注解,俾读者完全了悟,不留疑义,且有欲研究原文者,可以此译本对照细读。故本杂志亦可作外国文教科书及自修参考书也。"⑤ 吴宓还强调,"所有这些译文都是由我自己极其小心谨慎并尽量精确地翻译的,甚至那些由其他译者署名的译文,实际上是在我的指导下工作并经我自己全部校订,故可

---

① 吴宓:《吴宓自编年谱》,北京:生活·读书·新知三联书店,1995年,第222页。
② 王雪明:《制衡·融合·阻抗——学衡派翻译研究》(博士论文),上海:复旦大学,2008年,第88页。
③ 同上。
④ 吴宓:《编者按》,《梦中儿女》(*Dream-children: A Reverie*),陈钧译,《学衡》1922年第九期。
⑤ 同上。

实际认为我做的工作。"①

吴宓对于《学衡》上发表的译文,殚精竭虑,一丝不苟。如果说"校勘"要求译者编者不仅是通双语的专家,而且是该学科领域的行家里手的话,"加注"则近似于现代翻译学的"厚翻译"(thick translation)。"勘校"与"加注"不仅有助于深入系统地理解原著的精神实质,这与"学衡派"力求吸收"真正"的西方文化精髓的信念吻合,同时也为中西文化互释互证提供了策略上的可能。

其次,吴宓的长篇小说翻译基本采用章回小说的分回标目形式,他在第一章"译毕附识"中称:"原书共八十章,今译为八十回,以每章为一回,分划段落,悉依原书,俾读者可比并而观。惟每回题目,八言二句,则系译者所杜撰,大雅谅之,译者附识。"②下面是他译出的六回回目:

第一回:鸟萃鳞集寓言讽世　涤腥荡秽壮士斥奸
第二回:织素缘恩深完好梦　芦花孽情误走天涯
第三回:青鸟传书金钱骨肉　白头话旧风雨沧桑
第四回:陋室德馨英雄训子　谈言微中壮士衡文
第五回:慕荣华至亲成陌路　娱晚景老父抱痴心
第六回:薰获冰炭两弟薄情　腹剑唇枪一侄构怨

此外,文内还有典型的章回小说的"楔子"和叙事套路,如"话说""话休烦絮,且说……""不必细表。单说……""此是后话,暂且不表,却说……""诸如此类,不必细述""欲知后事如何?且听下回分解""上回书讲道……"等等。译文还"增补大量预叙,提前揭示后面将要发生的故事内容"③。吴宓虽然以章回体作为小说翻译的基本模式,沿用了中国传统小说的体式和清末民初以来的翻译传统,但是在叙事视角

---

① 张弘:《吴宓:理想的使者》,北京:文津出版社,2005年,第54页。
② 吴宓译:《钮康氏家传》,《学衡》1922年第一期。
③ 王雪明:《制衡·融合·阻抗——学衡派翻译研究》(博士论文),上海:复旦大学,2008年,第117页。

上却保留了原作的第一人称叙事视角。

第三,"学衡派"的诗歌翻译同样继承了传统的诗歌形式。他们译诗最突出的特征就是以中国文化来解读外国诗歌的精神内容,归化外来文化。很显然,译者翻译策略的选择绝非完全出于个人偏好,而是基于"学衡派"所秉持的文学理念和文化理念;表现出译者在解读西方诗歌的同时希冀对民族文化传统现代建构所做的努力。

"学衡派"翻译的另一个突出特点是运用传统文化的核心概念与术语对西方文化进行解读和诠释。"学衡派以儒家思想的核心范畴和命题去对译新人文主义的核心思想,在二者之间建立起了一种义理关联。"①对此,王雪明在其博士论文第三章"白璧德及其新人文主义中国行"中有较充分的论述。② 吴宓以"礼"诠释"decorum"、以"理/欲"诠释"higher will/lower will"、以"以理制欲"诠释"inner check",努力将新人文主义的观念中国化和本土化。然而,两种语言文化的差异、空间的置换和时间的跨越必然使解读和诠释有别于原文本原初的意义,偏离和误读是不可避免的。白璧德曾用新人文主义的思想理念来阐释儒家的概念内涵;当吴宓进行翻译的时候,又将新人文主义思想置于中国传统文化的语境下来解读,必然赋予新人文主义中国化的意义。这在诗歌翻译中体现得尤为突出。

吴宓在《吴宓诗话》中说:"决不可以甲国文字,凑成乙国之文理,而以为适合。实则窒此而又不通于彼也。凡欲从事此道,宜先将甲乙两国文中通用之成语,考记精博,随时取其意之同者,而替代之,则处处圆转确当。"③ 吴宓所谓的"意之同者",即类似的文化概念与语汇——中国的文化元素。"学衡派"翻译的诗歌,运用了众多传统诗歌的意象,如:"君""黄泉""渺渺音尘绝""执手""意犹切""絮絮话家常""白首""寸心""永诀""金石""锁双眉""莞尔""良辰""永别""缥缈"

---

① 王雪明:《制衡·融合·阻抗——学衡派翻译研究》(博士论文),上海:复旦大学,2008年,第67页。
② 同上。
③ 吴学昭:《吴宓诗话》,北京:商务印书馆,2005年,第25页。

"徘徊""长相思""展眉""妾""别离""携手""开笑颜"等等。①

在另一组译诗中，传统的意象语汇也经常出现，如"紫薇""罗敷""芳魂""姝""皎洁""丽质""空谷""春梦""绝色""绝代""灿烂""芬芳""零落""迢遥""青冢"等等。②

用中国传统文学意象和语汇译介外国诗歌，已不仅仅是传达原诗语符传递的信息。一种文化的文学意象承载着民族的文化精神，归化的翻译是动员传统的文化符号在传达原诗的意蕴的同时强化、修正甚至重构原有的文化传统。如是观之，外国诗翻译承载了文化和意识形态上的使命，是文化系统的变革行为和新文化的建设元素。

最后，"学衡派"一直尝试用五言、七言等传统格律诗体翻译外国诗歌。吴宓曾在《英诗浅释凡例》中陈述自己的翻译策略：

> 译文力求密合原诗之意，非至大不得已处，皆以译文之一句当原诗之一句。原诗句简短而意明晰，且每句只三四节，故今译为五言古，摹其格并传其神也。原诗每首之第二、第四、第六句押韵，今亦同。且译文韵字之声音，亦求逼肖原诗。故第一首用平声九佳韵，第二首用上声十贿韵，第三首用去声十九效韵，第四首用平声七阳韵，且不惟求声音之相同，更摹其高低长短起落之神致。凡此苦心经营之处，读者幸垂察焉。③

从吴宓的译诗可以看出，译诗基本以原诗诗行为单位，用五言古诗模仿原诗的格律神韵，主张追求译诗的"高低长短起落之神致"。《学衡》上发表的译诗，几乎全是四言、五言、七言、骚体等传统的诗歌形式，这自然与"学衡派"的文学主张和文化理念有关。吴宓在论述安诺德的诗歌时，特别强调：

> 安诺德之诗之佳处，即在其能兼取古学浪漫二派之长，以奇美

---

① 见《学衡》杂志1926年第四十九期。该期刊载了罗色蒂女士《愿君常忆我》(*Remember*)的5种五言格律诗体的译诗，译者有吴宓、陈铨、张荫麟、贺麟、杨葆昌、杨昌龄、张敷荣和董承显。
② 见《咸至咸斯佳人处僻地诗》，《学衡》1925年第三十九期。
③ 吴宓：《英诗浅释》(一)，《学衡》1922年第九期。

真挚之感情思想，纳于完整精炼之格律艺术之中。如上所言，哀伤之旨，孤独之感，皆浪漫派之感情也，然以古学派之法程写出之，故所作之诗词意明显，章法完密，精警浓厚，锤炼浑成，不矜才，不贪多，无一冗笔，无一懈字，所以难能而可贵也。①

吴宓在《韦拉里说诗中韵律之功用》的"译者按"中特别指出："今世之无韵自由诗，但求破坏规律，脱除束缚，直与作诗之正法背道而驰，所得者不能谓之诗也云云。今节译韦拉里氏此篇中所论关于原理之处，以资考镜，吾国之效颦西方自然的创作及无韵自由诗者，亦可废然返矣。"② 可以看出，"学衡派"的译诗，是其文学观和文化观的延伸，吴宓的翻译批评不仅针对当时文学界一拥而上的自由诗和无韵诗，而且是要强调文学创作的纪律、规律和原则。

对于译诗的格律，李思纯持类似的观点。李思纯在《仙河集》的《编者识》中认为，"至近年新派译者众多……然皆行以无韵之白话体，逐字逐句直译，而意思晦昧不清，其事无异传抄，虽多曾何足贵。"③ 他同样主张用传统的诗歌形式再现外国诗歌，并提出比较好的翻译方法是："译者须求所以两全兼顾，一方面不能抛弃原义，而纵笔自作汉诗，一方面复不能拘牵墨守，以拙劣之方法行之。如法语所谓之逐字译（mot a mot），使译文割裂，不成句读。故矫此两失，实为译诗者之应有责任。"④对于当时流行的译诗体式，他还提出自己的偏好：

> 近人译诗有三式。（一）曰马君武式。以格律谨严之近体译之。如马氏译嚣俄诗曰"此是青年红叶书，而今重展泪盈裙"是也。（二）曰苏玄瑛式。以格律较疏之古体译之。如苏氏所为"文学因缘"、"汉英三昧集"是也。（三）曰胡适式。则以白话直译，尽驰格律是也。余于三式，皆无成见、争辩是非，特斯集所译，悉遵苏

---

① 吴宓：《英诗浅释》（三），《学衡》1923年第十四期。
② 吴宓：《韦拉里说诗中韵律之功用·编者按》，《学衡》1928年第六十三期。
③ 李思纯：《仙河集编者识》，《学衡》1925年第四十七期。
④ 李思纯：《仙河集自序》，《学衡》1925年第四十七期。

玄瑛式者。盖以马式过重汉文格律，而轻视欧文辞义。胡式过重欧文辞义，而轻视汉文格律。惟苏式译诗，格律较疏，则原作之辞义皆达，五七成体，则汉诗之形貌不失。①

在第二期的《英诗浅释》中，吴宓提出了自己的忠实论或等值论：

> 亦逐句译，意思力求密合原文。惟窃意凡译笔欲达原作之精神，必当力摹原作之文体，原文矜炼，则译笔亦宜矜炼，原文朴直，则译笔亦宜朴直，原文多用典故 Allusions，则译笔亦当多用相当之典故，原文不入词藻 Figures of Speech，则译笔亦不宜入词藻。此诗原文简洁明显，流利俊快，译者自当仿效。②

吴宓的文体对等观体现在三个方面。（1）逐句译，以诗行为单位；（2）追求文体的效果，矜炼、朴直、简洁、明快等；（3）典故则以"相当"的典故来表现；即"文必译为文，诗必译为诗，小说戏曲等类推。必求吾国文中与原文相当之文体而用之"③。

3. 语言形式

一段时间以来，人们对"学衡派"有不同程度的误解，认为其顽固守旧，坚决反对白话。其实，"学衡派"并不完全否定白话，只是反对五四新文化－新文学运动彻底摒弃文言、将白话推举到文学书写的中心地位。在《论今日文学创造之正法》一文中，吴宓主张，"小说戏剧等有当用白话者，即用简炼修洁之白话"④。他认为，文言白话存在相互依存、相互补益的关系："惟精于古文者，始能作佳美之时文与清通之白话"⑤，"简炼修洁之白话"是文言提炼、演变的自然结果，反对将文言白话截然割裂。他自己所译的萨克雷长篇小说《钮康氏家传》就"取

---

① 李思纯：《仙河集自序》，《学衡》1925年第四十七期。
② 吴宓：《英诗浅释》（二），《学衡》1922年第十二期。
③ 吴宓：《编者按》，《梦中儿女》（Dream-children：A Reverie），陈钧译，《学衡》1922年第九期。
④ 吴宓：《论今日文学创造之正法》，《学衡》1923年第十五期。
⑤ 同上。

效《石头记》之白话"①。吴宓主张"译文或用文言，或用白话，或文理有浅深，词句有精粗，凡此均视原文之雅俗浅深如何而定。译文必与相当而力摹之，并非任意自择。"② 也就是说，用文言或白话，得视翻译对象、文本类型和读者取向而定；不能人为武断地要求一律采用白话。需要指出的是，"学衡派"主张的白话，并非新文化运动流行的欧化白话。

对"学衡派"而言，文言翻译既是"移植外来思想之工具，也是昌明本国文化传统，确立民族主体性的重要方式"③。《学衡》发表的译诗，使用的几乎清一色的都是文言。他们坚信，文言完全可以表情达意，传达西方文化的精髓。胡先骕就认为，以古文形式传播新思想，"其精采必远出方姚之上"④。"学衡派"对严复、林纾的翻译评价甚高："严复、林纾之翻译……正能运用古文之方法以为他种著述之用耳。严氏之文佳处，在其禅思竭虑，一字不苟，'一名之立，旬月踯躅。'故其译笔，信达雅三善俱备。""然以古文译长篇小说，实林氏为之创，是在中国文学界中创一新体（genre），其功之伟，远非时下操觚者所能翘企。"⑤这样的批评与《新青年》同人中胡适、傅斯年和罗家伦的评价确实不太一致。

文言白话之争实际上反映出对中国传统文化的取舍。新文化运动反对文言的潜在理由，除了难学、不能普及文化知识之外，认为文言是封建传统桎梏，是限制国民精神的工具，并认为思想语言是同一的，反对封建文化也就顺理成章地走向了彻底否定文言、汉字，甚至走向汉语拉丁化的极端。"学衡派"认为，一个民族的语言是民族精神的载体，废弃了文言，中华民族的传统将不复存在，民族精神与传统将无以维系。

---

① 吴宓：《钮康氏家传》，《学衡》1923 年第十五期。
② 吴宓：《编者按》，《梦中儿女》（Dream-children：A Reverie），陈钧译，《学衡》1922 年第九期。
③ 王雪明：《制衡·融合·阻抗——学衡派翻译研究》（博士论文），上海：复旦大学，2008 年，第 130 页。
④ 胡先骕：《评胡适〈五十年来中国之文学〉》，《学衡》1923 年第十八期。
⑤ 同上。

文言与白话之争，并非是单纯的翻译语言的问题。正如有学者言，"白话和文言的分裂与对立……在根本上，是中国面对现代文明的困惑与歧误。"① 这种冲突不仅源自于文化观念和对传统文化的定位上的分歧，而且加剧了文学和翻译上原本就纷纭复杂的观念上的分歧，成为翻译批评上难以弥合的冲突。

结　语

新文化运动在批判和挑战封建传统文化的同时，营造出近代以来最为自由的公共话语空间，各种翻译批评思想相互较量，形成了近代史上最为繁荣的学术局面，"学衡派"的翻译批评和翻译实践因而得以生成、发展和延续10余年。而"学衡派"的翻译主张，特别是文言格律翻译延绵于整个20世纪。"学衡派"学者中涌现出一大批卓有成就的翻译家，如吴宓、钱稻孙、李思纯；催生了第二代各个学科的学者、翻译家：如古典哲学翻译家贺麟、陈康，文学家、翻译家陈铨，史学家、翻译家张荫麟，翻译家、畜牧专家顾谦吉，化学家、翻译家杨葆昌，工程制图专家杨昌龄，著名教育学家、教学论专家张敷荣，古籍整理、翻译家徐震堮等等。随着历史的纷乱逐渐消停，新文化运动的偏颇与激进逐渐为学界所反思，"学衡派"稳健、理性和维护文化传统的努力开始被学界认可。当年"革命""求新求异"等激动人心的口号、理论预设以及论辩方式已逐渐失去原有的魅力，而"学衡派"脚踏实地从事西方文化经典的翻译，他们为守成和建设所做的努力，实在是中国文化走向的多种可能之一。如是观之，"学衡派"的翻译批评从本质上看是思想批评和文化批评；他们的批评标准和翻译策略无疑是其宏观文化理念的延伸，是中国文化精英面临歧路时做出的一种难能可贵的选择。

---

① 彭建华、邢莉君：《论民初外国诗翻译上的分裂》，《甘肃联合大学学报》（社会科学版）2011年第3期，第64页。

第五节　战时语境与翻译批评

在抗日战争期间，抗战建国的宏大叙述使翻译批评具有诸多鲜明的特点。首先，翻译不再是简单的语言转换，甚至也不是简单的外国文学、军事、科技和文化的输入。翻译高度的政治化和工具化使翻译成为世界反法西斯战争的有机组成部分和主流政治话语的补充，被视为政治和战争的工具。翻译批评高度关注待译作品的政治内容，强调翻译内容大众化、形式民族化和语言通俗化。

一、战时主流政治话语

在日本侵略、民族危亡的紧急关头，全国军民不分民族、党派、阶级，同仇敌忾，共赴国难。1938年3月29日召开的国民党临时全会，通过了《临时全国代表大会宣言》："中国现正从事于四千余年历史上未曾有的民族抗战。此抗战之目的，在于抵御日本帝国主义之侵略，以救国家民族于垂亡，同时于抗战中，加紧工作，以完成建国之任务。"宣言号召全国同胞"以一致之团结，为共同之负荷，使此捍御外侮复兴民族之使命，得以完全达到"[①]。大会通过的《抗战建国纲要》，"以法律条文的形式规定了抗战时期外交、军事、政治、经济、民众运动、教育等各个方面的原则要求"[②]。1939年初，国民政府发起了"国民精神总动员运动"。为了便于国民"易知易行"，将其概括为：(1) 国家至上民族至上；(2) 军事第一胜利第一；(3) 意志集中力量集中。抗战时期国家主流的政治意识形态由此确立。

1938年3月"中华全国文艺界抗敌协会"在协会章程中规定："本会以联合全国文艺作家共同反对日本帝国主义的侵略，完成中国民族自

[①] 民革中央孙中山研究学会重庆分会编：《重庆抗战文化史》，北京：团结出版社，2005年，第17页。

[②] 同上书，第18—19页。

由解放，建设中国民族革命的文艺，并保障作家权益为宗旨。"① 文协明确提出了文艺界以"抗日"和"民族自由解放"为宗旨。1939年2月举行文协国际宣传委员会的首次会议，"决定致函世界各国文学团体及文学杂志，感谢世界对中国抗战的同情与声援，计划系统地介绍中国抗战文艺作品'出国'，决定聘请林语堂、谢寿康、肖石君为驻法代表，熊式一、苏芹生为驻英代表，肖三为驻苏代表，胡天石为驻日内瓦代表，大力推进抗战文艺出国运动。"② 战时的翻译直接与国际反法西斯战争联系起来。

在战时主流政治意识形态主导之下，各个文艺期刊都以不同的形式阐明自己的办刊方针与原则，强调文艺为抗战服务：

《文艺阵地》在发刊词称，我们现阶段的文艺运动，"一方面需要在各地多多建立战斗的单位，另一方面也需要一个比较集中的研究理论、讨论问题、切磋、观摩——而同时也是战斗刊物"③；并称今后我们的任务是"如何构筑阵地，如何配备火力，如何洞明敌情而给以致命的打击，如何搜寻后方的间谍与汉奸而加以肃清"④。

《七月》和《希望》称："在神圣的火线下面，文艺作家不应只是空洞的狂叫，也不应作淡漠的细描，他得用坚实的爱憎真切地反映出蠢动着的生活形象。在这反映里提高民众底情绪和认识，趋向民族解放的总的路线。"⑤

《中苏文艺》的创刊号称："中华民族为解放而战的全民抗战已经开始了……在目前全民族对日抗战，以争取中华民族自由、独立与幸福的时候，除了努力于检讨怎样达到广泛的民众工作，和怎样组成全体性与持久性的抗战之外，还应积极从事于国际形势演变的分析，革命外交的

---

① 重庆地区中国抗战文艺研究会、四川省社会科学院文学研究所编：《国统区抗战文艺研究论文集》，重庆：重庆出版社，1984年，第24页。
② 重庆抗战丛书编纂委员会编：《抗战时期重庆的文化》，重庆：重庆出版社，1995年，第47页。
③ 王大明、文天行、廖全京编：《抗战文艺报刊篇目汇编》，成都：四川省社会科学院出版社，1984年，第325页。
④ 同上。
⑤ 同上书，第353—354页。

研究；并向苏联革命的丰富经验去学习求得打倒侵略者的理论与实际。"①

《天下文章》的创刊号称："我们抗战建国的伟业，需要有坚稳的物质的经济基础，也需要有充分的精神食粮，假使这两个条件具备了，我们当不用怀疑抗战不会必胜建国不会必成。"②

《抗战文艺》的《发刊词》号召全国文艺工作者，"首先强固起自己阵营的团结，扫清内部一切纠纷和摩擦，小集团观念和门户之见，而把大家的视线一致集注于当前的民族大敌"③。

《文艺先锋》的创刊号宣称，"以发扬抗战建国精神，加强文艺界总动员，促进三民主义文艺建设，供给全国作家发表作品为宗旨"。编辑上采取创作、评论、翻译并重的方针。④

《文学新报》的《发刊词》指出："我们从来不会忘掉文学是战斗的武器……我们从来不把文学看作装饰品，小摆设。中国自新文学以来，就自始至终在执行它战斗的任务……这任务随抗战的进展而加重。"⑤

《诗文学》编者声明："决没有同人之分，也没有宗派、门户之见，它是全国诗人们，诗歌工作者底公共园地"；又说"为了受难中的祖国，我们得献出那一份热情，那一点血汗，为了反映艰苦抗战的最后阶段的可歌可泣的史迹，我们得坚持我们诗的岗位。"⑥

从上面的发刊词可以看出，文艺刊物共同的主导思想是动员民众、共赴国难、抗战建国。为了顺应和强化主流的政治话语，各个文艺期刊的社论、编者按、座谈会、篇头语或编后，都表述类似的理念和主张。奚如曾经说，我们不是"叫所有的作家一律都上前线去扛枪打仗"，作

---

① 王大明、文天行、廖全京编：《抗战文艺报刊篇目汇编》，成都：四川省社会科学院出版社，1984年，第508—509页。
② 同上书，第576页。
③ 唐沅主编：《中国现代文学期刊目录汇编》（第五卷），北京：知识产权出版社，2010年，第2659页。
④ 同上书，第3060页。
⑤ 《文学新报·发刊词》，《文学新报》1943年第1卷第1期。
⑥ 唐沅主编：《中国现代文学期刊目录汇编》（第五卷），北京：知识产权出版社，2010年，第3230页。

家特殊的任务是"体验抗战的前线生活,切实了解某一战争底行色底内容,底发展,底趋向之后,写出反映时代,推进时代的作品来。"① 陈依范明确主张,"近代中国艺术家的主要原则是:'国防的、民主的写实主义。'为了执行这个原则,艺术制作家同时也就成为一个政治家……这是中国近代艺术界中的主要潮流。"②导演孙施谊提出文艺工作者应该投身于抗战大潮,"在祖国抗倭的烽火高燃以后……你一个戏剧(电影)也没有写,你说得过去么?"③反映战争、描写战争、服务于战争成为艺术家创作与翻译的指南。

二、有关翻译的论争

1. 抗战服务论与"抗战无关论"

反映战争、描写战争、服务于战争不仅是艺术家创作的原则,也是翻译活动与翻译批评的指南。在这样的语境下,抗战初期展开的有关梁实秋"抗战无关论"的论争,其影响就不仅限于文学创作界,而是波及战时整个文化活动领域。在北平、上海、武汉、广州相继失守,国民党政府西迁重庆的特定语境下,1938年12月1日,时任《中央日报》副刊主编的梁实秋在《编者的话》中说:

> 现在抗战高于一切,所以有人一下笔就忘不了抗战。我的意见稍为不同。于抗战有关的材料,我们最为欢迎,但是与抗战无关的材料,只要真实流畅,也是好的,不必勉强把抗战截搭上去。至于空洞的'抗战八股',那是对谁也没有益处的。④

梁实秋的言论立刻引起了文化界的强烈反响。四天以后,罗荪迅速在《大公报》上撰文,反对梁实秋的"与抗战无关"主张。其后,茅盾、宋之的、胡风、沈起予、陈白尘、张恨水、黄芝岗等,纷纷在《新

---

① 奚如:《文学家的位置在何处?》,《抗战文艺》(武汉特刊)1938年9月17日,第2页。
② 陈依范:《近代的中国艺术家是一个政治家》,马耳译,《抗战文艺》第一卷第八期,1938年6月11日,第5页。
③ 孙施谊:《关于〈人约黄昏〉》,《抗战文艺》第六卷第一期,1940年,第43页。
④ 梁实秋:《编者的话》,《中央日报》副刊《平明》,1938年12月1日。

蜀报》《国民公报》《大公报》等报纸的副刊上撰文予以批驳："这次的战争已经成为中华民族生死存亡的主要枢纽……已扩大到达于中国底每一个纤微。想令人紧闭了眼睛，装做看不见，几乎是不可能的事情。"①《抗战文艺》等文艺杂志也先后刊载文章直接或间接地参加了讨论。《抗战文艺》第三卷第二期发表了一组四篇文章：宋之的的"谈抗战八股"、姚蓬子的"什么是抗战八股"、魏孟克的"什么是与抗战无关"、姚蓬子的"一切都与抗战有关"，强调战时一切服从抗战、一切服务于抗战。梁实秋的言论从学理上看并无太大的不妥，也代表了当时的一种文艺观念，一些作家学者也撰文对梁实秋的观点给予一定程度的认同。就翻译的直译、意译翻译策略，梁实秋在20世纪20、30年代与鲁迅有过一次长达10年的论争，再加上梁实秋本人又是卓有成就的翻译家，他的言论直接影响了翻译界对相关问题的思考。但战时的政治话语具有排他性和强制性。作为一种少数话语，梁实秋自由派的言论似乎有违民众的心理与情感，不容易被接受。有人对战时的翻译直接提出建议：

> 在战时，翻译家应当多多介绍盟邦作家描写战争的作品，只有这样的作品介绍给中国读者，才能更增加抗战的力量，因为他们可以从这些作品中认识别的国家的国民给自己祖国怎样尽其天职，学习人家奋斗的经验，启发自己的爱国心。因此必须认清此一急务，方可收到高度成效……今天我们摇笔杆不能在艺术标准上的取得评价，应从历史取得评价。我们应强调今天伟大的现实。无光辉的历史便无伟大作品产生。②

作者不仅认为翻译必须贴近战时中国的现实，当务之急是翻译"盟邦作家描写战争的作品"，"增加抗战的力量"，"启发自己的爱国心"；而且认为伟大的民族战争必然会产生伟大的翻译作品，我们对翻译的评价不能（只）用艺术的标准，必须用"历史"的评价——我们的翻译必

---

① 罗荪：《与抗战无关》，《大公报》1938年12月5日。
② 弓：《对翻译界的两点建议》，《文艺先锋》1945年第六卷第一期，第3页。

须无愧于"今天伟大的现实"。

由于国难当头、战事紧迫,翻译服务论日益得到强化;翻译不可避免地被高度政治化、战争化和工具化。梁实秋对批评有过反批评,对自己的言论有过辩解。其实,梁实秋的翻译观源自他的文艺观,主张将经典名著的翻译与民族文化的长远发展联系起来,将翻译作为一种艺术或者学术追求,希望发现翻译或文学艺术本身的规律或原则。概言之,他主张文艺的独立自主、反对文艺的工具化;不愿将翻译简单地视为政治或战争工具。1926年回国以后,梁实秋已经形成了比较成熟的文学观,有学者认为:

> 梁实秋的世界观受古典思想(包括古希腊的柏拉图、亚里士多德和中国的孔子)的影响甚大,追求一种中庸的人生境界……这一思想内核在梁实秋身上具体表现为:在政治上尊重作为国家象征的中央政府,主张渐进改良,反对暴力革命;在思想上崇尚自由主义,主张多元并立,反对专制独裁;在伦理观上讲究尊卑秩序,推崇礼德俭让,而表现在文学观上便是信奉稳健、传统、保守的古典主义,这在整体上基本是统一的。①

如是观之,梁实秋的言论是其成熟的艺术本位论的表现。梁实秋是爱国的自由派学者,20年代、30年代都曾反对南京政府对自由的干预,30年代与左翼文学阵营论争(包括与鲁迅就"硬译"进行的论争),40年代反对张道藩有关文艺政策的言论都说明,"只要事关文学,就不论敌友,只论是非"。他对文学自身规律的坚守达到不仅"不怯"甚至"不智"的地步。②他几十年如一日坚持《莎士比亚全集》的翻译,他的翻译文本选择和翻译策略,其实都是他文学翻译理念的体现。由于抗战的特殊语境将文学翻译的社会性、宣传性和战斗性提升到空前的高

---

① 徐静波:《编后记》,徐静波编:《梁实秋批评文集》,珠海:珠海出版社,1998年,第256页。
② 余光中:《金灿灿的秋收》(代序),徐静波编:《梁实秋批评文集》,珠海:珠海出版社,1998年,第6页。

度,持中庸或为艺术而艺术的翻译观自然受到左翼文学界的尖锐批评。然而,与梁实秋持类似观念的翻译家还有卞之琳、冯至、商章孙、柳无垢、柳无忌、施蛰存、戴镏龄、戴望舒、梁宗岱、穆木天、方重、范存忠、杨宪益、俞大纲、朱光潜、孙大雨等。他们都注重经典作品的翻译,注重作品中人性的描写和普世价值的展示,在翻译策略上精益求精,以忠实再现原作的精神思想和艺术风格为己任,不太注重作品的趋时性、社会性及宣传功能。这即为张其春所谓的唯美派翻译:"寓创造于奢译之中,奉艺术为至上,而于原文之灵思美感,均能保持不堕,余所以认此为翻译之正宗也。"他还认为,这样的译文"绘神传声,兼备众美","信达且雅,神乎其技",因而"本身即为艺术,可与原著并传不朽"。① 这与苏珊·巴斯奈特所谓的"诗学翻译"(poetic translation)有异曲同工之妙。

如果从战时语境思考,梁实秋的言论就显得"合理"但"不合时宜"。他忽略了"在特定历史条件下艺术家应该承担起来的民族责任,而只从抽象的一般意义上的文学观念出发,来提出对文学的要求。"②文艺界左翼文学家对梁实秋的批评,对傅东华翻译的批评,对赛珍珠小说中中国形象的批评,都立足于是否直接对当下的战争有利。翻译"工具论"和"服务论"的拔高,在强化主流政治意识形态的同时,逐渐演变成一种暴力,有效地遮蔽了不同话语或少数话语,并对其后的文艺为无产阶级政治服务产生了长远影响。

2. 对海明威与赛珍珠作品的解读

在抗战期间,反法西斯战争的作品占有很高的比例,但毕竟不是翻译的全部。西方经典文学作品也同时进入了翻译家的视野,直接或间接地为主流政治服务,成为社会集体叙述的重要补充。翻译家和翻译评论家通过对经典作品的解读、诠释甚至改造,"规范"或"引导"读者的解读方式或理解方向,使翻译实现预期的社会效果,进而转换成战时国

---

① 张其春:《译文之作风》,《文艺先锋》1945年第七卷第二期,第16页。
② 靳明全:《重庆抗战文学论稿》,重庆:重庆出版社,2003年,第56—57页。

民的思想武器。除了翻译家本身的文本操控策略之外，译序、译跋和翻译书评正是近现代批评家实现翻译作品预期社会功能的有效策略。冯亦代对谢庆尧所译海明威《战地钟声》的书评，学界对赛珍珠作品翻译的批评，都体现出战时翻译批评的意识形态取向。

西班牙内战期间，海明威以记者身份三次亲临前线，在炮火中写了剧本《第五纵队》，创作了以反法西斯战争为题材的长篇小说《战地钟声》（后译《丧钟为谁而鸣》）。1941年海明威偕夫人玛莎访问中国，支持我国抗日战争。后又以战地记者身份重赴欧洲，多次参加战斗，并于1954年获诺贝尔文学奖。他的几部小说先后都被翻译成中文：《战地春梦》《第五纵队》《蝴蝶与坦克》和《战地钟声》。在抗战期间的中国译坛上，海明威可谓风头正旺，影响深远。

《战地钟声》讲述了国际纵队的反法西斯战士、美国志愿者罗伯特·乔丹奉命炸毁一座具有战略意义的大桥，到西班牙山区与游击队合作，成功地完成任务的故事。乔丹来到游击队后，与一位曾遭受法西斯凌辱的西班牙姑娘玛丽亚产生了爱情。游击队在前往炸桥的途中被敌人发现，埃尔等人引开敌人，以牺牲换取了任务的顺利进行。炸药安放完毕，乔丹返回安全地点才发现助手安赛尔没有回来。此刻敌人的坦克已经冲上桥头，他们在撤退中被敌人包围。为掩护战友突围，保护玛丽亚腹中的小生命，乔丹勇敢地独自面对追来的敌人。《战地钟声》是欧美现代文学史上描写西班牙内战的优秀作品之一；乔丹也是海明威成功塑造的又一个"硬汉形象"。

冯亦代1941年到重庆，集中力量翻译美国作家海明威等人的作品。重要作品有《第五纵队》（剧本）（海明威，重庆新生出版公司，1941年）；《人鼠之间》（剧本）（史坦培克，重庆天下图书公司，1942年）；《千金之子》（剧本）（奥达茨，重庆美学出版社，1943年）；《守望莱茵河》（剧本）（海尔曼，重庆美学出版社，1944年），以及《蝴蝶与坦克》（短篇小说集）（海明威，重庆美学出版社，1945年）。

冯亦代认为翻译应于抗战有益。正如他所言，"西班牙内战和中日之战联系在一块了，中西两国人民都是国际法西斯主义的牺牲者"，翻译对于"鼓动中国人民抗战,也是有好处的"。① 冯亦代选译了海明威的几个剧本和一些短篇,而篇幅最长的《战地钟声》则由谢庆尧于1941年翻译出版。在《抗战文艺》第九卷第一、二期合刊上,冯亦代发表了对该小说翻译的长篇评论,题为《海明威的迷——评〈战地钟声〉及其他短篇》。作为翻译研究海明威的专家,冯亦代的批评应该说具有一定的权威性和代表性,体现了战时左翼文学家期望的、对外国文学作品"合理"或"正确"理解。冯亦代的书评主要集中于海明威人生观和小说内容的讨论,可概括为三点:(1)海明威消极悲观的人生观;(2)海明威作品中满足于感官冲动的人物形象;(3)海明威对西班牙战争的冷漠态度。

从书评标题《海明威的迷》可以看出,冯亦代对海明威的评价有相当大的保留,几乎是负面的。文章的开头分析了海明威的人生观:

> 海明威在意大利前线受了枪伤回到美国之后,这世界已经对于他失却了一切应有的旎旖了,他觉得人类永恒的命运只是在生死之间……是一种官能的冲动……〔海明威〕是一个忠实的笔录者。因此,在他的作品中,我们是看不到那一种深湛的爱恶的;若有所期,却不过是淡淡的一抹。
>
> ……海明威一方面厌倦了现代文明,另一方面却迷恋于中世纪的野蛮竞技上。……这种官能上的满足是海明威所追求的对象,且欲从这官能的满足中参悟出人生的哲理来,他把人牛相互厮杀的最后的一刹那认为是"真理的瞬间"(The moment of truth)。同时,因为他反对现代文明,认为现代人的一切都属虚伪……。②

随后,冯亦代尖锐批评海明威的人生态度:

> 从我们看来,海明威对于生活的意见,实在是种不健全的偏颇观念……"迷失的一代"是极端的悲观主义者,他们把人类生活的

---

① 冯亦代:《重译后记》,《第五纵队》,南昌:百花洲文艺出版,2009年,第185页。
② 冯亦代:《海明威的迷——评〈战地钟声〉及其他短篇》,《抗战文艺》第九卷第一、二期合刊,1944年2月1日,第141页。

前景，局限于一己的哀乐之中，人不复是一个斗士，只成为被肉体官能冲动所驱动的人，这不是人类的堕落吗？①

冯亦代甚至认为，"海明威忘了人类生活伟大的场景，他局促于人身的官能冲动上"，他只接触到"人类生活的浮面，他永远只能做个旁观人"。②

冯亦代认为，海明威笔下的人物受官能冲动支配，是对文明的"一种反抗，一种逃避，一种慰安。在他笔底下所显露的人物，似乎已经冷酷到没有心肠了"。在西班牙反法西斯的伟大战争中，他们"没有为一个共同目标献身。他们或死或生，都必须归依到这个人的官能动作上，或者是那种感伤气味极为浓重的宿命论上……他们有着硬心肠的冷酷，那种使人害怕的冷酷。这里没有热力，一种西班牙人民为谋自千百年封建桎梏中解脱的虔诚。"③ 海明威笔下缺少西班牙人民在内战时的"典型情感"，"不论是游击队巴布路，以杀人为罪恶的安赛尔莫，懒惰的吉普赛人，或是以死殉国的爱尔沙度，和始终意志坚定的薛拉：他们似乎都是一个单独的人，他们相互之间没有一种共同的生活。"④

他认为，作为志愿者和作家的海明威"把自己和西班牙人民间筑成了一道墙，他不过是一个眺望景色的游春人！"因而他无法"进入到现实生活的深湛处，他不懂得生活，他只能在迷茫中冲撞……"对中国读者而言，他认为海明威

> 给予了我们一本足资消遣的恋爱与英雄行为的故事书，但如果作者的原意是在于表显西班牙人民的血肉生活，那结果只是和读者所得到的一样的迷茫。诚实的生活与深湛的人性是我们苛求于每一位作家的，可惜海明威所给我们的只是娱乐，没有生活，更没有

---

① 冯亦代：《海明威的迷——评〈战地钟声〉及其他短篇》，《抗战文艺》第九卷第一、二期合刊，1944年2月1日，第141—142页。
② 同上文，第142页。
③ 同上。
④ 同上。

人性。①

书评也对谢庆尧具体的翻译有少量评述,认为"不能同意""软玉温香,不禁销魂"等翻译处理;标题《战地钟声》也有违"John Donn文的原意",但肯定译文"相当信实"。② 可以看出,冯亦代的书评集中于翻译小说主题内容的解读和阐发,其良苦用心也许是引导读者克服海明威消极的人生态度,将个人的命运与中国伟大的抗日战争联系起来。可以说,冯亦代的解读在试图顺应主流政治话语的同时,也隐含着左翼文学家对西方资产阶级文学的批判,其解读是特定历史时期文学诠释的必然与局限。如果对照60年后的解读,这种历史操控的"痕迹"就显得特别明显。试对比2004年吴劳为程中瑞译本所写的书评"海明威和他的《丧钟为谁而鸣》"。首先是吴劳对海明威的评价:

> 这时西班牙正面临着一场生死搏斗。海明威二十年代初任驻欧通讯记者时,就和西班牙结下了不解之缘。他爱上了这片浪漫的土地和热情的人民,尤其爱上了斗牛赛。他在作品中歌颂这种在死亡面前无所畏惧的斗牛士,充分体现了他提倡的"硬汉子"精神……当法西斯魔爪企图扼杀西班牙人民的革命成果时,海明威挺身而出,写文章,作讲演,挞伐法西斯主义。他以记者身份于一九三七年初来到被围困中的马德里,借了钱买救护车支援共和国政府。③

这是何等鲜活的反法西斯战争的战士。其次是对小说主人公的评述:

> 海明威发挥他独特的叙事艺术,以细致入微的动作描写及丰富多彩的对白,紧紧环绕着罗伯特·乔丹的行动,一气呵成地把这故事讲到底,同时,插入了大段大段的内心独白及回忆,使这个主人

---

① 冯亦代:《海明威的迷——评〈战地钟声〉及其他短篇》,《抗战文艺》第九卷第一、二期合刊,1944年2月1日,第143页。
② 同上。
③ 吴劳:《海明威和他的〈丧钟为谁而鸣〉》,程中瑞译,《丧钟为谁而鸣》,桂林:漓江出版社,2004年,第595页。

公的形象非常丰满。……［主人公］对西班牙人民有着深厚的感情。他痛恨法西斯主义……怀着"为全世界被压迫的人们鞠躬尽瘁的感情","反对所有的暴政,为你所信仰的一切,为你理想的新世界而斗争"。他投入了马德里保卫战,后来转到西部敌后搞爆破,炸火车和铁桥……

乔丹以他最后的一些行动深刻地体现了本书的题旨:人们的命运息息相关,因为每个人都与人类难解难分。作者在本书中还塑造了一系列活生生的西班牙人的形象……比拉尔热爱生活,热爱共和国。她爽朗泼辣,疾恶如仇……①

最后,在吴劳笔下,主人公与西班牙人民的关系也完全不是冯亦代所批评的那样:

在斗争中,乔丹和这些普通的西班牙人民打成了一片,心甘情愿地为他们献出自己年轻的生命。海明威用这一系列感人肺腑的小故事构成了一幅波澜壮阔的同仇敌忾地抗击法西斯匪帮的历史画面,奏出了一支人类兄弟情谊的赞歌……《丧钟为谁而鸣》作为作者本人投身有关人类前途的大搏斗的见证,可被看作他的代表作而无愧。②

如果说吴劳的评述可能带有特殊性,我们可以再举翻译家林疑今为《永别了,武器》所写的序言,其中对海明威、其创作思想和作品意义做了比较深入的评价:海明威

热爱西班牙,特意预支稿费,积极募捐支援西班牙人民,并志愿参加政府军,对法西斯作战。他在这场实际斗争中,初次体会到集体斗争的力量,多少批判了他一贯的个人主义人生观。1940年他发表长篇小说《丧钟为谁而鸣》,肯定西班牙人民反法西斯的英

---

① 吴劳:《海明威和他的〈丧钟为谁而鸣〉》,程中瑞译,《丧钟为谁而鸣》,桂林:漓江出版社,2004年,第597—599页。
② 同上书,第600—601页。

勇斗争。①

他对小说人物的评述：

> 第一次世界大战后，西方的传统道德价值全面崩溃了，然而这些普通人，虽非英雄，但为着生存下去，还保持着一定的价值观念，例如诚实、道义、勇敢、毅力、忍耐和人格的完整。这些普通人很少参与伟大事业或者政治运动。唯一例外是《丧钟为谁而鸣》的主角乔丹，一个教西班牙语的知识分子。这些普通的小人物，往往抱着不介入的人生态度，只是凭着一种近于原始人的本能，遵循一种近乎待人如己的基本原则，保持了做人的尊严。
>
> 作为一个艺术家，他对这世界上的邪恶人物深恶痛绝，对被压迫者则寄予同情，特别是一个小圈子里的小人物往往体现着一定的道德品质。②

林疑今认为海明威小说的主题是对人生作出"正面的肯定"。

显而易见，现代读者对海明威的评价主流是积极的和正面的，对其作品的解读也是肯定多于否定："这部小说有助于鼓舞中国军民的抗日情绪，鼓励大后方人民勇敢地走上前线，为争取民族独立而牺牲个人的幸福，比较符合当时中国社会对文学的诉求。"③ 小说还是原来的小说，翻译也"相当信实"，但在不同的政治话语中，翻译批评对翻译作品的"操控"和"引导"，潜在地左右着读者的解读。冯亦代的译评十分清晰地透露出战时左翼文艺思想的痕迹。

无独有偶，除了《战地钟声》之外，学界对赛珍珠《爱国者》的解读批评同样存在巨大的差异。这种差异不仅体现出对翻译社会效果的不同认识，似乎更反映了国人对（外国人）第三只眼睛看中国人形象的焦虑。如今学界对赛珍珠及其作品的评价日趋客观和理性，不再赘述。但

---

① 林疑今：《海明威的思想感情和艺术风格（代序）》，林疑今译，《永别了，武器》，上海：上海译文出版社，1995年，第6页。

② 同上书，第4页。

③ 熊辉：《简论抗战大后方对海明威作品的翻译》，靳明全主编：《抗战文史研究》（第2辑），重庆：西南师范大学出版社，2011年，第171页。

在抗战前后，刘海平认为存在三种有代表性的观点："基本肯定、褒贬参半和基本否定。"①

《爱国者》是赛珍珠获得诺贝尔文学奖之后出版的第一部作品，又以中国抗战为背景，因而轰动了美国出版界，自然而然受到国内译界的高度关注。国内先后有戴平万（香港光社，1939 年）、哲非（上海群社，1939 年）、钱公侠（上海古今书店，1948 年）等多种译本。"书中人物，只有那位牡丹的经历，好像太传奇化一点。不过瑕少瑜多，本书描写从中国大革命至抗战初期的中国青年动态，实在是太好太深刻了，我们中国人很觉抱愧，自己还不曾出现这样的作品。"② 林语堂称赛珍珠"在美国已成为中国最有力的宣传者"；白克夫人"不但为艺术高深的创作者，且系勇敢冷静的批评家。其对于在华西方教士之大胆批评，且不必提，而其对于吾华民族之批评，尤可为一切高等华人及爱国志士之当头棒喝"③；并称"吾由白克夫人小说，知其细腻，由白克夫人之批评，知其伟大"④。黄峰称，赛珍珠对中国人民"寄予了深厚的同情，甚至于竭诚的讴歌"。"今日中国的战斗，正满意地答复了赛珍珠女士：中国这伟大民族的伟大子孙，不但是像她所描写了的那样勤苦、耐劳、忠诚、健强，而且是进行着对侵略者的长期抗战了……《爱国者》这小说……我想，就是她在这个企图之下的一种工作的表现。"⑤

然而，对赛珍珠和《爱国者》也存在截然相反的评论。鲁迅、茅盾、巴金等对赛珍珠的批评基本上是负面的。主要体现为三个方面。第一，对中国现实的描写不容外国人插手；第二，外国人的描写片面肤浅；第三，对中国和中国人民的丑化。鲁迅曾言，"中国的事情，总是

---

① 刘海平：《中国对赛珍珠其书其人的再认识》，郭英剑编：《赛珍珠评论集》，桂林：漓江出版社，1999 年，第 169 页。
② 钱公侠、施瑛：《评〈爱国者〉》，郭英剑编：《赛珍珠评论集》，桂林：漓江出版社，1999 年，第 124 页。
③ 林语堂：《白克夫人的伟大》，郭英剑编：《赛珍珠评论集》，桂林：漓江出版社，1999 年，第 109 页。
④ 同上书，第 110 页。
⑤ 黄峰：《赛珍珠和她的〈爱国者〉》，郭英剑编：《赛珍珠评论集》，桂林：漓江出版社，1999 年，第 114 页。

中国人做来,才可以见真相";赛珍珠对中国的描写"不过一点浮面的情形:只有我们做起来,方能留下一个真相"①。胡风则从政治角度认为赛珍珠作品的缺陷在于:(1)"作者对于农村底经济构成是非常模糊的";(2)"作者不能把握住一个贫农底命运";(3)"吸干了中国农村血液的帝国主义,在这里也完全没有影子";(4)"几十年来中华民族为了求解放的挣扎,在这里不但看不到正确的理解,甚至连现象的反映都是没有的"。②巴金认为《爱国者》"到处都是对我们这次抗战的有意或无意的误解"③。署名"衣寒"的作者甚至认为,赛珍珠对中国的理解"非常肤浅","患着色盲症";"歪曲了中国抗战的现实,而且侮辱了中国的人民和领袖"。④有人甚至认为赛珍珠的作品"是写给外国的抽雪茄烟的绅士们,和有慈悲的太太们看的……用力地展露中国民众的丑脸谱,来迎合白种人的骄傲的兴趣……惟有这样,才可以请高等文化的白种人来教化改良,才可以让帝国主义站在枪尖上对付落后的农业国家,才可以让资本主义来'繁华'一下……巧妙地掩饰地为帝国资本主义的侵略行为张目。"⑤ 1939年朱雯发表了《我对〈爱国者〉的感想》:

> 赛珍珠的小说,平心说一句,是没有什么了不得的;尤其是对于中国的人和事的描写,简直浅薄得可笑……然而因为她是一个西方人,所以这一点点认识,仿佛已够使读者们敬佩。而她之所以能够"轰动了美国的出版界","发了一笔大财",甚至还得到诺贝尔奖金,大概就是为了这一个缘故。以这样一个认识不够的作家,而描写这样伟大的场面,这样动乱的时代,这样重大的题材,事实上是一定不会好的,所以《爱国者》的失败,乃是意料中的事情,本来是"何足道哉"的。可是这样一部并不高明的著作,此次不仅又

---

① 鲁迅:《致姚克》,郭英剑编:《赛珍珠评论集》,桂林:漓江出版社,1999年,第3页。
② 胡风:《〈大地〉里的中国》,郭英剑编:《赛珍珠评论集》,桂林:漓江出版社,1999年,第96—99页。
③ 转引自姚君伟:《巴金、朱雯与赛珍珠》,《新文学史料》2007年第1期,第159页。
④ 衣寒:《关于对外宣传》,《抗战文艺》1940年第五卷第二、三期合刊,第35页。
⑤ 祝秀侠:《布克夫人的〈大地〉》,郭英剑编:《赛珍珠评论集》,桂林:漓江出版社,1999年,第53页。

"轰动了美国的出版界",而且更"动员了大批文化人去翻译、鼓吹",却有点出人意表了。①

更出人意表的是,本来是"何足道哉"的朱雯,"结果也受商业利益的鼓励、怂恿,加入了抢译这部'轰动了美国的出版界'的'并不高明的著作'的队伍,并一改初衷";在译完了《爱国者》后对此书大加吹捧,以至于巴金愤怒地责问:"我不明白赛珍珠女士的《爱国者》为什么会这样地被中国(上海)著作家和出版家注意。我更不明白为什么会有那么多的'文化人'抛开别的更有意义的工作,抢着翻译这一本'虚伪的书'。他甚至对于《爱国者》的翻译者喊出了'我控诉'的话。"② 显然,批评的着眼点更多的集中于小说的政治解读、"宗教化的美国立场"③ 和对中国形象的塑造。

朱雯抢译《爱国者》是否是"受商业利益的鼓励、怂恿",另当别论。《爱国者》是否"虚伪",是否"丑化"了中国军民,是否"为侵略行为张目",读者视角不同解读往往大相径庭,但这一现象至少说明巴金和朱雯批评基于的政治逻辑与《爱国者》在国内可预见的接受之间存在尖锐的冲突。在抗战多元文化并存的历史语境下,翻译批评并不能超越各派的政治立场,正如伍蠡甫对当时作家的描述一样:"作家的眼镜总有颜色的,创造社的作家或许是灰白,左翼作家或许是浅红,普罗作家或许是深红,第三种人的作家或许是昏黄的柳绿……时代通过作家意识,造成他眼镜的颜色,作家戴着不同的眼镜,分别表现时代的各面。"④ 翻译家和翻译批评家同样通过带色的眼镜,对译作进行解读和批评。从彼此尖锐对立的翻译解读可以体悟到抗战特殊历史语境下各派政治意识之间的张力,翻译与翻译批评高度政治化,翻译批评已演变为

---

① 朱雯:《"抢译"二题》,《中国翻译》1994年第6期,第36页。
② 邹振环:《赛珍珠〈大地〉的翻译及其引起的争议》,郭英剑编:《赛珍珠评论集》,桂林:漓江出版社,1999年,第561页。
③ 李宪瑜:《二十世纪中国翻译文学史》(三四十年代·英法美卷),天津:百花文艺出版社,2009年,第197页。
④ 伍蠡甫:《论赛珍珠的〈儿子们〉》,郭英剑编:《赛珍珠评论集》,桂林:漓江出版社,1999年,第32页。

政治意识争斗的场所。

抗战期间，翻译的评介和批评非常活跃，体现了战时批评家的社会责任和为精神重建所作的努力。茅盾、戈宝权、曹靖华、铁弦、李念群、陈尧光、巴金等都发表了重要评论文章。李念群所写的《读〈人鼠之间〉》指出作品的主题反映了"人与人之间的隔绝与冷漠，从而否定现存（美国）的社会制度"，并由此联想到中国的舞台与现实生活："何年何月，我们的舞台才能演出这样的'冷'戏！何年何月，人们才肯从这样的'冷'戏中去体会人与人之间的冷暖！"① 纫兰在《读劳伦斯的〈虹〉》中批评了消极的生活态度，指出："现实不是虹，现实是必须正视的现实，只有积极的战斗的态度，才是我们的生活态度，不论何种逃避总归是通到毁灭的逃避！"对于英国作家伍尔夫及其作品，陈尧光、吴景荣都撰文指出她"悲观绝望心理与小说的悲观主义色彩"，② 意在激励读者积极向上、努力实现抗战建国的伟大目标。在中华民族身处生死存亡的特殊历史时期，外国文学的译介已经不再是与国家命运无关的个人消遣，文学作品不再是有闲阶级手上把玩的艺术品，每一个有社会良知和正义感的读者自然而然地从民族大义上去解读外国文学作品的内涵，发掘其中的文化潜能，为抗战服务。有学者的论述非常精辟，认为当时读者对外国文学作品的解读，

> 几乎都是根据当时中国抗日民族解放事业的需要及社会心态出发的，因而评论偏重于社会的道德的评价，而较少作审美的鉴赏。这既是这时世界反法西斯文学和现代主义作品在中国大后方文艺界引起的反应、留下的影响的时代特征，也是这时世界反法西斯文学和现代主义作品在中国大后方文艺界引起的反应、留下的影响的历史局限。③

外国文学一旦进入抗战文化语境，翻译所"产生的象征意义及其政

---

① 转引自苏光文：《大后方文学论稿》，重庆：西南师范大学出版社，1994年，第451页。
② 同上书，第452页。
③ 苏光文：《大后方文学论稿》，重庆：西南师范大学出版社，1994年，第452—453页。

治价值"① 必然受制于中国文化语境,同时也形塑中国战时的主流话语。翻译和翻译批评的独立自主性会让位于或服从于抗战民族解放的宏大叙述,成为反法西斯战争话语的重要组成部分。不可否认的是,不同解读也揭示了抗战多元文化中不同派别背后政治观念的对立。

3. 社会预期批评:《华威先生》出国

翻译服务于抗战是战时翻译界的共识,文艺界对梁实秋言论的批评只是要求文学应该顺应主流政治的一种表征。梁实秋拥护抗日救国,是具有爱国心的文艺家;他的文艺观并不能简单地用"与抗战无关"来概括;对他批判明显带有简单化和过激的毛病。② 如果说对梁实秋的批判关乎文艺的题材和主题,直接影响翻译的选题,那么1938年发起的有关《华威先生》"出国"的论争,则从另一个角度反映了主流舆论对翻译的社会功能、社会效果,甚至译介动机的反拨作用。

1938年4月16日《文艺阵地》第一卷第一期上刊登了张天翼的短篇小说《华威先生》。小说"塑造了一个只做'救亡要人'、不做救亡工作的'抗战官'的典型"③。华威先生成天忙于开会,从一个会场到另一个会场:全省文化界抗敌总会的成立、难民救济会、工人抗战工作协会、通俗文艺研究会、文抗会常务理事会、日本问题座谈会、战时保婴会等等,他"夹着皮包去坐这么五分钟,发表了一两点意见就跨上了包车"④。《华威先生》一发表,立即受到了文艺界的广泛注意,并引发了"中国抗战文学史上规模较大、持续较久、意义深远的论争,在解放后三十年来公开出版的中国现代文学史著作均有所评述"⑤。然而,更重要的是,小说后来被翻译成日文在日本发表。有人认为,"一九三八年十

---

① 克里斯托弗·朗德尔:《对法西斯主义的威胁》,吴慧敏译,王宏志主编:《翻译史研究》(第一辑),上海:复旦大学出版社,2011年,第317页。
② 靳明全:《重庆抗战文学论稿》,重庆:重庆出版社,2003年,第60页。
③ 苏光文:《暴露与讽刺仍旧需要》,重庆地区中国抗战文艺研究会、四川省社会科学院文学研究所编:《国统区抗战文艺研究论文集》,重庆:重庆出版社,1984年,第273页。
④ 张天翼:《华威先生》,《张天翼文集》(4),上海:上海文艺出版社,1985年,第264—265页。
⑤ 苏光文:《暴露与讽刺仍旧需要》,重庆地区中国抗战文艺研究会、四川省社会科学院文学研究所编:《国统区抗战文艺研究论文集》,重庆:重庆出版社,1984年,第271页。

一月,堕落为日本帝国主义喉舌的《改造》杂志译载了《华威先生》,并在编者按语中恶毒攻击,诬蔑中国的抗日工作者和中国人民,以鼓动侵略者的'士气'。"①

其实,早在《华威先生》被翻译出国以前,国内文艺界已经展开了有关"暴露与讽刺"的论争。小说发表后的第八天,即4月24日,林焕平撰文肯定《华威先生》的积极意义:张天翼的小说《华威先生》描绘了一个实际救亡工作一点不做、而专做"救亡要人"的典型。在抗战中,这种人物不少,小说正是对这类人物的有力讽刺,这是完全必要的。②5月10日,李育中提出了不同看法,"在紧张的革命行进和作生死决斗的时期,严肃与信心是异常需要的,接受幽默的余暇是太少了,何况幽默有时出了轨,会闹乱子的",并担心有些人在看过这篇小说之后,会"把一些真正苦干的救亡工作者也错认作'华威先生',取着敬而远之的态度,甚至出言不逊,一口抹煞了组织的一切事宜。仿佛也学会了:你们是华威先生,你们只会开会,你们只会说漂亮话!"③读者对其作品的解读存在尖锐分歧,这是作者张天翼始料未及的。

然而,我们更关心的是对《华威先生》译介的批评。《华威先生》的出国使人们对翻译动机、翻译的社会影响,以及对翻译作品诠释的多元性进行深思。翻译的意义超越了形而下的技能层面而成为关乎抗战胜利、具有深刻文化意义的事件。

1939年,周行在《七月》第四集第四期上以"关于《华威先生》出国及创作方向问题"为题,将人们对小说译介出国所持的不同观点提升到创作方向的高度:

> 关于《华威先生》出国问题,曾经引起了批评界的注意和讨论。从"灭自己的威风,长他人的志气"这一点出发,林林是站在

---

① 刘炎生:《中国现代文学论争史》,广州:广东人民出版社,1999年,第463页。
② 苏光文:《暴露与讽刺仍旧需要》,重庆地区中国抗战文艺研究会、四川省社会科学院文学研究所编:《国统区抗战文艺研究论文集》,重庆:重庆出版社,1984年,第273页。
③ 李育中:《幽默、严肃和爱——读张天翼的〈华威先生〉》,《救亡日报》1938年5月10日。

反对的方面的；理由是："他出现在日本读者的面前，会使他们更把中国人瞧不起，符合着法西斯主义的宣传，而增强他们侵略的信念。"由此引申下去，自然会得出如下的两个结论：第一，"可资敌作为宣传的资料，像'华威先生'这样，不但不该出洋，并且最好也不要在香港这地带露面"；第二，"颂扬光明方面，较之暴露黑暗方面，是来得占主要的地位"……

提出异义的有冷风，他主要的论点是："毕竟出现在日本文坛上的华威先生是一个僵尸，因为他已在我们的抗战中给枪毙了"，"我们不怕敌人嘲笑我们的死尸。"①

从周行的概括可以看出，《华威先生》的出国所引发的论争已经与原来的"暴露与讽刺"有所不同，更多的集中于译介可能产生的社会效果和不同解读。文艺批评界黄绳、育中、适夷、秋帆、茅盾等也纷纷撰文参与论争，而张天翼本人的观点比较具有代表性。他认为，不怀好意的读者"大概是一看见我们中国人自己指出我们之中有些什么缺点，立刻兴高采烈：看哪，他们有这些毛病。然而这套把戏是玩得很蠢的"：

一个人如果满身是病，虚弱到极点，有许多局部之病痛遂指不胜指。但如果他已病好，一天天健康起来，则即使在腿上长个小疮，也会使他不安；而要开刀搽药，把它诊好。而"华威先生"正是这样的小疮，这种病痛之所以能指出，这就是说明我们民族之健康，说明了我们的进步，惟其一天天健康，一天天进步，"华威先生"这种人物才被我们指得出，拿来"示众"。

……我想《改造》的日本读者如不是故意闭起眼睛堵起耳朵来，这一点点常识是会有的。日本人的发现"华威先生"想要拿这一个人物来证明我们全民族都是这样泄气的家伙，而向他们本国人宣传，那是白费力，因为效果适得其反……假如日本有人被他们的法西斯叫昏了头，而看不见他们这家帝国的死症，只欢天喜地的来

----

① 周行：《关于〈华威先生〉出国及创作方向问题》，《七月》1939年第四集第四期，第189页。

发现对方的小毛病,则其愚尤不可及。①

张天翼显然已经认定日本读者会对小说作负面的解读,小说在日本文化语境中会产生消极的、甚至是恶劣的影响。类似的讨论已经不是"应该"或"不应该"的问题,而是如何引导读者正确去解读"暴露与讽刺"的文学作品。换言之,文学作品的解读存在多种可能性,而翻译批评话语是规范解读的有效方式。在张天翼的心目中,华威先生不过是一个官僚作风严重的官员,"可是要把华威先生这类人物当做汉奸看,那真是冤哉枉也。……他绝不是汉奸。他还没有歹到那一境地。……还有几分可敬处:因为他到底是进步了……他还有几分可爱处,因为他到底很天真。"②

然而,随着国内政治形式的变化,作者自己对小说主人公的解读也发生改变。1952年张天翼在"关于《华威先生》"一文中对主人公重新定位:

> 华威先生是那时国民党反动集团里的家伙。他们力图打进一切群众团体中去"领导",以便一面探听和监视;一面设法阻碍群众运动……那么华威先生究竟是不是一个"文化特务"?很可能是……特务机关是国民党反动统治政权的反人民的工具之一。不管华威先生是属于哪一类反动工具,他总是有那一般的反动实质的。③

华威先生从一个带有官僚气息,尚有几分可敬之处的抗战官员变成了具有"反动实质"的"文化特务"。文化语境对作品解读产生的影响可见一斑。《华威先生》一旦译介成外语,其解读和接受并非张天翼,甚至中国批评界可以左右,必然受到译者动机、译者文本处理方式、译

---

① 张天翼:《从改编剧本问题谈到〈民族万岁〉》,《张天翼文集》(9)(文艺评论),上海:上海文艺出版社,1985年,第83—84页。
② 张天翼:《论缺点》,《张天翼文集》(9)(文艺评论),上海:上海文艺出版社,1985年,第93页。
③ 张天翼:《关于〈华威先生〉》,《张天翼文集》(9)(文艺评论),上海:上海文艺出版社,1985年,第323—324页。

入语文化的主流政治,以及接受文化的历史语境的影响。《华威先生》在日本《改造》上发表之后的社会影响,目前尚无系统和具体的研究。但当时国内就其"出国"而引发的讨论,以致其后数十年对此事的评说,似乎带有主观臆断成分,至今仍无第一手资料确认当时在日本的影响。

在《华威先生》"出国"70多年以后,有日本学者指出,当时译载《华威先生》的应该是改造社办的1938年12月号的《文艺》杂志;中国学者一再转引的所谓"编者按语"不过是译者增田涉写的"译者后记"。① 除了上述细节的失误之外,岩佐昌暲还附上"不加以调整"的"译者后记"全文:

> 日支事变以来,支那的文学全都是所谓的"抗战文艺"。而且内容全是用非常夸张的手法,大话、空话连篇地描写他们如何勇敢地抗战等。在这种文艺情况下,出现了《华威先生》引起了激烈的论争,因为小说《华威先生》暴露了抗战阵营内部的丑恶的一面。张天翼一派的作家们主张:把事件描写成勇敢、正义的当然是好,但是更应该带着真正的憎恶暴露他们社会里内在的丑恶。与其只在"语言"(即指口头上)上去勇敢、正义,不如正视现实。因为文艺是应该永远抱有批评性质的东西。不管怎么说,张天翼能把战败后支那内部的丑恶如此大胆地写出来,是需要认真的勇气的。姑且不说作品作为艺术其优劣如何。②

岩佐昌暲认为,在这一段文字中,读者并不能"读到任何含有'诋毁'或'恶毒攻击、诬蔑'、'肆意攻击、诬蔑''抗日工作者和中国人民'意味的词句来。也感觉不到有以'鼓动日本侵略者的'士气'或'鼓动其侵略行为一事'为意图的词句"③。他还认为,凡"熟悉译者增

---

① 岩佐昌暲:《我们需要回到史料中去——有关〈华威先生〉的研究》,靳明全主编:《抗战文史研究》(第2辑),重庆:西南师范大学出版社,2011年,第92—95页。
② 同上书,第95页。
③ 同上。

田涉先生和鲁迅先生关系的人,自然也就知道,增田涉先生是不大可能有'诋毁'或'恶毒攻击、诬蔑'中国'抗日工作者和中国人民'的意图的"①。

因为中日交恶,国内批评界理所当然地认为日本的主流意识形态必然规范日本民众对中国翻译作品的解读和接受。这场论争显然有助于认识文化语境对翻译的操控,使我们能更清楚地认识到翻译批评与主流政治话语之间的互动,以及战时文学翻译的政治属性和社会功能。

抗战时期的翻译批评与晚清非常类似,高度关注翻译的预期效果,很少有人斤斤于原文与译文的字当句对,忠实只是一个悬空的标准。在具体的翻译批评中很少有人关注译文是否与原文一致,而会高度关注社会预期效果。

三、批评的功利化

战时的翻译活动最明显的特征之一是趋时性。爱国、反法西斯战争等文学作品大量译介,其数量与比例都是史无前例的,1939年和1941年竟超过70%。有学者将战时文学的特征表述为"战时性",② 即文学为当下现实服务。一些反法西斯战争的作品一经发表立刻有人翻译,甚至被"抢译",出现多个中文译本。战时翻译文学"就其政治倾向而言,是抗日救亡的;就其思想特质而言,是民族解放意识"③;翻译的主题无可非议的是为抗战服务。

1. 翻译的趋时性

翻译趋时性首先表现在待译作品的主题选择上。翻译家和批评家通过译序、译跋或译评,强调翻译与抗日战争的关联。有批评家就指出,要积极将西班牙"争取他们的自由与独立的反法西斯的斗争"的作品翻

---

① 岩佐昌暲:《我们需要回到史料中去——有关〈华威先生〉的研究》,靳明全主编:《抗战文史研究》第2辑,重庆:西南师范大学出版社,2011年,第95页。
② 靳明全:《重庆抗战文学论稿》,重庆:重庆出版社,2003年,第45页;徐惊奇:《陪都译介史话》,呼和浩特:内蒙古人民出版社,2009年,第172页。
③ 靳明全:《重庆抗战文学论稿》,重庆:重庆出版社,2003年,第55页。

译过来,"西班牙的抗战文学,是他们两年来英勇斗争的反映":

> 不要讲年青的作家,就是年老的诗人玛察多,也在极困苦的生活条件之下,为前线写诗歌……在小说中,山得儿完成了《战争在西班牙》(尤以保卫玛德里一部分最精彩),察瓦斯写了《手榴弹》,描写南西班牙的斗争,爱勒尔-拜特尔写了《第五军》(这是西班牙最英勇的一个军团);在诗歌方面,玛察多,洛尔卡和阿尔拜蒂的诗与短歌,到处为人所传诵。阿尔拜蒂的《光荣的城》(指玛德里)更为有名,女作家玛丽亚·莱昂则努力于戏剧,并且把苏联关于内战的作品,介绍到玛德里的舞台上去。还有两位苏联的作家:柯尔佐夫和爱伦堡,则用他们美丽的报告文学作品,把西班牙人民的英勇斗争显示出来。①

冯亦代也曾详细回忆过自己翻译的缘由,他写道:

> 1936年西班牙内战开始,我视西班牙人民掀起全世界争民主的浪潮为人类的希望。那时中国正在遭受日帝的侵略,我认为西班牙人民的斗争,也就是中国人民的斗争,因此我的身心经常为西班牙内战的形势所左右,政府军推进一个山头或马德里的一条街,我为之欣喜;他们的后退一步,我为之忧愁。到了1937年,我偶然在书店里买到一本厄普顿·辛克莱所写的《不许通过》,这是我第一次看到有关保卫马德里的小册子,我读了又读,为之流泪,为之振奋,而且更坚定了我对西班牙人民的同情。其时,日帝在华北发动了七七事变,而后战火又漫延到上海,八一三的炮声揭开了中国的抗战,无形中就把西班牙内战和中日之战联系在一块了,中西两国人民都是国际法西斯主义的牺牲者……我决心把它们翻译出来,因为这样的文学作品,对于我们鼓动中国人民抗战,也是有好处的。②

---

① 权:《加紧介绍外国文艺作品的工作》,《抗战文艺》1938年第三卷第三期,第35页
② 冯亦代:《重译后记》,《第五纵队》,南昌:百花洲文艺出版,2009年,第184—185页。

抗战期间，和冯亦代抱有同样意图的翻译家不在少数。当时国家在全国高校征集大学生到部队服役，斐然就以译诗回应，"敬译此诗，献给入营的十万知识青年"：

学生们起来！

学生们，起来！你们的国家需要你们
起来！给她以健壮
"正义"引导你们
　　不会错呀
起来！为国，为家，为自由
　　高唱起你们的战歌

学生们，起来！你们的国家需要你们
　　看你们四千年光荣的历史
期待着你们去延续
　　难道你们竟让它从此终止么
学生们，在幸运未降临之前
　　正该你们为"正义"和光荣而战呀！

学生们，起来！你们的国家需要你们
　　看哪！未来无穷的岁月
高举起手，含着眼泪
　　在欢迎你们；向你们哭诉呀
学生们，起来！未来和过去
　　命令你们不要畏惧

学生们，起来！你们的国家需要你们
　　需要你们去斗争
如果你们不违背"真理"

"真理"将是你们最博学的老师
奋起！无尽的将来
在等待着你们和"宣判的日子"呀①

王礼锡翻译了英国诗人 Abert Brown 的《跟着码头工人前进》，表现出国际反法西斯主义阵营的团结和对中国抗战的支持：

扫山模墩的码头工人们
不肯为假笑的日本鬼弯腰，
搬运那些残酷的飞机大炮，
去"膺征"倔强的中国人。

在米德波罗，我们望着
空垂的起重机，傲然不动，
一些平常的工人吧咧，
却给手眼通天的日本鬼个钉子碰！

既然利物浦、伦敦、格拉斯可
教工头碰了钉，对混账发了火，
不管运妈的那些货，
咱们怎不该拥护经济封锁。

若不把他们的鬼话拆穿，
停止他们的供给和谎言，
生铁是买去做炮弹，
现钱、给我们英国的老板赚。

我们若不跟着工人走，

---

① 斐然译：《学生们起来!》《文艺先锋》1945年第六卷第一期，第88页。

把那些禽兽弄得束手,
炮弹会雨似的向中国的孩子们扔,
只要日本鬼子把心一横。①

译者在译跋中写道:

> 一九三八年正月二十一日一个日本船 Haruna 丸靠在英国米的波罗(Middlesborough)的码头。因为日本在英国买了四百吨生铁,这个船,就是来把那些生铁输去制造飞机大炮到中国来施展威胁的。日本人做梦也不会想到这会有什么困难。像施恩惠一样,日本人先征求那些闲着的第三号的码头工人,这些工人虽然迫切地需要工做,可是毅然拒绝了这间接刽子手的工作。
>
> 日本人只好和别的一群码头工人接洽,又接二连三地被拒绝了。他们异口同声地说,"我们要看着这个船空载而来,空载而归!"……同样的码头工人的正义行为,在米的波罗事件前后表现的还有山模墩(Southamtson)马赛(Marseilles)澳洲(Austrilia)等处,这些英勇的行动,使国际团结、正义等名词成为有血有肉的生动的东西。假若没有诗去咏它,是诗歌运动的缺陷。②

这首诗是在英国兴起的"单张诗运动"的第一首诗。而更可贵的是,"这单张诗所卖的钱是捐给中国的"③。这些诗的翻译,传达了国际反法西斯进步力量对中国抗战的声援和支持。

有关反法西斯作品的译介受到各界的高度关注,广为流传。傅学义编译的《丹娘》有宋美龄的《丹娘小序》;有孙科的题词"抗战卫国,虽死犹生";还有冯玉祥、于右任、郭沫若等的题词。全书包括丹娘事迹的描写、丹娘对青年的广播,还有红军军官写给丹娘母亲的信。中国与苏联都遭受法西斯侵略,苏联反法西斯英雄的事迹最容易在民众中引起反响。由于有多位社会名流的题词作序,《丹娘》一时成为经典。

---

① 王礼锡译:《跟着码头工人前进》,《抗战文艺》1940年第5卷四、五期合刊,第110页。
② 同上。
③ 同上。

抗战时期一些从事经典文学著作翻译的翻译家也转向投入抗战需要的译述活动。邵荃麟原本打算翻译"费尔丁的名著《汤姆·琼斯》,经过张毕来的劝告,他转而翻译了大量英美法报刊中的时事论文……黎烈文从事实用艺术,译出了匈牙利霍尔发斯的《第三帝国的兵士》。而傅东华一味根据兴趣翻译《飘》则被批评为'误入迷途的翻译家'"①。为抗日民族解放战争服务成为翻译家的共识。

与此同时,批评家还撰文批评《不夜天》《蝴蝶梦》《魂兮归来》等作品脱离战时语境的不良倾向,要求"清除精神污染":

> 为着纯洁翻译文苑,清除精神污染,大后方进步文艺界对这些作品展开了及时的批评。以《新华日报》为首的一批进步报刊,发表了一系列措词尖锐的批评文章,指出这批作品出现的背景和用心,以及情趣的下作和翻译技巧的拙劣。诸如念劬的《谈〈魂兮归来〉的原著》、田先的《评〈不夜天〉》、石怀池的《唯一特点就是离奇》、江竹的《技巧有时而穷》便是具有这一批判意义的代表文章。与此同时,大后方进步文艺工作者还对一批优秀的反法西斯的文学作品进行评论和向读者推荐。诸如李念群就写有《枫丹麦绿的奴隶们——〈意大利的脉搏〉读后感》、鲁嘉的《〈前线〉书后》、曹靖华的《西蒙诺夫的新剧〈望穿秋水〉》等文章。②

这些批评文章引导译界投身于抗战的伟大战争,强化了战时的主流话语。还有的翻译家明确主张翻译为抗战服务,将剧情与中国的抗战具体场景联系起来。孙施谊在《导演手记》中声明,我们要把苏联的作品"完全中国化,不动它原来的机构和发展,而改编成全然适合于我国,且全然针对着当前反汪肃奸的国策要求的、一出临时随地可演,随便谁也不至于不感兴趣的独幕戏。"③ 高度政治化的戏剧翻译,充分体现了

---

① 邹振环:《抗战时期的翻译与战时文化》,《复旦学报》(社会科学版)1994年第3期,第91页。
② 苏光文:《大后方文学论稿》,重庆:西南师范大学出版社,1994年,第397—398页。
③ 孙施谊:《关于〈人约黄昏〉》(导演手记),《抗战文艺》第六卷第一期,1940年3月30日,第43页。

《国防剧作纲领》的精神,主张戏剧必须"反帝抗日反汉奸,争取中华民族的解放";"必须描写日本帝国主义侵略中国底阴谋";"必须揭穿欺骗大众的理论,如唯武器论、等待主义、失败主义等";"必须把有关民族存亡的事变,迅速地在剧情中作最明确的反映和批判";"必须采用中外民族解放史为题材,以提高抗敌情绪,充实斗争的经验与力量";"必须认清残余封建势力是中华民族解放的障碍力"。①

翻译批评营造出的主流翻译理念和精神原则,使与中国抗战相关的作品迅速得到译介。翻译家特别关注国际文坛的动态、与国际文坛保持高度同步。仅以《抗战文艺》上发表的几篇译文为例:

《在特鲁尔前线》(马耳译):原文发表于1938年2月5日;译文发表于同年《抗战文艺》的第一卷第八期(1938年6月);

《第四十三师团》(戈宝权译):原文发表于1938年6月;译文发表于同年《抗战文艺》的《武汉特刊》(9月17日);

《西班牙战争中的诗人们》(高寒译):原文发表于1937年11月;译文发表于《抗战文艺》第二卷第一期(1938年6月);

《巴塞龙那上空的"黑鸟"》(马耳译):原文发表于1938年5月;译文发表于同年《抗战文艺》的第二卷第四期(8月13日);

《一九三八年七月十八日》(戈宝权译):原文发表于1938年7月19日;译文发表于同年《抗战文艺》的第三卷第二期(1938年12月);

《跟着码头工人前进》(王礼锡遗译并跋):原文写于1938年8月之后,译文发表于《抗战文艺》的第五卷第四、五期合刊(1940年1月)。

原文和译文发表的时间差长的不到一年半,少的仅3个月。有学者对《时与潮文艺》上译文的时差做过统计:

第1卷第1期,《月亮下落》,是1942年春在美国出版的,重庆刊出时间是1943年3月15日,相隔一年;第2卷第4期,《不

---

① 范伯群、朱栋霖主编:《中外文学比较史》(下卷),南京:江苏教育出版社,2007年,第299页。

愿做奴隶的人》，是英国 1943 年的最新作品，重庆刊出时间是 1943 年 12 月 15 日，同年刊出；第 3 卷第 2 期，《侵略》，是 1943 年的获奖作品，奥哈拉系列作品，是 1943 年纽约 Avon 书店出版的，两文在重庆的刊出时间是 1944 年 4 月 15 日；第 3 卷第 5 期，《海的沉默》译自 1943 年 10 月 11 日的美国《生活》杂志，重庆刊出时间是 1944 年 7 月 15 日，相隔九个月；第 4 卷第 3 期，参桑系列作品，是英国 1944 年出版的，重庆刊出时间是 1944 年 4 月 15 日，相隔时间更短；第 5 卷第 1 期，《亚达诺的钟》，是 1944 年夏出版的，重庆刊出时间是 1945 年 3 月 15 日。①

更有意思的是，一些重要的作品还会有多个翻译家抢译，出现多个译本同时出版或短期内陆续出版的现象。如斯坦贝克的《月亮下落》在一年内就出现了五个不同的译本：马耳（叶君健）的译本《月亮下落》（《时与潮文艺》创刊号，1943 年 3 月 15 日）；刘尊棋译《月亮下去了》（重庆中外出版社，1943 年）；赵家璧译《月亮下去了》（桂林良友复兴图书印刷公司，1943 年）；胡仲持译《月落乌啼霜满天》（开明书店，1943 年）、秦戈船［钱歌川］《月落乌啼霜满天》（重庆中华书局，1943 年）。

威尔基的 *One World* 一经出版，国内前后也出了五个译本。最早的两个是重庆中外出版社（刘尊棋译，1943 年 8 月）和重庆时代生活出版社（陈尧圣、钱能欣译，1943 年 9 月）的《四海一家》。其他译本的书名还有《天下一家》《自由中国》等。

美国飞行员劳森的 *Thirty Seconds Over Tokyo* 有三个译本。重庆的两个译本分别为《我轰炸东京》（徐迟、钱能欣合译，重庆时代生活出版社，1943 年 12 月）和《东京上空三十妙》（白禾译，重庆复旦大学文摘出版社，1943 年 12 月）。一年以后，又有另一个译本《轰炸东京记》。苏联剧本《苏瓦洛夫将军》也有四五种译文。在战时物质极端匮乏、生活条件极端恶劣的情况下，同一作品在短期内出现多个译本非同寻常；这只能说明翻译家和翻译批评家对翻译主题的认识有高度的一

---

① 徐惊奇：《陪都译介史话》，呼和浩特：内蒙古人民出版社，2009 年，第 43—44 页。

致性。

2. 大众化

抗战时期翻译批评的第二个特点是强调译作的大众化。翻译的大众化主要体现在主题内容贴近普通军民，形式通俗化与本地化和语言口语化。抗战期间文艺界对大众化和民族形式进行过广泛的讨论，"'文协'召开了怎样编制士兵通俗读物座谈会，对通俗作品创作的原则和方法等问题进行了热烈的讨论，还于1938年举办了通俗文艺讲习会，讲解通俗文艺创作的理论与创作。"① 文艺必须以广大抗战军民为接受对象，充分考虑大众的理解与趣味，使文学艺术成为唤起大众、组织大众的武器。老舍提出要"出版一百种供给士兵阅读的通俗文艺读物"②，并强调"用词造句，一定要注意。像有些新字新句实在为大众所不懂"③。姚雪垠认为，抗日民族解放战争中文艺工作者是文化战士，"我们必须尽可能的用大众口头上活生生的语言写作，并由此而发展崭新的表现技巧，更发展崭新的通俗文体。"④ 姚蓬子将文艺的功利性与大众化联系起来，称"我们要以文艺的力量去提高广大的落后民众的抗战情绪，首先要使我们的作品能够接近民众，不仅要使民众看得懂，而且看了之后要有兴趣"。如果在抗战的炮火中文艺作品能"发生巨大的力量"，作者就是"一个历史上的最伟大的民族艺术家"。⑤ 夏衍甚至提出，"文艺不是少数人和文化人自赏的东西"，而是"组织和教育大众的工具……不同意这一定义的'艺术至上主义者'，在大众眼中也判定了是汉奸的一种"。⑥ 大众化和通俗形式被提升到空前的政治高度。

为激励抗战斗志、建立必胜信念，《抗战文艺》还"议定要出版通俗读物100种，提出了'文章下乡'、'文章入伍'的口号，号召作家深

---

① 靳明全：《重庆抗战文学论稿》，重庆：重庆出版社，2003年，第81页。
② 同上书，第34页。
③ 老舍等：《怎样编制士兵通俗读物》，《抗战文艺》1938年第一卷第五期，第35页。
④ 姚雪垠：《通俗文艺短论》，《抗战文艺》1938年第一卷第五期，第42页。
⑤ 蓬子：《文艺的"功利性"与抗战文艺的大众化》，《抗战文艺》1938年第一卷第八期，第82页。
⑥ 夏衍：《抗战以来文艺的展望》，《自由中国》1938年5月10日。

入战地和农村,写通俗文艺,宣传抗战,反映抗战,广泛发动民众参加抗日斗争,直接为抗战服务"①。翻译也是如此,"不少译本还纷纷出'通俗版',这种通俗版译本直到战后还在解放区广泛流行,如苏联瓦希列夫斯卡娅的《虹》、戈巴托夫的《宁死不屈》等。1944年人文出版社还遵照战时节约原则,创用袋纳本形式,推出'西洋最畅销书丛刊',多为原著凝缩译本,其中有报告文学《东京上空三十秒》、《美国纳粹黑幕》等。"②

徐迟在《在掩蔽壕里——美国兵是这样的》的《译者小序》称:"本名叫 Here Is Your War,这是你的战争。因为这名字是给美国人看的,我译到中国来给中国人看,改成今名,另外还加了一个小标题。我所选译的,也是或多或少,顺从了这个小标题,而在它的范围之内抉择段落。因为我相信,我们做什么事情都得实用一点,登上一点文章也得求其切合实用。"③

王礼锡在翻译《跟着码头工人前进》一诗的译后记中就强调,"在形式上我亦有三个不大严格的原则:一、希望我所用的文字,真是白话,白得可以念得出,听得懂;二、韵不严格,但多少有点韵,使它不诘屈聱牙;三、字句的长短不太参差以期与原诗的格调相差不远。"④除了第三点涉及与原诗对等之外,第一、二点都涉及译文的通俗、易懂、能朗朗上口;直接秉承了五四以来诗歌翻译白话化、通俗化和格律自由化的传统。

张天翼曾撰文论述文学"雅"和"俗"之间的关系,认为"纪德的作品是属于'雅'的,而高尔基的作品是属于'俗'的";因此,"一个改编的剧本——要是真的使我们现在中国观众看得懂,消化得下,能够

---

① 虞和平:《抗日战争时期中国新文化的新发展》,涂文学、邓正兵:《抗战时期的中国文化》,北京:人民出版社,2006年,第17页。
② 邹振环:《抗战时期的翻译与战时文化》,《复旦学报》(社会科学版)1994年第3期,第91页。
③ 徐迟:《在掩蔽壕里·译者小序》,《文哨》1945年第一卷第一期,第42页。
④ 王礼锡译:《跟着码头工人前进》,《抗战文艺》1940年第五卷第四、五期合刊,第110页。

被感动，我以为这就有了艺术价值。"① 因此，"雅""俗"的形式必须与中国读者的接受和作品应有的影响联系起来。他甚至认为，改编剧本是一种"俗"的办法，但我们要"不怕被骂为'俗'"。② 傅东华在翻译《飘》的时候也将外国地名、人名中国化，主张使用中国成语，并将冗长的心理描写删除。③ 通俗易懂显然是战时翻译批评的一个重要标准。

与大众化相关的另一个重要方面是翻译的民族表现形式。形式与内容本来是作品的两个方面，但在抗战时期作品的形式必须有利于表现特定的内容。译文的内容、特定的读者和预期的社会效果都必然与译文相应或相关的表现形式联系在一起。具体而言，翻译的民族形式主要涉及传统文艺形式与现代文艺形式的关系、中国民族文艺形式与西方文艺形式之间的关系。茅盾就特别指出，抗战爆发以后，"新文艺的第一个反应就是（一）通过利用旧形式，（二）加紧创造新形式，以求配合当前的迫切需要"，并认为这"正是新文艺向民族化大众化发展所必经的阶段。我们承认旧形式是宝贵的遗产，但并不以为可以不加批判和不加淘洗不经过消化而原封接受；同样，我们也承认在现阶段一般民众还是习惯于旧形式，但是……利用旧形式和创造新形式并不背道而驰。"茅盾在总结几年来"民族形式"的争论时指出："五四以来的新文艺一向是朝着民族化和大众化的方向走的，就是朝着'民族形式'的方向；民族的文学遗产的优秀传统，我们要接受而学习，世界文学的优秀传统，我们也要接受而学习，这本是新文艺一贯的精神。"④ 叶以群也提出，民族形式的创造应该吸收如下三种成分："一是承继中国历代文学的优秀遗产；二是接受民间文艺的优良成分；三是吸收西洋文学的精华。"⑤ 文学翻译作为整个抗战文艺的组成部分，不仅同样面临翻译的"民族形

---

① 张天翼：《从改编剧本问题谈到〈民族万岁〉》，《张天翼文集》（9）（文学评论）上海：上海文艺出版社，1985年，第58—59页。
② 同上书，第61页。
③ 傅东华：《飘·译序》，罗新璋、陈应年编：《翻译论集》（修订本），北京：商务印书馆，2009年，第516页。
④ 茅盾：《抗战以来文艺理论的发展——为"文协"五周年纪念作》，《抗战文艺》（文协成立五周年纪念特刊），1943年3月27日。
⑤ 见曾克、秀沅：《文艺的民族形式座谈会》，《文学月报》1940年第一卷第五期。

式"问题，而且还是战时文艺民族形式创造最活跃的领域和实验场。其表现形式主要涉及翻译文本的类型（诗歌、小说、戏剧、散文等）、语篇结构与语言表达形式等方面。战时翻译的大众化和主流的翻译策略均与翻译的民族表现形式密切相关。剧本的改译或改编是比较典型的民族形式的体现。

3. 翻译策略的多元

抗战时期的翻译注重社会功利和读者反应，在翻译策略上主动适应文化水平不高的广大抗日军民。译者通常采用节译或编译的方法，翻译策略呈现出多元态势。与战时国情不太相关的情节或描述通常被删除，反之则可能被强化或过度渲染，有时译者甚至增添相关的道德宣教。人物、背景被中国化，对话使用方言。原作的艺术性通常让位于作品的道德寓意或与中国抗战的关联性。故事情节简洁明了、语言通俗易懂是译作表现形式上的首要追求。翻译批评强调翻译的趋时性、大众化和实用性，因而战时翻译普遍采取节译、编译、改译等翻译策略。节译与编译在纪实类文学中比较常见，改译则在戏剧翻译中特别明显，忠实原则和名著意识则在经典名著和现代派文学的翻译中体现得比较充分。

刘念渠认为，戏剧艺术的评价标准应该是"积极的主题，现实的题材，正确的启迪，响亮的号召"①。有些翻译，如剧本的改译，甚至已经超越了传统对翻译的界定；改编者应用的策略也已经不是传统可能认可的翻译手法。正如傅东华在翻译完《飘》之后写道："人名地名，我现在都把它们中国化了，无非要替读者省一点气力。对话方面也力求译得像中国话，有许多幽默的、尖刻的、下流的成语，都用我们自己的成语代替进去，以期阅读时可获如闻其声的效果。还有一些冗长的描写和心理的分析，觉得它跟情节的发展没有多大关系，并且要使读者厌倦的，那我就老实不客气地将它整段删节了。"② 前面提到的"袋纳本""通俗版"和"凝缩译本"都不同程度地采用了节译、编译、改写等翻

---

① 刘念渠：《一九四三年的重庆舞台》，《时与潮文艺》1944年第二卷第五期，第107页。
② 傅东华：《飘·译序》，罗新璋、陈应年编：《翻译论集》（修订本），北京：商务印书馆，2009年，第516页。

译策略，以适应普通大众的阅读能力与习惯。

戏剧类文学作品的改译、编译、改编是抗战时期重庆文学翻译中影响最为广泛、也是最富有特点的翻译类型。戏剧的直接性、广泛性和直观性要求戏剧翻译关注演出效果，因而剧情的简洁明了、表演朴素流畅、动作直观、布景简单、语言对白通俗成为翻译考量的重点。外国剧本进入中国战时语境，必然会发生一系列的变化，这也成为剧本演出成功与否的关键。如根据苏联戏剧改编的《人约黄昏》，其情节与对白已完全中国化：翻译家在译序或译跋中往往会不厌其烦地讨论翻译中改编的合理性和必要性。孙施谊曾撰文专门论述剧本的本土化，列举了《人约黄昏》所做的改动：

> 首先，剧底内容——时间，人物及其身份完全改成了中国的，自不消说。
>
> 其次，原作中的女性，是苏联底内奸，——敌国底雇佣间谍。改作……汉奸，当然也并不失它在我国的政治意义，因为我们底抗战阵营里，并不是找不出为敌人作间谍的"摩登女性"（剧坛正应该特别当心！）；不过，我底改作，却把"她"变成了一个正面的敌人——"在中国生长，说得一口好中国话"的日本女子了。这变更当然不是一点没有来由的：第一，因为改成日本女性后，也并不致减损肃清内奸这一主题底任何方面；而且，因为将提线人抓出台上来了之故，反可多提醒观众之政治的警觉。第二，因敌人之正面出现，不仅为的是更鼓起观众底同仇敌忾之心，而且还是想表现在这一种疆场上，也正有一场我敌底无形大会战……和湘北，粤北，桂南诸役的会战一样，在这种蒙面的疆场，虽为斗智，然其紧张，其激烈，其为国之忠贞与智勇，亦正与冲锋陷阵无殊？①

戏剧的改译直接适应战时肃清内奸、鼓动民众的战争需要。剧本中提到的湘北、粤北和桂南的战役完全是编剧增添的内容，符合当时"积极的

---

① 孙施谊：《关于〈人约黄昏〉》（导演手记），《抗战文艺》1940 年第六卷第一期，第 43 页。

主题,现实的题材,正确的启迪,响亮的号召"① 的创作原则。

张天翼曾经论述过剧本《威廉·退尔》的改编:

> 改编以后的面目是新的。而原作所有的热情,反抗性,仍然被保存着。而这热情和反抗性——已经移植到我们现代的生活里来了。在浪漫的气氛里所显出的那个箭手,那个威廉·退尔,现在改成了一个中国的现代人,一个被压迫民族的一分子,一个在东北失地里的被侮辱者,被迫害者,一个为谋自身解放也是为谋民族解放而与日本帝国主义作斗争的英雄。
>
> 这里的一切人物都是现代的,而且是我们中国的。他们在我们抗战的这一大时代里生活着。我们对这些人物感到很亲切。我们了解他们,熟知他们。他们表现出来的行动——令我们感奋,并且感到这正是我们自己的行动。②

张天翼明确指出改编的目的是要使外国戏剧中国化,与中国语境产生关联,为中国的抗战服务。

改编的另一个重要原因是适应战时的演出条件和观众的接受条件。在抗战的中后期,大后方的经济日益艰难,这也为戏剧演出造成很大的困难。在《一九四三年的重庆舞台》一文中,作者就指出:"外国剧本的演出,要求着充分的人力,物力与时间,否则,那将是一种浪费;而这一年里,各个剧团所感到的经济上的困难正与日俱增,心有余而力不足。《马门教授》和《俄罗斯人》不是没有人打算演出,却不能轻易的冒险。就是创作剧本,从前希望多两个布景的,现在倒希望少两个了。这也是经济困难中的要求。"③ 孙施谊的改编正是为了适应战时的演出条件,有利于"一切团体之采用"。上演改编后的剧本只需要:(1) 两个演员;(2) 布景简单,可以特制,也可以不要;(3) 道具只要三件:

---

① 刘念渠:《一九四三年的重庆舞台》,《时与潮文艺》1944年第二卷第五期,第107页。
② 张天翼:《从改编剧本问题谈到〈民族万岁〉》,《张天翼文集》(9)(文学评论),上海:上海文艺出版社,1985年,第59—61页。
③ 刘念渠:《一九四三年的重庆舞台》,《时与潮文艺》1944年第二卷第五期,第106页。

一桌一椅一沙发;(4) 音响用一个汽车上的喇叭就行;(5) 光影有,自然最好,没有也没关系。①

为了达到理想的舞台效果,焦菊隐在《希德》的译者附言中就说,已经有两种译本,但"两种本子都仅适于诵读。现在为了上演,不得不重译一次,把其中辞藻虽美而意思重复的地方,一律缩短,以免舞台上产生冗赘单调的效果"②。张道藩在《狄四娘》改译后记中陈述了改译的初衷:"因译文对话不甚通俗,且以经济关系,对于服装布景等均不能按照意大利当时(十五世纪)情景设备,故不能使观众得深切之了解。惟在现在之话剧界,经济大都缺乏,莫谓不能照著者设计从事设备,即能,若由一般不惯西人(尤其古代人)生活,不懂西人风俗之演员演出,亦却不易使人满意。故不如改译成一中国故事,不惟便于演出,而且使观众易于了解。"③

戏剧的改编或改译往往使故事完全中国化,翻译与创作的界线已变得非常模糊,传统的翻译定义已经扩展,原来所接受的翻译策略已不再适应战争的戏剧翻译;删减、增添、编译,甚至取便发挥都成为特定时期为了特定的目标进行特定文类翻译时所允许的翻译策略。有的戏剧家甚至将中西剧本糅合;如顾仲彝"把莎剧《李尔王》和中国戏曲《王宝钏》两个故事糅合而成,形成一个中西结合的产物"④。而将长篇小说、短篇小说或歌剧改译成话剧也不乏其例。

文学翻译是创造性叛逆。"它使一件作品在一个新的语言、民族、社会、历史环境里获得了新的生命。"⑤剧本的改译不仅场景、人物、剧情等被中国化,语言对白、舞台布景,甚至人物的举手投足、表情动作都完全中国化。正是因为剧本的民族形式,外来剧本在中国抗战期间

---

① 孙施谊:《关于〈人约黄昏〉》(导演手记),《抗战文艺》1940年第六卷第一期,第44页。
② 张泽贤:《中国现代文学翻译版本闻见录1934—1949》,上海:远东出版社,2009年,第301页。
③ 同上书,第367—368页。
④ 王建开:《五四以来我国英美文学作品译介史》,上海:上海外语教育出版社,2003年,第237页。
⑤ 谢天振:《比较文学与翻译研究》,上海:复旦大学出版社,2011年,第188页。

具有了独特的艺术价值,产生了积极的"宣传与教育"的效果。

四、翻译与形而上思考

战时的翻译家因为颠沛流离、居无定所,无法从容地推敲翻译的技法与风格;文学翻译的社会性、功利性和宣教性又注定了翻译家很难有足够的闲暇与心境从事翻译的理论探讨。翻译批评与翻译理论思考的主要形式是翻译家所撰写的译序、译跋以及批评家所撰写的译评;而翻译家的批评大多借助中国传统的文论与画论,讨论翻译的社会功能、翻译策略或表现形式,基本属于实用性或应用性批评。如张其春在《文讯》上发表的《我国韵文之西译》、发表于《文艺先锋》上的《译文之作风》便是较为典型的译评:"我国硕学以释韵文驰名海外者,有吴经熊初大告熊式一徐仲年诸氏。吴博士尝于天下杂志发表英译汉诗,前后一百四十余首……其所译诸什,妙极自然,与原文对读,尤觉字字真切,丝丝入扣。初译中华隽词,秀逸清新,无重浊之气。熊译西厢记,曲尽奥妙,惟文稍累赘。法文方面,当推徐仲年译诗最多。徐博士早已湛深,译笔忠实。"① 他认为"作风〔风格,style〕随时代而变迁,视民族而转移"②,并将翻译风格概括为六个类型:古典派、浪漫派、象征派、写实派、自然派和唯美派,条分缕析,颇为精到:

> 古典派之译作尊重古文义法,章句整齐;上焉者融会中西辞简意赅,下焉者徒存形式,有失真相,则成为"假古典派"矣。浪漫派之译作,流露个性,生动活泼,上焉者文情俱美,引人入胜,下焉者杜撰胡译,不着边际,则成为"假浪漫派"矣。象征派之译作,幽默含蓄,传神玄虚,上焉者富于暗示,回味无穷,下焉者晦涩费解,莫名其妙,则成为"假象征派"矣。写实派之译作,平铺直叙,明晰干净;上焉者流利畅达,要言不繁,下焉者嚼饭喂人,食之无味,则成为"假写实派"矣。自然派之译作和盘托出,态度

---

① 张其春:《我国韵文之西译》,《文讯》1946年第七卷第四期,第13页。
② 张其春:《译文之作风》,《文艺先锋》1945年第七卷第二期,第3页。

忠实；上焉者惟妙惟肖，新颖别致；下焉者生吞活剥，貌合神离，则成为"假自然派"矣。唯美派绘神传声，兼备众美；上焉者信达且雅，神乎其技；下焉者好高骛远，华而不实，则成为"假唯美派"矣。①

他认为，"唯美派创造于奢译之中，奉艺术为至上，而于原文之灵思美感均能保持不堕"，是"翻译之正宗也"。②

1937年，茅盾撰写题为《〈简爱〉的两个译本——对于翻译方法的研究》的长文，比较分析伍光建、李霁野两个译本的翻译方法，认为"比较研究他们的翻译方法，也可以对翻译者提供若干意见"③。通过原文与两个中文译文的系统比较，茅盾总结出伍光建翻译的三条原则：

> 一、他并不是所谓"意译"的；在很多地方，他是很忠实的"直译者"。不过他又用他的尖利的眼光判断出书中那些部分是表现人物性格的，那些部分不是的，于是当译到后者时，他往往加以缩小或节略。
>
> 二、景物的描写和心理的描写（如上所举例），他往往加以缩小。
>
> 三、和结构及人物个性无多大关系的文句，议论，乃至西洋典故，他也往往加以删削。④

茅盾认为，对于这两种翻译方法，伍光建的翻译更适合一般读者，而李霁野的翻译更适合"想看到描写技巧的'文艺学徒'"⑤。他认为除了直译的文学作品之外，一些未经翻译的西洋古典名著可以先改写删节为"通俗本"，因为"我们需要西洋名著的节译本（如伍先生的工作），以饷一般的读者，但是也需要完善的全译本直译本，以备'文艺学徒'的

---

① 张其春：《译文之作风》，《文艺先锋》1945年第七卷第二期，第16页。
② 同上。
③ 茅盾：《〈简爱〉的两个译本——对于翻译方法的研究》，罗新璋、陈应年编：《翻译论集》（修订本），北京：商务印书馆，2009年，第426页。
④ 同上书，第436页。
⑤ 同上书，第437页。

研究"。当然,"翻译界的大路还是忠实的直译"①。茅盾的翻译批评没有简单地确定谁是谁非,武断地推崇或贬斥"直译"或"意译",而是根据读者对象和社会需求来评判不同译本、不同翻译策略,这不能不说是一个进步。

前面提到《抗战文艺》上发表的一组四篇文章,专门讨论翻译与抗战的关系,《时与潮文艺》第二卷第二期上发表的许君远的《关于翻译》、第二卷第四期上发表的贾午的《翻译是艺术》,都对翻译理论有精到的论述。1940年,黄嘉德主编了《翻译论集》(西风社,1940年),收录了从晚清到抗战时期"正正经经,有系统有条理""讨论译事的著作"。② 篇目如下:

第一辑　翻译通论
译天演论例言　　　　　　　　　　　　严几道
论翻译　　　　　　　　　　　　　　　林语堂
论翻译　　　　　　　　　　　　　　　胡适
陀螺序(节录)　　　　　　　　　　　　周作人
译书感言　　　　　　　　　　　　　　傅斯年
译学问题商榷　　　　　　　　　　　　艾伟
关于翻译的通信(节录)　　　　　　　　鲁迅
翻译的困难　　　　　　　　　　　　　曾虚白
论翻译　　　　　　　　　　　　　　　陈西滢
翻译中的神韵与达　　　　　　　　　　曾虚白
移读外籍之我见(节录)　　　　　　　　吴稚晖
讨论注译运动及其他(节录)　　　　　　郭沫若
《明日之学校》译者序　　　　　　　　朱经农
与严几道论译西书书　　　　　　　　　吴挚甫

---

① 茅盾:《〈简爱〉的两个译本——对于翻译方法的研究》,罗新璋、陈应年编:《翻译论集》(修订本),北京:商务印书馆,2009年,第437页。
② 黄嘉德:《翻译论集·编者序》,上海:西风社,1940年,第464页。

第二辑　论译名

论译名	胡以鲁
科学名词审查会物理学名词审查组第一次审查本凡例	
科学名词审查会化学名词审查组第一次审查本说明	
致甲寅记者论译名	容挺公
答容挺公论译名	章行严

第三辑　论译诗

读张凤用各体诗译外国诗的实验（节录）	曾孟朴
论译诗	成仿吾
关于译诗的一点意见	刘半农

第四辑　翻译的历史

佛教的翻译文学（节录）	胡适
科学翻译史（节录）	郑鹤声　郑鹤春

从上述选目可以看出编者独到的眼光。选目不仅涵盖了晚清以来最有影响的翻译论述，而且高度关注译名和翻译史，这是其后许多翻译选集都无法企及的。黄嘉德在《编者序》中称，"自从清末以至五四运动以来，散见各种报章杂志出版物的关于讨论翻译的文章倒很不少。可是有许多仅是散漫零碎的杂感之类，或义气用事的谩骂式的评论，似乎没有甚么大价值。"但是，翻译活动又"不能缺少理论的指导。没有理论的指导，正如盲人骑瞎马，横冲直撞，结果必不能十分圆满。别人在这方面的经验，理解，推论，研究，是极有参考的价值的。这种指导可使从事翻译者省却许多不必要'尝试而错误'的程序"①，因而使译者"在技术的训练上，间接可以得到一些有益的帮助"②。黄嘉德的《翻译论集》是一部比较客观系统地讨论翻译的论文集，开创了近代翻译专论的先河，影响甚广。

如果说抗战时期的翻译批评局限于对具体翻译问题的探讨，缺乏系

---

① 黄嘉德：《翻译论集·编者序》，上海：西风社，1940年，第464页。
② 同上书，第465页。

统性和理论深度，那么朱光潜、陈康和贺麟等翻译家对翻译理论的阐发则是例外。他们对翻译的思考达到了前所未有的高度，其中体现出的真知灼见至今仍闪耀着思辨的光辉。正如有学者言，贺麟等著名的哲学家或美学家参与翻译讨论，"为我国还不尽成熟的翻译理论带来了严谨的逻辑和理论思辨色彩"①。

朱光潜集美学家、文艺理论家与翻译家于一身，在中国美学史和中国翻译史上都有着举足轻重的地位。1944年12月25日重庆出版的《华声》半月刊第一卷第四期上发表了朱光潜的《谈翻译》，这篇文章不仅代表了朱光潜的译学观点，同时"也是抗战时期大后方重要译论之一"②。

朱光潜对严复的"信达雅"有独到的理解；他认为：

> "信"字最不容易办到。原文"达"而"雅"，译文不"达"不"雅"，那还是不"信"；如果原文不"达"不"雅"，译文"达"而"雅"，过犹不及，那也还是不"信"。所谓"信"是对原文忠实，恰如其分地把它的意思用中文表达出来。有文学价值的作品必是完整的有机体，情感思想和语文风格必融为一体，声音与意义也必欣合无间。所以对原文忠实，不仅是对浮面的字义忠实，对情感、思想、风格、声音节奏等必同时忠实。③

朱光潜将"信达雅"视为一个整体，并将忠实的标准与意义的哲学思考联系起来。要忠实必须彻底了解字词的意义，而字"有种种不同方式的意义"，其中包括（1）直指或字典意义（indicative or dictionary meaning），这是"最基本""最普遍""也最粗浅"的意义；（2）上下文决定的意义。"一个字所结的邻家不同，意义也就不同"；"一个字所占的位置不同，意义也就不同"；（3）因悠久的历史而产生的联想意义，

---

① 李今：《二十世纪中国翻译文学史》（三四十年代·俄苏卷），天津：百花文艺出版社，2009年，第71页。
② 陈福康：《中国译学理论史稿》，上海：上海外语教育出版社，1992年，第350页。
③ 朱光潜：《谈翻译》，罗新璋、陈应年编：《翻译论集》（修订本），北京：商务印书馆，2009年，第530页。

即一种特殊的情感氛围；(4) 音韵意义，"语言的声音不同，效果不同，则意义就不免有分别"；(5) 历史沿革意义（historic meaning）；(6) 字有生命，因而有引申、隐喻、典故等"习惯语意义（idiomatic meaning）"①。除了字义之外，文法组织也是造成翻译错误的重要原因。

直译与意译之争在中国持续了相当长的一段时间，译家很难达成一致。朱光潜批评了所谓直译与意译的区分："一般人所谓直译有时含有一种不好的意思，就是中西文者都不很精通的翻译者，不能融会中西文的语句组织，又不肯细心推敲西文某种说法恰当于中文某种说法，一面翻字典，一面看原文，用生吞活剥的办法，勉强照西文字面顺次译下去，结果译文既不通顺，又不能达原文的意思。……一般人所谓意译也有时含有一种不好的意思，就是不求精确，只粗枝大叶地摘取原文大意，有时原文不易了解或不易翻译处，便索性把它删去；有时原文须加解释意思才醒豁处，便硬加一些话进去。林琴南是这派意译的代表。"②因而在朱光潜看来，

> 直译和意译的分别根本不应存在。忠实的翻译必定要能尽量表达原文的意思。思想情感与语言是一致的，相随而变的，一个意思只有一个精确的说法，换一个说法，意味就不完全相同。所以想尽量表达原文的意思，必须尽量保存原文的语句组织。因此，直译不能不是意译，而意译也不能不是直译。③

朱光潜不仅在意义的系统分析上较前人前进了一步，而且超越了简单机械的直译、意译的论争。

抗战期间另一位对翻译理论有独到见解的是公认的亚里士多德研究专家陈康。他于20世纪40年代将西方对希腊哲学，尤其是亚里士多德哲学研究的成果和方法介绍到国内，取得了令人瞩目的成果。陈康曾任

---

① 朱光潜：《谈翻译》，罗新璋、陈应年编：《翻译论集》（修订本），北京：商务印书馆，2009年，第531—534页。
② 同上书，第536页。
③ 同上书，第536页。

中央大学和西南联大教授。1949后赴台湾，后转美国任教，主要研究亚里士多德哲学。贺麟在《当代中国哲学》中称他是"钻进希腊文原著的宝藏里，直接打通了从柏拉图到亚里士多德的哲学的第一人"①。1944年，陈康译注的《柏拉图巴曼尼得斯篇》由重庆商务印书馆出版。这不是一般意义上的翻译或译注，陈康"通过翻译对这篇对话提出了新的解释"。他"以数倍于译文的注释，从文字的校勘、词句的释义、历史的考证、义理的研究等方面做了详细的说明"②。陈康的"注译"实际上就是当代翻译研究所谓的"厚翻译"。

陈康系统地论述了严复"信达雅"三者之间的关系，认为三者中"信"是"翻译的天经地义"，"不信"则不成其为翻译，"不以'信'为理想的人可以不必翻译"。③ 这实际上是界定了"译"与"非译"之间的界线，"信"不仅是翻译的区别性特征，同时也是翻译的目标和评价标准。"达"是相对的，"达"不仅对译者有要求，对读者也有要求。除了译者的努力，更重要的是读者应该具备与所读内容相应的知识结构：

> 黑格尔《逻辑学》（*Wissenschaft der Logik*）的翻译，无论文笔怎样高妙，对于在哲学方面缺乏严格训练的人必然是"不达"，因为对于同一人原文也是晦涩的。反之，纽约的街头某日某时两辆汽车相撞这一类报纸新闻的翻译，无论文笔怎样低劣，对于一般人必皆是"达"意的。④

因此陈康所谓的"达"，不是以一般读者为标准，而是以翻译预期的理想读者的理解能力为标准。"雅"的地位最低，可视为哲学"翻译中的脂粉"。在"雅"与"信"不可兼得的时候，需舍"雅"取"信"。在"文辞和义理不能兼顾的时候，我们自订的原则是：宁以义害辞，毋以

---

① 转引自陈福康：《中国译学理论史稿》，上海：上海外语教育出版社，1992年，第345页。
② 汪子嵩：《陈康、苗力田与亚里士多德哲学研究——兼论西方哲学的研究方法和翻译方法》，《中国人民大学学报》2001年第4期，第39页。
③ 陈康：《论信达雅与哲学著作翻译——柏拉图〈巴曼尼得斯篇〉序》，罗新璋、陈应年编：《翻译论集》（修订本），北京：商务印书馆，2009年，第524页。
④ 同上。

辞害义。'言之无文，行之不远'，诚然是历史上已经验证了的名言，然而我们还要补充以下两句话，即：文胜其质，行远愈耻"[1]。陈康认为，在翻译中，

> 最可怕的乃是处事不忠实；为了粉饰"文雅"不将原文中的真相，却更之以并不符合原义的代替品转授给一般胸中充满了爱智情绪而只能从翻译里求知识的人们，那是一件我们不敢为——且不忍为——的事！[2]

在谈到翻译的意义与价值时，陈康强调，译者不仅仅是为不懂外语的人翻译，翻译还有更加深远的意义：

> 毫无问题，翻译是为了不解原文的人的，然而不只是为了不解原文的人的；反之，在学说方面有价值的翻译，同时是了解原文的人所不可少的。凡是稍微懂得些西洋古代哲学研究中校勘部分的人，皆将毫不迟疑地赞同这话。试问：谁校勘柏拉图或仆罗丁的著作不参考 Ficino 的翻译呢？中国最古的翻译是佛经的翻译。那些翻译大师过去了以后，其他的人只敲着木鱼念经，不再想从原文去研究佛经中的意义。因此一般人关于理想的翻译在校勘方面的价值丝毫不能想象。[3]

翻译对那些了解原文的人来说同样是不可缺少的。其价值如下：（1）校勘方面；（2）不同字的联合有不同的意思，以致影响对于整个思想的看法。如翻译在学术上有价值，读者应可看出译者的见解。他具体罗列出古哲学著作注释应包括如下几方面：（1）文字的校勘；（2）词句的释义；（3）历史的考证；（4）义理的研究（论证步骤的分析、思想源流的探求、论证内容的评价等）。在序言中，陈康有一段被反复引用的名言，如果将来翻译作品

---

[1] 陈康：《论信达雅与哲学著作翻译——柏拉图〈巴曼尼得斯篇〉序》，罗新璋、陈应年编：《翻译论集》（修订本），北京：商务印书馆，2009年，第526页。
[2] 同上书，第527—528页。
[3] 同上书，第525页。

也能使欧美的专门学者以不通中文为恨（这决非原则上不可能的事，成否只在人为！），甚至因此欲学习中文，那时中国人在学术方面的能力始真正的昭著于全世界；否则不外乎是往雅典去表现武艺，往斯巴达去表现悲剧，无人可与之竞争，因此也表现不出自己超过他人的特长来。①

由此可以看出，陈康没有将翻译的价值简单地视为单向的传播与接受，而是双向的交流。不仅如此，翻译（包括译注）也不是简单的模仿和复制，而是一种创造，一种学术创新，是对人类知识的一种贡献。难怪有学者称陈康的译注"充分表现了中国译述家的创作魄力"②。

最后是贺麟。他是我国著名的哲学家，现代新儒家的倡导者之一、黑格尔哲学研究专家。1924 年，贺麟在清华大学选习吴宓的翻译课，除了翻译练习之外，还讨论翻译原理与技巧。他与两位好友张荫麟、陈铨并称为"吴宓门下三杰"。1926 年赴美国留学，先在奥柏林大学获学士学位，后又入哈佛大学获硕士学位。1930 年转赴德国柏林大学专攻德国古典哲学。抗战期间执教于西南联大。期间借调到中央政治学校（1938 年 7 月迁重庆）讲学，并向蒋介石建议成立"西洋哲学名著翻译委员会"。他的翻译是继严复《天演论》之后最优秀的西方哲学中译本。

贺麟是一位典型的学者型翻译家（scholar translator）。在刊登于《今日评论》1944 年第 4 卷第 9 期的《论翻译》一文中，他着重论述了翻译的哲学原理以及翻译的意义与价值两个方面。文章首先系统论述翻译中的"言""意"关系和"翻译本身的意义与价值"。贺麟从哲学家的视角出发，认为："意，神秘不可道，自己之言尚不能尽自己之意，他人之言，更无法尽自己之意。故翻译不可能"，③ 并称："盖意属形而上，言属形而下；意一，言多；意是体，言是用，诚是意与言间的必然

---

① 陈康：《论信达雅与哲学著作翻译——柏拉图〈巴曼尼得斯篇〉序》，罗新璋、陈应年编：《翻译论集》（修订本），北京：商务印书馆，2009 年，第 525—526 页。
② 贺麟：《五十年来的中国哲学》，沈阳：辽宁教育出版社，1989 年，第 36—37 页。
③ 贺麟：《论翻译》，罗新璋、陈应年编：《翻译论集》（修订本），北京：商务印书馆，2009 年，第 517 页。

的逻辑关系，在某意义下，言不尽意，意非言所能尽，亦系事实。但须知言虽不能尽意，言却可以表意。文虽不能尽道，文却可以载道。"①

贺麟从言意和体用的一与多的关系推断出：第一，"翻译既是以多的语言文字，去传达同一的意思或真理，故凡从事翻译者，应注重原书义理的了解，意思的把握。换言之，翻译应注重意译或义译。"第二，"凡原书不能表达真切之意、普遍之理，而只是该国家或民族的特殊文字语言之巧妙的玩弄，那便是不能翻译，不必翻译或不值得翻译的文字"；并认为"中国六朝的骈体文或西洋许多玩弄文字把戏的哲学著作，便是属于这类不能、不必、不值得翻译的文献"②。谈到诗歌翻译，他认为如果"原诗是出于天才的创造，精神的感兴，译诗亦应是出于天才的创造，精神的感兴"。但是，我们要"拒绝诗是绝对不可翻译的谬说，因为那是出于神秘主义，那是懒人遮丑伎俩，于文化的传播，于诗人所宣泄的伟人情意与真理的共喻和共赏是有阻碍的"③。

在论及翻译的意义与价值的问题时，贺麟以严复的翻译、马丁·路德翻译的《新约》《旧约》、钦定本的《新约》《旧约》以及康德、黑格尔的著作翻译为例，说明译文皆有胜过原文的可能。他对原文与译文关系的理解，丝毫不落后于今天的学者："盖译文与原文的关系，在某意义上，固然有似柏拉图所谓抄本与原型的关系。而在另一意义下，亦可说译文与原文皆是同一客观真理之抄本或表现也。就文字言，译文诚是原著之翻抄本，就义理言，译本与原著皆系同一客观真理之不同语言的表现。故译本表达同一真理之能力，诚多有不如原著处，但译本表达同一真理之能力，有时同于原著，甚或胜过原著亦未尝不可能也。"④ 贺麟对翻译的有些思考，与本雅明有异曲同工之妙。

至于翻译的价值，他的认识同样超越了许多当代的学者。他认为忽

---

① 贺麟：《论翻译》，罗新璋、陈应年编：《翻译论集》（修订本），北京：商务印书馆，2009年，第517页。
② 同上书，第519页。
③ 同上书，第520页。
④ 同上书，第521页。

视翻译是"阻碍学术之进步与发展的浅妄之见"。因为第一，翻译如果能成为"准确的传声筒""良好的广播机或收音机"，"那已是难能可贵，值得嘉奖鼓励的事。"第二，"就学术文化上之贡献言，翻译的意义与价值，在于华化西学，使西洋学问中国化，灌输文化上的新血液，使西学成为国家之一部分。"从某种意义上看，翻译"正是争取思想自由，增加精神财产，解除外加桎梏，内在化外来学术的努力"。第三，"谈到翻译与创造的关系，我们亦须勿囿于片面浅妄的意见。我们须知有时译述他人之思想，即所以发挥或启发自己的思想。翻译为创造之始，创造为翻译之成。"① 他对空言创造的批评至今仍有振聋发聩的意义：

> 片面地提倡独自创造，而蔑弃古典思想之注释发挥，外来思想之介绍译述，恐难免走入浅薄空疏夸大之途。谁不愿意创造？但创造乃是不可欲速助长的。创造之发生每每是出于不自知觉的，是不期然而然的，是不能勉强的，不能自命的，故与其侈言创造，而产生空疏浅薄夸大虚矫的流弊或习气，不如在学术界养成一种孔子之"述而不作"，朱子之"注而不作"，玄奘之"译而不作"的笃厚朴实好学的风气，庶几或可不期然而然地会有伟大的创造的时代的降临。②

概言之，抗战时期有关的翻译批评有两点很有意思：一是在翻译家高度关注翻译的社会效应、很少致力于理论探讨的时期，上述翻译家对翻译本质和基本原理的思考竟达到前所未有的高度，他们的某些见解甚至成为今天译界关注的话题。二是对翻译理论作出卓越贡献的竟然不是通常意义上的文学翻译家，而是哲学和美学翻译家；个中缘由颇值得深思。

结　语

抗战时期是中国非常特殊的历史时期，战时的翻译活动表现出其他

---

① 贺麟：《论翻译》，罗新璋、陈应年编：《翻译论集》（修订本），北京：商务印书馆，2009年，第522页。
② 同上书，第523页。

时代所缺少的明显特征：翻译家和翻译批评家高度关注翻译的社会功能，因而强调翻译的趋时性、实用性和大众化。翻译的独立自主性让位于或服从于主流的政治意识形态，成为战时反法西斯战争话语的重要组成部分。紧迫的战时文化语境不允许翻译家对翻译进行形而上的理论思考，但少数翻译家有关翻译理论的探索，仍超越了当时普遍持有的翻译功利观，时至今日译界仍能感受到其理论的深度和思辨的严密。

第三章 政治风向标（1949—1979）

1949年之后，中国进入了与过去完全不同的社会文化语境。持续的政治运动和赞助系统的单一化影响了翻译和翻译批评的发展与走向。

国际上资本主义与社会主义两大阵营的对峙使中国成为苏联坚定的盟友，对西方资本主义的政治、经济和文化采取坚决抵制和无情批判的态度。全国性的政治运动冲击到整个国家的政治、经济、文化和社会生活的各个领域，自然也包括文学、艺术和翻译活动。对文学艺术界的思想批判运动，有学者曾有过清楚的描述：

1950—1951年对电影《武训传》进行批判；1951年批评萧也牧等的创作；1954—1955年对俞平伯《红楼梦研究》和胡适进行批判；1955年对胡风集团的批判；1957年开展文艺界的反右派活动，和对丁玲、冯雪峰"反党集团"的批判；1957—1960年对钱谷融、巴人等人的"资产阶级人性论、人道主义"的批判。在1962年9月，毛泽东在中共八届十中全会上又再次强调"千万不要忘记阶级斗争"。在这频繁的批判运动中，批判对象和与之有关系的人士都受到不同程度的政治处罚，或被剥夺文学创作的资格，或被打成反革命，关进监牢或流放劳改。①

对于这一段历史，中共中央《关于建国以来党的若干历史问题的决议》就明确指出，在"文革"以前，在意识形态领域"对一些文艺作品、学术观点和文艺界学术界的一些代表人物进行了错误的、过火的政治批判，在对待知识分子问题、教育科学文化问题上发生了愈来愈严重的左的偏差。"②而"文化大革命"，"给党、国家和各族人民带来严重灾难。"③

回顾历史可以发现，1949年之后的翻译批评"渊源有自"。有学者认为，"延安整风之后，局面改变，西洋文学日见稀少，苏联文学及批评大盛。1942年5月至1947年，解放区报刊计发表译文127篇，绝大多数译作都来自苏联。"④1948年中共中央宣传部颁布《晋冀鲁豫统一出版条例》，通过行政命令对翻译出版作了严格的规定："凡资本主义国家（英美等）与蒋占区之图书，及未经中央局出版局批准之所有图书，均不准翻印出版或公开发卖……取缔宣传资本主义之腐朽制度及文化，偷贩法西斯主义，蒋介石思想，毒害人民大众意识之读物，淫荡读物及一切有害之书籍图书等。"⑤苏联的文学和文化思想成为翻译的主流；苏联的翻译批评模式理所当然地成为国内批评的正宗与权威。

第一，文化赞助系统的单一化。首先是出版发行机构国有化。1951年11月，中央人民政府出版总署召开了全国第一届翻译工作会议，以加强翻译工作的管理、计划和提高翻译质量为议题。会议通过了两个文件：《关于公私合营出版翻译书籍的规定草案》和《关于机关团体编译机构翻译工作的草案》。1954年8月，中国作家协会召开了全国文学翻译工作会议，强调翻译工作的组织化和计划化，拟订出世界文学名著选

---

① 吴赟：《文学操纵与时代阐释——英美诗歌的译介研究（1949—1966）》，上海：复旦大学出版社，2012年，第17页。
② 《关于建国以来党的若干历史问题的决议》（注释本），北京：人民出版社，1983年，第25页。
③ 《决不允许"文革"这样的错误重演》，《人民日报》2016年5月17日。
④ 赵稀方：《思想改造与翻译转型》，《中国翻译》2015年第1期，第36页。
⑤ 《晋冀鲁豫统一出版条例》，《人民日报》1948年1月21日。

题目录并制订了必要的审校制度。其后,国家对出版机构做出整顿和改造,由人民文学出版社(含作家出版社)和上海新文艺出版社(后改为上海文艺出版社)两大国营出版社负责组织翻译出版外国文学作品,翻译活动被纳入体制内有组织、有领导、有计划的轨道。

第二,学术组织的行政化。有学者概括了当时有关翻译的学术组织:

> 1949年11月13日,在董秋斯主持下,上海成立了上海翻译工作者协会,这是新中国成立后最早建立的翻译工作者组织。此外,其他有关组织也相继成立。如1950年5月初,在郭沫若主持下,中央文化教育工作委员会成立了"学术名词统一工作委员会",负责译名的统一工作。1952年,中共中央宣传部设立了斯大林著作编译局;翌年,又进而成立了中共中央马克思、恩格斯、列宁、斯大林著作编译局,全面、系统地开展了马列主义经典著作的编译工作,从而也推动了外国文学的翻译工作。①

20世纪50年代初,中国唯一的翻译学术刊物《翻译通报》就是由中央人民政府新闻出版总署翻译局创办。从1949年到1964年的批评文章,主要包括"1949至1953年在《翻译通报》发表的74篇论文,1957年6月在《西方语文》发表的3篇译评文章,以及钱锺书于1964年6月在《文学研究集刊》第一册发表的《林纾的翻译》。"② 上述统计并不全面,刊载翻译批评的杂志还有《俄文教学》《文艺报》等;但刊物的数量与发文的总量不足是显而易见的。

第三,翻译批评的人员组成单一。翻译批评人员主要是有行政职务的专家学者,如文化部部长茅盾,中共中央宣传部部长、国务院副总理陆定一,国家出版总署署长胡愈之,共青团中央副书记、中央统战部部长廖承志,中国作家协会副主席兼中共党组书记邵荃麟,上海翻译工作

---

① 孙致礼:《中国的英美文学翻译:1949—2008》,南京:译林出版社,2009年,第5页。
② 许钧、穆雷主编:《中国翻译研究(1949—2009)》,上海:上海外语教育出版社,2009年,第264页。

者协会主席、《翻译》月刊主编董秋斯等，以及中国社会科学院研究员卞之琳、叶水夫、袁可嘉和陈燊等。他们的报告、发言和文章体现了国家的政策意志。

国际国内的政治情势使公共话语空间逐渐收窄，批评内容渐趋单一。根据《翻译通报》上74篇批评文章的统计，题名带"翻译批评"的文章仅有下列11篇：董秋斯的《翻译批评的标准和重点》（1950年第1期），焦菊隐的《论翻译批评》（1950年第6期），杨永寿的《我对翻译批评的意见》（1950年第6期），汤侠声的《谈翻译批评的态度与方法》（1951年第2卷第1期），赵少侯的《我对翻译批评的意见》（1951年第2卷第2期），罗书嫱的《鲁迅论翻译批评》（1951年第3卷第4期），杨人楩的《论翻译工作中的批评与自我批评》（1951年第5期），谷鹰的《略谈翻译批评》（1952年第4期），史景苏等的《论对待批评的态度》（1952年第4期），苏秋鹏等的《谈对待批评的态度》（1952年第5期），赵少侯的《再谈翻译批评》（1952年第5期）。这些文章旨在统一翻译批评的思想、原则以及对待批评的态度。其余的基本局限于寻章摘句的正误讨论，少数文章也探讨翻译艺术。

除此之外，批评的文本对象也很单一。在上述74篇批评文章中，除了上述7篇讨论一般的翻译批评、另有12篇涉及英美法日文学作品及2篇不详之外，其余翻译评论全都针对马列政治、苏俄的文学、经济、社会、科技等著作，比例超过70%。[1] 这与同时期翻译作品的构成高度一致。

翻译批评话语的特征预示了1949年之后翻译与政治的关系日趋简单化。翻译稿酬的调整与取消完全是国家政府行为，单一赞助系统有效地将文化生产纳入组织化与计划化管理。

---

[1] 参见许钧、穆雷主编：《中国翻译研究（1949—2009）》，上海：上海外语教育出版社，2009年，第281—283页。

第一节 翻译批评的政治语境

一、赞助人

列费维尔在论述赞助人系统时，认为赞助系统包括三个要素：意识形态、经济和社会地位。在封建专制时代，赞助系统基本上是三者合一，王室掌握国家的意识形态、个人的经济与社会地位[①]。

列费维尔曾论述过赞助人在翻译活动中的重要作用。他认为，影响翻译活动的有两个重要因素，一是专业人士，包括"批评家，评论家，教师，译者"。他们通过"改写"使翻译"符合特定时间和特定地区的诗学和意识形态"[②]。另一个便是"赞助人"。赞助人"可以理解为能够驱动或制约文学阅读、写作和改写的权力（人员，机构）。'此处的权力'是福柯意义上的权力，而不仅仅是，甚或主要是一种压制力量"[③]。承担赞助人角色或发挥赞助人影响的可能是"个人，群体，宗教团体，政党，社会阶层，朝廷，出版商，或媒体，报纸杂志，较大的电视机构。赞助人调节文学系统与其他系统的关系，并共同形成社会，文化"[④]。

赞助人的三个要素意识形态、经济和社会地位以不同的方式和不同的组合形态产生影响。"意识形态要素制约形式和内容的选择和发展"。这里所说的"意识形态的意义不局限于政治领域"，还可能是"规范，习俗和指导我们行动的信念"。经济因素是指"为作家和改写者提供薪金或工作职位"[⑤]，保证他们的生存需要。地位则指翻译家在一定社会

---

① Andre Lefevere, *Translation, Rewriting & the Manipulation of Literary Fame*, London: Routledge, 1992, pp. 11—25.
② Ibid., p. 14.
③ Ibid., p. 15.
④ Ibid., p. 16.
⑤ Ibid.

中享有的社会声誉。

列费维尔认为，赞助人的三个因素的组合形态对翻译活动的影响有很大的差异。如果意识形态、经济和地位三者都由同一个赞助人提供，这就是所谓的"统一赞助人"（undifferentiated patronage），"在过去绝对统治者时期大多数文学系统都是如此"。① 与之相对立的是分离的赞助人（differentiated）。分离赞助人是指"经济成功相对独立于意识形态因素"，比如畅销书的作者并不一定享有较高的社会地位。列费维尔特别强调，在统一赞助人系统中，赞助人会努力"维护整个社会系统的稳定"，在这样的社会系统中赞助人鼓励和推动那些可接受作品的生成，强化实现社会稳定的目标，至少不会积极反对"一定文化构成中具有权威性的神话"。②反之，如果翻译家接受赞助，这便意味着"按照赞助人制定的要求行事，愿意并能够使赞助人的地位和权力合法化"③。

在五四前后，赞助人三者分离的局面逐渐形成，传统的意识形态和诗学逐渐受到质疑与挑战。公共话语空间的扩大为一度繁荣的翻译和翻译批评提供了历史契机。1949年之后赞助人已渐趋单一，国家政权成为统一，甚至是唯一的赞助人，从意识形态、社会和经济地位诸方面深刻影响着译者的活动。单一的赞助人不仅影响翻译个体的行为，而且对统一翻译批评模式和标准，形塑翻译经典产生了深远影响。在1949年以前，"经典秩序的形成，分散在学术部门、出版、报刊和政府相关机构中进行"。1949年之后，"分散"的状态"受到控制，出现了事实上的统一的审定机构"，④ 这就为单一的批评模式和翻译"红色经典"营造了必要条件与接受环境。

二、文化生产的组织化与计划化

自1949年以降，文化生产的组织化和计划化是批评的主导话语。

---

① Andre Lefevere, *Translation, Rewriting & the Manipulation of Literary Fame*, London: Routledge, 1992, p.17.
② Ibid.
③ Ibid., p.18.
④ 洪子诚：《中国当代的"文学经典"问题》，《中国比较文学》2003年第3期，第33页。

1950年9月16日,时任出版总署署长的胡愈之在全国出版会议全体会议上发表了《论人民出版事业及其发展方向》的报告,认为过去的出版发行"和人民大众的利益背道而驰",是剥削阶级、封建地主阶级"载道""卫道"的工具,"美国化的诲淫诲盗的低级读物,歌颂帝国主义、阿谀人民敌人的有毒书刊在市场流行"。[①] 1951年8月27日至9月4日,第一届全国出版行政会议在北京举行,胡乔木作《出版工作应为宣传马克思主义而斗争》的讲话。1952年10月25至31日出版总署召开第二届全国出版行政会议,胡愈之作《为进一步地实现出版工作的计划化而奋斗》的讲话。1954年8月19日召开的第一届全国文学翻译工作会议上,时任文化部部长的茅盾发表了题为《为发展文学翻译事业和提高翻译质量而奋斗》的讲话,明确提出"一切经济、文化事业已逐渐纳入组织化计划化的轨道","文学翻译必须在党和政府的领导下由主管机关和各有关方面,统一拟订计划,组织力量,有方法、有步骤的来进行。"[②] 与此同时,中共中央宣传部、文化部等国家机构着手规划一系列重大的翻译工程。1953年1月,中共中央马克思恩格斯列宁斯大林著作编译局成立,同年9月《斯大林全集》中文版第1卷正式出版。1956年3月21日至4月12日 文化部召开部务会议,讨论《出版、电影、社会文化、文物、艺术、艺术教育事业十五年远景规划》(草案)。1956年10月,《鲁迅全集》注释本开始分卷出版发行。同年12月,由中共中央马恩列斯著作编译局翻译的《马克思恩格斯全集》共50卷,开始陆续分卷出版。计划化和组织化已经成为国家加强文化建设的总原则。

1950年7月创刊的《翻译通报》发表了数篇文章,强调翻译的计划化和组织化。时任出版总署编译局局长的沈志远对1949年以前的翻译提出严厉批评:

---

① 胡愈之:《论人民出版事业及其发展方向——胡愈之署长九月十六日在全国出版会议全体会议上的报告》,《山西政报》1950年4月21日,第117—118页。

② 茅盾:《为发展文学翻译事业和提高翻译质量而奋斗》,《人民日报》1954年8月29日。

旧中国的翻译工作……完全是无组织、无政府的。每一翻译工作者，都把译书当作自己的私事来进行；每一出版家，也都把翻译书刊当作普通商品来买卖。译作者是为了生活，出版者是为了利润，私人的利益推动着一切。该翻译什么样的书，该怎样进行翻译工作，该采取怎样的方针来译书出书，哪类书该多译多出等等，这一切都是翻译者或出版者个人的私事，谁也不能去过问，市场的情况决定着一切。①

谷鹰也批评道："过去的翻译工作，如像单纯商品生产一样，是独立的、零碎的、散漫的，各个工作者之间没有联系，也不知道读者和社会所需要的东西，大家只是拣自己要译的来译，不问这本书是否需要，是否有人在译，译出了就算数。"他认为，事到如今，"翻译工作也未见改善，照旧是分工不明确，无统一的领导，各机构之间不协调，联系不够……私营书店的书出得更混乱，大家抢先出版，只管快出、速成，不管内容、水准等等。于是一种原文有好几种译本的就不甚为奇"。②

罗书肆论述了计划与组织两者之间的相互关系："没有计划，组织便只是个有名无实的空架子；没有组织，计划便徒托空言而无法实行。"③ 这些批评明确的指向，就是将翻译纳入政府的统一管理，不能成为个人和出版商谋取私利的活动。

1951年4月19日，出版总署召开"五四"翻译座谈会，讨论的重点是总结"五四"以来我国翻译行业的"经验与教训，保持优点，革除弊端，加强计划性、组织性、提高翻译水准"④。同期《翻译通报》还发表吕叔湘、杨人楩、李健吾、施蛰存等"五四翻译笔谈"十则，"大半涉及当前亟待解决的具体问题，如翻译工作的组织性和计划性、翻译

---

① 沈志远：《发刊词》，《翻译通报》（创刊号）1950年第一期，第2页。
② 谷鹰：《翻译与商品》，《翻译通报》（创刊号）1950年第一期，第20—21页。
③ 罗书肆：《翻译工作的计划与组织》，《翻译通报》1951年第二期，第15页。
④ 周发祥等：《二十世纪中国翻译文学史》（十七年及"文革"卷），天津：百花文艺出版社，2009年，第12—13页。

语言、翻译方法、工具书的编纂。"① 1951年11月6日，全国翻译工作者在出版总署的召集下第一次正式会议，胡愈之代表出版总署致开幕词。"鉴于翻译局近来发现译著质量低、重复浪费、译事缺乏计划性严重问题"，胡愈之号召代表们共同努力，务必使"翻译出版物逐步消灭错误，提高质量，走上计划化的道路"。② 出版总署编译局局长沈志远发表了《为翻译工作的计划化和提高质量而奋斗》的主题报告，提出了翻译工作的管理和计划问题。组织化和计划化成为主流翻译批评话语中最核心的关键词。

尽管在讨论组织化和计划化时反复提到"译著质量低"、人力和物力"重复浪费"，但最核心的是对思想内容的引导，不能听由翻译活动"干扰了时代所赋予翻译事业的历史使命"。③ 金人就明确指出：

> 第一，要考虑我国政治与文化环境的需要，翻译哪一种书是最迫切需要的，哪一种是较次需要的，哪一种是现在不需要而将来需要的。其次就要考虑一本书的作者；他是哪国人，他是进步的，反动的，还是中间的。最后再把书的内容仔细看一遍，是否合于我们的需要，然后决定是否译出。④

至于"进步""反动"或是"中间"，评价标准完全效仿苏联。正如茅盾所言："苏联文学成为人类最先进、最富有生命力的文学，成为向全世界广大人民进行共产主义思想教育的有力工具，成为保卫世界和平，争取人民民主的重大力量"，是"鼓舞中国人民在建设社会主义社会过程中的伟大力量。"⑤

组织性和计划性还使翻译原文本的构成急剧变化。与苏俄译介高潮

---

① 周发祥等：《二十世纪中国翻译文学史》（十七年及"文革"卷），天津：百花文艺出版社，2009年，第13页。
② 胡愈之：《第一届全国翻译工作会议开幕词》，《翻译通报》1951年第三卷第五期，第4页。
③ 周发祥等：《二十世纪中国翻译文学史》（十七年及"文革"卷），天津：百花文艺出版社，2009年，第15页。
④ 金人：《论翻译工作的思想性》，《翻译通报》1951年第一期，第9页。
⑤ 茅盾：《电贺第二次全苏作家代表大会开幕》，《文艺报》1954年第23、24号。

形成鲜明对比的是欧美译介的急剧减少。沈志远在《为翻译工作的计划化和提高质量而奋斗》中就指出：

> 中华人民共和国成立以后，虽只短短二年，我们的翻译出版物无论在量的方面或是质的方面，比过去都有显著的进步。先就量的方面来看，在新中国成立前三十年间（即一九一九到一九四九年），依据不甚完全的统计，全国出版的翻译图书，约近七千种。而一九五〇年一年内所出版的翻译图书，已多达两千余种，其中除去解放前译的再版书以外，新译书实计一千一百多种，约为过去三十年内出版数量的七分之一强。再就性质方面来看，在同一期间，译自英美资本主义国家的，占全部翻译书的百分之六十七，而译自苏联的仅仅占百分之九点五。到解放以后，前者退到了百分之二〇点五，而后者却升到了百分之七七点五……过去三十年间所出版的全部俄文译本总共不到七百种，而一九五〇年一年内出版（包括再版）的俄文译本已多到一千六百余种。①

苏联的作品从不到百分之十上升到近百分之八十，而英美的作品从三分之二下降到五分之一。这还只是1950年左右的统计；随后这一趋势愈加突出。译介作品的选择性和倾向性直观地反映出计划性和组织性对翻译的影响。"五六十年代对俄苏文学的译介是空前的，译介的作家和作品的数量超过其他外国文学总和的一半以上。一些不重要的二三流作家的作品都有中译本，而且不止一种。苏联所有的当代作家的作品无一例外地被译介过来，这在中国文学翻译史，甚至世界文学翻译史上都是罕见的。"② 据卞之琳等统计，"仅从1949年10月到1958年12月止，我国翻译出版的苏联（包括俄国）文学艺术作品共三千五百二十六种，占这个时期翻译出版的外国文学艺术作品总种数的65.8%强；总印数

---

① 沈志远：《为翻译工作的计划化和提高质量而奋斗》，《翻译通报》1951年第三卷第五期，第9页。
② 周发祥等：《二十世纪中国翻译文学史》（十七年及"文革"卷），天津：百花文艺出版社，2009年，第29页。

八千二百万零五千册,占整个外国文学译本总数 74.4% 强。"① "几乎所有苏联作家的作品都被译介过来,重要作品一般都有两种以上译本,是其他国家文学翻译无法比拟的。"②

不仅欧美和其他国家的文学作品的译介迅速减少,而且选择标准要么完全照搬苏联的文艺批评原则,要么直接从俄语译本转译成中文(如李俍民翻译的《白奴》),一些欧美经典名著受到严厉批判。1952 年,施以撰文批评丰华瞻翻译的《格林姆童话集》(即格林童话集),认为"这种童话不宜在今天我们的新民主主义的国家拿来出版,因为那些故事里面充满了有害于我们的下一代的毒素"。

在文化生产的组织性和计划性的方针指导下,翻译界内部的批评演变成统一思想和思想改造。1952 年《翻译通报》开始发表一系列批评文章,提出翻译工作者应当"深刻地认识翻译工作者思想改造的必要"。石胡在《评水夫译〈青年近卫军〉》中指出叶水夫大量的错误。赵少侯在《评穆木天译〈从兄篷斯〉》中,批评穆木天的译文诘屈聱牙、意义晦涩等种种问题。但后来形势变化出人意料。第四期《翻译通报》不再讨论语言文字问题,而且不容被批评者"回复";即便有"回复"也演变为"自我批评之部",也就是"检讨"专栏。③ 宾符在《我的检讨》中批评自己的翻译"完全表现了对人民的不负责","浪费了人力和物力",暴露了"自私自利的资产阶级个人主义思想","如果发展下去,那真是非常之危险的。"④ 高名凯在《我在翻译中的官僚主义作风》中称,自己"除了谋生之外","显然还有一种不纯的动机,就是要当中国的巴尔扎克,要当伟人"。⑤ 高植在《检讨我的资产阶级思想》中称,自己的翻译"是为了个人的名利","是为了逃避现实,无视广大人民在水深火热中对敌进行爱国主义斗争,企图麻醉自己,不敢正视革命的实践

---

① 卞之琳等:《十年来的外国文学翻译和研究工作》,《文学评论》1959 年第 5 期,第 47 页。
② 周发祥等:《二十世纪中国翻译文学史》(十七年及"文革"卷),天津:百花文艺出版社,2009 年,第 33 页。
③ 赵稀方:《思想改造与翻译转型》,《中国翻译》2015 年第 1 期,第 36 页。
④ 宾符:《我的检讨》,《翻译通报》1952 年第四期,第 3—4 页。
⑤ 高名凯:《我在翻译中的官僚主义作风》,《翻译通报》1952 年第四期,第 4 页。

与斗争，沉溺在我的幻想与无知之中。那纯粹是资产阶级的个人自由主义思想在支配一切。"① 穆木天的《我对翻译界三反运动的初步认识》"一反前面的为自己辩护"，"夸张地把自己的翻译上升到'犯罪'的高度"，② 称"译那样的书，简直是犯罪"，是他"思想中黑暗面发展到最高度的一个时期"，翻译《窄门》等作品"就是犯罪"。③

1952 年《翻译通报》第四期上的两个专栏"自我批评之部"与"批评之部"到第五期、第六期发展成为"三反运动中翻译界的批评与自我批评特辑"。此后，翻译批评与自我批评上纲上线，翻译家"不但要承认自己有'三反'行为"，"更重要的是要追及思想问题"。④ 思想批评不仅将翻译批评简单化，而且不允许被批评者回应和反批评。

翻译界向苏联一边倒的局面让"许多精通英、法、德、意、日、希腊、拉丁文的专才，都觉得无书可译，英雄无用武之地"⑤。周珏良、穆木天等学者曾积极建议，"翻译局和文化部应当组织全国的翻译力量，系统地翻译一些欧美古典与现代的文学名著……为教育下一代，翻译世界名著是目前的迫切需要，尤其是西欧名著，'因为必须使我们的青年对于西欧文学有正确的认识，才可以扫清帝国主义文艺学的流毒'"。尽管这些建议是以冠冕堂皇的理由"扫清帝国主义的流毒"，但"并没有带来多少实际效果。"⑥ 少数被译介的英美德法的作品，无一例外都是得到苏联认可的"革命"或"进步"作家的作品。在这样的政治语境下，翻译批评可以说是一种"时代性阅读"，即社会对翻译的"认识几乎高度一致；集中关注作品的思想性（而非艺术性）"；对于批评，"较少看到各抒己见的讨论"，更没有"形成百家争鸣的局面。"⑦ 在这样一种翻译批评话语强势的指导之下，《钢铁是怎样炼成的》《牛虻》等翻译

---

① 高植：《检讨我的资产阶级思想》，《翻译通报》1952 年四期，第 6 页。
② 赵稀方：《思想改造与翻译转型》，《中国翻译》2015 年第 1 期，第 38 页。
③ 穆木天：《我对翻译界三反运动的初步认识》，《翻译通报》1952 年第四期，第 5 页。
④ 赵稀方：《思想改造与翻译转型》，《中国翻译》2015 年第 1 期，第 38 页。
⑤ 王宗炎：《对于全国翻译工作会议的建议》，《翻译通报》1951 年第三卷第二期，第 19 页。
⑥ 周发祥等：《二十世纪中国翻译文学史》（十七年及"文革"卷），天津：百花文艺出版社，2009 年，第 16—17 页。
⑦ 同上书，第 8 页。

"红色经典"的营造、传播与接受便具备了充分的社会文化基础。

三、出版发行机构的国有化

与政治化翻译批评高度关联的另一个重要方面是翻译赞助系统的变化。自晚清以降,翻译活动的赞助人一直处于分离状态(varied and differentiated)。也就是说,社会中有多种力量在支持、驱动、促进翻译活动:政治的、文化的、教育的、经济的、宗教的;国家体制的、个人的、团体的、甚至还有海外传教士所属教派的。现代的教育体系、出版机构、文学期刊和稿酬制度是文学生成和繁荣的决定性因素。多元分离的赞助系统使翻译活动呈现出百花齐放、百家争鸣的局面;翻译批评也异常繁荣;尽管也不乏相互攻讦、意气用事和偏激偏颇的情形。1949年之后,出版机构、高等院校和稿费制度等赞助因素,都被纳入国家统一管理,单一的赞助系统在很大程度上决定了翻译批评话语的性质和走向。

20世纪50年代初,我国的出版机构存在多种经济成分,但占主导地位的是私营出版社。据统计,当时"国营经济(全民所有制的出版社、书刊印刷厂和书店)、集体经济(书报合作社、集体书店)和国家资本主义经济(国家资本与私人资本合营的出版社、书刊印刷厂和书店)的资金、干部到生产力,仅占国家整个出版事业的1/4左右;而私人资本主义经济(私人经营的出版社、书刊印刷厂、书店)和个体经济(书摊、书贩)的数量则占3/4左右。"① 1952年8月16日,中央人民政府政务院颁布了《管理书刊出版业印刷业发行业暂行条例》,出版总署通知各地新闻出版行政机关办理书刊出版、印刷、发行业申请核准营业登记工作,开始了"对资本主义工商业的利用、限制、改造"。据出版总署统计,到1953年10月,"全国86个大中城市共计核准了出版业、印刷业和发行业3043家,其中私营企业2574家,占总数的84.59%,分别统计数为:(1)在全国核准营业的285家出版业中,私

---

① 方厚枢:《对私营出版业的社会主义改造》,《出版史料》2006年第2期,第8页。

营有 220 家，占总数的 77.19%；(2) 在 1093 家印刷业中（其中书刊印刷业 613 家），私营企业有 853 家，占总数的 78.04%；(3) 在 1665 家发行业中，私营有 1501 家，占总数的 90.15%。"① 也就是说，不论是印刷或出版，私营企业几乎达到 80%；发行更是超过 90%。全国出版的"私营期刊有 113 种，占全国出版期刊总数的 38.3%。"② 1953 年国家出版总署的统计如下：③

各业核准营业家数	国营及地方国营企业		公私合营企业		私营企业	
	家数	百分比	家数	百分比	家数	百分比
出版业	285	58	20.35	7	2.46	220	77.19
印刷业	1093	224	20.49	16	1.47	853	78.04
发行业	1665	134	8.05	30	1.80	1501	90.15
共计	3043	416	13.67	53	1.74	2574	84.59

私营企业占整个行业的比例超过四分之三。国家对私营企业和私营期刊的评估也是非常负面的。1951 年 10 月 10 日，中央宣传部有关出版工作情况的报告就认为，大部分私营出版业

> 单纯以营利为目的，从事投机。这些出版业的出版物很多是错误百出的，甚至歪曲马列主义、毛泽东思想，偷运封建的、买办的、法西斯主义的私货。这些出版业的特点是"抢先"，其中不少是解放以前的出版物，用抽补的办法，加上了一些所谓新内容，有的只是剪贴抄袭，粗制滥造的东西，通俗读物中的情形尤为混乱，上海的"跑马书"即是著例。④

"歪曲马列主义、毛泽东思想，偷运封建的、买办的、法西斯主义的私货"，这已不是简单的经济成分的问题，而是有关政治意识形态、

---

① 方厚枢：《对私营出版业的社会主义改造》，《出版史料》2006 年第 2 期，第 9 页。
② 同上。
③ 出版总署：《办理书刊出版业印刷业发行业核准营业工作报告》，文化部出版事业管理局办公室编印：《出版工作文件选编》(1949—1957)（内部文件），1982 年，第 41 页。
④ 方厚枢：《对私营出版业的社会主义改造》，《出版史料》2006 年第 2 期，第 11 页。

国家前途和命运的问题。这成为出版行业国有化最强有力的理由。1955年11月，中共中央七届七中全会上讨论了中央政治局提出的《关于资本主义工商业改造问题的决议（草案）》，提出对资本主义商业体制进行社会主义改造，并认为最好的过渡形式就是"通过全行业的公私合营过渡到国营商业"①。其后不久，"轰轰烈烈的全行业公私合营在几天里就把大小私营业主带到了社会主义的新天地。"②占全行业近80%的私营出版业在短短的5年中完全退出了历史舞台。根据有关的统计，1950—1956年间私营出版业所占比例的变化如下：

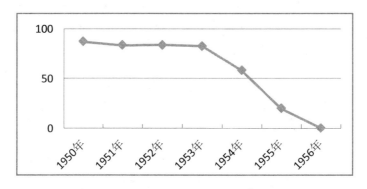

私营出版机构所占的比例③

出版发行机构的完全国有化加强了文化生产的组织化和计划化，与此同时也削弱了译者的主观能动性，限制了翻译自由选择的空间。

四、院系调整与稿酬的政治化

除了私营出版业完全退出历史这一重要因素之外，中国高等院校的院系调整同样对翻译造成了重要的影响。1949年以前，除了少数自由翻译家之外，绝大多数的译者都在大学执教，主要从事人文和社会科学的教学与研究工作。大学教育也为这部分译者提供了相对安定和宽松的

---

① 朱晋平：《对私营图书零售业社会主义改造的历史考察》，《中共中央党校学报》2008年第5期，第107页。
② 同上文，第108页。
③ 图标数据来源：方厚枢：《对私营出版业的社会主义改造》，《出版史料》2006年第2期，第16页

翻译环境。1949年之后，这一局面迅速改变：

> 1952年6月至9月，中央人民政府大规模调整了全国高等学校的院系设置，把民国时期的现代高等院校系统改造成"苏联模式"高等教育体系。经过全盘调整后，全国许多高等学校被分拆，大力发展独立建制的工科院校，相继新设钢铁、地质、航空、政法、电力、矿业、财经、水利等专门学院和专业，工科、农林、师范、医药院校的数量从此前的108所大幅度增加到149所，而高校数量由1952年之前的211所下降到1953年后的183所，综合性院校则明显减少，高校丧失教学自主权，社会学、政治学等人文社科类专业或被停止和取消，私立教育退出历史舞台。①

人文社会科学由于它的"资产阶级性质"而遭到否定，社会学、政治学等学科被停止和取消。在院系调整之前，"中央政府就开始逐步取消教会大学，并改造和限制私立大学。1952年院系调整时，私立大学全部被裁撤。金陵、圣约翰、震旦、沪江，这几所由教会创办的著名学府，也在院系调整中被裁撤"②。

如果说私营出版业的国有化和院系调整、私立大学退出历史已经使翻译活动基本上被纳入了国家的计划管理，那么，翻译稿酬的调整不仅直接关系到翻译家的生存状况和独立人格，而且影响到翻译的繁荣与发展。现代稿酬制度在晚清是推动传统文人向具有独立人格的现代知识分子转变的重要因素。包天笑曾回忆道，清末民初的文人"以不事王侯，高尚其志的态度谢绝政治交际应酬，自示清高"③。于右任也称："报馆中人，鄙官而不为者，不知多少也。"④吴趼人曾言"岁子膺经济特科之荐，但毅然不赴"⑤。柳亚子任大总统府秘书时，也曾"托病辞官，

---

① http://www.360doc.com/content/14/0205/23/12678492_350077323.shtml
② 同上。
③ 包天笑：《钏影楼回忆录》，北京：中国大百科全书出版社，2009年，第575页。
④ 于右任：《寄〈新民丛报〉书》，《于右任辛亥文集》，上海：复旦大学出版社，1986年，第1页。
⑤ 陈伯熙：《上海轶事大观》，上海：上海书店出版社，2000年，第55页。

以卖文为乐事"①。袁世凯于1917年邀请林纾出任高级顾问,林纾直言"将吾头去,吾足不能履中华门也。"② 经济独立显然是翻译家维持人格尊严的重要条件。

1949年之前,部分自由翻译者尚能依靠翻译或撰稿维持较为体面的生活,知名翻译家的稿费相当优厚。周作人应中华编译委员会约稿,翻译稿酬每千字高达五块大洋,而普通工作人员的月薪也不过十来块大洋。有学者已经意识到稿费制度的变化对翻译造成的影响,指出"从20世纪50年代末到1966年,著译作稿酬制度的改变和稿酬的最终取消也从一个侧面反映了译者翻译主体地位的变化。"③ "据统计,到20世纪60年代初,真正靠稿费收入生活的作家和翻译家只有100人左右。"④ 稿酬对这部分译者至关重要。但对大部分著译者来说,稿酬已不是惟一的生活来源。对于体制内的作家而言,其经济待遇与政治地位呈现出明显的正相关:

> 作协代表政府按文艺级别或行政级别发工资,作家享受国家工作人员的相同待遇。知名作家的政治地位、社会地位不用说,他们的经济收入也是很高的。例如张天翼、周立波、冰心等人被定为文艺一级,政治行政待遇上套靠行政八级,但在工资收入上其实比行政七级还要高。行政八级的工资不到200元,而文艺一级作家的工资大约在200多元。当时的文艺三级,就相当于正局级干部的待遇。⑤

所以,体制内的作家和翻译家并不十分在意稿酬的多少。"柳青、赵树理、丁玲、张天翼、周立波、艾芜等一大批作家表达了降低甚至取消稿酬的愿望:'我们有共产主义思想的作家,是不会为稿费而写作的。'"

---

① 柳亚子:《柳亚子自传》,上海:上海人民出版社,1986年,第3页。
② 张俊才:《林纾年谱简编》,福州:福建人民出版社,1983年,第413页。
③ 马士奎:《翻译主体地位的模糊化——析"文革"时期文学翻译中译者的角色》,《临沂师范学院学报》2006年第5期,第138页。
④ 同上文,第139页。
⑤ 陈伟军:《著书不为稻粱谋——"十七年"稿酬制度的流变与作家的生存方式》,《社会科学战线》2006年第1期,第132页。

不少人将稿费"作为党费捐给国家"。①

20世纪50年代的稿费相对较丰厚。刘绍棠曾谈论反右之前自己的稿费。"光是这4本书（《青枝绿叶》《三棵树的歌声》《运河的桨声》《夏天》），我收入一万七八千元。稿费收入的5％交党费，但不纳税。存入银行，年利率11％，每年可收入利息2000元左右，平均每月收入160元，相当于一个12级干部的工资。"②翻译小说《古丽雅的道路》，"约20万字，印数74万册，译者得稿酬2.29万多元。"③按照当时基本稿酬和印数稿酬计算，可以想象《钢铁是怎样炼成的》《牛虻》等翻译"红色经典"的稿酬，将是一个天文数字。

1957年夏天，反"右"斗争开始，文艺界首当其冲。从1958年7月到1961年9月的三年中，文化部密集颁发了有关著译稿费的草案、批示、规定、通知、意见、通报多达12个。④稿酬标准频繁变动所暗示的绝不仅仅是经济问题。1958年10月5日《人民日报》发表评论员文章《怎样看待稿费》，称"我国正在加速社会主义建设，并为逐步过渡到共产主义准备条件"，"文化出版界表现资产阶级的法权残余的稿费制度是同我国社会主义大跃进的形式完全不相适应的。"⑤10月8日，文化部副部长钱俊瑞在《人民日报》上撰文《先走第一步——降低稿费》，明确指出"目前的稿酬制度必须来个根本性质的改革……不这样办，就完全不能适应当前形势的发展。"⑥

其后，"不管是大'右派'还是小'右派'，他们的'罪行'大多与稿费'挂钩'。以往拿稿费是劳动所得，天经地义，现在稿费成了资产

---

① 吴靖：《中国近现代稿酬制度流变考略——兼论稿酬制度对文学生产的影响》，《书屋》2013年第7期，第78页。
② 转引自周林：《新中国稿酬制度演变与作者地位的变化》，《韶关学院学报》（社会科学版）2002年第8期，第124页。
③ 方厚枢：《新中国稿酬制度50年纪事》，《出版经济》2000年第3期，第64页。
④ 文化部：《颁发"关于文学和社会科学书籍稿酬的暂行规定草案"，请北京、上海两地有关出版社试行》，文化部出版事业管理局办公室编印：《出版工作文件选编（1958—1961）》（内部文件），1962年，第94—128页。
⑤ 《怎样看待稿费》，《人民日报》1958年10月5日。
⑥ 钱俊瑞：《先走第一步——稿费》，《人民日报》1958年10月8日。

阶级的'名利'。著名诗人艾青不仅自己成了大'右派',他的夫人也因稿费问题被骂得狗血淋头。"①"傅雷、刘绍棠等人以热衷于稿酬的罪名被猛烈批判";"稿酬性质的转变也导致作家社会地位的微薄化和边缘化",作家、翻译家"因经济自主权而获得的人格独立和思想自由被剥夺"。② 翻译稿酬的调整使自由翻译家丧失了独立生存的可能。

在当时的历史语境中,稿费被视为"严重脱离群众""资产阶级法权""资产阶级生活方式""剥削",甚至是"不义之财"的同义词。③ 有作者经过梳理认为,"纵观60年,我国文字稿酬的总体趋势是不断发展,制度的规范亦日益完善。然而付酬标准并不是一路高歌,其中既有上升也有下降,峰顶是在20世纪50年代中期,波谷是在'文革'阶段。进入改革开放以来,付酬水平趋于稳定,但在1995年之后,略呈下降趋势。文字稿酬表面上数字不断增大,但增长的幅度小于物价增长的幅度,造成文字稿酬的购买力暗地下滑。"据统计,历年稿酬的变化趋势如下:④

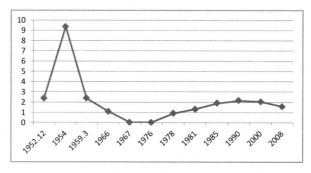

稿酬变化趋势图

从变化趋势图分析,1954年前后文字稿酬达到最高点,从那以后文字稿酬急剧下降,"文革"期间稿酬被完全取消,"文革"以后又缓慢

---

① 文心:《沧桑变化说稿费》,《文史春秋》2007年第6期,第35页。
② 吴靖:《中国近现代稿酬制度流变考略——兼论稿酬制度对文学生产的影响》,《书屋》2013年第7期,第78页。
③ 马士奎:《翻译主体地位的模糊化——析"文革"时期文学翻译中译者的角色》,《临沂师范学院学报》2006年第5期,第139页。
④ 李海文:《新中国60年的著作稿酬与币值》,《中国出版》2009年第10期,第64页。

回升，但一直维持在一个相对较低的水平。

在1949年以后，稿费就已经不是简单的经济问题，每次讨论稿费的调整都是与政治形势相关。有意思的是，稿酬既是赖以生存的物质条件，同时又是资产阶级的温床。但凡国家提出提高稿费，其理由基本上都是要保障译者的基本生活水平，保证译者的积极性；而提出放弃稿酬或降低稿酬的理由，无一例外的是稿酬使作家和翻译家"严重地脱离群众"，"轻视劳动，轻视工农，脱离实际，脱离政治"，滋长"追求物质享受的倾向"。① 1958年10月，在"关于北京各报刊、出版社降低稿酬标准的通报"中，要求将当年8月才刚刚实行的稿酬降低一半（基本稿酬为二到五元每千字），原因是：

> 过高的稿酬标准，使一部分人的生活特殊化，脱离工农群众，对于繁荣创作并不有利。而由于现在稿费优厚，已造成一部分青年著译者不安心本身的工作和学习，追逐稿费，发展了资产阶级的个人名利思想……加深了脑力劳动与体力劳动的人为差别，与目前空前高涨的共产主义觉悟的形势不相称。②

需要特别注意的是，尽管稿酬经过多次变化，但翻译稿酬始终仅占著作稿酬的60%。"这是因为翻译的劳动多少有所不同……实质上翻译稿酬还是比较高的"③。稿酬的政治化以及稿酬的高低已成为反映译者社会地位的重要指标。

结　语

有学者指出，"作者……，是否享有出版作品的自由，是否能够从

---

① 文化部：《颁发"关于文学和社会科学书籍稿酬的暂行规定草案"，请北京、上海两地有关出版社试行》，文化部出版事业管理局办公室编印：《出版工作文件选编（1958—1961）》（内部文件），1962年，第95页。

② 文化部：《关于北京各报刊、出版社降低稿酬标准的通报》，文化部出版事业管理局办公室编印：《出版工作文件选编（1958—1961）》（内部文件），1962年，第101页。

③ 文化部：《颁发"关于文学和社会科学书籍稿酬的暂行规定草案"，请北京、上海两地有关出版社试行》，文化部出版事业管理局办公室编印：《出版工作文件选编（1949—1957）》（内部文件），1982年，第96页。

对其作品的支配中获得合理报酬,作者与使用者的关系,作者对社会生活的影响,以及作者在社会生活中的状况"等等,都是衡量作者或译者地位的重要参数。① 1949年以后政治意识形态和诗学高度统一,私有出版发行机构彻底收归国有。译者的经济地位和社会地位,译者能译什么、如何译、译本的出版、发行、流通都已经组织化和计划化,国家进入了统一赞助人——也就是唯一赞助人——的时代。翻译批评的理论、对象、原则、标准,甚至言说方式都整齐划一;而且通过唯一的国家赞助系统成功地建构起严格的翻译行为规范和操作模式。

第二节　茅盾与翻译批评

在"十七年"的翻译批评中,茅盾的讲话《为发展文学翻译事业和提高翻译质量而奋斗》和卞之琳、叶水夫、袁可嘉、陈燊撰写的长篇论文《十年来的外国文学翻译和研究工作》影响比较深远。前者集主管文化的行政官员与翻译家、翻译批评家于一身,后者则是中国社会科学院的研究员与翻译家。这两个文献代表了主流政治对翻译活动的判断,规定了翻译应有的政治取向。

1949年,茅盾在第一届全国文学艺术工作者代表大会上当选为中国文学艺术界联合会副主席、中华全国文学工作者协会主席。同年9月,出席中国人民政治协商会议第一届全体会议。中华人民共和国成立后,任文化部部长和《人民文学》主编。在20世纪20年代茅盾就以改革、主编《小说月报》而蜚声译坛,以他为代表的文学研究会曾与创造社就文学和文学翻译进行论争。他不仅翻译过大量的文学作品,而且发表过影响广泛的译评和翻译研究论文。50年代初,无论是在政界、文学界还是译界,茅盾都举足轻重。他不仅是国家赞助人的代表,而且是

---

① 周林:《新中国稿酬制度演变与作者地位的变化》,《韶关学院学报》(社会科学版)2002年第8期,第122页。

译界公认的专业人士。如果要讨论"十七年"的翻译批评,茅盾的报告是一份不可或缺的重要文献。罗新璋的《翻译论集》和中国译协翻译通讯编辑部的《翻译研究论文集》等都收有这篇讲话。

一、茅盾的报告

1954年8月19日,茅盾在全国文学翻译工作会议上发表了《为发展文学翻译事业和提高翻译质量而奋斗》的报告。报告分为四个部分:(1)介绍世界各国的文学是一个光荣而艰巨的任务;(2)文学翻译工作必须有组织有计划地进行;(3)必须把文学翻译工作提高到艺术创造的水平;(4)加强文学翻译工作中的批评与自我批评,培养新的翻译力量。第一部分是历史回顾,报告高度肯定鲁迅的翻译成就:"从严格的思想与艺术的评价出发,对近代外国文学作了严肃与认真的介绍的,则开始于我国新文学运动的先驱者和导师——鲁迅……在他所计划、翻译和出版的《域外小说集》(一九〇九年)中,俄国的契诃夫,波兰的显克微支,法国的莫泊桑,丹麦的安徒生,第一次以真朴的面目,与我国读者相见。"① 其后鲁迅翻译的研究者基本上都沿用茅盾的评价和思路。② 此外,茅盾特别提出了译介"伟大的俄罗斯文学以及十月革命以后的苏联文学",从中吸取"进行民族解放和人民革命所需要的信心和力量"。③

第三部分实际上是茅盾结合自己翻译思想和新的文化语境提出的"艺术创造性的翻译"的重要概念。④ 他认为,对一般翻译的"最低限

---

① 茅盾:《为发展文学翻译事业和提高翻译质量而奋斗》,罗新璋、陈应年编:《翻译论集》(修订本),北京:商务印书馆,2009年,第565页。
② 参见卞之琳等:"开辟了正确方向、提倡了严肃态度,产生了积极影响,形成了优良传统的外国文学介绍工作,却始于鲁迅。"冯至:"我们不能不认为它是采取进步而严肃的态度介绍欧洲文学最早的第一燕。只可惜这只燕子来的时候太早了,那时的中国还是冰封雪冻的冬天。"姜椿芳:"数十年来,鲁迅的译风成为中国翻译的主要风格,不软不硬,不增不减,竭力做到既译得正确,又传达了原作的精神风貌,为正译闯出一条路来。"
③ 茅盾:《为发展文学翻译事业和提高翻译质量而奋斗》,罗新璋、陈应年编:《翻译论集》(修订本),北京:商务印书馆,2009年,第566页。
④ 同上书,第575页。

度的要求"是"用明白畅达的译文，忠实地传达原作的内容。"但对于文学翻译，则要求译作"更具有能够吸引读者的艺术意境，即通过艺术的形象，使读者对书中人物的思想和行为发生强烈的感情。文学的翻译是用另一种语言，把原作的艺术意境传达出来，使读者在读译文的时候能够像读原作时一样得到启发、感动和美的感受。"①

第四部分提出批评和自我批评、集体互助和培养翻译人才是实现翻译目标的具体步骤。他指出：以前的翻译批评"侧重于指摘字句的误译，而很少就译本作本质的、全面的批评。""希望今后的批评更注意地从译文本质的问题上，从译者对原作的理解上，从译本传达原作的精神，风格的正确性上，从译本的语言的运用上，以及从译者劳动态度与修养水平上，来作全面的深入的批评。"②

二、翻译的计划化

如果茅盾的报告只包括以上三个部分，那么他还只是从一个纯粹的学者，一个资深翻译家的视角在做翻译批评。他的报告之所以不同凡响、对"十七年"的翻译活动产生重要影响正是因为有了第二部分："文学翻译工作必须有组织有计划地进行"。他认为当时的翻译存在诸多问题，"首先是工作的无组织无计划状态，这是和国家有计划的文化建设不相适应的"③：

> 我们的国家已进入社会主义建设和社会主义改造时期，一切经济、文化事业已逐渐纳入组织化计划化的轨道，文学翻译工作的这种混乱状态，决不能允许其继续存在。文学翻译必须在党和政府的领导下由主管机关和各有关方面，统一拟订计划，组织力量，有方法、有步骤的来进行。④

---

① 茅盾：《为发展文学翻译事业和提高翻译质量而奋斗》，罗新璋、陈应年编：《翻译论集》（修订本），北京：商务印书馆，2009年，第575页。
② 同上书，第579页。
③ 同上书，第569页。
④ 同上书，第572页。

"决不能允许其继续存在""必须在党和政府的领导下由主管机关和各有关方面,统一拟订计划,组织力量,有方法、有步骤的来进行",他指出,到今天还存在"无组织无计划的状态……就不能不说领导这工作的国家出版机关以及领导和组织翻译工作者的团体如作家协会,没有尽到应尽的责任。"① 这也暗示出诸如作家协会之类的民间社会团体已不再是游离于国家体制之外的纯粹的"公共话语空间"。茅盾列举出翻译"无组织无计划的状态"的原因与弊端,认为产生的根源有两点:(1)"极大多数的文学翻译工作,是在分散的、自流的状态中进行的。从翻译工作者来说,翻译作品的选择,常常是凭译者个人主观的好恶来决定,而往往很少考虑所翻译的作品,是否值得翻译,是否于读者有益,为读者所迫切需要";(2)"过去出版事业掌握在私营出版商手里,翻译作品的能否出版,主要是由出版商人来决定的……〔他们〕不可能对文学艺术有较高的理解,而对于作品的政治、思想教育的意义,则更少考虑。"②

这种状态的流弊首先表现在不考虑作品"是否于读者有益,为读者所迫切需要";不考虑作品"政治、思想教育的意义"。③ 因而"应该翻译的作品没有翻译出来,甚至今天读者所迫切需要的苏联的许多重要作品,也没有完善的译本,而另一方面,次要的,不必要的,甚至有害的文学翻译出版物,则充斥于市场。"④ 第二,"无组织无计划的状态""特别表现在严重的重复浪费上面":⑤

> 许多私营出版商人和与他们有联系的翻译工作者,争先抢译的风气,盛极一时,重复浪费的现象,十分严重。有同一作品复译出版至八种之多的,也有同一作品,有二十几个译者同时进行翻译

---

① 茅盾:《为发展文学翻译事业和提高翻译质量而奋斗》,罗新璋、陈应年编:《翻译论集》(修订本),北京:商务印书馆,2009 年,第 570 页。
② 同上书,第 569 页。
③ 同上。
④ 同上书,第 570 页。
⑤ 同上书,第 571 页。

的。与抢译的风气同时,乱译的现象也很严重。有些不应当翻译的作品,竟也不加辨别的翻译出版了,这就不但对我国读者无益,而且也有因此引起兄弟国家的不满和革命作家的抗议的。[①]

茅盾提出,为了有计划有组织地进行翻译工作,首先全国文学翻译工作者要共同拟订"统一的翻译计划",然后由"国家及公私合营的文学出版社和专门介绍外国文学的《译文》杂志,根据现有的力量和可能发掘的潜在力量,分别依照需要的缓急、人力的情况,和译者的专长、素养和志愿,有步骤地组织翻译、校订和编审出版的工作。"[②]

从茅盾列举的原因与弊端分析,国家必须承担起翻译的计划和组织工作,翻译的自流状态绝不能再继续下去了。要消除现有弊端,必须将作品的"政治、思想教育的意义"放在首位。所谓提高翻译质量,首先是指翻译内容的质量。历史证明,讲话过后不久,私营的出版、印刷、发行机构逐渐消亡。

三、翻译的艺术创造性

由于茅盾不仅代表了国家统一的赞助人,而且还是翻译专业人士,他的讲话用"艺术创造性翻译"有效地调和了二三十年代有关直译和意译、语言归化与异化的论争。出于对传统文化的想象与定位,鲁迅坚持主张直译和翻译语言的欧化。鲁迅认为中国传统文化,包括汉字系统阻碍了中国向现代化转化,因而赋予了翻译不能承受的改造文化、改造语言、改变国人思维方式的任务。鲁迅的理论前提和预设是否合理暂且不论,但毛泽东在《新民主主义论》中称:"鲁迅是中国文化革命的主将,他不但是伟大的文学家,而且是伟大的思想家和伟大的革命家……鲁迅是在文化战线上,代表全民族的大多数,向着敌人冲锋陷阵的最正确、最勇敢、最坚决、最忠实、最热忱的空前的民族英雄。鲁迅的方向,就

---

① 茅盾:《为发展文学翻译事业和提高翻译质量而奋斗》,罗新璋、陈应年编:《翻译论集》(修订本),北京:商务印书馆,2009年,第571页。
② 同上书,第572页。

是中华民族新文化的方向。"①

茅盾一方面高度肯定鲁迅在翻译上的成就,另一方面则对"硬译"和"欧化"提出批评。他指出:

> 我们一方面反对机械地硬译的办法,另一方面也反对完全破坏原文文法结构和语汇用法的绝对自由式的翻译方法。我们认为适当地照顾到原文的形式上的特殊性,同时又尽可能使译文是纯粹的中国语言,——这两者的结合是完全可能的,而且是必要的。"五四"以来的优秀翻译证明了这一点。事实上,这些优秀译本中的适当的欧化句法对于我国的语体文法的严密化,是起了一定的作用的。这是欧化句法带来的好处。但也有流弊。这就是有些青年盲目模仿,以至写出来的东西简直不像中国语。在肯定欧化句法带来的好处的同时,就必须指出这些流弊而努力消除它。②

与此同时,他提出"最后一个重要的问题,是翻译工作中语言的运用的问题":

> 每种语文都有它自己的语法和语汇的使用习惯,我们不能想象把原作逐字逐句,按照其原来的结构顺序机械地翻译过来的翻译方法,能够恰当地传达原作的面貌,我们也不能想象这样的译文会是纯粹的本国文学。……这种译文在一般翻译中已经不应该有,在文学翻译中,自然更不能容许。好的翻译者一方面阅读外国文字,一方面却以本国的语言进行思索和想象;只有这样才能使自己的译文摆脱原文的语法和语汇的特殊性的拘束,使译文既是纯粹的祖国语言,而又忠实地传达了原作的内容和风格。③

茅盾的讲话,在不否定鲁迅翻译成就的同时,巧妙地坚持了民族语

---

① 毛泽东:《新民主主义论》,《毛泽东选集》(第二卷),北京:人民出版社,1991年,第698页。
② 茅盾:《为发展文学翻译事业和提高翻译质量而奋斗》,罗新璋、陈应年编:《翻译论集》(修订本),北京:商务印书馆,2009年,第577页。
③ 同上。

言观。他批评说,"有人以为我国的语汇贫乏,翻译时不够应用,造成了很大的困难。但事实却不尽然。"翻译家"应当从生活中去发掘适当的语汇,或者提炼出新的语汇。这也是翻译艺术的创造性的一个方面。……要从外国作品中去吸收新的语汇和表现方法,必须是在本国语言的基本语汇和基本语法的基础上去吸收而加以融化。生吞活剥,杜撰硬搬,都是有害的。"[①]

　　茅盾有关"艺术创造性的翻译"的观念,实际上是他多年来翻译经验的概括。早在1921年他就提出,翻译"不能只顾着作品内所含的思想而把艺术的要素不顾","文学作品最重要的艺术色就是该作品的神韵。"[②] 如果"神韵"与"形貌"不能两全,他主张"与其失'神韵'而留'形貌',不如'形貌'上有些差异而保留了'神韵'。"[③]茅盾曾经说:"看不懂的译文是'死译'的文字,不是直译的。"[④] 因而,他的主张与鲁迅有相当大的区别;他的直译是一种严谨而又灵活的翻译方法,介于"死译"和"歪译"之间。他主张散文翻译用直译,诗歌翻译用意译。他在《译诗的一些意见》中认为,"神韵十九仿佛,也是意译的。直译反而使得译本一无足取。"[⑤]

　　茅盾有关翻译策略与翻译语言的观点,一方面是其翻译经验的总结,另一方面也是顺应1949年以后的文化语境、努力促进翻译语言的纯洁与健康。1951年6月6日,中共中央机关报《人民日报》发表了题为《正确地使用祖国的语言,为语言的纯洁和健康而斗争》的重要社论,社论指出:"语言的使用是社会政治经济文化生活的重要条件,是每人每天所离不了的。学习把语言运用得正确,对于提高思想表达的精

---

　　① 茅盾:《为发展文学翻译事业和提高翻译质量而奋斗》,罗新璋、陈应年编:《翻译论集》(修订本),北京:商务印书馆,2009年,第578页。
　　② 茅盾:《新文学研究者的责任与努力》,《小说月报》1921年第12卷第2期。
　　③ 茅盾:《译文学书方法的讨论》,罗新璋、陈应年编:《翻译论集》(修订本),北京:商务印书馆,2009年,第,408页。
　　④ 茅盾:《"直译"与"死译"》,罗新璋、陈应年编:《翻译论集》(修订本),北京:商务印书馆,2009年,第,415页。
　　⑤ 茅盾:《译诗的一些意见》,罗新璋、陈应年编:《翻译论集》(修订本),北京:商务印书馆,2009年,第420页。

确程度和工作效率,都有极为重要的意义。"社论列举了种种不健康的语言现象之后强调,"这种混乱现象的继续存在,在政治上是对人民利益的损害,对于祖国的语言也是一种不可容忍的破坏"。社论最后号召全国人民,"应当坚决地学好祖国的语言,为祖国语言的纯洁和健康而斗争!"同一天,《人民日报》开始连载著名语法学家吕叔湘和朱德熙两位先生合写的《语法修辞讲话》,"党的各级干部,广大知识分子,全国人民,都把正确使用汉语,保持语言的纯洁和健康作为一项重要任务,记在心头,时刻注意,孜孜以求。"①

结　语

综上所述,茅盾的报告将翻译活动完全纳入了国家的组织和计划轨道,不仅翻译的对象由国家严格控制,而且对西方文学作品的解读也完全遵照当时苏联的定位与批评,政治意识形态和作品的政治倾向是翻译作品合法化的唯一标准。更有意思的是,茅盾集领导、学者、翻译家和翻译批评家于一身,巧妙地调和了翻译界长期争论不休的翻译策略和翻译语言表现形式的问题,努力排除直译和欧化的影响,为翻译诗学拓展了一定的发展空间。

第三节　翻译的专业把门人

如果说茅盾主要以文化部部长的身份对翻译的现状、问题和走向发表讲话,那么5年之后,卞之琳、叶水夫、袁可嘉和陈燊则以专业人士的身份在《文学评论》上发表文学翻译的意见。这篇长达38页的论文《十年来的外国文学翻译和研究工作》概括总结了1949年之后翻译工作的成就,指出了存在的问题和努力的方向。卞之琳1933年毕业于北京大学英文系,1949—1952年任北京大学西语系教授,其后任中国社科

---

① 《华夏儿女的神圣职责——五谈保持汉语的纯洁和健康》,http://blog.sina.com.cn/s/blog_74295ddc0100oz12.html。

院文学所研究员；袁可嘉1946年毕业于西南联合大学外国语文系英国语言文学专业，历任北京大学西语系助教，中共中央宣传部毛泽东选集英译室翻译，1957年调入中国社会科学院外国文学研究所；叶水夫1943年起先后任时代出版社编辑、编辑部主任、副总编，1956年起任中国科学院文学研究所研究室主任；陈燊为中国社科院研究员。

《十年来的外国文学翻译和研究工作》之所以重要，不在于上述四位作者均为外国文学的专业研究员和翻译家，而在于这篇文章折射出他们在翻译批评中顺应时代政治语境所做的努力，并以翻译专业把门人的身份，引导、规范翻译批评的走向。这一点长期以来没有得到应有的重视。罗新璋在《翻译论集》中收入了这篇论文；遗憾的是，他只收录了其中的一部分"艺术性翻译问题和诗歌翻译问题"。也就是说，罗新璋关注的仅仅在于翻译的艺术性而非其他。1949年之后，主流政治话语明确规定艺术为无产阶级政治服务，离开了对这一阶段主流意识形态的描述与分析，对翻译艺术的讨论很难深入。窃以为，从翻译批评的角度来看，对当时和其后译界产生重要影响的并非翻译的艺术问题，而是第一部分"十年来外国文学翻译和研究工作的发展"；这部分有14页，而讨论艺术性翻译的部分仅有8页。如果说茅盾的报告是国家赞助人的政策性指示，这篇文章则可以视为从专业把门人的视角对茅盾报告的解读、阐发和细化。

"十年来外国文学翻译和研究工作的发展"是用无产阶级意识形态来梳理中国近现代翻译史，可以粗略地分为三部分：中国革命翻译传统的建构、十年翻译成就和未来正确的翻译方向。

一、革命翻译传统的建构

文章从一开始就从无产阶级政治的视角来建构中国翻译传统，特别突出鲁迅、瞿秋白、茅盾、蒋百里、郭沫若等在翻译史上的贡献。在简单介绍从汉代到晚清林纾的翻译之后，笔锋一转，明确指出：

> 开辟了正确方向、提倡了严肃态度，产生了积极影响，形成了优良传统的外国文学介绍工作，却始于鲁迅。……这种优良传统最

突出地表现在：重视苏联社会主义现实主义文学，重视欧洲现实主义和积极浪漫主义文学，特别是俄国批判现实主义文学；重视东欧被压迫民族的文学。而总的说来，这种传统的特色是：既注意作品的思想性，又注意作品的艺术性；要求为革命服务，也要求为创作服务。这些特点也是为我国社会的实际需要所规定的。①

文章对鲁迅翻译思想和贡献的定位与毛泽东、茅盾对鲁迅的定位完全一致。文章引用毛泽东在《论人民民主专政》中的论述，"十月革命一声炮响，给我们送来了马克思列宁主义。十月革命帮助全世界也帮助了中国的先进分子，用无产阶级的宇宙观作为观察国家命运的工具，重新考虑自己的问题。走俄国人的路——这就是结论"，提出"走俄国人的路，政治上如此，文艺上也是如此。"② 文章随即对苏俄文学做了如下描述：

> 俄国文学由于真实地反映了生活，深刻地揭露了生活中的反面现象，描绘了人民向专制制度与农奴制度所作的坚忍不拔的斗争和他们对于美好理想的追求，密切地联系了国内的解放运动，表现了俄国人民的爱好自由的、智慧勇敢的民族性格，因而成了最富于人民性、最富于民主精神的文学。这就使它对我国的读者具有特别的吸引力。③

文章列举了鲁迅、瞿秋白、茅盾等的无产阶级文学翻译和文学理论翻译经历，并以《新青年》《小说月报》，鲁迅的《我怎么做起小说来》《摩罗诗力说》《域外小说集》，瞿秋白、蒋光慈的《俄罗斯文学》，茅盾的《西洋文学》等为例，强调翻译为革命服务、为创作服务和联系实际的优良传统。文章认为，1921年中国共产党成立以后，革命运动迅速展开，"一切都和反帝反封建的斗争密切联系着，和革命斗争密切联系

---

① 卞之琳、叶水夫、袁可嘉、陈燊：《十年来的外国文学翻译和研究工作》，《文学评论》1959年第5期，第41页。
② 同上文，第42页。
③ 同上。

着,外国文学介绍工作自然也不例外。因此,凡是符合这些斗争的需要的外国文学作品,就受到译者的重视、读者的欢迎。换句话说,外国文学作品的思想性是决定介绍与否的一个重要的条件。"① 与此同时,文章严厉批评了与之相对或者不同的翻译思想和倾向:

> 然而,外国文学介绍的优良传统的形成并不是一帆风顺的,而是经过长期斗争的。先进的外国文学,特别是俄国文学和东欧被压迫民族的文学的介绍,先是受到封建余孽"学衡派"的攻击,后来又受到买办文人林语堂之流的讥讽。苏联文学和马克思主义文艺理论的介绍,更遭到反动统治集团的无穷的迫害。②

文章特别将"学衡派"和林语堂作为翻译"优良传统"的对立面,这是对不同翻译观念和翻译实践的政治定位,将翻译思想、翻译选题、甚至翻译策略的分歧上升到政治立场的高度。

除了政治倾向之外,由于我国社会的"半封建半殖民地性质"和"反动政权的统治",翻译工作存在"很大的欠缺":

> 无组织、无计划是当时无法克服的普遍现象。大多数出版机构都掌握在出版商手中,它们为了谋利,各自为政,互相竞争,或者小本经营,难有作为。大多数翻译工作者,生活既缺少保障,工作更得不到支持,也受不到督促。整个翻译工作既处在分散、自流状态中,选题不全面或者混乱,译文质量不高甚至低劣,就成为必然的结果。③

这是重复、印证和肯定茅盾对1949年以前翻译的基本评价,确认和重申翻译的组织性和计划性。文章同时还批评"高等学府"的"学者":"他们差不多都是当时俗话叫'出洋'学生出身,其中不少人摆脱不了半殖民地社会某些人所特有的民族自卑感,既少志气,又和我们的

---

① 卞之琳、叶水夫、袁可嘉、陈燊:《十年来的外国文学翻译和研究工作》,《文学评论》1959年第5期,第42页。
② 同上文,第44页。
③ 同上。

外国文学介绍工作的优良传统格格不入，袭取西方资产阶级的方式来研究西方文学，肯定不会有什么建树，当然谈不上有什么符合人民需要的贡献。"① 这不仅否定了西方文学研究的价值，同时也否定了西方的教育和研究。卞之琳等对翻译史的梳理，构建出翻译唯一正确的方向：以鲁迅等为代表、为无产阶级革命服务。

二、十年翻译成就

论文在第二小节主要讨论三个问题：（1）十年来翻译数量的统计；（2）翻译的正确方向和质量的提高；（3）外国文学译介的意义。

这一小节的书写模式也与茅盾的报告非常类似。首先统计了1949年10月到1958年12月10年间翻译出版数据："外国文学艺术作品共5 856种……几乎是新中国成立前三十年的两倍半。"新中国成立前文艺翻译书籍"每种一般只有一二千册，多者也不过三五千册"，新中国成立后九年多"总印数为110 132 000册，平均每种为两万多册"。② 不仅数量多，而且"成包罗万象的形势。各个国家，各个时代，各种流派，差不多都有了代表作和我们的广大读者见面。"③

论文认为，十年来翻译有两个突出的特点："一是正确的方向，二是普遍提高的质量。"④ 而新中国成立以前翻译的作品，"夹带有颓废主义的、低级趣味的、思想反动的东西"……还有许多形式主义和颓废主义的有害作品；就是介绍现实主义的和革命作家的作品，也往往轻重倒置，选择失当。"⑤ 论文特别列举了消极影响比较大的译作：

象密西尔的《飘》那样反动、堕落的东西，居然在我国读书界的一定范围内风行一时，象阿志跋绥夫的《沙宁》那样的颓废派作

---

① 卞之琳、叶水夫、袁可嘉、陈燊：《十年来的外国文学翻译和研究工作》，《文学评论》1959年第5期，第45页。
② 同上。
③ 同上。
④ 同上文，第46页。
⑤ 同上。

品、厨川白村的《苦闷的象征》那样的主观唯心主义的文艺理论，也曾使我国一部分知识青年和文学界受过一度的迷惑，而拉普的"辩证唯物主义的创作方法"、苏联文艺学家弗理契的庸俗社会学的解释文学现象的方法，也起过短期或较长时期的消极影响。……有时竟还把过去在某一个时期某一个环境里起过积极影响、却带有强烈个人主义色彩的外国文学作品里的人物，例如克利斯朵夫，当作今天学习的榜样。①

为了说明翻译的正确方向，论文列举了"苏联文学翻译的突出比例"："从一九四九年十月到一九五八年十二月止，我国翻译出版的苏联（包括旧俄）文学艺术作品，共3526种，占这个时期翻译出版的外国文学艺术作品总种数65.8%强（总印数82 005 000册，占整个外国文学译本总印数74.4%强）。"②发扬优良传统③，为革命服务、为创作服务，这就是我们正确的外国文学翻译的方向。

谈到翻译质量的提高，论文首先描述了新中国成立前的状况：

> 过去可以作为范例的译本固然也有，但那完全是个别现象。在过去的一般译本里，我们随处可以发现：似是而非、生吞活剥的逐译，任意的删节和更动，大大小小的错误（在有些书里甚至多得不可胜记）；不成文理的长句子，全盘欧化的语言表现法（有时实质上只是字形的变换而不是两种语言的逐译）。此外还有信手拈来的专门名词和术语的随便译法，贪图省力或者故意卖弄的直接援引原文，等等。总之，过去的许多文学译品是诘屈聱牙、不堪卒读，而

---

① 卞之琳、叶水夫、袁可嘉、陈燊：《十年来的外国文学翻译和研究工作》，《文学评论》1959年第5期，第53页。
② 同上文，第47页。
③ 优良传统最突出地表现在：重视苏联社会主义现实主义文学，重视欧洲现实主义和积极浪漫主义文学，特别是俄国批判现实主义文学；重视东欧被压迫民族的文学。而总的说来，这种传统的特色是：既注意作品的思想性，又注意作品的艺术性；要求为革命服务，也要求为创作服务。见《十年来外国文学翻译和研究工作》第41页。

且往往令人读起来放心不下、提防上当。①

与1949年之前的翻译策略、翻译语言、翻译质量相反的是，文章对1949年之后的翻译概括如下：

>党和政府在全国范围内对外国文学翻译和文学出版事业的加强领导，审订制度的建立，群众的批评，外国文学翻译工作者生活的安定，物质和精神的鼓励，思想觉悟和艺术修养的提高，新生力量和作为后备力量的多种外国语文人才的培养，间接从别国文翻译的逐渐转为直接从原文翻译——这一切不仅促进外国文学翻译的计划化和优良传统的发扬，而且使我们的译文质量大为改观。现在优秀译本已经不是凤毛麟角，而更可贵的是一般译品质量上的普遍提高。一般的外国文学译品都基本上作到了在内容上忠实可靠，在文字上通顺流畅。②

卞之琳等对十年翻译的基本评价，主要还是基于推理。因为有如此这样的一些措施，译作质量有普遍的提高，"内容上忠实可靠，在文字上通顺流畅"。客观地讲，上述"审订制度"，从间接翻译到直接翻译（非转译）都与保证译作质量有比较密切的关系。

三、苏联的文艺方向

为无产阶级政治服务，走苏联文学发展的道路是论文的核心与主题，贯穿论文的各个部分。卞之琳等多次引用鲁迅的翻译，强调外国文学，特别是苏俄文学对我国的借鉴意义："鲁迅从青年时代发表《摩罗诗力说》起，终其一生都非常重视外国文学作品的思想性。"鲁迅翻译的目的"是要借进步的外国文学的力量来展开新旧思想之间的斗争，来反抗帝国主义、封建主义的压迫。"对于苏联文学，鲁迅更是强调其战斗作用。他在逝世前两年说："我看苏联文学，是大半想绍介给中国，

---

① 卞之琳、叶水夫、袁可嘉、陈燊：《十年来的外国文学翻译和研究工作》，《文学评论》1959年第5期，第48页。

② 同上。

而对于中国，现在也还是战斗的作品更为重要。"① 在 1949 年之前，苏俄文学就鼓舞我们的革命精神，坚定了我们胜利的信心：

> 在国民党反动统治的那些暗无天日的岁月里，苏联文学使我们的广大读者特别感受到它那种强烈的光和热。对新与旧的斗争的描写、对垂死的事物的揭露，对社会生活中新的先进现象的揭示、先进的世界观和革命精神的表达，对共产主义事业必胜的信念和为它献出生命的决心的宣扬，决定了苏联文学的教育力量。第一部社会主义现实主义作品《母亲》使我们从文学作品中初次看到了人民群众的力量，无产阶级的力量。几十年来，在中国社会发生剧烈变化的时候，许多青年知识分子，都从这部作品中得到过启示、鼓舞和力量，因而走上了革命的道路，坚持了革命的工作。《毁灭》、《铁流》等作品激起了我们的革命热情，坚定了我们的革命信心。在抗日战争后期和第三次国内革命战争时期，描写苏联卫国战争的作品成了我国人民的新的精神食粮，成了革命部队的"无形的军事力量"。②

这些论述都是强调苏联文学的先进性和革命性。而在 1949 年之后，苏俄文学对我国的影响更加广泛和深远：苏俄文学"已经成为对我国广大人民进行共产主义教育的武器，成为我们保卫和平、建设社会主义的精神力量"。论文转引周扬的报告，说明奥斯特洛夫斯基的《钢铁是怎样炼成的》、法捷耶夫的《青年近卫军》、波列伏依的《真正的人》、巴甫连柯的《幸福》、尼古拉耶娃的《收获》、阿札耶夫的《远离莫斯科的地方》等作品，"受到了读者最热烈的欢迎"，让中国人"看到了人类历史上前所未有的完全新型的人物，一种具有最高尚的共产主义的精神和道德质量的人物。"③这些论述无疑为外国文学经典的建构奠定了政治思

---

① 卞之琳、叶水夫、袁可嘉、陈燊：《十年来的外国文学翻译和研究工作》，《文学评论》1959 年第 5 期，第 42 页。
② 同上文，第 52 页。
③ 同上。

想基础。

除了苏俄的文学作品，马克思主义的文艺理论同样是指导我们翻译的正确方向：

> 大多数的研究工作者，在党的马克思列宁主义文艺方针的引导之下，在普遍真理和具体实践相结合的我国丰富的革命经验的启发之下，参考苏联的先进经验，经过了亲自的摸索，开始有了在外国文学研究工作中运用马克思列宁主义文艺理论的初步经验。……我们抛弃了资产阶级学者"为学术而学术"的道路，开始使研究工作联系实际，为社会主义服务，面对人民大众；我们不再钻牛角尖，不再埋头于琐屑无聊的考据，而是探讨文学史上的重要现象、重要问题。一般研究选题……都是为满足艺术借鉴和思想教育的需要，也就是遵循了为马克思列宁主义方向所规定的联系实际的道路。①

结　语

卞之琳等的文章，是从专业角度为翻译活动把关。"社会主义现实主义"是判断翻译作品的标准。卞之琳等认为，社会主义现实主义"一直是我们文艺思潮中的主流。苏联作家如何从现实的革命发展中真实地、历史具体地反映现实，如何使艺术描写的真实性和历史具体性同人民的共产主义教育这个任务结合起来，如何表现党的领导和群众的集体英雄主义，如何描写生活中新旧力量的矛盾和斗争，如何塑造具有共产主义道德和品质的正面人物形象等等，都使我国的作家得到不少的启发。"② 与之相对的则是欧美西方的文艺思想。卞之琳等在批判西方资产阶级文艺思想的同时，还特别批评在西方受过教育的中国学者，否定欧美文学的研究和译介成果："在英美资产阶级学术刊物上偶或一见的中国人用外国文写的东西，与中国无关，也不能算是我们的外国文学研

---

①　卞之琳、叶水夫、袁可嘉、陈燊：《十年来的外国文学翻译和研究工作》，《文学评论》1959年第5期，第49页。

②　同上文，第51页。

究成果。"由于他们的"买办和盲从的思想",既不能"提出独立的有价值的见解,也不能在繁琐考据中获得差强人意的成就","即使偶有见地,也缺少科学性,难于归入研究门类"。①卞之琳等的文章,从翻译史的梳理、具体的作品的介绍,特别是苏联与西方文艺思想的对立中,构建起翻译批评的模式与标准,进而确定翻译"红色经典"的范型。

此外,论文还从(本国)文学的发展、思想教育和认识社会历史等三个方面讨论了外国文学译介的功能与意义。相比之下,这部分内容没有太多新意和发展。

第四节 批评话语与翻译"红色经典"

1949年到1966年是一个十分特殊的历史阶段。国家的主流意识形态和高度统一(undifferentiated)的赞助系统,为翻译"红色经典"的形成、传播和接受准备了现实基础。

一、"红色经典"的界定

关于"红色经典",学界已有相当多的论述,也有激烈的论争;主要集中于如下几个问题:(1)什么叫"经典"?(2)"红色经典"能否称得上经典?(3)本质主义与建构主义的经典论争。笔者无意参与有关经典的论争,只是试图将1949年之后有关苏联革命文学作品在中国的译介、传播、接受与翻译批评话语的关系做一个梳理,厘清其中相互缠绕的复杂关系,特别是主流意识形态对翻译经典化所产生的制约与驱动。

所谓的"红色经典"是指1949年之后国内影响广泛的苏联革命文学的翻译作品。有学者把"红色经典"如此定义:"在苏联时期(含二十世纪初期)出现的以社会主义现实主义为主要创作方法的文学作品……以歌颂社会主义革命事业和英雄人物为主旨,更多地以正面手法

---

① 卞之琳、叶水夫、袁可嘉、陈燊:《十年来的外国文学翻译和研究工作》,《文学评论》1959年第5期,第48页。

展示人类精神境界和美好生活的可能境界。"① "红色经典"并不是一般意义上的经典,而是"带着引号的经典,因为它的特殊的'为政治服务'的性质决定了这些作品的外部的政治教化的价值远远超过了其自身的文学价值。"②③ 陈建华等认为,俄苏"红色经典"大体有以下特征:

1. 与社会和时代联系紧密,往往具有较为鲜明的阶级性和党性;2. 表现新时代和新世界,突出新主题,塑造无产阶级新人形象;3. 作者主要是一些曾投身革命运动的作家;4. 作品在中国产生过重大影响。"俄苏'红色经典'"很多并非是真正意义上的"文学经典",但只要它符合上述要求仍可列入讨论的范畴。④

具体而言,这些作品包括《母亲》《钢铁是怎样炼成的》《卓娅和舒拉的故事》《普通一兵》《青年近卫军》《为祖国服务》《日日夜夜》等。有意思的是,得到苏联认可,特别是得到《钢铁是怎样炼成的》主人公认可的《牛虻》,也被列入了"红色经典"。有学者认为,

> "红色经典"的确立跟以往最大的区别首先就是略去了漫长岁月的洗礼,抛开了"自然选择"的面纱,大规模地重建、再造、修正经典,以便为国家(民族)利益、革命利益、人民利益服务……"红色经典"的形成是自觉而有计划地把文化生产和经典建构、国家行为和社会民众行为融为一体,从而建立了一套新的"经典典范"。由此,"红色经典"文本作为民族国家文化建设的主要部分,确立了一整套的话语体系和文化生产方式,深刻影响了中国人的情感结构乃至生活方式、表达方式,同时也为当时的社会提供了一个极强的文化认同感……⑤

---

① 王志耕:《"红色经典"在俄国的命运》,《读书》2006年第9期,第13页。
② 陈钰:《俄苏文学"红色经典"在中国》(硕士论文),上海:华东师范大学,2010年,第4页。
③ 田建明:《"红色经典"的称谓能否成立》,《河北大学学报》2005年第3期,第21页。
④ 陈建华、沈喜阳:《俄苏"红色经典"在当代中国》,《俄罗斯文学》2007年第3期,第88页。
⑤ 杨经建、易娟:《反思与重释:"红色经典"论》,《社会科学战线》2006年第6期,第94页。

历史地看,"十七年"的"红色经典"是左翼文学的延续与发展,特别突出文学与社会政治之间的直接关联,"试图建立一种以阶级属性作为基本表征的新的文学形态"。① 毋庸讳言,在当时特定的语境下,这些作品毕竟改变了整整一代人的思维模式和情感取向,产生了巨大的影响。

主流意识形态是经典的"诠释者和捍卫者",经典"通过图书馆、博物馆、出版、学校、传媒等文化机构（或国家意识形态机器）得以传播、保存、阐发,影响社会"。② 有学者认为经典的审定和实施方式有：(1) 建立具有权威性质的文学理论体系,确立经典审定标准；(2) 出版的管理；(3) 批评和阐释上的干预；(4) 丛书、选本,文学教育和文学史的编撰。③ 笔者拟从政治意识形态、出版发行机构和读者反应批评等视角,探讨翻译"红色经典"的营建与生产。

二、政治话语与文学批评

主流政治话语对文学批评的制约主要体现两个方面：(1) 坚持苏联的文艺方向,(2) 文艺为无产阶级政治服务。1940 年 1 月 9 日,在陕甘宁边区文化协会第一次代表大会上,毛泽东发表题为《新民主主义的政治与新民主主义的文化》的讲演（即后来的《新民主主义论》）。毛泽东指出,"共产主义是无产阶级的整个思想体系,同时又是一种新的社会制度。……是自有人类历史以来,最完全最进步最革命最合理的……共产主义的思想体系和社会制度,正以排山倒海之势,雷霆万钧之力,磅礴于全世界,而葆其美妙之青春。"④ 1949 年 6 月,毛泽东在《论人民民主专政》中指出："积四十年和二十八年的经验,中国人民不是倒

---

① 洪子诚：《中国当代的"文学经典"问题》,《中国比较文学》2003 年第 3 期,第 33 页。
② 余嘉：《中国批评视野中的俄苏"红色经典"》（博士论文）,华东师范大学,2005 年,第 133 页。
③ 洪子诚：《中国当代的"文学经典"问题》,《中国比较文学》2003 年第 3 期,第 34—35 页。
④ 毛泽东：《新民主主义论》,《毛泽东选集》（第二卷）,北京：人民出版社,1991 年,第 686 页。

向帝国主义一边,就是倒向社会主义一边,决无例外,骑墙是不行的,第三条道路是没有的。我们反对倒向帝国主义一边的蒋介石反动派,我们也反对第三条道路的幻想。"① 除了在政治上坚定地走苏联的社会主义道路之外,毛泽东在《在延安文艺座谈会上的讲话》中明确提出文艺为工农兵服务的方针,要"使文艺很好地成为整个革命机器的一个组成部分,作为团结人民、教育人民、打击敌人、消灭敌人的有力的武器,帮助人民同心同德地和敌人作斗争"②。他还提出,"马克思列宁主义是一切革命者都应该学习的科学,文艺工作者不能是例外。"③

党和政府高度重视马恩列斯和毛泽东著作的出版。1951年8月,由周扬主编的《马恩列斯论文艺》(重印时改为《马克思、恩格斯、列宁、斯大林论文艺》)同读者见面,这是人民文学出版社成立以来最早的出版物之一。此后,人民文学出版社先后出版了《毛泽东论文学与艺术》(重印时改为《毛泽东论文艺》,1958年)、《马克思、恩格斯论艺术》(4卷)(里夫希茨编,程代熙编辑,1959年)、《列宁论文学与艺术》(中国社会科学院文学研究所文艺理论研究室编,20世纪60年代),以及毛泽东《在延安文艺座谈会上的讲话》单行本等马列文论著作多种。《马克思主义与文艺》《马恩列斯论文艺》《毛泽东论文艺》等,逐渐获得了"文学批评和文学经典审定依据的'圣经'地位"④,体现出国家政治意识形态对文艺发展方向最强有力的干预和控制。

国家的政治意识形态决定了国家的政治、经济、文化、宣传,以及文学艺术的方针与走向。1950年4月1日,茅盾在文化部对北京市文艺干部的讲演中,特别列举苏联革命斗争文学的范例《铁流》《夏伯阳》《青年近卫军》《士敏土》等,要求文艺工作者"学习苏联的文艺理论和

---

① 毛泽东:《论人民民主专政》,《毛泽东选集》(第四卷),北京:人民出版社,1991年,第1473页。
② 毛泽东:《在延安文艺座谈会上的讲话》,《毛泽东选集》(第三卷),北京:人民出版社,1991年,第848页。
③ 同上书,第852页。
④ 洪子诚:《中国当代的"文学经典"问题》,《中国比较文学》2003年第3期,第34页。

创作方法", "特别是苏联文学史" 以及 "某一作家及其作品的专题研究"。① 他还强调, "马克思列宁主义的科学文艺理论, 苏联文艺创作经验等", "是文学批评家必须具备的资本"。②

时任中共中央宣传部副部长、文化部副部长、党组书记、中国作家协会副主席的周扬也指出: "我们的文艺工作者必须表现中国历史上空前未有的社会主义建设和社会主义改造的伟大事业, 表现社会主义和民主主义阵营反对帝国主义反动集团的巨大斗争……引导人民积极参与建设社会主义和保卫社会主义的伟大斗争。"③ 1953 年在 "中国文学工作者第二次代表大会" 上, 时任中国作家协会副主席兼中共党组书记、作协创作委员会第一副主任的邵荃麟在总结发言中指出, 作为思想战线上重要一翼的文学, 其基本任务是 "以文学艺术的方法来促进人民生活中社会主义因素的发展", "对资产阶级进行思想斗争", "批判各种各样对于社会主义改造抵抗的思想, 坚决地打击一切敌视社会主义改造的反动思想。"④ 他还要求作家协会应承担起组织领导的责任, "更多学习苏联文学工作的经验"⑤。

在这样的政治形势下, 苏俄的革命文学作品 "凭借政治的力量而'体制化', 成为唯一可以合法存在的形态和规范"⑥。《钢铁是怎样炼成的》所表现出的革命乐观主义和英雄主义的精神正好为 "新型的社会主义文化提供了典范, 成为'最合时宜'的先进范本" 和中国青年 "效仿的榜样"。⑦

"红色经典" 的翻译, 从最初的选题就是一项政治任务, 而非个人

---

① 茅盾:《文艺创作问题——在文化部对北京市文艺干部的讲演》,《人民文学》1950 年四月号, 第 17 页。
② 茅盾:《新的现实和新的任务 (一九五三年九月二十五日在中国文学工作者第二次代表大会上的报告)》,《人民文学》1953 年十一月号, 第 28 页。
③ 周扬:《发扬五四文学革命的战斗传统》,《人民文学》1954 年五月号, 第 6 页。
④ 邵荃麟:《沿着社会主义现实主义的方向前进》(在中国文学工作者第二次代表大会上的总结发言),《人民文学》1953 年十一月号, 第 54 页。
⑤ 同上文, 第 63 页。
⑥ 洪子诚:《中国当代文学史》, 北京: 北京大学出版社, 1999 年, 序言第 IV 页。
⑦ 户松芳:《〈钢铁是怎样炼成的〉在 "十七年" 的传播与接受》(硕士论文), 武汉大学, 2005 年, 第 23 页。

的艺术追求或偏好。梅益曾经回忆《钢铁是怎样炼成的》的翻译经过，"1938年春，八路军上海办事处负责人刘少文同志给了我这部小说的英译本（纽约国际出版社1937年出版，英译者是阿历斯·布朗）。他要我作为党交办的一项任务，把它译出来。当时很忙，白天工作，晚上还要编报，时译时辍，直到1941年冬才译完，有几章曾请姜椿芳同志校阅。书出版后不久，东北、晋察冀敌后根据地都曾翻印过。解放后，人民文学出版社又请刘辽逸等同志根据俄文原本重校一次，并把英译者删节的地方补译，先后印了十几版，将近二百万册。"① 可以看出，这是一项由党的领导策划的、集体完成的革命任务。到1983年访谈时，梅益再次明确表示，他的翻译"主要是为了完成党交给的任务"，将译本"作为青年读者的革命课本"。②

"红色经典"的选题、翻译、修改增补到出版发行的整个过程都与当时的政治情势相关。《钢铁是怎样炼成的》之所以能成为经典，是因为"保尔与斯大林模式有着共生的关系"，因为"符合斯大林模式的'社会主义'对人的要求：朴素的阶级感情，狂热的献身精神，共产主义的美好憧憬，坚定紧跟的忠诚"③。当年话剧《保尔·柯察金》即将在北京上演时，作为团中央副书记的廖承志在《人民日报》撰文，阐发演出的意义：（1）"向中国青年介绍苏联青年经过怎样的奋斗路途；苏联共青团经过怎样的途径成熟与强大；苏联共青团如何成为党的后备军"。（2）"向苏联学习，使中国共青团更进一步群众化，提高政治觉悟，使党员具有高尚革命品质，像保尔一样。"④

《牛虻》的翻译也清楚地印证了主流政治话语的驱动。"由于伏尼契的《牛虻》正好是保尔和奥斯特洛夫斯基最喜爱的作品，所以还未等这部小说被介绍到中国，就早已为广大读者所熟悉和喜爱。这种熟悉与喜爱使得当时的读者成为积极推动翻译该小说的一个强大动力。作为读者

---

① 梅益：《钢铁是怎样炼成的·后记》，http://ren.hqcr.com/article-10004.html。
② 本刊记者：《访〈钢铁是怎样炼成的〉译者梅益》，《中国翻译》1983年第1期，第22页。
③ 吴泽霖：《保尔的命运和被亵渎的理想》，《俄罗斯文艺》2004年第3期，第59页。
④ 廖承志：《演出保尔·柯察金的意义》，《人民日报》1950年9月20日。

之一的李俍民先生也深受《钢铁》以及后来的《奥斯特洛夫斯基传》的影响，并促使他着手翻译《牛虻》一书。"①

与翻译"红色经典"的营造并行的是，宣传革命精神和社会主义道路的本土创作得到苏联的高度认可。丁玲的《太阳照在桑乾河上》、周立波的《暴风骤雨》、贺敬之与丁毅执笔的歌剧《白毛女》获苏联1951年斯大林文学奖。这是新中国的文艺作品首次在国外获奖，②这一奖项突出了革命政权新的文学艺术规范，强化了文艺为政治服务的实用功利性，同时也推动了"三红一创、青山保林"③本土文学经典的创作。经过马列主义的文艺理论家的阐发引申，走苏联革命的道路，文艺为工农兵服务，为无产阶级政治服务成为1949年以后的文艺方针，自然也成为翻译工作的方针与政策。

在强调走苏联革命的道路，坚持文艺为无产阶级政治服务的同时，西方资产阶级的文艺思想受到严厉批判。时任中共中央宣传部部长的陆定一在《人民日报》上撰文，称"美国的文学艺术堕落到让黄色小说、阿飞舞、黑猩猩的'绘画'在那里称王称霸。资产阶级的哲学、社会科学、文学、艺术，已经完全破产。它对我们只有一个用处，就是当作毒草来加以研究，以便使我们有个反面的教员，使我们学会认识毒草，并把毒草锄掉变为肥料。"④"文革"之前的内部译作《等待戈多》的《译后记》，将该剧称为"资本主义社会没落时期的产物，把资产阶级文学传统中一些最腐朽的糟粕……继承下来加以'翻新'"。⑤我们还可以从冯至的一首小诗窥探出文艺与政治意识形态的相互关系：

---

① 倪秀华：《翻译：一种文化政治行为——20世纪50年代中国译介〈牛虻〉之现象透析》，《中国比较文学》2005年第1期，第120页。
② 中华人民共和国出版大事记，http://www.chinawriter.com.cn。
③ 指的是杨沫的《青春之歌》，周立波的《山乡巨变》，杜鹏程的《保卫延安》，曲波的《林海雪原》；吴强的《红日》，罗广斌、杨益言的《红岩》，梁斌的《红旗谱》，柳青的《创业史》。
④ 陆定一：《要做促进派——为〈江海学刊〉创刊号作》，《人民日报》1958年3月14日。
⑤ 施咸荣：《等待戈多·译后记》，北京：中国戏剧出版社，1965年，第135页。

给美国帝国主义者

看你们扶持的傀儡，哪一个还有点人像？
你们派出来的士兵，一个个都神情沮丧。

你们以为——搬来些飞机坦克，便可以侵略朝鲜；
派遣一个舰队，便可以抢走台湾；

霸占了安理会，便有了侵略的根据；
邀几个帮凶，便可以鼓起些勇气。

但是你们如今——飞机在雾里飞，坦克在泥里走；
舰队在"巡逻"，是寻索自己的坟墓；

安理会没有中苏，就是强盗聚议场，
帮凶们各怀鬼胎，哪肯陪着你们打败仗？

我们写诗——歌颂英勇的人们，有最崇高的语言；
但诅咒无耻的恶棍，要用最丑恶的字眼。

你们无耻地奸污了，那座可怜的"自由神"——
这是惠特曼的后代吗？这是希特勒的儿孙！①

1951年中央人民政府文化部《国外影片输入暂行办法》规定："凡入口影片，其内容如有反世界和平、反人民民主、违反中国民族利益，或宣传淫猥色情迷信恐怖等，足以妨碍新社会秩序者，视其情节轻重，

---

① 冯至：《给美国帝国主义者》，《人民文学》1950年四月号，第12页。

应加以删剪或不予通过。"① 所谓"反世界""反人民民主""违反中国民族利益",其解读必须置于社会主义与资本主义两大阵营对立的具体文化语境之下,而典范必然符合无产阶级意识形态。

1950年茅盾在《译文》杂志的发刊词中指出:"作为全国文协的机关刊物",要遵循文协章程所规定的我们集团的任务,其中第2条明确规定,翻译要"肃清为帝国主义者、封建阶级、官僚资产阶级服务的反动的文学及其在新文学中的影响","参加以苏联为首的世界人民争取持久和平与人民民主的运动",② 明确界定了文艺创作的政治属性。不仅如此,学界在厘定翻译文学经典的标准、批评原则甚至言说方式等方面都效法苏联。《牛虻》的翻译虽然依照的是英文文本,但中青社要求李俍民对其译文按照"苏联青年近卫军出版局的俄语版本加以删节"。同时,在正式出版的"出版者的话"里,也表明"对苏俄翻译文学完全认同的态度,这种认同甚至可以说到了一种亦步亦趋的程度,以致《牛虻》译文更'忠实于'俄译本《牛虻》,而非爱尔兰原著《牛虻》。"③ 甚至连中文本的《序》也采用"苏联儿童出版局的俄译本中的叶戈洛娃所写的序文,译本的插图采自青年近卫军出版局的俄译本,注释也是在该俄译本的注释上加以补充而成"④。通过这些翻译策略,突出了翻译的政治性和革命性,与苏联的文艺思想保持高度一致。

有学者指出,1949年以后,"文学创作被纳入体制,作家的知识结构、艺术修养、思想倾向和创作心态发生根本性转变"。从作家队伍上看,"这一时期最活跃的作家不是以往那些受过正规大学教育的作家,而是从延安和更为广泛的解放区来的文化水平较低的作家"⑤。有意思的是,经典的译者并非功成名就的翻译家,如张谷若、施蛰存、卞之

---

① 中央人民政府文化部:《国外影片输入暂行办法》(中央人民政府文化部制定1950年7月11日公布),《河南政报》1951年5月1日,第95页。
② 茅盾:《发刊词》,《译文》创刊号,1950年,第13页。
③ 倪秀华:《翻译:一种文化政治行为——20世纪50年代中国译介〈牛虻〉之现象透析》,《中国比较文学》2005年第1期,第121页。
④ 同上文,第130页。
⑤ 户松芳:《〈钢铁是怎样炼成的〉在"十七年"的传播与接受》(硕士论文),武汉大学,2005年,第37页。

琳、朱光潜、梁宗岱等,也不是知名的左翼文学翻译家郭沫若、茅盾、巴金、邵荃麟、冯亦代、楼适夷等,甚至也不是资深的俄语翻译家,如萧三、曹靖华、叶水夫、刘辽逸、师哲、戈宝权、金人等;而是投身革命、深受苏俄文学,特别是苏联革命文学影响的年轻的翻译工作者。个中缘由耐人寻味。

三、赞助系统

赞助系统是指推动或限制文艺作品的生成、出版与传播的社会机构或个人。1949年以后,晚清以来多种分离的赞助机构被单一的赞助系统所取代。随着国家对资本主义工商业改造的逐步推进,中国出版行业占80%以上的私营企业在短短不到5年的时间内"通过全行业的公私合营过渡到国营商业"①,完全退出了历史。与此同时,一度十分繁荣的私营期刊要么停刊消失,要么变为国有,隶属于国家出版总署的直接领导;翻译作品的出版发行完全纳入组织化和计划化的管理。

首先,出版机构是经典建构的重要因素。有学者以《牛虻》的出版为例,论述出版社的作用与影响:

> 《牛虻》在基本通过当时主流意识形态对翻译原本的严格选择标准后,得以被李俍民翻译,并于1953年由中国青年出版社(以下简称中青社)首次出版。中青社是我国唯一的以青年为主要读者群、并直属共青团中央领导的全民所有制事业单位,因而在很大程度上代表了当时中国主流意识形态,并且在指导思想及其具体出版工作等方面都严格遵照当时党的文艺方针。②

出版社不仅严格筛选翻译文本,并对译本进行"选择性的挪用",即用"改写手法"对宗教文化、迷信色彩的描写、资产阶级思潮等进行

---

① 朱晋平:《对私营图书零售业社会主义改造的历史考察》,《中共中央党校学报》2008年第5期,第107页。

② 倪秀华:《翻译:一种文化政治行为——20世纪50年代中国译介〈牛虻〉之现象透析》,《中国比较文学》2005年第1期,第120页。

删节,"以表现英雄人物的典型形象"。"尽管译者李俍民曾以出版社的删节有损作品的艺术性或文学性为由,与该社进行了多次的交锋,但结果都是徒劳的,出现在读者面前的《牛虻》仍然不是李俍民的原译本,而是经过中青社'处理过'的删节版。……被删节的《牛虻》更好地充当了对中国读者,尤其对青年读者,进行爱国主义教育的有效手段。"①

其次,出版社还组织出版"经典"的通俗本,使经典能有效地普及到初中以上文化程度的工农兵、干部和青年中去。"把世界名著改写成通俗本……这对文艺的普及工作上是有帮助的","已经出版的有《百炼成钢》(根据奥斯托洛夫斯基的《钢铁是怎样炼成的》改写的)、《夏伯阳》(根据富曼诺夫的《夏伯阳》改写的)、《苦海变乐园》(根据康斯坦丁·帕斯托夫斯基的《卡腊·布迎日海湾》改写的)、《雪地长虹》(根据瓦希列夫斯卡的《虹》改写的)等"。这些改写本"利用了章回小说的特点:文字明快,故事紧张,结构紧凑,情节交代清楚;同时,又不失原意,正确地掌握了原著的思想感情,这种改写方法,是会为广大的工农兵及市民读者所喜欢的。"② 出版社推出的节译本、改写本和选编本等,极大地普及了经典文学作品。涵子改写的通俗本"1951 年 7 月由上海劳动出版社印行,1953 年 11 月又由中国青年出版社重印出版,累计印数不少于 27 万册。"③

由于出版社的积极推动,"红色经典"的翻译出版取得前所未有的突破。仅以《钢铁是怎样炼成的》为例。有学者统计,在 1952 年以前,《钢铁是怎样炼成的》就已经有多家出版社的多个版本:

  白刃根据梅益译本缩写本:
    哈尔滨兆麟书店,1948 年版;
    天津知识书店,1949 年 5 月初版;

---

 ① 倪秀华:《翻译:一种文化政治行为——20 世纪 50 年代中国译介〈牛虻〉之现象透析》,《中国比较文学》2005 年第 1 期,第 126 页。
 ② 《通俗本的世界文艺名著》,《人民日报》1951 年 3 月 25 日。
 ③ 户松芳:《〈钢铁是怎样炼成的〉在"十七年"的传播与接受》(硕士论文),武汉大学,2005 年,第 14 页。

中南新华书店，1950年1月初版。

中耀改编本：沈阳东北书店，1949年5月初版。

中耀缩写本：北京新华书店，1950年版。

茜子改写本，取名《保尔》：上海劳动出版社，1951年版。

吴昭江、李晴改写本：北京开明书店，1952年版。

[苏]班达连柯改编本，乌蓝汗译：中南新华书店印行，1950年版。

[苏]彭达林科改编本，陆立之译：上海北新书局，1951年版。①

1951年3月，人民文学出版社在成立之初就决定将《钢铁是怎样炼成的》列入"苏联文艺丛书"，重新出版。"1952年，根据中央人民政府出版总署关于出版专业化的精神，《钢铁是怎样炼成的》梅益本的版权正式转移到人民文学出版社……仅1952年一次就出过50万本。"到1965年6月，该译本"共印46次，印数达136.9万册"。② 此外，"中国青年出版社和少年儿童出版社亦分别于1956、1961年翻印过这一译本"③。

除了不同版本的全译本、节译本、改编本、通俗本之外，《钢铁是怎样炼成的》还曾以连环画的形式出版发行，画家毅进因此荣获1963年全国第一届连环画创作绘画三等奖。连环画《钢铁是怎样炼成的》"成为五六十年代最流行的大众通俗读物，主导了那个时期民众的业余文化生活"④。

除了《钢铁是怎样炼成的》之外，其他红色翻译经典的发行量也非常惊人："《青年近卫军》26万多部，《卓娅和舒拉的故事》134万8千

---

① 户松芳：《〈钢铁是怎样炼成的〉在"十七年"的传播与接受》（硕士论文），武汉大学，2005年，第11—12页。

② 方长安、户松芳：《〈钢铁是怎样炼成的〉在新中国"17年"的传播研究》，《广东社会科学》2006年第4期，第155页。

③ 同上。

④ 户松芳：《〈钢铁是怎样炼成的〉在"十七年"的传播与接受》（硕士论文），武汉大学，2005年，第16页。

册,《拖拉机站站长和总农艺师》125万多册,《海鸥》82万多册。"①

营建翻译"红色经典"的另一个重要手段是借助其他媒体,如话剧和电影的艺术形式。话剧和电影有纸质文本不可企及的优越性和感染力。1950年2月,中国青年艺术剧院将《钢铁是怎样炼成的》搬上了话剧舞台,由孙维世导演、金山(饰演保尔·柯察金)和张瑞芳(饰演冬妮亚)主演,话剧获得巨大成功。"从1950年到1954年8月底先后有中国青年艺术剧院、华东海军文工团、武汉市青年文工团、重庆市文工团、山西省文工团、甘肃省话剧团等演出,共计295场。"②1957年,为纪念十月革命四十周年,中央人民广播电台广播剧团还曾演播《钢铁是怎样炼成的》的片断。③

1950年3月4日《钢铁是怎样炼成的》在大城市影院上映;同时,上海电影译制厂译制了影片《钢铁是怎样炼成的》(苏联基辅及阿什哈巴德电影制片厂于1942年联合摄制);1957年长春电影译制厂又译制出《保尔·柯察金》(苏联1956年的电影版本,是在苏联大搞社会主义建设时生产的,由基辅电影艺术制片厂摄制),在中国大陆29个城市播放。④有学者称,《钢铁是怎样炼成的》的改编本"几乎囊括了当时所有的艺术表现形式"。这些改编本的"普及和推动"使小说在中国"妇孺皆知",⑤产生了广泛而深远的影响。

四、读者反应批评

翻译"红色经典"的营建除了主流政治话语、出版策划与推动之外,另一个重要因素是自上而下的宣传动员和对读者接受的规范与引导。

---

① 《8年来有多少苏联文学书籍进口?》,《文艺报》1957年第31号,11月10日出版。
② 户松芳:《〈钢铁是怎样炼成的〉在"十七年"的传播与接受》(硕士论文),武汉大学,2005年,第15页。
③ 同上。
④ 同上文,第16页。
⑤ 方长安、户松芳:《〈钢铁是怎样炼成的〉在新中国"17年"的传播研究》,《广东社会科学》2006年第4期,第157页。

首先是国家行政领导和文化艺术界的名人就"红色经典"发表的导向性的讲话和文章。茅盾、郭沫若、周扬、邵荃麟，以及无产阶级文艺理论家和批评家都曾发表文章，宣传苏联的革命文学和小说经典。1955年中国作家协会主席茅盾认为，"苏联的文学在马克思列宁主义的照耀下沿着从社会主义胜利地走向共产主义的伟大历史道路，创作了无比辉煌的成绩，丰富了人类的文化宝库。"① 中国文学艺术界联合会主席郭沫若称：苏联文学"对整个人类和平与进步事业，有着无比重要的贡献……［苏联的］经验和成绩，一直是我们学习的榜样"②。中国戏剧家协会主席田汉称："苏联文学艺术一直是中国革命斗争与建设热情的有力的鼓舞者，也一直是中国新文艺的楷模。"③周扬《在第二次全苏作家代表大会上的祝词》高度赞扬苏联文学"是人类最先进、最富有生命力的文学。是向广大人民进行共产主义教育的有利工具，是为世界和平，是为社会主义和人民民主而斗争的锐利的武器"④。他还特别强调《钢铁是怎样炼成的》等苏联小说的典范意义：

> 苏联的文学艺术作品在中国人民中找到了愈来愈多的千千万万的忠实的热心的读者；青年们对于苏联作品的爱好简直是狂热的。他们把奥斯特洛夫斯基的《钢铁是怎样炼成的》，法捷耶夫的《青年近卫军》，波列沃伊的《真正的人》中的主人公当作了自己学习的最好的榜样……他们在这些作品中看到了人类历史上前所未有的完全新型的人物，一种具有最高尚的共产主义精神和道德品质的人物。⑤

团中央副书记廖承志号召"向苏联学习，……提高政治觉悟，使党员具有高尚革命品质，像保尔一样"⑥。《人民日报》还发文，宣传翻译

---

① 茅盾：《茅盾给全苏第二次作家代表大会的贺电》，《人民文学》1955年一月号，第5页。
② 郭沫若：《郭沫若给全苏第二次作家代表大会的贺电》，《人民文学》1955年一月号，第5页。
③ 田汉：《田汉代表我国戏剧家向大会致贺电》，《剧本》1955年第1期，第17页。
④ 周扬：《在第二次全苏作家代表大会上的祝词》，《人民文学》1955年一月号，第6页。
⑤ 同上文，第8页。
⑥ 廖承志：《演出保尔·柯察金的意义》，《人民日报》1950年9月20日。

经典在革命与建设中的巨大鼓舞力量:"苏联著名的小说《钢铁是怎样炼成的》、《日日夜夜》、《恐惧与无畏》、《真正的人》、《青年近卫军》等作品,成为指战员们最喜爱的读物。许多人在轻装行军中,宁愿丢掉衣物,不愿丢弃这些书籍。在医院里,工作人员经常把《钢铁是怎样炼成的》、《真正的人》等小说读给伤员们听。许多在作战中负伤残废的指战员,在苏联英雄人物感人事迹的激励下,更加坚定了斗志。"① 李俍民也曾回忆道:"团中央还向全国团员与青年读者推荐此书为优秀课外读物。当时的《人民日报》、《中国青年报》等报刊纷纷发表有关《牛虻》的书评","全国各地许多图书馆、文化馆也纷纷组织文艺讲座与座谈会"。②

其次,广大的青年纷纷撰写读后感或观后感,学习"红色经典"中主人公的革命精神。在阅读《钢铁是怎样炼成的》之后,竹可羽撰文讨论保尔的爱情生活对当代中国青年的启示;③ 李家谈参加演出《钢铁是怎样炼成的》心得体会,检讨自己"贪生怕死",而保尔给予他"力量和信心"。④

《保尔·柯察金》在中国放映之后,《中国青年》还介绍学生观看,其后各校"成立了'保尔·柯察金'班,工厂成立了'保尔·柯察金'组,车间也命名为'保尔·柯察金'车间,并举行隆重的命名仪式,展开讨论、学习,向那些光荣的英雄人物看齐。"⑤ "重庆、哈尔滨、杭州、合肥等地的若干学校、工厂、机关的共青团支部","组织讨论《保尔·柯察金》这部影片,学习保尔为社会主义革命事业献身的精神和他的坚定的无产阶级立场。济南、长沙有一些机关青年因为贪图安逸,不愿意离开城市,在看过《保尔·柯察金》后,纷纷报名要求到农村中去

---

① 《苏联文艺影响巨大》,《人民日报》1951年2月20日。
② 李俍民:《关于翻译〈牛虻〉的一些回忆》,王寿兰编:《当代文学翻译百家谈》,北京:北京大学出版社,1989年,第285页。
③ 竹可羽:《保尔·柯察金的爱情生活给我们的启示——〈钢铁是怎样炼成的〉读后记》,《中国青年》1950年第36期。
④ 李家:《我参加演出〈钢铁是怎样炼成的〉一些心得》,《人民日报》1950年9月17日。
⑤ 曹靖华:《苏联文学帮助我们青年塑造新品质》,《中国青年》1952年第19期。

锻炼，到祖国最需要的地方去，像保尔那样去生活。"①《文艺报》还专门组稿，密集刊登观后感：

刘瑛：《做个像保尔一样的人》（《文艺报》，1957年第29号，10月27日出版）；

张明：《我热爱苏联文学》（《文艺报》，1957年第30号，11月3日出版）；

司汉民：《世上没有布尔什维克不能攻克的堡垒——保尔帮助我恢复了生命力》（《文艺报》，1957年第30号，11月3日出版）；

李乔：《苏联文学引导走向革命》（《文艺报》，1957年第31号，11月10日出版）；

郝若瑜：《莱奋生、保尔·柯察金永远活在我的心中》（《文艺报》，1957年第33号，11月24日出版）；

刘增修：《保尔给我以力量》（《文艺报》，1957年第37号，12月22日出版）等。②

翻译"红色经典"的接受与批评还体现在本土革命经典的创作上。不少作家都谈及苏联"红色经典"的影响。文艺理论家、诗人、文学翻译家胡风曾在日记中记录下苏联文学创作理论、人物塑造的方法以及阅读《钢铁是怎样炼成的》的过程。③

高玉宝坚信，铁梁磨绣针，功到自然成；保尔"是个瞎子都能写出书，我一个睁眼的，虽然没有文化……总是比瞎子好的多吧。我下定决心，非把书写出来不可。"④ 当时的宣传股长迟志远用保尔的精神鼓励

---

① 方长安、户松芳：《〈钢铁是怎样炼成的〉在新中国"17年"的传播研究》，《广东社会科学》2006年第4期，第156页。

② 转引自户松芳：《〈钢铁是怎样炼成的〉在"十七年"的传播与接受》（硕士论文），武汉大学，2005年，第31页。

③ 胡风：《胡风日记》（上）（1948年12月9日—1949年12月31日），《新文学史料》1998年第4期，第27页。

④ 高玉宝：《我是怎样学习文化和学习写作的》（代序），《高玉宝》，北京：人民文学出版社，2004年，第6—7页。

他,"把它写成象《钢铁是怎样炼成的》小说一样"①。这部 20 多万字的自传体长篇小说出版后,先后被译成 20 多种文字,发行 400 多万册;其中《半夜鸡叫》和《我要读书》更是家喻户晓,被选入小学课本。②

吴运铎在创作《把一切献给党》的时候,同样受到过《钢铁是怎样炼成的》的影响。

> 远在一九四三年春天,在伟大的整风运动中,党就号召我们学习保尔·柯察金的优秀品质;努力提高思想觉悟程度。不久,我从《淮南敌报》一个同志那里借到《钢铁是怎样炼成的》这本书,那是淮南仅有的一本,经过许多人的手,书的边角已经卷起来了。虽然由于战争的艰苦,灯油越发越少,灯草也由三根减到一根,保尔·柯察金仍然跟我一起守着微弱的灯光,度过好几个夜晚。在他那火焰一般绚丽的生命光辉的照耀下,我真正感到自己的渺小。但是我也毫不气馁地勉励自己:应该不愧为他的一个朋友和同志。③

《林海雪原》的作者曲波曾经说:"我读过《钢铁是怎样炼成的》等文学名著,其中人物高尚的共产主义道德品质和革命英雄主义的气概曾深深地教育了我,它们使我陶醉在伟大的英雄气概里。"④《青春之歌》的作者杨沫在日记中记录下阅读《钢铁是怎样炼成的》之后,"我想到我自己,心里充满着矛盾与痛楚……十分惭愧、不安";保尔让她"感受到一种极大的教育与鼓舞"。⑤"保尔·柯察金的自述,又刺激我想起久已想写的那本书来。我想还是大胆地写吧!"⑥王蒙在 1953 年创作的《青春万岁》中也多次记录下主人公受到《钢铁是怎样炼成的》的

---

① 高玉宝:《我是怎样学习文化和学习写作的》(代序),《高玉宝》,北京:人民文学出版社,2004 年,第 7 页。
② 转引自户松芳:《〈钢铁是怎样炼成的〉在"十七年"的传播与接受》(硕士论文),武汉大学,2005 年,第 38 页。
③ 吴运铎:《把一切献给党》,北京:工人出版社,1964 年,第 176 页。
④ 曲波:《关于〈林海雪原〉——略以此文敬献给亲爱的读者们》,《林海雪原》,北京:人民文学出版社,1977 年,第 598 页。
⑤ 杨沫:《自白》,《我的日记》,广州:花城出版社,1985 年,第 121 页。
⑥ 同上书,第 170 页。

影响。①

结　语

"十七年"间的批评话语使苏联革命小说的翻译必然成为经典，而西方的经典文学名著也必然被边缘化。有意思的是，无论是梅益还是李俍民，他们的翻译均不是依从苏联原文本而是根据英语文本，而这两部英文文本在英语世界中从来就不是经典，甚至也算不上有影响的作品。翻译"经典"似乎与原文本在原语文化中的地位、艺术水平和影响没有必然的联系。

具有讽刺意味的是，到20世纪50年代末，红极一时的翻译"红色经典"又成为禁书，到"文革"期间甚至成为反修批修的反面教材。到20世纪90年代末，苏俄翻译"红色经典"又被重印、再版，甚至被重新组织翻译。无奈时过境迁，"红色经典"赖以生存的接受语境已不复存在。

《钢铁是怎样炼成的》等翻译"红色经典"的大起大落不仅暗示了单一赞助系统和批评话语的强大形塑力量，同时也揭示出经典的建构本质。经典的形成与梅益、李俍民个人的翻译没有太多关系，甚至与原作的思想与艺术特征也没有太多关系。

第五节　"文革"翻译批评话语

"文化大革命"（1966—1976）是极其特殊的一个时期。期间的翻译表现出极其特殊的形态和特征。马士奎、王友贵、谢天振等学者先后对"文革"期间翻译的不同侧面做过研究，提出了非常精到的见解。概括起来，文革期间的翻译有如下特征：

首先，"文革"期间的文学翻译虽然不能说完全是空白，但种类和数量都是近现代以来的最低点。马士奎曾认为，从发行的角度来看，

---

① 王蒙：《青春万岁》，北京：人民文学出版社，1979年，第141—142页。

"文革"期间的翻译可以划分为三类：公开发行、内部发行和"潜在译作"①。公开译作有34种，②内部发行的大约40种（苏联24种，日本9种，美国5种，德国1种，玻利维亚1种）；③1973年11月，上海创办了内部刊物《摘译》（外国文艺），到1976年底停刊共出版31期，翻译介绍了较多的苏美日等国的当代文学作品，成为当时了解外国文学发展状况的主要窗口。④此外还有少量的"潜在译作"，其数量很难统计。

其次，中苏的意识形态分歧公开化以后，曾经所谓的翻译"红色经典"受到批判，被贬斥为"修正主义的毒草"而禁止出版。李俍民曾经写道："文革"期间，"'四人帮'大搞文化专制主义，污蔑《牛虻》为大毒草，说团中央与中国青年出版社在五十年代大规模印行并向全国团员推荐《牛虻》为优秀课外读物是放毒，是戕害青少年读者。"⑤"《牛虻》被视为毒草，列为禁书。"⑥

再次，"文革"期间一个引人注目的现象是，"17年间绝少译介的当代日本和美国文学""跃升成为译介的重要对象"。⑦

然而，"文革"期间翻译最突出的特征是翻译曾一度沦为政治斗争的工具。谢天振曾言：

> 该时期的文学翻译不仅要充当执政党党内不同政治集团之间的斗争工具，还要充当国际上不同政党之间的斗争工具，加上此时中国大陆几乎所有的翻译家都已经被"打倒"，权力与意识形态对翻译的操控达到极致。从翻译对象的选定、翻译过程的组织，到最后

---

① 参见马士奎：《文革期间的外国文学翻译》，《中国翻译》2003年第3期。
② 马士奎：《文革期间的外国文学翻译》，《中国翻译》2003年第3期，第65页。
③ 谢天振：《非常时期的非常翻译——关于中国大陆文革时期的文学翻译》，《中国比较文学》2009年第2期，第28页。
④ 马士奎：《文革期间的外国文学翻译》，《中国翻译》2003年第3期，第67页。
⑤ 李俍民：《写在书前的话》，伏尼契：《牛虻》，李俍民译，北京：中国青年出版社，1981年，第6页。
⑥ 李俍民：《后记》，伏尼契：《牛虻》，李俍民译，北京：中国青年出版社，1981年，第338页。
⑦ 谢天振：《非常时期的非常翻译——关于中国大陆文革时期的文学翻译》，《中国比较文学》2009年第2期，第28页。

翻译文本的定稿、署名形式，乃至某些翻译文本中"夹译夹批"的奇怪形式，等等，无一不突显权力与意识形态对翻译的操控。①

谢天振认为，"文革"时期的翻译，是"一个不可多得的"文化现象，"甚或是一个绝无仅有的"文化现象。"政治、意识形态、国家政权、政党对翻译的干预和控制达到了极点"；"译者的主体性"、"全社会的诗学观念都完全被抹杀不顾"。②

特殊时代的特殊翻译活动，必然源自特殊的翻译批评或生成特殊的翻译批评话语。"文革"期间几乎没有严格意义上的翻译批评论文。有学者曾言："从王寿兰所编《当代文学翻译百家谈》、陈福康的《中国译学理论史稿》等书中，可以明显地看出翻译界这种可悲的景象。享有'纵千余年，集百家言'之称的《翻译论集》（罗新璋编）（包括《翻译研究论文集》）收集了自公元三世纪至一九八二年间近七十万字的代表性译论文章180余篇，也是唯独没有'文革'十年间的文章。"③

"文革"期间翻译批评的极度萎缩正好说明这是一个亟待研究的领域；批评专著或专文的缺失并不影响我们探讨当时的批评话语。大量的译序、译跋和编者按等，揭示出在"文革"特殊语境下翻译的功能、译者的地位、译作的传播渠道、接受方式和影响程度，从中仍然能够发现当时的翻译行为规范和翻译评判标准。

一、批评的主体与特殊形态

到"文革"之前，为数不多的几种翻译刊物，如上海的《翻译月刊》和北京的《翻译通报》（全国唯一的翻译理论刊物）都已停刊；《世界文学》（介绍外国文学的主要园地）也于1966年出版第一期之后停办。即便有严肃探讨翻译的论文，也不可能有发表的平台。翻译批评话

---

① 谢天振：《非常时期的非常翻译——关于中国大陆文革时期的文学翻译》，《中国比较文学》2009年第2期，第23页。
② 同上文，第24页。
③ 靳彪、赵秀明："文革"十年间的中国翻译界》，《天津外国语学院学报》2000年第1期，第4页。

语的主要形态是毛泽东语录、政策文件、社论、评论员文章、译作的封面形式、编者按、编者说明、答读者、译者说明、译序译跋和批评专文。这些批评文字大多与译文同时呈现，附于译文前后，也即通常说的副文本（paratexts）。

"文革"期间的"内部发行"是一种极其特殊的文本呈现形式，也是极为特殊的批评形式。"灰皮书""黄皮书"等的出版开始于"文革"之前。这些书"大都以作家出版社或中国戏剧出版社的名义出版。但实际上，这两家出版社都只有其名，并不具有真正的实体，既没有组织机构，也没有工作人员，它们都是人民文学出版社的'影子'。只因作为国家级出版社不便发行'内部图书'，只好虚借其他出版社的名义。"①"灰皮书""黄皮书"等，封面都印有"内部发行"和"供批判用"。"黄皮书"的封面与衬页之间夹有"土黄色极薄小纸条"，上面印有"本书为内部资料，供文艺界同志参考，请注意保存，不要外传"的字样。②《摘译》（外国文艺）编译组曾告诫读者："《摘译》是一本只供有关部门和专业单位参考的内部刊物……主要任务是通过文艺揭示苏、美、日等国的社会思想政治和经济状况，为反帝反修和批判资产阶级提供资料。"③ 文本的这种呈现形式不仅明确了翻译批评具体的社会语境，同时规范了文本的解读方向。

其次是以"编者按""编者说明""出版说明"等形式对文本进行解读和批评，比如：

"编者按"（《金色稻浪今何在》，《摘译》（外国文艺），1976年第8期）；

"编者的话——写在苏修短篇小说《多西娅·伊凡诺芙娜》、《小勺子》的前面"，（《摘译》（外国文艺），1976年第12期）；

---

① 周发祥等：《二十世纪中国翻译文学史》（十七年及"文革"卷），天津：百花文艺出版社，2009年，第143页。

② 郑瑞君：《"内部发行"制度与"灰皮书""黄皮书"的发行》，《出版发行研究》2014年第11期，第98页。

③ 《摘译》（外国文艺）编译组：《答读者——关于〈摘译〉的编译方针》，《摘译》1976年第1期，第172页。

"入党介绍人'编者按'"(《译丛》(批判材料),1976年第1期);

"出版说明"(普拉达·奥鲁佩萨:《点燃朝霞的人们》,苏龄译,北京:人民文学出版社,1974年);

"出版说明"(法耶斯·哈拉瓦:《代表团万岁》,北京外国语学院亚非语系阿拉伯语专业译,北京:人民文学出版社,1975年);

任犊:"在'善'与'恶'的背后——代出版前言"(钦吉斯·艾特玛托夫:《白轮船》,雷延中译,上海:上海人民出版社,1973年)。

有些译作还附有专门的"导读"或批评文章。如郭季竹的《拙劣的寓言,狂妄的野心——评电影剧本〈夜晚记事〉》(萨·丹古洛夫等:《不受审判的哥尔查科夫》,北京外国语学院俄语系三年级八、九班工农兵学员译,上海:上海人民出版社,1975年);北京师范大学外国问题研究所苏联文学研究室的《新沙皇为老沙皇翻案的铁证》(萨·丹古洛夫等:《不受审判的哥尔查科夫》,北京外国语学院俄语系三年级八、九班工农兵学员译,上海:上海人民出版社,1975年);樊益世的《"救世主"招牌的背后》(《译丛》,1976年第2期)。

"文革"期间翻译批评的另一种形态是批评主体以匿名、笔名、化名或以集体、协作组、批判小组的名义出现,这是中国翻译史上很少出现的署名形式。使用匿名、笔名或以集体署名是"文革"期间各个写作班子的惯常手法。北京的"梁效"(两校)、上海的"罗思鼎""丁学雷""石一歌"都是知名的笔名。当时上海市委写作组直接控制的刊物《学习与批判》《朝霞》《朝霞文艺丛刊》《教育实践》《自然辩证法杂志》以及文艺、哲史经、自然科学三个《摘译》,都使用化名或笔名:

> 哲学组的笔名为翟青,历史组的笔名为罗思鼎(螺丝钉),文艺组的笔名为丁学雷、方泽生、任犊、石一歌,这些笔名是比较固定的,其他还有,官效闻、石仑、康立、翟青、方海、齐永红、史锋、史尚辉、曹思峰、梁凌益、戚承楼、靳戈、方岩梁(谐音'放眼量')、金风、方耘、常峰、景池、龚进等八十多个笔名。最重头

的文章也使用上海市委写作组或上海市革命委员会大批判组的名义。①

以集体署名的有"首都钢铁公司工人评论组"(《莫桑比克战斗诗集》)、"大庆油田部分工人和黑龙江大学中文系'工农兵学员'和'革命教师'"(《钢铁是怎样炼成的》)、"中阿友好公社文艺评论组"(《火焰》)、"北京大兴县中朝友好人民公社业余文学评论组"(《朝鲜短篇小说集》),以及"四八〇〇部队某部理论组"和"北大俄语系苏联文学组"(《青年近卫军》)等。② 有学者统计过以集体署名的译作:

> "上海新闻出版系统五七干校翻译组"(《多雪的冬天》、《你到底要什么》等)、"上海人民出版社编译室"(《落角》、《现代人》)、"人民文学出版社翻译组"(《虚构的大义》)、"上海师大外语系俄语组"(《特别分队》、《核潜艇闻警出动》)、"北京师范大学外国问题研究所苏联文学研究室"(《不受审判的哥尔查可夫》、《四滴水》)、"上海外国语学院俄语系"(《普隆恰托夫经理的故事》、《最后一个夏天》)、"北京大学俄语系苏修文学批判组"(《明天的天气》)和"延边大学朝鲜语系72届工农兵学员"(《朝鲜诗集》)等。③

而以笔名或化名署名的还有:"齐干""阳新""迅行""齐戈""万山红""钟志诚""朝晖""钟卫""渭文、慧梅"(叶渭渠、高慧勤、文洁若、唐月梅)、"南凯"(南开大学)、"卞伊始"(编译室)、"桑植"(商务印书馆哲学)等。署名的方式不仅体现了翻译的强烈政治性,同时也暗示了译者地位和主体性的失落;作品的艺术性和审美特征也极少进入批评界的视野。

二、政治化批评

1949年之后,文学艺术逐渐政治化,翻译批评也不例外。到了

---

① 史义军:《"罗思鼎"和"朝霞"事件》,《炎黄春秋》2006年第2期,第26页。
② 马士奎:《文革期间的外国文学翻译》,《中国翻译》2003年第3期,第65页。
③ 马士奎:《翻译主体地位的模糊化——析"文革"时期文学翻译中译者的角色》,《临沂师范学院学报》2006年第5期,第137页。

1966年，译作的评价完全以政治目的、政治效果为旨归。"文革"期间翻译的三种出版形式（公开出版、内部发行和潜在译作），显然都是以政治为划分标准。公开发行的是政治上正确的作品；内部发行的，其内容是需要批判、检讨、从反面印证主流政治合法性、合理性的作品；而潜在译作，尽管大多是公认的经典，但与当下政治无关、也就是说是无用的作品。翻译批评直接为政治服务，这在上海市委写作组的翻译刊物《摘译》的组织、发行和批评上得到充分的体现。

三种《摘译》杂志（文艺、哲史经、自然科学）都是上海市委写作组直接控制的刊物（上海市委写作组直接控制的另外5种是《学习与批判》《朝霞》《朝霞文艺丛刊》《教育实践》《自然辩证法杂志》）。① 对于上海市委写作组，有学者描述如下：

写作组"组织分工细致周密，作者队伍庞大，直接掌握的刊物最多，可以独立形成协同作战、轮番冲击能力，声势上超过其他御用写作班子；形成'北有梁效、南有罗思鼎'的格局。"②

《摘译》（外国文艺）在《答读者》中，十分明确地陈述了其"编译方针"。"《摘译》是一本只供……参考的内部刊物"其主要任务是"为反帝反修和批判资产阶级提供材料"，③

> 应该说明，我们并不反对借鉴外国的艺术技巧。……但是，这毕竟不是我们研究当今资本主义世界文艺的主要目的……对帝国主义文艺、修正主义文艺和资产阶级文艺在艺术上估计过高，不仅不符合实际，而且是十分有害的……要把毒草化为肥料，就得认真地、仔细地进行分析和批判。不加分析、不进行批判，不仅不能受益，还会中毒。……希望有关单位的党组织和读者利用各种形式一起来做好批判工作。同时也希望有关单位和同志尽可能做好《摘

---

① 史义军：《"罗思鼎"和"朝霞"事件》，《炎黄春秋》2006年第2期，第27页。
② 同上文，第27页。
③ 《摘译》（外国文艺）编译组：《答读者——关于〈摘译〉的编译方针》，《摘译》1976年第1期，第172页。

译》的保管工作。①

无论是《摘译》的译文还是内部发行的单行本，其"前言""译者序""译后记"或"出版说明"中，最突出的内容就是对苏修社会帝国主义的批判。有些标题旗帜鲜明地表现出译者或言说者的政治立场。如"新沙皇为老沙皇翻案的铁证"（北京师范大学外国问题研究所苏联文学研究室）、《拙劣的寓言，狂妄的野心——评电影剧本〈夜晚纪事〉》（郭季竹）。② 在《阿穆尔河的里程》的前言中，译者称：

> 这本所谓的"历史"小说以一八五七年、一八五八年沙皇俄国派遣侵略军和武装哥萨克强行侵占我国黑龙江以北、乌苏里江以东广大地区，用武力胁迫清朝签订不平等的《中俄瑷珲条约》为题材，伪造历史，颠倒黑白，无耻地为老沙皇的侵略罪行辩护，替新沙皇进一步推行侵略扩张政策制造"历史"根据。③

在引用"无产阶级的伟大导师恩格斯"的语录之后，译者指出："这部小说的作者竭力美化沙皇侵华，煞费苦心地给这种侵略披上所谓'伟大的事业'、'人道的、全民的事业'等等外衣，吹捧沙俄侵略军……妄图欺骗苏联人民，叫他们俯首帖耳地为新沙皇霸权主义卖命。"④ 最后，译者明确提出翻译的动机与目的，《阿穆尔河的里程》是"很好的反面教材"，

> 我们怀着极大的愤怒把它翻译出来，供读者批判。让我们认真学习马列主义和毛主席的著作，认真学习无产阶级专政的理论，高举革命大批判的旗帜，把反对现代修正主义、反对社会帝国主义的

---

① 《摘译》（外国文艺）编译组：《答读者——关于〈摘译〉的编译方针》，《摘译》1976年第1期，第173页。
② [苏] 萨·丹古洛夫等著：《不受审判的哥尔查科夫》，北京外国语学院俄语系三年级八、九班工农兵学员等译，上海：上海人民出版社，1975年，目录页。
③ [苏] 尼·纳沃洛奇金：《阿穆尔河的里程》，江峨译，北京：人民文学出版社，1975年，第1页。
④ 同上书，第3页。

斗争进行到底!①

《多雪的冬天》的内容提要称，小说"反映了赫鲁晓夫、勃列日涅夫两个时期修正主义领导集团内部的斗争"，"广泛地触及了当前苏修特权阶层中一伙人的丑恶面目。他们是一切阴谋、祸害的策划者，但现在都还在受到信任、重用，有的更担负着高级领导职务。"②谢天振对"文革"翻译批评有过深入的分析：

> 在为两篇苏联短篇小说《费多西娅·伊凡诺芙娜》和《小勺子》所写的"编者的话"中，编者特别强调指出，前者的主人公"为了维持一家八口的生活，当牛做马，承受着极其沉重的体力与精神负担"，后者的主人公"也迫于生活，沦为她的叔叔、某木材仓库经理的雇工"，"劳动群众的这种境遇，在苏联现实生活中触目皆是，而且还要悲惨得多。这是赫鲁晓夫—勃列日涅夫叛徒集团在苏联复辟资本主义的必然结果。"以此说明，如果中国不搞"文化大革命"，中国也会出现类似的情景。③

编译者甚至在译文中直接添加按语，联系国内政治现实，"对苏联领导层大加鞭挞"④，称主人公"是一个被歪曲了的工人形象"，是"为了掩盖阶级矛盾和美化苏修社会而捏造出来的"，"唯利是图是以勃列日涅夫为代表的官僚垄断资产阶级贪婪本性的反映"，是苏联"整个儿改变颜色的必然结果"。⑤

编者按的另一个重要内容是对资本主义的批判。《摘译》（外国文学）1976年第8期刊登了日本中篇小说《金色稻浪今何在》，其"编者

---

① ［苏］尼·纳沃洛奇金:《阿穆尔河的里程》，江峨译，北京：人民文学出版社，1975年，第3页。
② ［苏］伊凡·沙米亚金:《多雪的冬天》，上海新闻出版系统"五·七"干校翻译组译，上海：上海人民出版社，1972年，第1页。
③ 谢天振:《非常时期的非常翻译——关于中国大陆文革时期的文学翻译》，《中国比较文学》2009年第2期，第32页。
④ 同上文，第35页。
⑤ ［苏］伊西多尔·什托克:《金色的篝火》，万山红译:《摘译》（外国文艺）1976年第8期，第5、29页。

按"就指出,小说反映了"腐朽的资本主义制度给日本农村和整个社会带来的衰败景象":深受"残酷剥削与压迫的日本人民"、"不景气席卷了整个(日本)社会"、"凄凉萧条的市场,漩涡般上升的物价,农业破产,乡村荒芜,农田快成了芒草白穗随风摇摆的古战场"。①

对苏联文艺作品中"人性论"和"人道主义"的批判也是一个重要内容。《〈特别分队〉特别在哪里?》是小说《特别分队》的"前言",其中有如下的评论:

> 在这个"特别分队"的感化下,一个极端仇视红军战士的德国聋哑姑娘爱上了这个分队的战士隆尼科夫,并且由于隆尼科夫的死而重新恢复了说话的能力。看,"爱"的魔力是多么巨大啊!它不仅能使哑巴说话,还能使仇人变成亲人,爱情代替憎恨,用刀刺伤红军战士的德国女郎和红军战士拥抱在一起。这就是特别分队的特别工作。这……不过是资产阶级人性论的新翻版而已!……只能说明苏修当代文艺的日益堕落,再也找不到任何进步的出路了。②

在"前言"的结尾,译者还不忘告诫读者:苏修社会帝国主义"是当代最大的国际剥削者和压迫者。它对内进行法西斯统治,对外到处搞军事基地,不断对其他国家进行控制、颠覆、干涉和侵略,并与另一个超级大国争夺世界的霸权"。前言的作者还预言:"无论是原子弹、导弹也好,或者是布科夫之流的特别分队也好,都不能挽救它彻底崩溃的命运。它的统治日子不会很长久了。谓予不信,请拭目以待。"③ 一言概之,"政治上反动,艺术上腐朽"是苏修和西方帝国主义文艺的特征。④

除了《摘译》(外国文艺)之外,《摘译》(外国哲学历史经济)和《摘译》(外国自然科学哲学)同样有极其严格、尖锐的政治批评。例如,在《摘译》(外国哲学历史经济)1975 年第 11 期上有一篇专论"社

---

① 《金色稻浪今何在·编者按》,《摘译》(外国文艺)1976 年第 8 期,第 62 页。
② [苏]瓦吉姆·柯热夫尼柯夫:《特别分队》,上海师范大学外语系俄语组译,上海:上海人民出版社,1974 年,第 2 页。
③ 同上书,第 7 页。
④ 《苏修短篇小说集》,《摘译》(外国文艺)增刊,上海人民出版社,1975 年,第 1 页。

会学"的文章，作者认为：

> 社会学是在资本主义制度日益腐朽、反动的条件下，在资本主义土壤上长出来的一株大毒草。它的使命就是妄图维系摇摇欲坠的资产阶级反动统治。苏修叛徒集团上台以后，"意识到它是有用的工具，可以有助于""使现存制度更加合法化和更加永恒"，"取代马列主义的地位"，因而拼命抓住社会学这根稻草，强化对苏联人民的法西斯专政。①

在另一篇介绍"经互会"的评论文章中，作者指出经互会绝不是"人间乐园"，而是充满着"尖锐的矛盾和斗争"；② 而

> 勃列日涅夫叛徒集团是一批善于玩弄权术、阴险奸诈的恶棍。他们掠夺、剥削和奴役经互会其他国家已经多年了。有掠夺，就有反掠夺，有剥削，就有反剥削，有奴役，就有反奴役。这是一个规律。苏修决然摆脱不了这个规律。随着全世界人民反霸斗争的深入发展，经互会国家广大人民反对苏修控制的斗争正方兴未艾；他们必将奋起，成为苏修社会帝国主义的掘墓人。③

政治化的批评不仅包括社会科学，甚至扩大到自然科学。在批评"气质学"的专文中，作者就明确指出："从来不存在超政治的纯科学，一切学说都是它所属阶级的阶级利益和政治要求的理论表现。"荒谬的气质学说反映了苏修"社会帝国主义的政治需要"，是为其"侵略和称霸世界的总目标服务的"。④

在为《宇宙学的新动向》所加的"编者按"中，作者批评道：

> 在苏修那里，大爆炸宇宙学却另有一个名称："热宇宙理论"，

---

① 叶伯乐：《社会学——苏修法西斯专政的工具》，《摘译》（外国哲学历史经济）1975年第11期，第1页。
② 干戈：《经互会内部反控制斗争方兴未艾》，《摘译》（外国哲学历史经济）1975年第9期，第53页。
③ 同上文，第55页。
④ 施辛：《评苏修的气质学说》，《摘译》（外国自然科学哲学）1975第3期，第187页。

并称之为"二十世纪最重要的科学成就之一"。所以,作者"强调自己观点的正统性"也就是要维护西方资产阶级宇宙学的"正统",即为资产阶级的反动政治服务的"宇宙有限论""宇宙热寂论"……这说明苏修学者们的宇宙学研究,只不过是跟在西方资产阶级后面亦步亦趋,同唯心论和形而上学的哲学携手并进罢了。①

自然科学的译作,比如"红移问题""星体演化""生命起源""宇宙学""微积分"等等,似乎与政治关系不大,但这些批评的政治性却非常明显突出,仅从其标题就能看出:《"还原论"要还原到哪里?》《是"游戏",还是科学?》《这是一种什么"经验"?》《苏修为什么要复活心灵学?》《心灵学:虚构还是现实?》《反社会行为的社会心理学观点》《评苏修的气质学说》② 等。有批评者指出,自然科学的研究,必须"以辩证唯物主义为指南,对天文学研究中的唯心主义和形而上学,深入开展革命的大批判",才能"正确地解释红移问题和促进天文学蓬勃发展。"③

可以看出,翻译批评主要是针对作品的政治思想内容,在批判苏修和西方资本主义的同时强调自我意识形态和政权的合法性。有学者称,外国文学翻译活动"首先是由当权者为异己的文化定位",然后"通过翻译行为来强化这一形象",使人们"对外国文化的认识与其他官方媒体的宣传相一致,同时消解对立文化和社会制度的合法地位。"④

翻译批评不仅内容与"文革"时期的政治斗争密切相关,其标题、言说方式、逻辑发展,连同术语都是典型的"文革"话语,带有突出的历史特征。翻译不仅是国际政治和意识形态斗争的武器,更是国内政治集团之间斗争的重要工具。上海市委写作组掌握的 8 个刊物就是名副其

---

① "编者按",《宇宙学的新动向》,《摘译》(外国自然科学哲学) 1975 第 3 期, 第 124—125 页。
② 《〈摘译〉(外国自然科学哲学) 1974 年第 1 期至 1975 年第 4 期(总 1—6 期)总目录》,《摘译》(外国自然科学哲学) 1975 第 4 期, 第 173—176 页。
③ 武如:《谈谈红移问题》,《摘译》(外国自然科学哲学) 1975 第 4 期, 第 4 页。
④ 周发祥等:《二十世纪中国翻译文学史》(十七年及"文革"卷),天津:百花文艺出版社,2009 年, 第 229 页。

实的"四人帮""帮派"刊物。译作被"降格为'批判'运动的旁证材料，序跋和评论将其重新组合，以使所塑造的原语文化形象符合政治批判的要求。"① 有学者指出"文革"话语中政治主题的高频词是"人民""无产阶级""（毛）主席""群众""赫鲁晓夫""资产阶级""阶级""国家""（中国共产）党"等；政治观念的高频词是"帝国主义""社会主义""毛泽东思想""路线""资本主义""思想""道路""修正主义""政策""马克思列宁主义"等；政治事件前七位的高频词是："文化大革命""专政""战争""阴谋""任务""矛盾""事业"。② 从前面所举的例子可以发现，翻译批评与之高度吻合。这些高频词营造出两个"泾渭分明，水火不容"的范畴，一是"落后的罪恶的资产阶级"，另一个是"先进的、伟大的无产阶级"。③ 批评文章通常是"杀气腾腾"，"振振有词地历数修正主义和帝国主义的种种罪恶，而且密密麻麻引用的领袖语录都以黑体特别标出。"④ 有意思的是，"四人帮"倒台之后，新出版的《摘译》（外国哲学历史经济）第 9 期夹有一张 5.5×10cm 的纸条《告读者》，称"由于'四人帮'的破坏，本书《苏联的走资派哲学》、《研究国家机关的改革问题》两文，内容有错误，已撕去。书中其他文章尚有参考价值，仍作内部发行。定价减为三角五分。"⑤ 两篇文章的具体内容不得而知，但标题中"走资派""国家机关的改革"就清楚暗示了内容与政治斗争密切相关。

三、译者的边缘化与工具化

对"文革"期间译者的地位和主体性，马士奎（2003）、王友贵（2007）、谢天振（2009）都有比较深入的分析。在严酷的政治意识形态

---

① 周发祥等：《二十世纪中国翻译文学史》（十七年及"文革"卷），天津：百花文艺出版社，2009 年，第 231 页。
② 廖迅乔：《认知视角下〈人民日报〉社论（1966—1971）的批评语篇分析》（博士论文），北京外国语大学，2014 年，第 50—54 页。
③ 同上文，第 176 页。
④ 周发祥等：《二十世纪中国翻译文学史》（十七年及"文革"卷），天津：百花文艺出版社，2009 年，第 232 页。
⑤ 《告读者》，《摘译》（外国哲学历史经济）1976 年第 9 期。

之下，历经无数次的政治运动、思想教育和思想批判运动的翻译界，独立意识和主体地位降低到历史的最低点。这个时期的翻译活动有三个明显的特征：（1）翻译活动高度组织计划化；（2）翻译活动集体流程化；（3）译者地位的边缘化。译者没有选择权、没有报酬、不能署名，甚至无权知道译文的全貌。

首先，翻译从策划、出版到发行高度组织化。不论是"公开发行"还是"内部发行"，翻译作品都受到严格控制。所谓的"灰皮书"和"黄皮书"的翻译就是一例。有学者描述过当时的翻译背景："20世纪60年代初开始，为了配合中央反修斗争，特别是中苏大论战的需要，根据中宣部的指示，在中央编译局等有关单位的共同合作和配合下，由几家出版单位，主要是人民出版社（以副牌三联书店的名义），以及商务印书馆、世界知识出版社、上海人民出版社等陆续组织翻译出版。"① "灰皮书""黄皮书"是指

> 一批所谓新老修正主义者和机会主义者的著作，都是作为"反面材料"，属"毒草"性质，封面一律用灰色纸，不作任何装饰，大家习惯上就称为"灰皮书"。"灰皮书"均为内部发行，封面上都印有"供内部参考"或"供批判之用"的字样，分甲、乙、丙三类，限定发行范围，甲类最严，表示"反动性"最大，如伯恩施坦、考茨基、托洛茨基等人的著作，购买和阅读对象都严格控制。②

"黄皮书"则是根据同样目的出版的、反映"修正主义思潮的外国文学作品"，"如描写战争的残酷、恐怖、悲惨的反战小说和剧本，一些所谓人性论、资产阶级人道主义的诗歌、小说、散文以及评论等。"因为采用黄色纸封面，故又称"黄皮书"。③ "黄皮书"作为一项政治工程，"中宣部由副部长林默涵总负责；人文社由副主编孙绳武、秦顺新

---

① 张惠卿：《"灰皮书"的由来和发展》，《出版史料》2007年第1期，第112页。
② 同上。
③ 同上。

负责","还有《世界文学》副主编陈冰夷、叶水夫和文学研究所的专家参与选目,提供意见",作协还"专门成立由陈冰夷负责的'外国文学工作小组'"。①

谢天振曾描述过翻译的策划和选题,

"四人帮"在上海的亲信,也即当时上海的党政领导,为此专门组织了一批精通外文的高校教师,让他们每天8小时阅读最新出版的国外文学作品并写出作品的故事梗概。他们上面另有一套班子审查阅读这些故事梗概,并最后做出决定,哪些作品要翻译,哪些作品不要翻译。②

翻译的策划、选题、定性、预期的读者对象,以及预期的社会效果,都一一由当权的政治集团决定。译者只是文字转换的工具,完全没有选择的余地。马士奎曾言,在华工作多年的外国专家詹纳尔(W. J. F. Jenner)就感觉,"外文出版社的编、译人员完全没有选择作品的权力,译作最后的面目也不由他们确定,做这些决定的是那些政治上的当权者"③。荣如德曾经回忆翻译《爱情故事》的情况,说,"我只知道是上面要,为什么要,谁要,我不知道。他们说要我们翻译大毒草,可是毒在什么地方我也不知道。"④ 草婴也说,当时的译者都是"从大田劳动中抽出来的……不能看那种外报外刊,只能是叫做什么做什么"⑤。至于由哪家出版社出版,译作针对的读者群是谁,译者无权过问,更无权选择。

其次,整个翻译活动沦为集体的机械流程。目前已有一些学者对"文革"期间译者的工作状态进行了梳理。"文革"期间翻译的集体署

---

① 王友贵:《20世纪中国翻译研究:特殊年代的文化怪胎"黄皮书"》,《广东外语外贸大学学报》2010年第3期,第44页。
② 谢天振:《非常时期的非常翻译——关于中国大陆文革时期的文学翻译》,《中国比较文学》2009年第2期,第30页。
③ 马士奎:《翻译主体地位的模糊化——析"文革"时期文学翻译中译者的角色》,《临沂师范学院学报》2006年第5期,第140页。
④ 陈丹燕:《上海的风花雪月》,北京:作家出版社,1998年,第220—221页。
⑤ 同上书,第116页。

名,本身就"昭示了译者与译作关系的疏离和译者主体地位的失落"①。草婴曾回忆当时的翻译状况:

> 当时是上海图书馆 308 房间有一个二十人左右的小组,都是"四人帮"信得过的人,懂外文,他们可以去看外报外刊和最新的外文书目,由他们选择了翻译什么样的书,当时主要是俄文的,然后送到干校来,让翻译连翻译。②

"翻译连"的运作如下:

> 三个人一组,一共五个组。将一本书拆开来,让大家分头看,然后在一起讲故事,用这样可笑的办法来了解整本书的故事,统一人名地名的译法。然后分头开始。然后一个人汇拢大家的译稿先通一遍,再传到我手里,我最后通稿。一旦完成,马上送走。干校里连字典都没有,工宣队的人逼我们要在二十天里交四十万字的翻译稿出来,他们根本不懂,瞎指挥,说:"你们有什么好改的,上面写了热水瓶,你就写热水瓶嘛。"③

当时的"皮书"都是机械流程翻译的,"一个人翻一章,然后有一个人统稿,那不是创作,而是流水线。"④ 翻译不仅通过集体分工按流程进行,而且高度保密,几乎是军事化的管理。译制片的生产就能窥豹一斑:

> 译制工作已并非完全是艺术工作,而成了一项政治任务,一项极为严肃且要保密的任务。有曾担任当时译制工作的人员就回忆说"参加译制工作的人都必须对影片的片名、内容保密,连家人也不许透露。即便是本厂的翻译、演员,只要在目前正在译制的影片里没有任务,也一概不能接触这部影片。此外还明确规定,剧本不能

---

① 马士奎:《翻译主体地位的模糊化——析"文革"时期文学翻译中译者的角色》,《临沂师范学院学报》2006 年第 5 期,第 138 页。
② 陈丹燕:《上海的风花雪月》,北京:作家出版社,1998 年,第 216—217 页。
③ 同上书,第 216 页。
④ 同上书,第 210 页。

带出厂外，剧本都有编号，工作结束，必须交还厂里。这是作为一条纪律必须执行的"，"译制'内参片'有严格的规定……配音用的对白剧本不得带回家，配音完成后一律上交、统一处理。凡是不参加这部影片译制工作的，不管是厂内领导、工军宣队，甚至局一级的领导也一律不得看片，这是'无产阶级司令部'下达的命令。"①

当时的翻译者都认为自己只是"机器而已"，翻译完后，"大家重新回去劳动。我们翻译的书只是在我们面前扬一扬，然后又带走，连我们都不可以有。我们对自己的地位十分清楚。恐怕没有人会想入非非。"②草婴回忆道："工作很繁重，精神很不愉快。其实在那时我真的愿意回去种菜的……对我们来说，我们是修万里长城的奴隶，"并不为翻译而"觉得自豪"。③

做翻译不仅没有成就感，而且是危险的事。"那时候做什么事，都如履薄冰，让人扣了什么帽子，不得了的事。他们翻译就危险了，那可是白纸黑字，你自己写下来的。他们那种战战兢兢的日子我觉得是不好过。"④ 翻译家方平对当时的"潜在翻译"有一段非常生动的叙述，那时

> 私下搞翻译，这不是在贩卖封资修的黑货吗？罪名不下今天的私贩大麻、海洛因。那时候我翻译过莎士比亚的悲剧，只能偷偷摸摸，是见不得人的勾当，就像封建社会中的小媳妇，夜半偷偷出去与自己以前的情人幽会。在那种紧张的心态下，可想而知，既没法谈爱情，也绝对搞不好翻译……这是一个非常时期，它用火与剑，强制你按照它的政治调子去思想，彻底剥夺了属于你个人的思维空间。⑤

---

① 陆弘石、舒晓鸣：《中国电影史》，北京：文化艺术出版社，1998年；转引自吴积燕：《文革内参片——中国电影的"封闭"传播》，《戏剧之家》（上半月）2014年第2期，第113页。
② 陈丹燕：《上海的风花雪月》，北京：作家出版社，1998年，第220—221页。
③ 同上书，第216页。
④ 同上书，第211页。
⑤ 许钧：《传统与创新——代引言》，《文学翻译的理论与实践——翻译对话录》，南京：译林出版社，2001年，第8页。

作为"翻译机器"和"雇佣译者",译者自然不可能有成就感和自豪感。有的译者甚至对那一段历史讳莫如深,拒绝接受采访。不愿意让人"知道他们是谁,也不愿意回忆那一段生活",甚至"不愿意接受当年一个读者对他们的那些作品的谢意"。他们拒绝承认那些翻译"是他们的作品……觉得自己有过那一段生活,是耻辱的"①。译者普遍缺少基本的主体意识,没有起码的成就感和自豪感。

四、译作流通与影响

"文革"期间公开发行的译作不多,但内部发行的不少。公开发行、内部发行与潜在译作对应了主流政治对译作的评价。内部发行不仅印数很少,而且强调读者的行政级别与资格。有学者称,20世纪60年代的"皮书""每种只印9百册"②。内部发行的范围有严格规定,"党内高级干部和高级知识分子凭单位介绍信办理'内部购书证',可以到新华书店附设的'内部书店'选购'内部书'。'高级干部'是指'行政级别达到十三级以上的'领导人。'十三级为司局(地专)级'。北京的高级干部人数众多,管理从严,'副部长级以上'方可办理'内部购书证'"③。

1973年5月之后,对"内部发行"的方式、范围做出调整,"在京工作的'省军级干部,人大常委会委员、政协常委'均可以购阅'内部发行'图书。外地的'内部书店'除了凭证之外,对持'省军级'介绍信的临时购书需要也予以接待"④。

按照这样的规定,当时绝大多数读者根本没有机会接触到"灰皮书""黄皮书",甚至译者自己对翻译作品的全貌也无从知晓。有学者曾用"封闭"来概括"文革"期间"内参片"的生成、发行和流通,"封

---

① 陈丹燕:《上海的风花雪月》,北京:作家出版社,1998年,第210页。
② 王友贵:《20世纪中国翻译研究:特殊年代的文化怪胎"黄皮书"》,《广东外语外贸大学学报》2010年第3期,第45页。
③ 郑瑞君:《"灰皮书"、"黄皮书"在社会的流传及其影响》,《新闻界》2014年第22期,第45页。
④ 郑瑞君:《"内部发行"制度与"灰皮书""黄皮书"的发行》,《出版发行研究》2014年第11期,第97页。

闭地传入""封闭地译制""封闭的影讯""封闭地放映"。"有资格看内参片的观众受到的是一种政治待遇……内参片就是在只能允许极小部分有特定身份的人进入的极其有限的范围内,封闭式地放映。"① 内部发行的译作的流通同样是在"封闭"中进行。

然而,历史并非像某些政治集团想象那样发展。无论是公开发行还是内部发行的译作,人们的解读并非遵循政治集团的想象和设计。具有讽刺意味的是,原本是要限制、左右国民思维的译作却颠覆了翻译发起者的初衷与动机,甚至也出乎翻译家本人的意料,成为一代年轻人启蒙的教科书。大众的"误读"产生了"与翻译初衷迥异的感受和结论"。② 陈丹燕对"白皮书"怀有"安徽饥民对救灾粥"的"感激之情",③ 去采访了十一位与"白皮书"有关的对象。除了当年的翻译家如草婴、荣如德之外,还有李天钢(上海史专家)、张献(剧作家)、刘绪源(作家)、张甘露(作家)、高志仁(综合文艺节目制作人)等,他们与陈丹燕一样,正是通过"白皮书""灰皮书"而了解到"文革"之外的精神世界。

"文革"期间,全国的出版社和期刊急剧减少,发行量极度萎缩。1966年到1970年,文学、艺术类图书仅出版137种,其中"革命样板戏"的剧本占了相当的比重;"这五年中文化、教育类书籍,仅出版5种,……平均每年仅出1种。"④ 在"文化严重沙化、基本无书可读"⑤的历史时期,为数不多的公开发行和内部发行的译作,犹如久旱甘霖,"给不甘枯竭的灵魂增添了一丝生意"⑥。

有意思的是,内部发行的各种书籍和"禁书",伴随着"地下读书"

---

① 吴积燕:《文革内参片——中国电影的"封闭"传播》,《戏剧之家》(上半月)2014年第2期,第114页。
② 周发祥等:《二十世纪中国翻译文学史》(十七年及"文革"卷),天津:百花文艺出版社,2009年,第232页。
③ 陈丹燕:《上海的风花雪月》,北京:作家出版社,1998年,第209页。
④ 林宁:《论〈朝霞〉的办刊宗旨及文学史意义》,《文学评论丛刊》2010年第2期,第105页。
⑤ 同上。
⑥ 同上。

运动,通过抄家、偷窃、交换、购买、手抄或翻印①等多种途径在社会上广泛流传。主要的读者群是高中级干部家庭的子女,以及对理论问题有兴趣、出身于普通家庭的中学生和知青群体。② "灰皮书" "黄皮书" 为 "没有书看,知识贫乏,精神空虚,处在严重的饥荒之中" 的青年一代带来了难得的精神营养。③ 一旦得到一本 "灰皮书" "黄皮书" 或古典名著,他们就会 "像一只饿急了的狼逮着兔子,不但通宵达旦地一气读完,而且尽可能一句一句抄下来。"④ 陈丹燕记录下当时读者对白皮书的感受:

李天钢:

那些书里有许多贴近我们生活的地方……我印象最深的是我看过的《多雪的冬天》、《人世间》。那里面的惆怅给了我很大的震动。

对我个人来说,影响最大的是白皮书里的历史书。……直接影响了我对历史的兴趣和好感。……我认为白皮书对上海七十年代的读书生活起了很大的作用,文化、读书和思想都没有完全被阻断……⑤

张献:

看到《欧洲简史》的时候真的可以说是如痴如狂,我是第一次看到这么好看,可以把历史说得这么精彩的书,我大概看了七八遍,可以背了。……我记得自己的感觉是看到了精致和有智力的说法,可以这样来谈论人的生活和精神。看到了对这样的社会主义生活的聪明的见解,那使我对修正主义刮目相看,觉得修正主义是聪明人。

---

① 郑瑞君:《"灰皮书"、"黄皮书" 在社会的流传及其影响》,《新闻界》2014年第22期,第43—44页。

② 同上文,第42页。

③ 陈翰伯:《为少年儿童出版更多更好的课外读物》,《陈翰伯出版文集》,北京:中国书籍出版社,1995年,第81页。

④ 周舵:《当年最好的朋友》,廖亦武编:《沉沦的圣殿》,乌鲁木齐:新疆青少年出版社,1999年,第210页。

⑤ 陈丹燕:《上海的风花雪月》,北京:作家出版社,1998年,第212—213页。

>我的对译文的亲切感在白皮书时代的初期就形成了，不光是白皮书的影响，那些书的文字真的不错，是我当时能看到的最好的文字。白皮书是影响了我精神上的成熟。①

刘绪源：

>后来就出了白皮书，对我来说，也许这是第一次有意识地向外国文学打开眼睛……②

>我当时非常震动，这种对人物内心复杂性的描写，在中国小说里非常少，几乎没有到达这样的精确和有力……那里面作品的心理描写总是给我许多启发。③

萧萧将"文革"期间"皮书"的流传视为一部"精神阅读史"，使年轻人"摆脱了梦魇般的桎梏和愚昧"，"忽然间洞察了历史真相"，④进而"重建人生、人道情感的世界"。⑤ "皮书""破除了'个人迷信'和'领袖崇拜'心理，促进了独立思考、理性精神和民主思想的形成"，使年轻一代经历了"思想上的反省与启蒙"。⑥ "皮书"在否定"文革"的理论与实践的同时，"强化家国情怀和担当意识，进而凝聚成为国家转型前进的厚重支撑力量。"⑦

结　语

如果说"十七年"翻译逐渐政治化，那么"文革"时期则是达到登峰造极的程度。翻译就是政治，翻译批评就是政治批评，是权力的延伸。除了政治批评，翻译家、翻译批评家完全失语，几乎没有一篇讨论翻译的本质、翻译的忠实、翻译的语言表达形式或翻译的艺术和审美的

---

① 陈丹燕：《上海的风花雪月》，北京：作家出版社，1998年，第213—215页。
② 同上书，第218页。
③ 同上书，第219页。
④ 萧萧：《书的轨迹：一部精神阅读史》，廖亦武编：《沉沦的圣殿》，乌鲁木齐：新疆青少年出版社，1999年，第11页。
⑤ 同上书，第14页。
⑥ 张欢、秦晓：《走出乌托邦》，《南方人物周刊》2011年第15期。
⑦ 郑瑞君：《"灰皮书"、"黄皮书"在社会的流传及其影响》，《新闻界》2014年第22期，第44—45页。

文章。不仅译者匿名,翻译批评的言说者也完全隐身于各种名目的"翻译连""翻译组""写作组",以及匿名或化名撰写人背后。批评话语都以"前言""译后记""出版说明""内容简介"等依附于译文的"副文本"形式出现。

  有意思的是,翻译具有多种解读的潜能。翻译在顺应、强化甚至建构某种政治意识形态的同时,同样存在颠覆、消解特定话语的可能。邹振环曾用"死屋"和"铁窗"来表述"文革"期间的"皮书"。"死屋"的意象取自俄国陀思妥耶夫斯基的小说《死屋手记》,而"铁窗"则指"做过各种专业'安全'测试的带铁栅的窗户"。[①] 他认为"皮书"在施展"隐形铁窗"功能的同时,也扮演了新知识输入的角色。[②] "内部发行""禁书"在限制流通范围的同时,也激发了人们对译作的神秘感、好奇感和阅读冲动,刺激了译作的传播与影响。在译者以亲身的经历洞悉翻译与政治的关系之后数十年,西方才开始关注中国人早已深切体会到的、不言自明的简单事实。惟其如此,才使"文革"成为研究翻译与社会互动的不可多得的绝佳实验室。

---

  ① 邹振环:《"死屋"中的"隐形铁窗"——"文革"后期的〈摘译〉研究》,王宏志主编:《翻译史研究》(2015),上海:复旦大学出版社,2015年,第261—262页。
  ② 同上书,第243页。

第四章　走出封闭的翻译批评（1979—　）

第一节　多元的翻译批评

1976年之后，国内的政治文化进入一个新的历史阶段。政治意识形态的转变为中国的翻译批评的勃兴带来了新的机遇。翻译批评和翻译活动一样，在经历了沉寂和萧条之后逐渐复苏，出现了四个较为明显的发展趋势：（1）翻译与政治意识形态保持一致仍然是批评的基本原则，尽管政治的含义有了不同的界定和解说；（2）传统译学的梳理开始受到译界关注，特别是翻译家翻译思想的整理和中国翻译史的书写；（3）西方的翻译研究成果，特别是翻译批评思潮、批评观念和批评原则，开始进入中国；（4）较为宽松的批评局面引发了批评界有关翻译本质、翻译观念、翻译策略等的论争。翻译批评从一言堂到众声喧哗，批评标准从单一（"信达雅"）逐渐变得多元。翻译批评的研究不论在深度还是广度上都超过了1949年之后的任何时期。

一、政治化批评的延续

1979年之后，"改革开放"和"四个坚持"是主流政治的核心术语。"开放"和"坚持"之间的平衡不仅是译介作品合法性的根据，更是左右翻译批评走向的首要标准。1979—1980年《译林》杂志发表《尼罗河上的惨案》引发的风波、1984年前后清除精神污染、1986—1989年反对资产阶级自由化等,都显示了翻译批评政治化的延续。这是"开放"与"坚持"之间的博弈,反映出翻译与政治关系理解的松动和摇摆。

1978年夏,国内放映了英国侦探片《尼罗河上的惨案》,1979年《译林》创刊号全文刊出小说的译文,初版和加印共计40万册。1980年4月7日,中国社会科学院外国文学研究所所长冯至写信给当时主管意识形态的胡乔木,对《尼罗河上的惨案》和浙江出版的《飘》给予"严厉批评";① 指责《译林》杂志背离了"左联革命传统","片面追求利润",是"倒退""堕落"和"趋时媚世"。② 胡乔木对信加了批语,"转发给中共江苏省委和浙江省委研究处理"。③ 1980年5月上旬,中国作协在北京召开全国文学期刊编辑工作会议,在闭幕式上中共中央宣传部部长王任重在总结报告中指出,冯至写信的"用心是好的","江苏省委对这个问题的处理是妥当的"。他特别强调,"这些信和江苏省委转发时写的按语,我和耀邦同志都看了。耀邦同志要我说一下,这件事就这样处理,就到此结束。"④

尽管李景端有过长篇的说明、解释和申诉,但主导这一风波的动因、组织程序和最终解决方式仍然是政治因素。

其后,1983—1984年在意识形态领域展开的清除精神污染、1986—1989年反对资产阶级自由化运动都直接与西方文化思想,特别是人道主义和异化论的译介和解读密切相关。可以看出,《尼罗河上的惨案》引发的风波与整个80、90年代有关西方文化思潮的译介引发的论争一脉相承,译介的政治性始终受到主流意识形态的高度关注。主流政治话语决定了译介的合法性与可能性。

---

① 李景端:《外国文学出版的一段波折》,《博览群书》2005年第6期,第88页。
② 同上文,第88—89页。
③ 同上文,第89页。
④ 同上文,第95页。

翻译批评政治化的延续同样体现在对翻译家或翻译批评家的评价上。最明显的例子是对鲁迅翻译思想的评价。由于毛泽东的三个"伟大"和五个"最"的评价,①鲁迅的翻译与翻译思想被拔高,进而简单地将政治评价迁移到其翻译思想上。茅盾、卞之琳、叶水夫、袁可嘉、陈燊、姜椿芳、杨联芬、许崇信、雷亚平和张福贵、陈福康、郑海凌、王秉钦等,几乎都沿用了基本类似的评价。但是,译界对鲁迅翻译的评价与研究缺少深入细致的文本对照分析,也没有对其翻译的接受、传播和影响进行较为客观理性的研究。这些评价不能不说存在"简单下结论现象","论断根基不深,难以坐实,含有明显的主观推理痕迹"。②由于政治话语的干预,本不太成功的《域外小说集》被批评界拔高,得到一致肯定。

1980 年之后,批评界对翻译家或翻译批评家的取舍与评价也反映出政治意识形态的影响。外语教学与研究出版社出版的《翻译研究论文集》(1894—1949)、《翻译研究论文集》(1949—1983)、罗新璋主编的《翻译论集》、中国对外翻译出版公司出版的《中国翻译家词典》等,都对鲁迅、茅盾、郭沫若等有多篇集中介绍,而对胡适、梁实秋、赵景深或钱基博则鲜有收录。③《翻译研究论文集》(1894—1949)收录的 37 位翻译家的文章,绝大多数人为 1 篇,而鲁迅则有 9 篇。而 1940 年黄嘉德主编的《翻译论集》选文 22 篇,胡适、曾虚白各两篇,其余均为一篇(包括鲁迅)。④ 更有意思的是,在王寿兰主编的《当代文学翻译百家谈》中,赵景深对自己的翻译经历和自传,极度的低调内敛,几乎是

---

① 毛泽东在《新民主主义论》中称鲁迅是"中国文化革命的主将",是"伟大的文学家""伟大的思想家和伟大的革命家","代表全民族的大多数,向着敌人冲锋陷阵的最正确、最勇敢、最坚决、最忠实、最热忱的空前的民族英雄。"见毛泽东:《新民主主义论》,《毛泽东选集》(第二卷),北京:人民出版社,1991 年,第 698 页。

② 高宁:《关于文学翻译批评的学术思考——兼与止庵先生商榷》,《东方翻译》2011 年第 1 期,第 5 页。

③ 罗新璋编《翻译论集》收录各译评家的入选篇数 + 译界的评论文章数:道安 5,僧睿 5,梁启超 3,严复 5+1,林纾 19+1,鲁迅 9+2,郭沫若 5+2,茅盾 6+2,钱锺书 4;而胡适只有 1 篇;梁实秋、赵景深、钱基博、曾虚白、吴稚晖、吴挚甫、胡以鲁、容挺公、章行严等等,均未收录。

④ 黄嘉德:《翻译论集》,上海:西风社,1940 年。

自我批评和自我否定，完全没有资深翻译家的自信与潇洒。自传只有18行，有关翻译的仅有4行，而有关古代戏曲和小说则有10行，[①]明显在刻意回避或淡化自己的翻译活动与成就。1931年赵景深发表《论翻译》不仅受到鲁迅"冷嘲热讽"，还被瞿秋白骂为"赵老爷"，受到左翼文学家的严厉批评。[②]数十年后鲁迅被定格为民族的旗手和翻译的楷模，其"直译"主张被意识形态符号化。对这段历史，特别是与左联的论争，赵景深唯恐避之不及的心理不难理解。实际上，1985年前后和1998年前后曾出现过数次有关"牛奶路"翻译的论争，多数文章还是理性的讨论，但也有少数文章将不同意见斥责为"翻案"，带有浓重的政治先行的意味。

二、传统批评的梳理

在翻译和翻译批评政治化的同时，也有学者将目光转向传统译学的梳理：翻译家研究和翻译史的书写。

翻译家的整理与研究主要体现在翻译论集和有关翻译家的专文和专著上。1981年香港三联书店出版了刘靖之主编的《翻译论集》就收文37篇，大多为翻译名人名篇。1983年中国对外翻译出版公司出版了《翻译理论与翻译技巧文集》，1984年《翻译通讯》编辑部编选了《翻译研究论文集》，两集收录了1894—1989年间90余位学者发表的译论文章114篇。同年，罗新璋编选的《翻译论集》由商务印书馆出版，系1949年之后"第一部影响广泛"[③]"最全面系统、引用率最高的权威翻译论集"[④]。全书收录了汉末至1982年间有关翻译的论文180余篇，涉及论者近120人，近80万字。1989年王寿兰编选的《当代文学翻译百家谈》由北京大学出版社出版，收入了一百多位当代著名翻译家所撰写

---

① 王寿兰编：《当代文学翻译百家谈》，北京：北京大学出版社，1989年，第616—620页。
② 陈思和：《赵景深译"牛奶路"的风波》，《世纪》2003年第1期，第19页。
③ 方梦之：《中国译学大辞典》，上海：上海外语教育出版社，2009年，第397页。
④ 佘烨、易奇志、佘协斌：《中外译论百部述要》，《上海科技翻译》2009年第3期，第63页。

的文章和自传。特别值得一提的是，许钧以访谈和对话的形式探讨当代著名翻译家对翻译本质、规律、方法和策略的认识，以及翻译与文化的关系的思考。

对传统译学整理的另一个重要领域是翻译史的撰写。1984年，马祖毅撰写的《中国翻译简史——五四以前部分》（中国对外翻译出版公司）被誉为"我国翻译通史的开山奠基之作"。1998年推出了增订本，后又扩充内容，出版了400多万字的《中国翻译通史》五卷本，"为翻译研究者提供了宝贵的史料"①。20世纪80年代末还出版了陈玉刚主编的《中国翻译文学史稿》（中国对外翻译出版公司，1989年）。90年代出版的翻译史著作有如下数部：陈福康著《中国译学理论史稿》（上海外语教育出版社，1992年）、孙致礼著《1949—1966：我国英美文学翻译概论》（译林出版社，1996年）、马祖毅、任荣珍著《汉籍外译史》（湖北教育出版社，1997年）、王克非著《翻译文化史论》（上海外语教育出版社，1997年）、郭延礼著《中国近代翻译文学概论》（湖北教育出版社，1998年）、李亚舒、黎难秋主编的《中国科学翻译史》（湖北教育出版社，2000年）。翻译史的书写在总结梳理我国翻译资源的同时，也对历史上的译家、译事、翻译观念、翻译策略与方法进行当代阐释与评估。

翻译论集和翻译史编写的勃兴明显地反映出翻译研究和批评的活跃。成果之多、著述之广、讨论之深、参与者之众，不仅是1949年之后难以想象，甚至超过了之前的任何时代。"文化大革命"之后翻译批评虽有一个滞后期，但数量持续增长却是不争的事实。根据对中国知网所收录文章的统计，"文革"之后以"翻译研究"为篇目的论文统计如下：

---

① 余烨、易奇志、余协斌：《中外译论百部述要》，《上海科技翻译》2009年第3期，第64页。

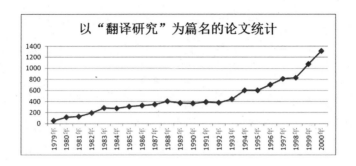

1979年以"翻译研究"为题的论文仅53篇,到2000年已达1317篇。这一阶段,特别是1995年之前,绝大多数的翻译研究仍属于传统翻译批评的梳理、诠释和论争。

三、域外研究的引介

据不完全统计,1979年之后大陆引入的西方翻译研究成果(单行本)如下:

赛莱斯科维奇:《口译技巧》,孙慧双译,北京:北京出版社,1979年;

中国对外翻译出版公司选编:《外国翻译理论评介文集》,北京:中国对外翻译出版公司,1983年;

谭载喜编译:《奈达论翻译》,北京:中国对外翻译出版公司,1984年;

金隄、奈达:《论翻译》,北京:中国对外翻译出版公司,1984年;

巴尔胡达罗夫:《语言与翻译》,蔡毅等编译,北京:中国对外翻译出版公司,1985年;

格拉特-巴特勒:《国外翻译界》,赵辛而、李森编译,北京:中国对外翻译出版公司,1986年;

加切奇拉泽:《文艺翻译与文学交流》,蔡毅等编译,北京:中国对外翻译出版公司,1987年;

斯坦纳：《通天塔——文学翻译理论研究》，庄绎传编译，北京：中国对外翻译出版公司，1987年；

德利尔：《翻译理论与翻译教学法》，孙慧双译，北京：国际文化出版公司，1988年；

威尔斯：《翻译学：问题与方法》，祝珏、周智谟译，北京：中国对外翻译出版公司，1989年；

塞莱斯科维奇，勒代雷：《口译理论实践与教学》，汪家荣等译，北京：旅游教育出版社，1990年；

谭载喜：《西方翻译简史》，北京：商务印书馆，1991年；

卡特福德：《翻译的语言学理论》，穆雷译，北京：旅游教育出版社，1991年；

Nida：*Language，Culture，and Translating*，Shanghai：Shanghai Foreign Language Education Press，1993.

奈达：《语言与文化：翻译中的语境》，上海：上海外语教育出版社，2001年。

2000年前后，译林出版社出版了《当代西方翻译理论探索》（廖七一，2000年）；湖北教育出版社推出了"外国翻译理论研究丛书"4册：《当代美国翻译理论》（郭建中，2000年）、《当代法国翻译理论》（许钧、袁筱一，南京大学出版社，1998年；湖北教育出版社，2001年）、《苏联翻译理论》（蔡毅、段京华，2000年）和《当代英国翻译理论》（廖七一，2001年）。同期中央编译出版社还出版了《语言与翻译的政治》（许宝强、袁伟，2001年）

与此同时，上海外语教育出版社在世纪之交率先引进国外翻译研究原著（英文）"国外翻译研究丛书"29种，在国内产生了广泛深入的影响。其后外语教学与研究出版社又出版了"翻译研究文库"，含西方翻译研究著作数十种。

从上述引介的书目可以看出，国外翻译理论的引入是全方位的。既有翻译技巧与翻译方法，也有翻译教学与翻译理论；既有笔译研究，又有口译研究；既有苏联的翻译研究，也有几十年来第一次比较系统完整引入的欧美的翻译思想与观念；既有原版翻译理论著作，也有通过中国学者的视角来解读西方翻译研究成果的著述。在短短的20多年间，我国引进的翻译理论著作超过了历史上的任何时期，国内翻译研究的图书市场几乎与西方同步。

四、批评的发展与趋势

1979年之后，翻译批评和翻译研究一样，经历了一个深刻变化和转型的阶段。在质疑和否定简单的翻译工具论的过程中，回归传统和理论外求成为理所当然的两条路径。然而，无论是理论外求还是传统的阐释都充满了探索、尝试和论争。在探索与论争中翻译批评逐渐形成了比较明显的发展趋势：从文字、文本再到文学的辩证批评，翻译批评的跨学科阐释，批评的客观描写与接受研究，从文本意义转向思想史、文化史的考察。以"翻译批评"为篇名在CNKI上搜索的结果如下：

世纪之交是翻译批评发展的一个转折点。1989年仅有一篇；2000年5篇，到了2010年则达到79篇。也就是说到2000年，翻译批评实际上仍然没有成为翻译研究的热点；其后翻译批评骤然升温，受到译界关注。以"翻译批评"为篇名搜索中国知网的引用数量，我们可以发现这一期间（1989—2015）翻译批评关注的主要议题。引用次数前15名如下：

《翻译批评标准的传统思路和现代视野》（杨晓荣，197）；

《文学翻译与批评理论》（夏仲翼，131）；

《功能翻译理论在文学翻译批评中的应用》（文军、高晓鹰，113）；

《朱莉安·豪斯的"翻译质量评估模式"批评》（司显柱，97）；

《功能翻译理论适合文学翻译吗？——兼析〈红楼梦〉咏蟹诗译文及语言学派批评》（陈刚、胡维佳，97）；

《功能翻译理论及其在文学翻译批评中的适用性——以对晚清小说翻译的批评为例》（吴南松，95）；

《翻译的本质与翻译批评的根本性任务》（范东生，91）；

《文化语境顺应与文学翻译批评》（王小凤，90）；

《谈翻译批评的基本理论问题》（郑海凌，76）；

《自建语料库与翻译批评》（肖维青，70）；

《文学文体学——文学翻译批评的试金石——评介〈文学文体学与小说翻译〉》（封宗信，70）；

《文学翻译批评中运用文学接受理论的合理性与局限性》（卞建华，61）；

《论我国的翻译批评——回顾与展望》（王恩冕，60）；

《翻译批评的一种语言学模式——简评〈翻译批评——其潜能与局限〉》（张春柏，59）；

《论文学翻译批评的多元功能》（刘云虹，56）。①

这些论文高度关注最新理论的引入和对翻译标准和基本理论的探讨。引入的西方理论模式有功能主义、语言学、文体学、语料库、接受理论、顺应理论等。而有关批评的思考主要集中于翻译批评标准、批评理论、根本性任务、多元功能等。其中还有两篇论文涉及西方批评著作的评价，两篇涉及具体译作的分析（红楼梦诗文翻译和晚清小说翻译）。在此期间发表多篇翻译批评论文的作者如下：许钧、杨晓荣、文军、刘

---

① 中国知网，http://epub.cnki.net/kns/brief/default_result.aspx，2016年2月13日访问。

云虹、温秀颖、胡德香、王宏印、吕俊；且大多对翻译批评有持续的关注，并在此基础上出版了翻译批评专著。

需要指出的是，以"翻译批评"为篇名的统计并不能准确地反映出翻译批评研究的全貌，原因是为数不少的批评文章是以"翻译标准""质量评估""评价"等多个关键词出现，很难纳入统计。例如，以"翻译标准"为篇名的重要批评论文就有：《翻译标准多元互补论》（辜正坤）、《后现代文化语境下的翻译标准问题》（吕俊）、《二元对立与第三种状态——对翻译标准问题的哲学思考》（杨晓荣）、《"翻译标准多元互补论"研究》（孙迎春）、《论术语翻译的标准》（姜望琪）、《〈尤利西斯〉原著的韵味何在？——从冯亦代先生的"三十六比"看翻译标准》（金隄）、《翻译评估标准的割裂与统一》（王斌）、《文化的不同层次与翻译标准》（范东生）、《翻译标准多，何以断是非》（彭长江）、《论文学翻译标准中的"动态"内涵》（陆永昌）、《翻译标准新说：和谐说》（郑海凌）等。这也明显反映出译界对"翻译批评"的性质、对象、功能等还未形成统一的认识，批评者的批评视角、眼光和方法也不完全一致。"翻译批评"尚未成为一个相对独立的研究领域。

与翻译批评的论文一样，翻译批评的论著和论集在世纪之交也急剧增加。据不完全统计，自从1992年许钧发表《文学翻译批评研究》到2003年的12年间一共出现了4部翻译批评论著。而从2004年到2015年同样是12年间，以"翻译批评"为题的论著多达21部；是前一段时期的5倍多；2006年甚至达到6部。具体统计如下：

  许钧：《文学翻译批评研究》，南京：译林出版社，1992年；
  姜治文、文军：《翻译批评论》，重庆：重庆大学出版社，1999年；
  周仪、罗平：《翻译与批评》，武汉：湖北教育出版社，1999年；
  马红军：《翻译批评散论》，北京：中国对外翻译出版公司，2000年；
  张南峰：《中西译学批评》，北京：清华大学出版社，2004年；
  杨晓荣：《翻译批评导论》，北京：中国对外翻译出版公司，2005年；

王宏印：《文学翻译批评论稿》，上海：上海外语教育出版社，2005年；

孙会军：《普遍与差异：后殖民批评视阈下的翻译研究》，上海：上海译文出版社，2005年；

文军：《中国翻译批评百年回眸》，北京：北京航空航天大学出版社，2006年；

文军编著：《科学翻译批评导论》，北京：中国对外翻译出版公司，2006年；

王平：《文学翻译批评学》，杭州：杭州出版社，2006年；

李明编著：《翻译批评与赏析》，武汉：武汉大学出版社，2006年；

胡德香：《翻译批评新思路·中西比较语境下的文化翻译批评》，武汉：武汉出版社，2006年；

陆钰明：《文学翻译批评论集》，北京：中国戏剧出版社，2006年；

温秀颖：《翻译批评——从理论到实践》，天津：南开大学出版社，2007年；

陈宏薇：《方法·技巧·批评：翻译教学与实践研究》，上海：上海外语教育出版社，2008年；

吕俊、侯向群：《翻译批评学引论》，上海：上海外语教育出版社，2009年；

王宏印：《文学翻译批评概论：从文学批评到翻译教学》，北京：中国人民大学出版社，2009年；

肖维青：《翻译批评模式研究》，上海：上海外语教育出版社2010年；

赵秀明：《文学翻译批评——理论、方法与实践》，长春：吉林大学出版社，2010年；

胡兆云：《翻译：批评散论》，北京：中国书籍出版社，2010年；

高旭东：《翻译批评研究》，长春：吉林文史出版社，2013年；

方克平：《溯洄从美：从批评理论到文学翻译》，杭州：浙江大学出版社，2013年；

刘育文：《解构主义视角下的文学翻译批评》，杭州：浙江大学出版社，2014年；

许钧主编：《翻译批评研究之路：理论、方法与途径》，南京：南京大学出版社，2015年。

上述25部批评论著包括了专著、编著和论文集，其中少数几部的内容，似乎与我们界定的翻译批评没有太大联系。

尤其值得一提的是，1995年《读书》杂志、《文汇读书周刊》《光明日报》等展开了对《红与黑》不同译本的批评与讨论；1997年《中华读书报》又发起了"翻译作品面面观"的征文。虽然多数批评文章"仍然停留在'随感式'或技术层面，缺乏系统性和学术性"[①]，但这两次集中的讨论使关注翻译的学者纷纷发表自己的观点，领略并参与翻译批评，普及和加深了对翻译批评的认识。

翻译批评成果的繁荣确实鼓舞人心。但是，我们更关心的是翻译批评的走向和发展趋势。考察上述论文和论著，翻译批评似乎大致集中于三个领域：传统翻译思想的现代诠释，借鉴国外翻译思想尝试新的批评模式与方法，构建翻译批评的宏观理论框架。

首先，对传统翻译批评的现代诠释的研究成果最多，也是长期以来关注的一个重点。几乎所有的翻译论集、翻译批评文集和翻译家访谈和对话、翻译家自我经验总结和思考都与传统翻译批评相关。罗新璋为《翻译论集》所撰写的长序即是其典范。他所提出的中国翻译研究"案本、求信、神似、化境"的发展脉络概括了传统翻译批评的走向与重心。傅雷、钱锺书的翻译思想在很大程度上是通过罗新璋的发掘、整理并使之经典化。傅雷的"神似"和钱锺书的"化境"的理论来源是中国传统的画论与文论，与严复的"信达雅"并无二致。这是其一。其二，在1979年之前，傅雷的"神似"说影响有限，这当然是政治语境使然。钱锺书的"化境"说，更确切地说，其《林纾的翻译》虽发表于前30年，但为译界所熟悉也是在1979年之后。有关傅雷、钱锺书翻译批评

---

① 王恩冕：《论我国的翻译批评——回顾与展望》，《中国翻译》1998年第4期，第8页。

思想已有多部专著、博士论文和无数论文加以讨论,不再赘述。

如果从翻译标准和翻译批评来看,傅雷、钱锺书的翻译批评思想在中国政治文化语境中具有颠覆性的重要意义。首先,傅雷、钱锺书同气相求,"神似""化境"说与鲁迅的"直译"说背道而驰,代表了在鲁迅翻译和翻译思想被无限拔高的政治高压下翻译专业人士的不同的学术观念。如果联系钱锺书的父亲钱基博早年对鲁迅翻译的负面评价,《林纾的翻译》就不仅仅是简单的翻译方法和翻译策略的讨论,其中透露出学界对定为一尊的学术思想的质疑、否定和抗争。其次,"神似""化境"说也与1949年之后的翻译实际相吻合。尽管鲁迅的翻译批评思想被政治化,但翻译风格的民族化、大众化一直是翻译实际的评判标准。也就是说,"直译"的政治化与翻译家的翻译实践两相分离。如果检视1949年以后的文学翻译作品,那些被译界视为经典的作品,大多符合"神似""化境"的批评思想。我们熟悉、认可,或读者喜闻乐见的译家几乎没有一个是所谓的"直译"坚持者。傅雷、杨必、张谷若、冰心、萧乾、王佐良、周作人、傅东华等都用自己的译作展示了翻译批评的学术观念(与政治相对)。甚至那些翻译"红色经典"的译者(如梅益、李俍民)也都遵循归化、流畅、符合汉语习惯的翻译策略。

其次是对国外翻译批评模式与方法的借鉴。这是翻译批评跨学科和学术理论化的重要途径,其重要性无论怎样强调都不为过。这在青年学子,特别是经过硕士、博士训练成长起来的翻译研究人员中尤为突出。许钧在《文学翻译批评研究》中就表明,他借鉴了西方的语义分析方法,并认为文学翻译批评工作者"有必要了解现代语言学对语义的科学分类和现代翻译理论对传达各类语义的原则和方法"。[1] 谢天振的翻译批评不仅借鉴西方的比较文学理论,同时也运用了译介学和"创造性叛逆"等思想概念。[2] 辜正坤提出的翻译标准多元互补也借鉴了泰特勒、巴尔胡达罗夫、费道罗夫、奈达等的观点。[3] 王克非的《翻译文化史

---

[1] 许钧:《文学翻译批评研究》,南京:译林出版社,1992年,第53页。
[2] 谢天振:《比较文学与翻译研究》,台北:业强出版社,1994年。
[3] 辜正坤:《翻译标准多元互补论》,《中国翻译》1989年第1期。

论》也积极吸收了文化研究的成果,①夏仲翼在翻译批评中明显运用了接受理论和读者反应理论。②吕俊、侯向群的批评运用价值哲学理论和社会交往理论。③杨晓荣在"翻译批评的现代视野"一节中借鉴了奈达、诺德、斯坦纳、佐哈尔、列费维尔、赫曼斯、巴斯奈特、奈斯、弗米尔等西方学者的翻译思想。④王宏印在《文学翻译批评导论》中用了整整一章(第2章)来讨论西方的文学批评和文学翻译批评理论,并认为传统译论和西方现代译论的"相互阐发,相互论证"应成为翻译批评的发展策略。⑤许钧最近主编的《翻译批评研究之路:理论、方法与途径》一书收录了40多篇论文,大多数作者都自觉不自觉地运用了当代西方翻译的研究成果。新近崭露头角的年轻学者,如温秀颖、胡德香、肖维青、孙会军等,更是将西方研究成果有机地融入自己的翻译批评思考。⑥

结　语

　　传统译论的现代诠释和西方译论的借鉴带来了翻译批评研究范式的转变。第一,范式的转变改变了我们对翻译"本质"的认识,或者说改变了我们对翻译的哲学假设。翻译从模仿论转变为社会行动论再到文化论。⑦在模仿论者的眼中,翻译无疑是复制、是再现、是惟妙惟肖的语言转换。在社会行动论者看来,翻译必然是人有意识、有目的的社会行为。在文化论者看来,翻译是权力不平等的交流,是介入政治和主张文化身份的工具。也就是说,我们对翻译的认识已经从个人的语言技能,

---

① 王克非:《翻译文化史论》,上海:上海外语教育出版社,1997年。
② 夏仲翼:《文学翻译与批评理论》,《中国翻译》1998年第1期。
③ 吕俊、侯向群:《翻译批评学引论》,上海:上海外语教育出版社,2009年。
④ 杨晓荣:《翻译批评导论》,北京:中国对外翻译出版公司,2005年,第196—202页。
⑤ 王宏印:《文学翻译批评论稿》,上海:上海外语教育出版社,2005年,第42页。
⑥ 参见孙会军:《普遍与差异:后殖民批评视阈下的翻译研究》,上海:上海译文出版社,2005年;胡德香:《翻译批评新思路·中西比较语境下的文化翻译批评》,武汉:武汉出版社,2006年;温秀颖:《翻译批评——从理论到实践》,天津:南开大学出版社,2007年;肖维青:《翻译批评模式研究》,上海:上海外语教育出版社,2010年。
⑦ 对此笔者有专文讨论,见《范式的演进与翻译的界定》,《中国翻译》2015年第3期。

上升到译者作为社会成员的社会行为,再上升到文化间不平等权力之间的对抗。

第二,对翻译本质认识的转变同时决定了翻译评价方法的改变:(1) 传统的主观印象式评价逐渐让位于客观分析性研究;(2) 规定性研究、预先设定标准的评价方式转变为描述性翻译研究,不再局限于对理想翻译的探求,而是关注社会现实中翻译的实际存在,思考为什么有这样的翻译存在;(3) 研究对象从个别的、局部的、零散的文本材料逐渐转向全面的、系统的、整体的文本材料,转向特定文化语境中的翻译规范、翻译习俗,甚至翻译共性(translational universals)的描述和概括。

第三,范式的演进导致批评关注点的转变:(1) 传统批评将目光集中于至高无上的原文或原作者,作者本意或原文本中"固有"的意义成为评判译文质量的唯一标准。而如今批评开始关心译者的翻译行为、译文效果和读者反应。(2) 批评的标准从忠实于原作逐渐过渡到译文在译入语社会中的文化功能。(3) 批评的核心问题从"如何译"转换为"何为译"和"为何译"等更加形而上的问题。

批评范式的不可通约必然带来翻译批评对象、方法、视角和观念的多元化;也必然带来翻译文本批评的多层次化。字词的逐译与转换、文学效果的类似与等同、风格的基本一致、文化/文明对话、意识形态/精神的建构都进入了翻译批评的视野。批评家所关注的批评的领域也日益精细化、专业化;对不同的批评模式和视角也更加开放与包容。以"信"为唯一正确标准的时代已经过去,甚至什么是翻译这个原本众所周知的概念现在也变得难以抽象地界定。概言之,翻译批评在逐渐扩展研究领域的同时也在日益专业化和学术化,随性、感性、印象式点评的翻译批评再难跻身于严肃的学术殿堂。

1979年之后政治意识形态的影响力尽管仍十分强大,若干政治议题仍不容挑战,但专业的翻译批评,特别是学术争论逐渐趋于活跃,新的翻译观念和思路也逐渐受到译界认可,至少能够被容忍。许钧从文字、文学到文化的翻译批评思路,谢天振从跨学科的视角提出的创造性叛逆,邹振环将翻译视为文化发展与进步,甚至文化建构,从根本上改变了传统的翻译批评理路，开启了翻译批评从文本到思想文化、从单一的忠实标准到多元的立体批评、从"术"到"学"的历程。

第二节　批评的非历史语境化

1949年以后，《域外小说集》及周氏兄弟主张的"直译"策略受到批评界的高度关注。以"鲁迅"和"翻译"为"主题"搜索CNKI，有2 961条；为"全文"搜索，有115 857条；为"篇名"搜索，有687条；为"摘要"搜索，有2 877条。[①] 这些文章对鲁迅的翻译和翻译思想给予了非常高的评价。有意思的是，当今译界对鲁迅翻译的评价与1949年之前的评价存在相当大的分歧。探索分歧产生的原因有利于反思翻译批评的基本原则、功能与方法，也有利于揭示翻译批评的文化语境。

翻译批评是以特定的理论和方法对翻译或翻译活动进行研究和评价。翻译批评是社会对翻译作品和活动的主要反馈形式之一，不仅对翻译者具有规范与引导的重要作用，同时也引导接受者"正确"理解作品的意义，甚至形塑接受者的翻译观念。翻译批评所表达出的价值与理念还会直接影响翻译作品的出版、传播、接受与影响。

如果说翻译批评是一种客观、理性的分析与认知活动，那么批评者应关注作品的接受效果和社会反应，要避免或尽量限制个人偏爱与情感倾向的干扰。翻译批评的理论和方法取决于所提出的问题，而问题的解决又取决于文化语境。这必然要求翻译批评更多地关注主题、意义和文化语境，而不仅仅是文本的内部事实。翻译批评首先要求以翻译文本为依据，没有文本对照分析，翻译批评只能是"主观和随意的"[②]。有学者甚至认为，只有"在通晓两种语言、直接对比原文和译文基础上，翻

---

① 以"鲁迅"和"翻译"搜索知网，2018年1月10日访问。
② K. Reiss, *Translation Criticism—The Potentials and Limitations*, Shanghai: Shanghai Foreign Language Education Press, 2004, p. 9.

译批评才有可能"①。其次，翻译批评必须历史语境化（historical contextualization）。所谓语境化，是指批评必须回到历史的现场，在特定的文化语境中去确定和把握翻译活动的性质和意义。批评者既不能用今天的标准，也不应该用悬空的、没有任何历史文化参数的非历史化（a-historical）的标准去要求、衡量和评价历史上的翻译活动或翻译作品。有学者认为：翻译批评不能"把翻译活动抽离于实际的操作环境以及文化状态，脱离译文文化，甚至脱离读者的阅读期待和阅读模式"而希望"提出一些超然的、'客观的'、'放之四海而皆准'的标准"。② 翻译活动的意义，犹如翻译的定义本身，是由历史和文化语境所界定的（is historically and culturally defined）。有关鲁迅及《域外小说集》翻译的批评似乎清楚地揭示出主流政治意识形态的干预。

一、《域外小说集》：批评的分歧

鲁迅是近代中国的文化伟人。1940年，毛泽东在《新民主主义论》中称：

> 鲁迅是中国文化革命的主将，他不但是伟大的文学家，而且是伟大的思想家和伟大的革命家……鲁迅是在文化战线上，代表全民族的大多数，向着敌人冲锋陷阵的最正确、最勇敢、最坚决、最忠实、最热忱的空前的民族英雄。鲁迅的方向，就是中华民族新文化的方向。③

毛泽东的三个"伟大"和五个"最"，是无产阶级政治意识形态对鲁迅的定位与评价。几十年来毛泽东的评价使鲁迅的翻译与翻译思想持续受到学界关注。1954年，在全国文学翻译工作会议上，时任文化部

---

① K. Reiss, *Translation Criticism—The Potentials and Limitations*, Shanghai: Shanghai Foreign Language Education Press, 2004, p. 3.
② 王宏志：《怎样研究鲁迅的翻译》，乐黛云等编：《跨文化对话》，上海：上海文化出版社，2004年，第82—83页。
③ 毛泽东：《新民主主义论》，《毛泽东选集》（第二卷），北京：人民出版社，1991年，第698页。

部长的茅盾发表了题为《为发展文学翻译事业和提高翻译质量而奋斗》的长篇报告,高度评价周氏兄弟翻译的《域外小说集》:

> 从严格的思想与艺术的评价出发,对外国文学作了严肃与认真介绍的,则开始于我国新文学运动的先驱者和导师——鲁迅……在他们计划翻译和出版的《域外小说集》中,俄国的契诃夫、波兰的显可微支、法国的莫泊桑、丹麦的安徒生,第一个以真朴的面目,与我国读者相见。①

五年之后,卞之琳、叶水夫、袁可嘉、陈燊在《文学评论》上发表长篇论文《十年来的外国文学翻译和研究工作》,对鲁迅的翻译做出基本类似的评价:"开辟了正确方向、提倡了严肃态度,产生了积极影响,形成了优良传统的外国文学介绍工作,却始于鲁迅。"② 到20世纪50年代末,冯至等认为《域外小说集》"是采取进步而严肃的态度介绍欧洲文学最早的第一燕。只可惜这只燕子来的时候太早了,那时的中国还是冰封雪冻的冬天。"③ 20世纪80年代后期,姜椿芳在《当代文学翻译百家谈·序言》中也指出:"数十年来,鲁迅的译风成为中国翻译的主要风格,不软不硬,不增不减,竭力做到既译得正确,又传达了原作的精神风貌,为正译闯出一条路来。"④

在随后的翻译研究中,《域外小说集》成为众多学者关注的焦点;许多对鲁迅翻译的批评都大大地拔高。有学者将《域外小说集》视为鲁迅直译翻译理论的发端,并认为它"宣告了中国文学翻译'林纾时代'的结束,标志着文学翻译规范化、学术化的来临。"⑤ 有人甚至认为,

---

① 茅盾:《为发展文学翻译事业和提高翻译质量而奋斗》,罗新璋、陈应年编:《翻译论集》(修订本),北京:商务印书馆,2009年,第565页。
② 卞之琳、叶水夫、袁可嘉、陈燊:《十年来的外国文学翻译和研究工作》,《文学评论》1959年第5期,第45页。
③ 冯至、陈祚敏、罗业森:《五四时期俄罗斯文学和其他欧洲国家文学的翻译和介绍》,《北京大学学报》(人文科学版)1959年第2期,第131页。
④ 姜椿芳:《序言》,王寿兰编:《当代文学翻译百家谈》,北京:北京大学出版社,1989年,第2页。
⑤ 杨联芬:《晚清至五四:中国文学现代性的发生》,北京:北京大学出版社,2003年,第127页。

"在中国的翻译史上,真正提出划时代理论的是鲁迅";①鲁迅"指示着中国文化转型时期的翻译的发展方向,是其历史时代翻译主流的代言人。"②还有学者认为,直译和硬译的主张和实践"符合辩证哲学观点","不仅经过了历史的检验,而且也是经得起辩证法哲学的验证"。③鲁迅"宁信而不顺""这一提法……符合文学翻译的基本规律,是一条行之有效的艺术法则。"④

这些积极、正面、极高的评价,构建了当今的鲁迅翻译批评话语,"鲁迅的翻译""直译"几乎成为政策性,甚至政治性术语,遮蔽了不同的评价话语。如果回到历史的现场就会发现,鲁迅在世时译界对《域外小说集》的评价不仅极少,而且基本都是负面的。蔡元培、胡适似乎是较早关注《域外小说集》的学者。1923 年,胡适在《五十年来中国之文学》中称:

> 十几年前,周作人同他的哥哥也曾用古文来译小说。他们的古文功夫既是很高的,又都能直接了解西文,故他们译的《域外小说集》比林译的小说确是高的多……但周氏兄弟辛辛苦苦译的这部书,十年之中,只销了二十一册……用古文译小说,固然也可以做到"信、达、雅"三个字,——如周氏兄弟的小说,——但所得终不偿所失,究竟免不了最后的失败。⑤

胡适与周氏兄弟是新文化运动的同人,他认为鲁迅翻译失败的原因在于古文,应该比较公允。而后来赵景深、梁实秋、钱基博,甚至鲁迅的挚友瞿秋白都对鲁迅提出的"直译"和"硬译"颇有微词。赵景深批

---

① 许崇信:《历史・文化・翻译——鲁迅翻译理论的历史意义》,《福建师范大学学报》(哲学社会科学版)1984 年第 4 期,第 8 页。
② 雷亚平、张福贵:《文化转型:鲁迅的翻译活动在中国社会进程中的意义与价值》,《鲁迅研究月刊》2000 年第 12 期,第 25 页。
③ 陈福康:《论鲁迅的"直译"与"硬译"》,《鲁迅研究月刊》1991 年第 3 期,第 15、17 页。
④ 郑海凌:《关于"宁信而不顺"的艺术法则——鲁迅译学思想探索之一》,《鲁迅研究月刊》2003 年第 9 期,第 80 页。
⑤ 胡适:《五十年来中国之文学》,姜义华:《胡适学术文集・新文学运动》,北京:中华书局,1993 年,第 129 页。

评鲁迅"宁信而不顺";梁实秋称鲁迅"硬译"有关无产阶级文学理论的著作是"死译",而"死译"还不如"曲译""落个爽快",并声称"硬着头皮看下去"仍"无所得",①认为鲁迅的译笔别扭,文字艰深,"读这样的书,就如同看地图一般,要伸着手指来找寻句法的线索位置"②。针对鲁迅"宁信而不顺"的主张,瞿秋白认为是"提出问题的方法上的错误"。③鲁迅与梁实秋甚至就"直译""硬译"展开了旷日持久的论战,真可算中国近代翻译史上意义非凡的奇观。

对鲁迅的直译与翻译语言,钱基博的批评更为尖锐:

> 有摹仿欧文而谥之曰"欧化的国语文学"者,始倡于浙江周树人之译西洋小说,以顺文直译为尚,斥意译之不忠实,而摹欧文以国语,比鹦鹉之学舌,托于象胥,斯为作俑……比于上海时装妇人,着高底西式女鞋而硅步倾跌,益增丑态矣。④

对鲁迅翻译评价的尖锐对立,势必让学界反省翻译批评的原则、方法和批评话语的生成语境。仔细阅读《域外小说集》,梳理鲁迅有关翻译的言论可以发现,鲁迅对自身翻译动机的表述前后冲突,其翻译意图与作品的实际接受效果相去甚远。有些批评似乎简单地将主流政治话语延伸于不太相干的翻译研究,缺少详尽的文本分析和翻译语境研究,"不少论断根基不深,难以坐实,含有明显的主观推理痕迹"⑤。

二、小说的出版、内容与呈现方式

要公允地评价《域外小说集》的翻译,应该以翻译文本为基础,从译作的生成语境中考察翻译文本的生成、接受与影响,评价译者选择的

---

① 刘炎生:《梁实秋和鲁迅争论的起因及翻译问题的是非》,《鲁迅研究月刊》1995年第6期,第37页。
② 黎照:《鲁迅梁实秋论战实录》,北京:华龄出版社,1997年,第192页。
③ 瞿秋白:《再论翻译——答鲁迅》,罗新璋、陈应年编:《翻译论集》(修订本),北京:商务印书馆,2009年,第350页。
④ 钱基博:《现代中国文学史》,上海:上海书店出版社,2004年,第401–402页。
⑤ 高宁:《关于文学翻译批评的学术思考——兼与止庵先生商榷》,《东方翻译》2011年第1期,第5页。

合理性与有效性，进而解读或构建翻译文本的意义与价值。

《域外小说集》第一集于 1909 年 2 月出版，第二集于同年 6 月印成。小说的出版印刷在两个方面纯属偶然。首先，周氏兄弟的同乡，绸缎商兼银行股东蒋抑卮到东京治疗耳疾；由于夫妇两人都不懂日语，"诸事要别人招呼"，暂时被安排住在波之十九号，与周氏兄弟同住。因为这种特殊关系，"他一听译印小说的话，就大为赞成，愿意垫出资本来，助成这件事，于是，《域外小说集》的计划，便骤然于几日中决定了。"①

其次，小说交付神田印刷所也很偶然。鲁迅曾为印刷所做过一些"校对的事务"，认识印刷所的人，"所以后来印《域外小说集》，也是叫那印刷所来承办的。"② 这就预示《域外小说集》的出版与发行既无雄厚的资金作后盾（第三集因此最终流产），也没有声誉较高和影响力较大的出版机构推广促销，更没有名人作序宣传；成书也只是在绸庄的角落寄售。

《域外小说集》中各个篇目的来源，至今没有详细的研究资料。施蛰存曾经指出，"周氏兄弟的文言译文大多从日文、德文转译"。③ 至于翻译的动机，鲁迅在序言中称：

> 《域外小说集》为书，词致朴讷，不足方近世名人译本。特收录至审慎，迻译也期弗失文情。异域文术新宗，自此始入华土。使有士卓特，不为常俗所囿，必将犁然有当于心，按邦国时期，籀读其心声，以相度神思所在。则此虽大涛之微沤与，而性解思惟，实寓于此。中国译界，亦由是无迟暮之感矣。④

序言明确表示，翻译的目的是要引进"异域文术新宗"，介绍西方新的文学流派和文艺思潮。在"略例"中，鲁迅更加清楚地指出，"近

---

① 周作人：《周作人谈〈域外小说集〉》，伍国庆编：《域外小说集》，长沙：岳麓书社，1986 年，第 6 页。
② 同上书，第 5 页。
③ 伍国庆：《后记》，伍国庆编：《域外小说集》，长沙：岳麓书社，1986 年，第 4 页。
④ 鲁迅：《旧序》，伍国庆编：《域外小说集》，长沙：岳麓书社，1986 年，第 5 页。

世文潮,北欧最盛,故采译自有偏至。"① 向中国输入西方最新的文学思潮和文学流派,显然是鲁迅翻译的初衷。《域外小说集》(初版)共计收入小说16篇,篇目和主要内容如下:

第一集:

〔波兰〕显克维支:

《乐人扬珂》——"写一白痴小儿之死,而悲痛如殉道者,一时传诵,国人至为之感泣。"②

〔俄国〕契诃夫:

《戚施》——"写一兀傲自熹、饶舌之老人,晚年失意之态。"

《塞外》——"写不幸者由绝望而转为坚苦卓绝。"③

〔俄国〕迦尔洵:

《邂逅》——"所设人物,多过失而不违人情,故愈益可悯。"④

〔俄国〕安特来夫:

《谩》——"述狂人心情,自疑至杀,殆极微妙。"

《默》——"叙幽默之力大于声音,与神秘教派略同。"⑤

〔英国〕淮尔特(王尔德):

《安乐王子》童话故事。

第二集:

〔芬兰〕哀禾:

《先驱》——描写牧师家的马夫与女仆婚后开荒立业。

〔美国〕亚伦坡:

《默》——"自题曰寓言,盖以示幽默之力大于寂寞者。"⑥

〔法国〕摩波商(莫泊桑):

---

① 鲁迅:《略例》,伍国庆编:《域外小说集》,长沙:岳麓书社,1986年,第6页。
② 鲁迅:《著者事略》,伍国庆编:《域外小说集》,长沙:岳麓书社,1986年,第6页。
③ 同上书,第4—5页。
④ 同上书。
⑤ 同上书,第6页。
⑥ 同上书,第2页。

《月夜》——"记灵肉冲突而人欲终为世主。"①

[波斯尼亚]穆拉淑维支：

《不辰》——"为弃妇作也，亦可以见回教风俗之一端。"

《摩诃末翁》——"记老人之福，终乃暴卒。"②

[波兰]显克维支：

《天使》——"儿行林中，不见天使而遇异物，其状盖熊或狼也。"

《灯台守》——写"波兰特性，深爱其故乡及宗教，百折不贰。"③

[俄国]迦尔洵：

《四日》——"为俄国非战文学中名作。"

[俄国]斯谛普虐克：

《一文钱》——[作者]"为虚无论派之社会改革家，于官僚、僧侣，皆极憎恶。"④

作者不厌其烦地引用上述文字，目的是想说明，从鲁迅自己的介绍来看，16篇小说中绝大多数与弱小民族的独立解放没有太多关系，更多的是对个体生命的思考和对普遍意义的人性的描述，即夏曾佑和梁启超所谓的、超越地域和种族的"公性情"。⑤小说的内容如果不是非功利的、至少是泛功利的，远离强国保种、救亡尚武的主流意识。鲁迅翻译的目的既不同于早期翻译《月界旅行》和《地底旅行》，也不同于林纾等主流翻译家的翻译。鲁迅曾言："故其为效，益智不如史乘，戒人不如格言，致富不如工商，弋功不如卒业之券……涵养人之神思，即文学之职与用也。"⑥选目在很大程度上体现了这种无用之用；是"文学本位意识的苏醒"，是"纯文学意识的提倡与涵养"。⑦如果说晚清翻译小说

---

① 鲁迅：《著者事略》，伍国庆编：《域外小说集》，长沙：岳麓书社，1986年，第6页。
② 同上书，第7页。
③ 同上书，第6—7页。
④ 同上书，第4页。
⑤ 陈平原、夏晓虹编：《二十世纪中国小说理论资料》（第一卷）（1897—1916），北京：北京大学出版社，1997年，第18页。
⑥ 鲁迅：《摩罗诗力说》，《鲁迅全集》（第1卷），北京：人民文学出版社，1973年，第65页。
⑦ 王友贵：《翻译家鲁迅》，天津：南开大学出版社，2005年，第77页。

的主流读者是出于旧学而输入新学的开明知识分子,而鲁迅预设的读者对象群则局限于文艺精英;既不是梁启超、马君武等政治家或革命家,更不是一般的爱国青年和受教育不多的大众。

然而,到了20年代,周作人称:"所收各国作家偏而不全,但大抵是有一个趋向的,这便是后来的所谓东欧的弱小民族";并且说,"这里俄国算不得弱小,但是人民受着压迫,所以也就归在一起了。"①也就是说,周作人后来又认为《域外小说集》的选目带有"弱小民族"的倾向,而"弱小民族"实际包括了并非"弱小民族"的"受压迫"的人。1933年,鲁迅同样也发表了与小说序言前后矛盾的看法:

> 注重的倒是在绍介,在翻译,而尤其注重于短篇,特别是被压迫的民族中的作者的作品。因为那时正盛行着排满论,有些青年,都引那叫喊和反抗的作者为同调的……因为所求的作品是叫喊和反抗,势必至于倾向了东欧,因此所看的俄国,波兰以及巴尔干诸小国作家的东西就特别多。②

这段表述显然有悖于《域外小说集》序言中引进"文术新宗"和"略例"中"采译""北欧文潮"的初衷,同时也明显与小说绝大多数篇目的内容相抵牾。其中一些小说甚至揭示战争的荒诞和无情,表现出明显的反战意识。鲁迅翻译的《四日》就是"俄国非战文学中名作"③:

> 见杀于我者,今横吾前。吾杀之何为者耶?
>
> 斯人洁血死,定命又何必驱而致之此乎?且何人哉?彼殆亦——如我——有老母与?每当夕日西匿,则出坐茅屋之前,翘首朔方,以望其爱子,其心血,其凭依与奉养者之来归也!……然此岂亦吾愿与?当吾出征,不怀恶念,亦无戕人之心,惟知吾当以匈

---

① 周作人:《周作人谈〈域外小说集〉》,伍国庆编:《域外小说集》,长沙:岳麓书社,1986年,第9页。
② 鲁迅:《我怎么做起小说来》,《鲁迅全集》(第5卷),北京:人民文学出版社,1973年,第106页。
③ 鲁迅:《著者事略》,伍国庆编:《域外小说集》,长沙:岳麓书社,1986年,第4页。

臆为飞丸之臬,则遂出而受射已耳。①

当今的研究者似乎也都采信小说选目倾向于弱小民族反抗和呐喊的作品。其实,内容能直接与"叫喊与反抗",或被压迫的弱小民族的反抗联系起来的,几乎没有一篇。译自"弱小民族"的短篇小说加起来不过6篇(波兰3篇,波斯尼亚2篇,芬兰1篇),仅仅为三分之一强。而波兰的显克维支因于1905年获诺贝尔文学奖,其文艺思想不仅超越了地域空间,也超越了反抗、呐喊等民族主义思想。1920年群益书社重印的《域外小说集》,篇目增加到36篇,其中所谓弱小民族的作品也只占12篇,仍然为三分之一。"弱小民族"的反抗与呐喊应该是学者(包括周氏兄弟)后来对翻译选目的政治化的表述,与《域外小说集》并无多大关联。当初的20位读者也未必有类似的感受。后面的翻译批评家,凡是称小说有关"被压迫的弱小民族"的,多半是采信或沿袭周氏兄弟后来的政治表述,没有阅读小说本身,有违将翻译文本作为最重要依据的批评原则。

除了小说的内容之外,所选故事诗意化的叙事同样背离了中国读者的阅读心理和审美习惯。晚清翻译批评最重要的标准之一是"情节曲折离奇"。读者喜欢"好听""引人入胜"或"有趣的故事情节",习惯于"听"故事而不是"读"小说。而《域外小说集》并不遵循故事的因果联系,没有传统的说书技巧提示故事的发展线索,而是着力表现人物在特定情境下的心态,或突出作家的主观感受,甚至表现对个体生命的体验。这样的小说自然让读者感到茫然和乏味。有论家说得好,对这种注重感受、联想、梦境、幻觉乃至潜意识的小说感兴趣的,只能是"一个孤独的、有一定文化修养的、愿意认真阅读甚至掩卷沉思的'读者'"②。鲁迅曾经也坦言,小说"所描写的事物,在中国大半免不得很隔膜;至于迦尔洵作中的人物,恐怕几于极无,所以更不容易理会"③。

---

① 鲁迅:《四日》,伍国庆编:《域外小说集》,长沙:岳麓书社,1986年,第135页。
② 陈平原:《中国小说叙事模式的转变》,北京:北京大学出版社,2003年,第282页。
③ 鲁迅:《域外小说集序》,伍国庆编:《域外小说集》,长沙:岳麓书社,1986年,第3页。

翻译小说的呈现方式与内容都违背了读者的期待。

如果说周氏兄弟选目的初衷带有明确的政治意图,心目中的读者是革命家或热血青年,《域外小说集》的内容与呈现形式均无法引起读者的共鸣,更无法实现译者期望的"反抗"与"呐喊"的社会效果。

三、规范与翻译策略

在晚清,社会(译者、读者和批评家)普遍接受的翻译规范是"译意"和"达旨"的翻译策略,允许译者拥有取便发挥到凭空杜撰的充分自由,创作与翻译杂合的有之,从原作中吸取灵感、然后天马行空、取便发挥、凭空杜撰的也有之。翻译批评集中于译作的道德教化、语言雅驯和情节离奇。读者与批评家并不在乎译作与原作的对应和忠实。①

在译序中鲁迅毫不客气地批评了当时的翻译风尚和林纾的翻译策略,明显带有"对着干"的意味:"词致朴讷,不足方近世名人译本"。②也就是说,周氏兄弟有意识地背离当时的翻译时尚,针对林纾等的"误译"提出了"直译"的观念。在该书的《略例》中鲁迅强调:"任情删易,即为不诚。故宁拂戾时人,迻徙具足矣。"③从翻译策略上分析,《域外小说集》比较忠实于原作,④以句子为翻译单位(译诗例外),句子长度多在4—6字,一般不超过10字,行文古奥。

下面的翻译表现了鲁迅典型的翻译策略:

> 时声朗而定矣。比默,怳忽有应者出于渊深,若复可辨。伊革那支复四顾屈其身,倾耳至于草际,曰,"威罗答我!"则有泉下之寒,贯耳而入,幽几为之坚凝。顾威罗则默,其默无穷,益怖益闷。伊革那支举其首,面失色如死人,觉幽默颤动,颢气随之,如恐怖之海,忽生波涛,幽默偕其寒波,滔滔来袭,越顶而过,发皆

---

① 廖七一:《中国近代翻译思想的嬗变——五四前后文学翻译规范研究》,天津:南开大学出版社,2010年,第102页.
② 鲁迅:《旧序》,伍国庆编:《域外小说集》,长沙:岳麓书社,1986年,第5页.
③ 同上书,第6页.
④ 由于缺少周氏兄弟依照的原文文本,只能与以原作(非转译)翻译的文本相比较。

荡漾，更击匈次，则碎作呻吟之声。①

这样的翻译，即便是在今天仍然无法引起读者的兴趣，在当时无人问津实在是理所当然。陈平原曾有精辟的论述："'直译'在清末民初是个名声很坏的术语，它往往跟'率尔操觚'、'佶屈聱牙'，跟'味同嚼蜡'、'无从索解'，跟'如释家经咒'、'读者几莫名其妙'联系在一起。"②

除直译之外，《域外小说集》的另一个突出特点是"词致朴讷"，这实际上涉及读者的接受习惯、审美趣味和译评家的关注焦点。从语言演变史考察，"词致朴讷"背离了当时翻译语言从文言向白话发展的趋势。郭延礼称当时的翻译文体有三种：一是以林纾为代表的文言文；二是以包天笑、周瘦鹃、陈嘏、陈鸿壁为代表的浅近文言；三是以伍光建、吴梼为代表的白话文体。③鲁迅的译文甚至远比林纾古奥。难怪有学者称《域外小说集》的译文是一种"保守后退的回流"。"文字的特别组合""用字的怪异偏古趋势"和"古奥气"，④不仅使小说偏离了翻译语言规范，同时也让潜在的读者望而却步。赖斯就曾断言，"别扭生硬的译文对原作的伤害超过一知半解的错译"。⑤对于直译和古文翻译带来的"晦涩""难解"，甚至"句子生硬、佶屈聱牙"，鲁迅非常清楚。他也承认自己的翻译"大为失败"：

> 半年过去了，先在就近的东京寄售处结了账。计第一册卖去了二十一本，第二册是二十本，以后可再也没有人买了。……至于上海，是至今还没有详细知道。听说也不过卖出了二十册上下，以后再没人买了。于是第三册只好停版，已成了书，便都堆在上海寄

---

① 鲁迅：《默》，伍国庆编：《域外小说集》，长沙：岳麓书社，1986年，第267页。
② 陈平原、夏晓虹：《二十世纪中国小说理论资料》（第一卷）（1897—1916），北京：北京大学出版社，1997年，第45页。
③ 郭延礼：《中国近代翻译文学史的分期及其主要特点》，王宏志编：《翻译与创作》，北京：北京大学出版社，2000年，第83页。
④ 王友贵：《翻译家周作人》，成都：四川人民出版社，2001年，第37—38页。
⑤ K. Reiss, *Translation Criticism—The Potentials and Limitations*, Shanghai: Shanghai Foreign Language Education Press, 2004, p. 11.

售处堆货的屋子里。过了四五年,这寄售处不幸被了火,我们的书和纸板,都连同化成灰烬,我们这过去的梦幻似的无用的劳力,在中国也就完全消灭了。①

即便如此,鲁迅并不放弃"直译"的翻译策略,他显然有不容放弃的理由。然而,翻译作为一种社会实践活动,译者的主观意愿不论多么善良和合理,译文必须符合社会期待和读者的接受习惯。鲁迅对直译的执著在疏离读者的同时,直接降低了译著的影响力和感染力,翻译也因读者的缺失而没有产生预期的影响,"在中国也就完全消灭了"。

到了五四新文化时期,鲁迅自觉投身于白话文的创作与翻译。王哲甫说:周氏兄弟"经过此次失败之后,便改了方向,用白话来开始翻译……得到很大的成功,极受读者的欢迎"②。《一个青年的梦》便是鲁迅成功的译作之一。译文全用白话,且行文流畅:

他们能有使我们战死者满足的答话么?诸君以为能么?有能答的,请出来罢。假使我对活人这样说,他们会说我是发疯;并且一定问,你连祖国亡了也不管么?你的子孙做亡国民也不妨么?我们与其做亡国民,不如战争,不如死。……我不愿拿别国做自己的属国,拿别国做了属国高兴着的时代,已经过去了。我们至少也须尊重别国的文明,像尊重本国的文明一样。所以我们以为加入灭亡别国的战争,便不免是反背人类的行为。这精神,凡是有心的人,全都有的。③

五四新文化运动之后,"《域外小说集》中那些名篇,几乎都陆续被后来的翻译家译成了现代汉语(白话文)"④。这也从另一个角度说明,周氏兄弟的翻译因无法满足读者的需要而逐渐被新的翻译文本所取代。

---

① 鲁迅:《域外小说集序》,伍国庆编:《域外小说集》,长沙:岳麓书社,1986年,第1—2页。
② 王哲甫:《中国新文学运动史》,上海:上海书店出版社,1986年,第261页。
③ 鲁迅:《一个青年的梦》,《新青年》1920年第七卷第二号,第83页。
④ 伍国庆:《后记》,伍国庆编:《域外小说集》,长沙:岳麓书社,1986年,第3页。

结　语

　　《域外小说集》是周氏兄弟年轻时一次不成功的尝试，没有得到读者的认可，失败是公认的事实。即便到1920年周氏兄弟成为新文学的主将，《域外小说集》的再版也很少引起读者的关注。"直译""词致朴讷"以及"被压迫的弱小民族"的选目模式等，似乎也没有成为中国文学翻译的主流。鲁迅的翻译"大多数被后来的译本取代，鲁迅基本上从日常阅读中退出"①。在鲁迅自己的翻译中，《域外小说集》也算不上有重要影响的作品。有学者指出：

> 在偌大的中国和日本，只共卖出了40本左右的《域外小说集》，无论它有什么创新的地方，读者能有几人？怎可能在当时的社会和翻译界做成影响？……无论如何，说"它的实体与精神，都为中国文化史雕刻了不可磨灭的印痕"，是过于夸大了。我们可以肯定地说，今天人们对《域外小说集》的重视，是一个后来因为随着鲁迅形象的膨胀而给人为建造出来的神话，放在晚清的时代背景里，《域外小说集》是微不足道的……因此，说它"是我国新时期文学翻译运动史上的第一只春燕。它为我国五四运动前后的文学翻译运动指明了方向，并给与当时和继起的文学翻译家以重大影响"，是没有根据的。②

　　从历史语境化与翻译规范的视角分析，周氏兄弟的翻译存在政治诉求与艺术追求的冲突，翻译策略与翻译目的的错位，文言与通俗化和白话化发展趋势的矛盾。尽管周氏兄弟相当"自负"，"气象多么的阔大"，③但从传播和接受的角度考察，小说毕竟没有实现预期的目标，没有对中国近现代翻译产生明显的影响。非历史语境化和非文本化的翻

---

① 单正平：《晚清民族主义与文学转型》，北京：人民出版社，2006年，第249页。
② 王宏志：《民元前鲁迅的翻译活动》，《鲁迅研究月刊》1995年第3期，第51页。
③ 周作人：《周作人谈〈域外小说集〉》，伍国庆编：《域外小说集》，长沙：岳麓书社，1986年，第8页。

译批评方式，将鲁迅政治和思想上的影响延伸于翻译研究，致使"直译"成为政治化的术语。有意思的是，原本影响有限的《域外小说集》超越鲁迅其他相对成功的译作而成为翻译研究和批评的热点，生动地暗示了政治话语与翻译批评之间的关联。

第三节 批评的探索与倡导

1979年之后，由于域外翻译思想的引进和传统翻译成果的梳理，翻译批评开始蓬勃发展，出现了一批翻译批评的探索者、倡导者和策划者。1992年，许钧的《文学翻译批评研究》出版，终结了翻译批评没有专著的历史。他试探性地提出科学的批评体系，尝试理论（语言、文学、文化、哲学、美学、文体学等）与实践相结合的批评模式，并主张翻译批评层次论与多元标准，反对翻译定本论。此外，他积极策划和组织了《红与黑》翻译的大讨论和当代翻译家、批评家，甚至文学创作者的访谈。迄今为止，他出版的翻译批评论著如下：《文学翻译批评研究》（译林出版社，1992年）、《文字·文学·文化——〈红与黑〉汉译研究》（南京大学出版社，1996年）、《当代法国翻译理论》（许钧、袁筱一，南京大学出版社，1998年）、《文学翻译的理论与实践——翻译对话录》（译林出版社，2001年）、《译道寻踪》（文心出版，2005年）、《翻译概论》（外语教学与研究出版社，2009年）、《翻译论》（译林出版社，2014年）、《从翻译出发：翻译与翻译研究》（复旦大学出版社，2014年）、《翻译批评研究之路：理论、方法与途径》（刘云虹、许钧主编，南京大学出版社，2015年）。可以看出，许钧在翻译批评领域用心甚专、用力甚勤、收获颇丰，拓展了国内翻译批评的文化空间。

一、许钧的批评观

1992年，许钧的《文学翻译批评研究》由译林出版社出版，旋即引起学界的高度关注。一年之内出现了王殿忠、王克非、李焰明、晓凤、穆雷、刘锋等多篇重要的书评。王殿忠称该书"构建了一个基本的，尽管还不算全面的文学翻译批评的理论体系"，将文学翻译批评的"理论水平提到了一个新的高度"，有"较强的指导意义"。① 王克非认为，"书中讨论的种种问题，一方面拓深了我们的认识，一方面促进了我们对翻译批评的思考。"② 李焰明高度赞扬许钧思维、语义、审美的层次论和"宏观把握，微观切入的批评方法"③；晓风称许钧的著作从宏观上对"翻译批评的方法进行了规范"，"为文学翻译批评提供了范本"。④ 穆雷认为著作填补了翻译批评"理论专著的空白"，拓展了"翻译批评研究的广度和深度"。⑤ 刘锋认为，该书的出版"为文学翻译批评理论体系的建构奠定了基础"⑥。与此同时，许钧"还在香港中文大学的《翻译学报》创刊号、《中国翻译》等翻译研究重要刊物上发表了《试论翻译批评》、《关于文学翻译批评的思考》、《论文学翻译批评的基本方法》等多篇有关翻译批评研究的论文。"⑦可以说许钧的研究具有多方面的意义。

　　许钧的研究具有开创性。1992年国内翻译批评还处于萌芽期，挑错式、印象式、随感式批评盛行。许钧认为，"纯感想式的翻译批评，往往缺乏严肃的科学态度，缺乏对原文的仔细揣摩与深刻分析，凭自己的主观印象与初步感觉，就对译文进行天马行空式的议论；或者只抓住译文中个别的现象，不加以全面的衡量与验证，便笼而统之地下结论。近年来，这类的批评文章似乎越来越多。"⑧

---

　　① 王殿忠：《翻译理论研究中创造性的拓展——评许钧的〈文学翻译批评研究〉》，《外语研究》1993年第4期，第55—56页。
　　② 王克非：《关于翻译批评的思考——兼谈〈文学翻译批评研究〉》，《外语教学与研究》1994年第3期，第33页。
　　③ 李焰明：《评许钧的〈文学翻译批评研究〉》，《法国研究》1993年第2期，第185页。
　　④ 晓风：《文学翻译批评：对理论建构的期待——评许钧著〈文学翻译批评研究〉》，《南京大学学报》1994年第2期，第181—182页。
　　⑤ 穆雷：《让更多的人来关心文学翻译批评事业——评介〈文学翻译批评研究〉》，《中国翻译》1994年第3期，第49页。
　　⑥ 刘锋：《构建文学翻译批评理论的追求——评许钧著〈文学翻译批评研究〉》，《语言与翻译》1993年第3期，第58页。
　　⑦ 刘云虹：《在场与互动——试析许钧关于翻译批评的思考与实践》，《外国语》2015年第2期，第99页。
　　⑧ 许钧：《文学翻译批评研究》，南京：译林出版社，1992年，第36页。

正如许钧所言：翻译批评"理论的研究似乎还是个空白"；原因是"认识的不统一，如在有的翻译理论专家构建的翻译学框架中，翻译批评被完全排斥在外。因此，对翻译批评的研究范畴，文学翻译批评的原则和方法，人们在认识上至今还比较模糊，难以形成比较统一、系统的看法。"① 到20世纪末，他对翻译研究的技术化和鄙视理论研究的倾向提出批评："翻译无理论的看法，至今还在学术界有相当的市场。"② 而许钧尝试从"翻译活动的基本认识出发，结合具体的翻译作品，通过实实在在的批评实践"，去"探索合理、科学、公允地评价文学翻译的基本途径与方法"，③ 以"认识翻译的本质，分析翻译活动的层次，界定翻译活动中再创造的限度"④，"总结出一套系统、科学、富有指导意义的理论来"⑤。

许钧研究的另一个突出特征是从多视角、多层次和多形式去思考翻译批评。1998年，他在《翻译思考录》中写道，思考有"形而上的，也有形而下的，有宏观的，也有微观的；翻译思考的角度应该是多种的：有历史的、文化的、社会的、语言的、艺术的，也有美学的、哲学的、心理学的……而思考的形式也应该是不拘一格的：有系统的、逻辑的、缜密的，也应该有偶感性的、顿悟性的、启发性的。"⑥

他在《文学翻译批评研究》中提出的四条批评原则：结果的正误判断与过程的剖析相结合、感觉体味与理性检验相结合、局部微观与整体宏观相结合，以及发挥批评的导向作用和建立新型的批评与被批评的关系，⑦ 均体现出立体思维和多元的批评观。

多元和立体的批评观是许钧一贯的立场。1994年在《重复、超越、

---

① 许钧：《文学翻译批评研究》，南京：译林出版社，1992年，第193页。
② 许钧：《思考应该是自由、闪光、多彩的——代前言》，许钧主编：《翻译思考录》，武汉：湖北教育出版社，1998年，第5页。
③ 同上书，第195页。
④ 同上书，第194页。
⑤ 同上书，第197页。
⑥ 同上书，第2页。
⑦ 许钧：《文学翻译批评研究》，南京：译林出版社，1992年，第38—40页。

翻译不可能有定本》中，① 他从后现代的批评思路出发，提出文学名著不仅要翻译，而且要有复译。其理论预设是姚斯的批评观，突破了作品意义的本质主义观念。他认为："一部优秀翻译作品，应该是一部真正的艺术品，但作为一部作品，只有读者的参与，才能获得真正的生命，换句话说，作品的价值是通过读者的阅读才能有所体现。而读者去阅读一部作品，都带有自己的审美习惯和价值取向。"② 他引用姚斯"只有阅读活动才能将作品从死的语言材料中拯救出来，并赋予它现实的生命"，挖掘原著的"潜在意义"等表述，提出不同时代的读者因为"历史背景和文化背景的差异""个人的文化修养、生活经历、艺术欣赏、审美情趣"的差异，理解和感受必然会有差异。③ 既然意义产生于作品与读者的互动，那么意义的稳定性和终极性的传统观念自然就被颠覆，复译成为必然。他主张"多种译本存在的合理性"，认为"翻译批评切忌宣扬译本惟一论。事实上，翻译很难有什么定本"。④ 在当时的批评语境下，否定翻译定本的思想无疑比较超前，需要勇气。

许钧提出，要回答翻译是什么，"我想至少可以从几个角度去考虑：一是从哲学本体论的角度，着重探讨翻译的本质；二是从翻译的目的或任务的角度，界定翻译是一项什么样的活动；三是从翻译的形式角度，看翻译有多少种类型。"⑤ 他从多视角来思考文学翻译的许多基本问题，"如文学翻译的语言、艺术审美以及文学所具有的社会、文化功能"等等。"如何对待原作"，是"忠实"还是"再创造"？是致力于原作的文字形式转换的对等，还是寻求艺术效果传达的近似？是"异化"还是"归化"？翻译家如何处理协调作者风格与译者风格的关系？如何发挥翻译主体的作用并保持客观性？如何认识文学翻译的目的、功能和艺术本

---

① 许钧：《重复、超越、翻译不可能有定本》，《中国翻译》1994 年第 3 期。
② 同上文，第 2 页。
③ 同上文，第 3 页。
④ 许钧：《传统与创新——代引言》，《文学翻译的理论与实践——翻译对话录》，南京：译林出版社，2001 年，第 39 页。
⑤ 同上书，第 5 页。

质？如何衡量、评价一部译作的成功与否？"① 这些问题无一不是翻译批评的核心问题。

许钧的翻译批评是取广义的定义。他认为，"翻译批评是翻译活动的理性反思与评价，既包括对翻译现象、翻译文本的具体评价，也包括对翻译本质、过程、技巧、手段、作用、影响的总体评价，"② 这样的理解超越了传统的寻章摘句、纠错式的翻译批评。他大胆地提出，"随着翻译研究的深度和广度不断拓展，对翻译的评价由传统的以'信'为基本准绳的单一标准走向多维度、多视角的多元标准。翻译批评的标准应具有合理性、互补性、历史性和发展性。"③ 许钧主张翻译批评应是"多维互动"的，即"理论与实践的互动""文字、文学与文化的互动""翻译场域各主体要素之间的互动"与"历史与现实的观照"，并希望翻译批评能开启和拓展"阐释的空间，为翻译带来更多的可能性"。④

二、《红与黑》的批评讨论

1995年，南京大学西语系翻译研究中心和上海《文汇读书周报》筹划组织了对《红与黑》复译的讨论与读者调查，前后持续了半年多时间。讨论"以专论、书信、对谈、调查等多种形式，对《红与黑》的汉译，进而对目前读书界、出版界所共同关注的外国文学名著复译问题，对翻译界长期以来一直争论不休的文学翻译的等值与再创造等重要问题进行了广泛而有益的探讨，引起了国内读书界、学术界、出版界、新闻界等社会各界乃至海外学界的关注。"⑤ 作为一种组织化的翻译批评，学界高度肯定其积极意义。谢天振称，这在"中国现当代翻译史上绝对

---

① 许钧：《传统与创新——代引言》，《文学翻译的理论与实践——翻译对话录》，南京：译林出版社，2001年，第4页。
② 许钧：《翻译概论》，北京：外语教学与研究出版社，2009年，第223页。
③ 同上。
④ 同上。
⑤ 许钧：《编后记》，《文字·文学·文化——〈红与黑〉汉译研究》（增订本），南京：译林出版社，2011年，第274页。

是空前的,这场大讨论和大调查的历史意义也是显而易见的"①。这"让翻译问题一时成为当时中国社会众所关注的一个热门话题,翻译也因此受到中国社会各阶层前所未有的热切关注",为翻译批评"提供了一个比较坚实的平台"。②赵稀方称:"如此大规模的群众与翻译家、学者的互动应该是中国当代翻译史上很值得书写的一章。"③还有学者称:这次讨论"对我国翻译和翻译批评的理论与实践产生了重要影响"④。

第一,这场讨论使原本仅限于翻译批评小圈子的活动"演化成一桩令全社会众多阶层的学者和读者关注的大事件,从而大大提升了文学翻译事业的被关注度。"⑤ 在"短短三个星期里,除台湾、西藏之外,全国其他各省市自治区"的"意见和长信"达 316 份。⑥ 涉及《红与黑》的译者赵瑞蕻、许渊冲、郝运、罗新璋、郭宏安等,翻译家、翻译批评家王子野、方平、施康强、许钧、马振骋、罗国林、袁筱一等,还有众多的文学翻译爱好者和读者。讨论促进了翻译生产、翻译流通、批评研究和翻译接受等众多领域的交流与互动,打破了封闭小圈子内的自说自话,促进了不同领域和视角之间的交流、碰撞和互动,"找到一种大家都能接受的共同话语"。⑦ 正如许钧所言,"翻译批评者应该起到一个纽带的作用,把我们的出版界、翻译界和读者群沟通起来。"⑧ 许钧曾希望,"在世界—作者(原作)—译者(译作)—读者这个相互影响的大系统中去考察翻译的可行性与译者的取舍依据,将译者的主观意图,具

---

① 谢天振:《对〈红与黑〉汉译大讨论的反思》,《外语教学理论与实践》2011 年第 2 期,第 13 页。
② 同上。
③ 赵稀方:《〈红与黑〉事件回顾——中国当代翻译文学史话之二》,《东方翻译》2010 年第 5 期,第 36 页。
④ 刘云虹:《在场与互动——试析许钧关于翻译批评的思考与实践》,《外国语》2015 年第 2 期,第 100 页。
⑤ 谢天振:《对〈红与黑〉汉译大讨论的反思》,《外语教学理论与实践》2011 年第 2 期,第 13 页。
⑥ 许钧:《编后记》,《文字·文学·文化——〈红与黑〉汉译研究》(增订本),南京:译林出版社,2011 年,第 272 页。
⑦ 同上书,第 267 页。
⑧ 同上书,第 270 页。

体转换过程与客观存在的翻译结果进行统一辩证的评价","为翻译批评的合理性提供""可能"。①

第二,这场讨论是对当时一些主流的翻译观念的解读、重新认识和强化。虽然讨论包括论文、散文、书信等各种体裁,但都集中于翻译的核心概念:直译与意译、形似与神似、艺术与科学、忠实与创造、借鉴与超越。② 许钧、袁筱一在讨论的读者意见综述中,用"名著复译的喜与忧""再创造及其度""异国情调与归化""纯粹汉语、四字词及其他""读者比较喜爱的译文"③ 等标题来概括讨论的基本问题。这些都是翻译研究最古老、但一直没有办法达成一致的重要理论问题。人们从不同的侧面、不同的视角出发,畅谈自己的理解,在扩展认识视野的同时,也强化了当时主流的翻译观念。与此同时,大讨论提高了翻译批评的理论意识,明确了翻译批评的一些基本原则和方法。

第三,营造了理性、宽容的批评氛围。有学者称,在讨论中许钧"对罗新璋、许渊冲两位翻译家的《红与黑》译本都公开提出过批评,后者也针对他的批评进行了回应和反批评,尽管'短兵相接'式的争论不可谓不激烈,但双方都本着实事求是的态度进行翻译探索……批评者与被批评者之间的真诚互动在很大程度上促使《红与黑》汉译大讨论成为翻译批评史上一次具有积极意义的事件,并在理论和实践两方面发挥了重要作用。"④

10 余年后,当人们回顾这次大讨论时,也提出了一些不同的意见。许渊冲认为,"当年组织的读者调查,有些不公平,舆论引导在先,读者调查在后,有'误导'之嫌"。⑤ 赵稀方甚至认为,"有关'直译'和'意译'的问题,自汉译佛经以来到 21 世纪,一直有人议论,但始终没

---

① 许钧:《编后记》,《文字·文学·文化——〈红与黑〉汉译研究》(增订本),南京:译林出版社,2011 年,第 268 页。
② 同上书,封底。
③ 同上书,第 72—82 页。
④ 刘云虹:《在场与互动——试析许钧关于翻译批评的思考与实践》,《外国语》2015 年第 2 期,第 101 页。
⑤ 许钧:《文字·文学·文化——〈红与黑〉汉译研究》(增订本),南京:译林出版社,2011 年,第 275 页。

有结果。到了20世纪90年代中期,居然又出现了这样一次大规模的争议,其中折射出的根本问题,是中国翻译研究的落后。"① 谢天振在肯定大讨论的积极意义的同时,也认为"在基本理论范式方面没有大的突破,关注的仍然是翻译的方法(如直译和意译)、翻译的要求、翻译的功能、翻译的风格以及内容和形式、可译性和不可译性等问题,讨论问题的方式也仍然未摆脱经验总结的套路。"② 不可讳言,参与者的翻译理论和知识结构仍然局限于传统的批评观念,在二元对立中,"忠实""直译""保留原文形式和风格"是不言自明的选择。尽管许钧主张批评应从文字上升到文学再上升到文化,但参与者更多的注意力仍然局限在文本和技术层面。评判多依赖直觉印象,缺少理论指导,特别是当代理论的指导。

三、翻译访谈

1998年,许钧主编的《翻译思考录》(湖北教育出版社)收录了之前10余年间发表于《中国翻译》《译林》《中华读书报》《读书》《文汇读书周报》等报纸杂志上有关翻译的随笔、漫谈和学术论文,外加数篇约稿。文章的作者大多是翻译界和学界知名的学者、翻译家和作家。"凡近10年来从理论和文化层面上讨论翻译的重要文字基本都收列其间,"是"近年来对翻译的思考与探索的一份有目的的纪录,展示了近10年来中国学术界对翻译思考的新的学术成就与学术高度。"③ 对选目的思考,许钧称,除了翻译家之外,要让更多的人关注翻译问题,如"哲学家、社会学家、语言学家、作家"等。④

《翻译思考录》分"翻译纵横谈""翻译艺术探"和"翻译理论辨",

---

① 许钧:《文字·文学·文化——〈红与黑〉汉译研究》(增订本),南京:译林出版社,2011年,第276页。
② 谢天振:《对〈红与黑〉汉译大讨论的反思》,《外语教学理论与实践》2011年第2期,第14页。
③ 诗怡:《作为一项文化系统工程的译学理论建构——评许钧教授主编的〈翻译思考录〉》,《中国比较文学》2000年第1期,第139—140页。
④ 许钧:《思考应该是自由、闪光、多彩的——代前言》,《翻译思考录》,武汉:湖北教育出版社,1998年,第6页。

涉及翻译批评的诸多核心问题。其最明显的特征，也是《红与黑》讨论和2001年的《翻译访谈录》所不及的，就是其跨学科的视野和跨文化的高度。季羡林的"翻译之为用大矣哉！"，孙歌通过中日翻译思想比较而提出的翻译是双向流动而产生的思想潜能，倪梁康的"译，还是不译——这是个问题"，苗力田对"确切、简洁、清通可读"的阐释，谢天振提出的跨文化创造性叛逆，杨武能的翻译、解释和阐释的观点，王克非有关翻译的哲学思考，谭载喜对比较译学的思考，以及郑海凌对翻译风格的论述，张泽乾的"翻译百思"，林璋的"译学理论谈"等等，都超越了文本层面的翻译批评，不就事论事，而是将翻译批评提高到形而上的层面，不时透露出闪光的思想。有意思的是，《翻译思考录》似乎并没有引起翻译界应有的反响。除了诗怡在《中国比较文学》上发表的书评之外，① 回应者寥寥，全然没有《红与黑》讨论和《访谈录》的风光。2015年，刘云虹发文"在场与互动——试析许钧关于翻译批评的思考与实践"②，概括总结许钧的翻译批评思想。遗憾的是，她几乎没有提到《翻译思考录》，更没有对其跨学科、跨文化的理论视角给予较深入评述。

尽管许钧希望能对翻译批评有形而上的思考，但总体上看，大多数还是形而下的讨论，这与我国的学术传统不无关系。正如孙歌所言，学界一直将翻译视为技术层面的事，而非思想层面的探究，"我们不免会联想到，何以日本至今仍是'翻译大国'而中国学界的翻译变成了副业，何以翻译在日本是思想史学者关注的问题而在中国只会引起技术层面的争论。"③ 这一振聋发聩的提问，似乎没有引起翻译批评界的注意。倪梁康引用约翰逊的名言："辞典犹如钟表，最坏的总比没有好，最好

---

① 诗怡：《作为一项文化系统工程的译学理论建构——评许钧教授主编的〈翻译思考录〉》，《中国比较文学》2000年第1期。
② 刘云虹：《在场与互动——试析许钧关于翻译批评的思考与实践》，《外国语》2015年第2期，第98—105页。
③ 孙歌：《翻译的思想》，许钧：《文学翻译的理论与实践：翻译对话录》，南京：译林出版社，2001年，第13页。

的也不能指望它分秒不差",并强调"翻译亦当如是"。① 这充满哲学思辨的表述对我们的启发良多。从学界的反应似乎可以看出,实用理性一直是中国翻译批评的主流。翻译批评的主体仍然是翻译家,翻译圈之外很少有人关注翻译批评,更不擅长翻译批评。难怪孙歌、倪梁康等独到的见解和深邃的思想没有引起译界应有的关注。

2001年许钧推出了《文学翻译的理论与实践——翻译对话录》(译林出版社)。在3年多的时间里,许钧对20多位翻译名家进行了采访,其中包括季羡林、罗新璋、施康强、李芒、许渊冲、萧乾、吕同六、屠岸、郭宏安、江枫、赵瑞蕻、方平、杨能武、陈原、李文俊等,涉及英语、法语、德语、意大利语、西班牙语、俄语和日语等多个语种,记录下当代中国翻译家有代表性的理论思考,涉及文学翻译的诸多基本问题——"翻译的语言、艺术审美以及文学所具有的社会、文化功能"②。许钧在前言中称:

> 通过学习比较前辈优秀的译作,对他们留下的宝贵的翻译经验进行分类、整理、归纳、分析和研究,借助文艺学、语言学和文化研究的最新理论成果,对文学翻译的一些具有共性的基本问题进行历时和共时的分析比较,进而上升到理性的思考,做出合理的、科学的描述和阐释,对我们认识文学翻译的本质,把握、处理好翻译中面临的各种关系,采取各种可资借鉴的手段,实事求是地研究和解决好翻译中的基本问题,具有重要的实践指导价值,同时对中国文学翻译理论的系统、科学研究,可以提供比较可靠的依据,具有重要的理论价值。③

许钧的前言是一篇40多页的长文,概括了访谈的10个方面的内容:

---

① 倪梁康:《译,还是不译——这是个问题》,许钧:《文学翻译的理论与实践——翻译对话录》,南京:译林出版社,2001年,第20页。
② 许钧:《文学翻译的理论与实践——翻译对话录》,南京:译林出版社,2001年,第4页。
③ 同上书,第2页。

一、翻译之为用大矣哉

二、对翻译选择的影响因素

三、翻译的标准和原则

四、翻译的过程，也是研究的过程

五、翻译不是"复制"，它确实有"再创造"的一面

六、翻译的主体性

七、风格的再现

八、形象思维与形象再现

九、内容与形式，神似与形似

十、翻译批评

在翻译批评部分中，许钧特别强调翻译批评是"提高译文质量、促进翻译事业朝正轨发展的一剂良方。尤其是在复译成风的今天，由于翻译批评的缺乏或不力，滥译成风，不仅损害了读者的利益，更是给翻译事业泼了一盆污水"[①]；并认为翻译批评的主要任务之一是"开启、拓展阐释的空间，为翻译带来更多的可能性"[②]，主张翻译批评持"道德与诗学的双重标准"[③]。

《翻译对话录》出版之后，译界反响热烈。谢天振、穆雷、郭建中、申丹、谭载喜在《中国翻译》上发文"《文学翻译的理论与实践——翻译对话录》五人谈"，从不同的侧面高度评价访谈对翻译研究的学科意义。谢天振称"许钧教授为我国翻译界整理总结了一份宝贵的财富"[④]。穆雷称"对老一辈文学翻译家的成果进行抢救性的整理和研究，是对中国翻译实践和翻译理论的一种创造性研究"[⑤]。郭建中称："翻译家们的理性思考，更是特别的宝贵。这是他们把自己丰富的翻译经验，总结到

---

① 许钧：《文学翻译的理论与实践——翻译对话录》，南京：译林出版社，2001年，第37页。

② 同上书，第39页。

③ 同上书，第40页。

④ 谢天振等：《〈文学翻译的理论与实践——翻译对话录〉五人谈》，《中国翻译》2001年第4期，第66页。

⑤ 同上。

理论的高度，不仅对我们的翻译实践具有重要的指导意义，对翻译理论的研究，更是一个珍贵的宝库。"① 申丹称：翻译家们对"翻译经验和理论思考进行了整理归纳和分析研究，使问题系统化、清晰化和理论化，具有学术价值，读起来深受启发"②。谭载喜肯定访谈"包括关于译学学科性质和如何正确开展翻译批评的对话，旨在'给文学翻译一个方向'"③。

杨武能以"智者与智者的对话"为题，称访谈"不但读来津津有味，而且大有收获。一些长期困扰我、一些在翻译界众说纷纭、争论不休的问题，在这本书里几乎都进行了探讨，都得到了比较切合实际和有说服力的回答。前辈和同行们虚实结合、精彩精辟的论述常常令我拍案叫好，不止一次油然生出暗夜独行者终于见到光亮，或者突遇知己的释然欣然、不亦快哉之感。"④ 刘成富在《外语与外语教学》上撰文，称访谈"为我国文学翻译理论的探索开辟了一个不可多得的思考空间"⑤。

其后，许钧还针对中国文学"走出去"的战略目标，组织了中国当代著名作家访谈，陆续在《中国翻译》等期刊推出；其中包括余华、毕飞宇、苏童、池莉、阎连科等。此外，他还出版了多部与翻译批评相关的著作：《译道寻踪》（台湾文心出版社，2005年）、《翻译概论》（外语教学与研究出版社，2009年）、《翻译论》（译林出版社，2014年）、《从翻译出发：翻译与翻译研究》（复旦大学出版社，2014年），以及多篇相关的学术论文。2015年，许钧与刘云虹共同主编了《翻译批评研究之路：理论、方法与途径》（南京大学出版社），收录了近年来国内主要刊物上发表的翻译批评论文45篇，分为上、中、下三编，分别为"理论研究""文本批评"和"专题探讨"。从标题可以看出，主编试图对二

---

① 谢天振等：《〈文学翻译的理论与实践——翻译对话录〉五人谈》，《中国翻译》2001年第4期，第67页。

② 同上。

③ 同上文，第68页。

④ 杨武能：《智者与智者的对话——许钧著〈文学翻译的理论与实践〉漫评》，《中国比较文学》2002年第3期，第144页。

⑤ 刘成富：《译界确实需要对话——评〈文学翻译的理论与实践——翻译对话录〉》，《外语与外语教学》2002年第12期，第52页。

十多年来翻译批评的历史"进行回顾与检视,力求在梳理、总结与传承的基础上对翻译批评的过去和现在有更加清醒的认识,对翻译批评的核心问题与未来发展做出积极而有效的探索"①。

结　语

有学者称:"从 1992 年至今的二十多年里,许钧始终以在场者的自觉意识介入翻译批评的思考与实践,在坚持对翻译批评的基本问题以及理论要素、方法与途径等进行深入研究的基础上,以明确的理论意识为指引,对翻译作品、翻译现象等展开积极的批评,同时密切关注翻译现实问题、关注国内翻译批评实践。"② 应该说,此言不虚。翻译批评已经超越了寻章摘句和拈过拿错的阶段,不仅受到翻译家的高度关注,翻译研究者和相关学科的学者也开始介入翻译批评。通过《红与黑》的讨论,客观、理性、包容的翻译批评氛围逐渐形成。由于翻译研究范式的演变,翻译批评的视角、理论框架、关注对象逐渐变得多元,再加上批评者的批评意图和观念的差异,没有一个批评模式能得到批评家一致认可和接受。正如有学者所说:"忠于原文不是理所当然的、唯一的标准,世界上也没有永恒不变的,绝对正确的标准。不同的社会、时代,不同的翻译目的和文本,都会产生不同的要求。因此,我们进行翻译批评首先必须谨记这一点。"③ 批评家也开始接受和容忍不同视角、不同理论背景、甚至尖锐对立的批评意见。这是翻译批评发展和成熟的标志,也是当今翻译批评繁荣的基础。

第四节　译介学与翻译批评

1979 年之后,翻译批评发展的重要趋势是从单一的语言内部研究

---

① 刘云虹、许钧:《翻译批评研究之路:理论、方法与途径》,南京:南京大学出版社,2015 年,封底。
② 刘云虹:《在场与互动——试析许钧关于翻译批评的思考与实践》,《外国语》2015 年第 2 期,第 99 页。
③ 张南峰:《中西译学批评》,北京:清华大学出版社,2004 年,第 20 页。

向多学科、跨学科发展,从字词句向社会文化发展、从形而下向形而上发展。谢天振是翻译批评转型的重要倡导者和推动者。他从比较文学介入翻译研究,创立了译介学的理论体系,将翻译文学置于特定的文化时空中进行考察,翻译研究从此走出了"原地循环"的研究模式,[①] 拓展了翻译批评的学术空间。

一、对传统批评的质疑

1990年前后,中国翻译批评界少数学者开始零星地引进西方的翻译思想。但是,翻译批评的主流仍沉溺于"信达雅"的诠释与论争,斤斤于字当句对的转换。正是在这样的学术环境下,谢天振从翻译文学在现代文学史中被边缘化的现象切入,质疑学界对翻译文学的定位与评价。他认为,早在20世纪二三十年代,陈子展的《中国近代文学之变迁》、王哲甫的《中国新文学运动史》、郭箴一的《中国小说史》等,都将翻译文学视为"中国文学的一部分而给以专章论述"。然而,1949年以后,在各种新编的中国现代文学史著作中,翻译文学却不再享有这样的地位,它只是附带地提及,没有专门的论述,当然更没有专门章节。对翻译文学在中国现代文学史上这种大起大落的现象,迄今未见有任何解释。也许人们根本否认"翻译文学"的存在;也许人们从来就不认为翻译文学是中国文学的一部分。[②]

接着,谢天振开始对翻译文学的本质进行追问。他认为,"长期以来,人们对文学翻译存有一种偏见,总以为翻译只是一种纯技术性的语言文字符号的转换,只要懂一点外语,有一本外语辞典,任何人都能从事文学翻译。这种偏见同时还影响了人们对翻译文学家和翻译文学的看法:前者被鄙薄为'翻译匠',后者则被视作没有独立的自身价值。"[③]

显然,谢天振不仅采取了跨学科的研究视角,同时拒绝从形而下的角度研究翻译。他认为,翻译文学在中国文学系统中应该有自身的重要

---

① 史国强:《谢天振的翻译文学思想》,《当代作家评论》2011年第3期,第22页。
② 谢天振:《翻译文学——争取承认的文学》,《探索与争鸣》1990年第6期,第56页。
③ 谢天振:《比较文学与翻译研究》,台北:业强出版社,1994年,第176页。

地位。翻译文学"被赋予了新的形式,或新思想、新形象",是一种"独立的存在,在人类的文化生活中发挥着原作难以代替的作用",① 因而将翻译作品的评价提升到文化的高度。他认为:翻译文学"赋予作品一个崭新的面貌,使之能与更广泛的读者进行一次崭新的文学交流,它不仅延长了作品的生命,而且又赋予它第二次生命"②。他的眼光超越了当时盛行的"有无之辩"(即有没有翻译理论,或翻译理论有无意义)与"中西之争"(即西方的翻译理论有无普适性,是否适用于中国的翻译实际),扩展了翻译批评的领域。台湾学者认为,阅读谢天振的《比较文学与翻译研究》能轻易"获得全新的观念,乃至调整阅读的视野"。③

纵观谢天振的研究历程,质疑和问题意识贯穿始终。如"论文学翻译的创造性叛逆""启迪与冲击——论翻译研究的最新进展与比较文学的学科困境""国内翻译界在翻译研究和翻译理论认识上的误区""如何看待中西译论研究的差距——兼谈学术争鸣的学风和文风""论译学观念现代化"等等。他的观点一经提出,立刻得到许多学者的认同。方平曾高度赞赏谢天振挑战"社会成见的"意识和"宽广的学术视野";④ 朱徽称《译介学》具有"批判传统谬见"的现实意义。⑤ 有意思的是,谢天振的观点同时也遭到不少人质疑。不论是认同或质疑,他的批判意识对传统观念形成了强烈冲击,并使翻译批评从技能的讨论转向批评理论的探索,开启了现代翻译批评的一扇窗户。

二、批评的误区与理论追求

由于翻译批评与实践的密切关联和中国实用理性的传统,翻译批评

---

① 谢天振:《比较文学与翻译研究》,台北:业强出版社,1994年,第178页。
② 同上书,第179—180页。
③ 卢康华:《一步一个脚印——谢天振〈比较文学与翻译研究〉评介》,《中国比较文学》1995年第2期,第216页。
④ 方平:《序二》,谢天振:《译介学》,上海:上海外语教育出版社,1999年,第9页。
⑤ 朱徽:《具开拓意义的翻译文学研究新著——评谢天振著〈译介学〉》,《中国翻译》2000年第1期,第59页。

一直存在十分突出的实用和实践的倾向。强调翻译批评的实践性,强调翻译实践对理论概括的积极意义,无可厚非。然而,中国译学界似乎存在根深蒂固的漠视,甚至鄙视理论探讨和理论建设的倾向。对重翻译技巧而轻理论概括、重"术"而轻"学"的倾向,谢天振并不认同:

> 比较多的翻译界人士对近年来我国译学研究上取得的进展取一种比较冷漠的态度,在他们看来,译学研究,或者说得更具体些,翻译的理论研究,与他们没有什么关系。长期以来,我国的翻译界有一种风气,认为翻译研究都是空谈,能够拿出好的译品才算是真本事。所以在我国翻译界有不少翻译家颇以自己几十年来能够译出不少好的译作、却并不深入翻译研究或不懂翻译理论而洋洋自得,甚至引以为荣。而对那些写了不少翻译研究文章却没有多少出色译作的译者,言谈之间就颇不以为然,甚至嗤之以鼻。风气所及,甚至连一些相当受人尊敬的翻译家也不能免。譬如,有一位著名的翻译家就这样说过:"翻译重在实践,我就一向以眼高手低为苦。文艺理论家不大能兼作诗人或小说家,翻译工作也不例外:曾经见过一些人写翻译理论头头是道,非常中肯,译东西却不高明得很,我常引以为戒。"[①]

谢天振的批评比较尖锐,但生动地描绘出当时译界对理论的态度。他认为,国内翻译界在翻译研究上存在三个误区。第一个误区是把对"怎么译"的研究误认为是翻译研究的全部。自古以来,中国传统译论从"因循本旨""不加文饰""依实出华""五失本""三不易"到"信达雅""神似""化境",几乎都是围绕"怎么译"这三个字展开的。[②]对翻译技巧的研究与探讨固然重要,但翻译技巧的探讨与翻译经验的总结必须上升到理论层面,应该总结和发现其中的规律。理论研究必须超越"狭隘的单纯语言转换层面",而从"文化层面上去审视翻译,研

---

① 谢天振:《国内翻译界在翻译研究和翻译理论认识上的误区》,《中国翻译》2001年第4期,第2页。

② 同上文,第2—3页。

究翻译"。①

第二个误区是对翻译理论实用主义的态度,片面强调理论对实践的指导作用,认为凡是理论都应该对指导实践有用;否则就被讥之为"脱离实际",是无用的"空头理论"。②随着学科的发展与成熟,学科分工必然"日益精细",必然会出现主要从事或专门从事理论研究的专家。理论家不能兼作诗人、小说家,这很自然;就像诗人、小说家不能兼作理论家一样。同理,我们也不能强求翻译家能提出高深的翻译理论,或翻译理论家有高超的翻译实践水平。我们应该鼓励有兴趣、有抱负的学者从事翻译的理论研究,特别是纯理论的研究。其实,这样的认识在其他学科发展的初期也很常见。霍姆斯(J. Holmes)就曾指出,翻译研究可分为纯翻译研究和应用翻译研究;翻译理论的功能除了指导具体的翻译实践之外,还具有描述翻译现象、解释和揭示翻译的规律和本质、预测翻译可能性的功能。③谢天振认为,既然翻译研究要成为一门学科,我们就不能仅限于形而下的"术"的讨论,必须重视形而上的抽象,翻译批评自然应该上升到理论层面。

翻译研究第三个误区是国内翻译界习惯强调"中国特色"或"自成体系"而忽视翻译理论的"共通性"和普遍规律。翻译既然是全人类共同的文化交流活动,必然有自己的内在规律。西方翻译研究近年来一个比较明显的趋势是探索翻译规范(translational norms)和翻译普遍性(translational universals),强调从个体上升到整体、从局部上升到全球。坚持"中国特色"或"自成体系"显然有悖于世界翻译研究这个学术共同体的发展趋势。他明确指出,片面强调"中国特色"和"自成体系"可能"导致拒绝甚至排斥引进、学习和借鉴国外译学界先进的翻译理论;或是以'自成体系'为借口,盲目自大自满,于是把经验之谈人

---

① 谢天振:《国内翻译界在翻译研究和翻译理论认识上的误区》,《中国翻译》2001年第4期,第3页。
② 同上。
③ James S. Holmes,"The Name and Nature of Translation Studies", Lawrence Venuti. ed., *The Translation Studies Reader*, London and New York: Routledge, 2000, p. 176.

为地拔高成所谓的理论，从而取代严格意义上的理论探讨"。① 正如有学者所言，过分强调特色会"陷入狭隘民族主义的泥坑"②。

谢天振认为，20世纪50年代以前，全世界的翻译研究都不能称为严格意义上的翻译理论，用巴恩斯通的观点来看，所有的那些研究"只是应用于文学的翻译原则与实践史罢了"③。这也是许多翻译理论家所谓的"前科学"（pre-scientific）阶段。其后，西方翻译理论有了长足的发展，研究领域也大大扩展，译作的发起人、文本的操作者和接受者等都成为研究的对象。不仅讨论文本之间的忠实与等值关系，而且注意到译作在"新的文化语境里的传播与接受，注意到了翻译作为一种跨文化传递行为的最终目的和效果，还注意到了译者在这整个翻译过程中所起的作用"④。因而，翻译研究的重点应该"放在翻译的结果、功能和体系上，对制约和决定翻译成果和翻译接受的因素、对翻译与各种译本类型之间的关系、翻译在特定民族或国别文学内的地位和作用、以及翻译对民族文学间的相互影响所起的作用给予特别的关注"⑤。翻译理论的建构和翻译批评的发展势必要求一部分学者"尽快摆脱'匠人之见'"而成为翻译批评的"建筑大师"。⑥ 谢天振对"术"与"学"的论述，振聋发聩；对改变寻章摘句式的批评风气，无疑有强烈的针对性和积极的现实意义。

三、跨学科的文化批评观

跨学科与文化转向是当下学术研究的主流，是语言学、文学、美学、人类学等学科发展的共同趋势。译介学正是从跨学科的视角介入翻

---

① 谢天振：《国内翻译界在翻译研究和翻译理论认识上的误区》，《中国翻译》2001年第4期，第4页。
② 张南峰：《特性与共性——论中国翻译学与翻译学的关系》，谢天振主编：《翻译的理论建构与文化透视》，上海：上海外语教育出版社，2000年，第224页。
③ 谢天振：《国内翻译界在翻译研究和翻译理论认识上的误区》，《中国翻译》2001年第4期，第5页。
④ 同上文，第4页。
⑤ 同上。
⑥ 谢天振：《翻译研究新视野》，青岛：青岛出版社，2003年，第256页。

译研究，翻译与翻译批评也因而具有更深远的文化意义。一个理论体系的创立首先表现为术语的厘清与界定。谢天振认为，译介学是从比较文化的角度出发对翻译（尤其是文学翻译）和翻译文学进行的研究。严格而言，译介学的研究不是语言研究，而是文学研究或者文化研究，它所关心的不是语言层面上源语与目的语之间如何转换，而是原文在外语和本族语转换过程中信息的失落、变形、增添、扩伸等问题；是翻译（主要是文学翻译）作为人类一种跨文化交流的实践活动所具有的独特价值和意义。[1]

2004年，《中国翻译》刊发了一篇编者按语，称中国翻译研究面临的困境是"窄"与"薄"。"窄"主要指"研究的路子窄，体现在创新意识不够，走别人的老路，缺乏理论框架与体系的突破"。所谓"薄"则是"指理论底子薄，跨学科知识严重欠缺"，强调要有"新的视角、新的方法和新的突破"。编者按同时认为，"学术创新贵在有探索意识和勇气，选题没有魄力，没有创意，只求保险，学术建树就无从谈起。"[2]在编者按语之后刊发的第一篇文章便是谢天振的《论译学观念的现代化》。该文不仅是对学术创新的回应，而且是从研究观念上对译学发展进行论证，表现出跨学科和理论建构的学术意识。谢天振认为，"翻译所处的文化语境已经发生了变化，翻译研究的内容也已经发生了变化，然而我们的译学观念却没有变化，我们的翻译研究者队伍没有发生实质性的变化，我们不少人的译学观念仍然停留在几十年前、甚至几百年以前。"[3]今天的翻译已不再是"简单的两种语言之间的转换行为，而是译入语社会中的一种独特的政治行为、文化行为、文学行为，而译文则是译者在译入语社会中诸多因素作用下的结果，在译入语社会的政治生活、文化生活、乃至日常生活中扮演着有时是举足轻重的角色"[4]。谢天振还认为，翻译的文化语境也已经从口语交往阶段、文字翻译阶段发

---

[1] 谢天振：《译介学》，上海：上海外语教育出版社，1999年，第1页。
[2] 《编者按语》，《中国翻译》2004年第1期，第6页。
[3] 谢天振：《论译学观念的现代化》，《中国翻译》2004年第1期，第7—8页。
[4] 同上文，第8页。

展到今天的文化翻译阶段，这些变化深刻地影响和改变了翻译研究的走向。不了解世界范围译学的趋势与动态，"再不迅速实现译学观念的现代化转向"，无疑会成为我国译学理论建设和翻译学科建设的"瓶颈口"，"势必阻滞中国译学的进一步发展，从而对我们整个翻译事业带来不利的影响"。① 这无疑对翻译批评有积极的启发意义。

更难能可贵的是，谢天振的研究与批评并非凌空蹈虚，而是脚踏实地的理论建构和学派创新。笔者在中国翻译学科发展报告中曾对当下译界的局限做过讨论，认为中国译学界存在一种"失语症"，"缺少自主创新的理论，原创性的研究成果不多"。② 谢天振推出的译介学理论、翻译文学和翻译文学史的概念体系，终结了译界的"失语"状态，在大陆、港台地区和海外都产生了广泛的影响。贾植芳教授就曾对谢天振的《译介学》给予积极肯定，称其"既有理论高度，又有大量丰富的实例，把翻译文学作为文学和文化研究的对象进行分析、评述，从而得出与文学史的编写、中外文化的交流等有直接关系的重大结论……揭开了从比较文学和比较文化角度研究翻译的新层面，开拓了国内翻译研究的新领域"③。

如果从现代译学发展的眼光来分析霍姆斯划时代的文献《翻译研究名与实》，我们会发现，翻译作品的传播、接受和影响似乎并没有在其中占据应有的地位。当然，我们不能苛求霍姆斯在30多年以前预见到翻译研究今天的发展。但时至今日，"译介学"仍无法找到相应的英文术语，这让谢天振面临杜撰术语"Medio-translatology"的尴尬。西方至今仍然没有与译介学理论相关、较为系统和完整的专著问世。这一方面反映出建构全新学派或理论所面临的艰难，同时也体现出谢天振的开拓勇气与建构意识。

译介学将翻译批评从形而下的语言转换提高到文学和文化研究的层

---

① 谢天振：《论译学观念的现代化》，《中国翻译》2004年第1期，第9—10页。
② 廖七一：《翻译研究》，王鲁男主编：《外国语言文学及相关学科发展报告2006》，重庆：重庆出版社，2007年，第49页。
③ 贾植芳：《序一》，谢天振：《译介学》，上海：上海外语教育出版社，1999年，第4页。

面。有学者不无道理地指出,"批评者可以更充分地理解、更准确地解释译作与原作之间的各种差异,并揭示其背后社会文化历史因素所起的作用"①。在《译介学导论》中,谢天振阐述了译介学对翻译研究"重大的理论意义与实践价值"。首先,译介学扩大并深化了对翻译和翻译研究的认识;其次,创造性叛逆的研究肯定并提高了文学翻译的价值和文学翻译家的地位;第三,界定、论证了翻译文学的归属问题;第四,译介学对编写翻译文学史的思考展现了广阔的学术空间。② 从眼下国内学者翻译研究的选题来看,我们就会发现此言不虚。许多学者从"创造性叛逆""文化误读"等术语体系中得到灵感、受到启发。这些术语已成为翻译界流通最为广泛、使用频率最高的核心术语之一。《译介学》也成为国内翻译批评参考最多的中文文献。有学者统计,"《译介学》自1999年问世以来,至今已连续印刷4次……被引用率在国内翻译界和比较文学界都名列前茅","CSSCI 刊物引证的次数每年都超过18次"。国家社科项目课题指南、国家"十一五"哲学、社会科学规划(2006—2010)也都"把译介学列为重点研究课题之一"。③

译介学理论还被成功地应用于文学翻译史的编写。有学者指出,谢天振首次"分析了翻译文学的性质、归属和地位",并"从理论上探讨了撰写'翻译文学史'的方法论问题"。④ 众所周知,国内出版过不少的翻译文学史或文学翻译史,仅在2005年就有4部翻译史和3部翻译家专论。但从整体上看,"翻译史的研究基本上局限于文献和史料意义"⑤;这也是翻译史编写带有普遍性的问题。编者要么缺少宏观的理论框架,无法从浩瀚的史料中发现或概括出翻译发展的脉络和规律,要

---

① 孙萍、綦天柱:《译介学理论在文学翻译批评中的应用》,《东北师大学报》(哲学社会科学版)2005年第6期,第90页。
② 谢天振:《译介学导论》,北京:北京大学出版社,2007年,第13—14页。
③ 蔡韵韵:《谢天振教授的翻译研究对中国译学的影响》,《科技信息》2011年第8期,第575页。
④ 查明建:《比较学者的学术视野与学术个性——谢天振教授的比较文学学科意识及其译介学研究》,《中国比较文学》2000年第1期,第127页。
⑤ 廖七一:《翻译研究》,王鲁男主编:《外国语言文学及相关学科发展报告2006》,重庆:重庆出版社,2007年,第41页。

么缺少对所涉及的史料有理论深度的梳理，某些翻译史几乎成了翻译事件流水账。谢天振认为：

> 以叙述文学翻译事件为主的"翻译文学史"不是严格意义上的翻译文学史，而是文学翻译史。文学翻译史以翻译事件为核心，关注的是翻译事件和历史过程历时性的线索。而翻译文学史不仅注重历时性的翻译活动，更关注翻译事件发生的文化空间、译者翻译行为的文学文化目的，以及进入中国文学视野的外国作家及其作品。翻译文学史将翻译文学纳入特定时代的文化时空进行考察，阐释文学翻译的文化目的、翻译形态、达到某种文化目的的翻译上的处理以及翻译的效果等，探讨翻译文学与民族文学在特定时代的关系和意义。①

正是按照这一指导思想，谢天振和查明建的《中国现代翻译文学史（1898—1949）》② 具有典范的意义。这是因为，第一，这部翻译文学史的编写是对译介学理论系统的史学尝试，阐明了"翻译文学"与"文学翻译"的区别，分析了翻译文学与外国文学、本土文学之间的关系、翻译文学与本土文化多元系统的关系，回答了翻译文学史的性质、学科地位和构成要素等基本问题。第二，翻译文学史成功地应用"线"与"面"相结合的编排方式，在客观描述翻译文学事件发展线索的同时，强调了翻译文学在中国文学系统中的传播、接受与影响。第三，承认和肯定了翻译家、文学社团和"披上了中国外衣的外国作家"的主体地位。第四，将翻译文学史"看成是一部跨文化的文学交流史、文学关系史和文学影响史"③。这一尝试不仅体现出谢天振"独有的阐释学意识"和"史家理论上的前见"，④ 更重要的是改变了学界对翻译文学的认识、

---

① 谢天振：《译介学导论》，北京：北京大学出版社，2007年，第162—163页。
② 谢天振、查明建：《中国现代翻译文学史（1898—1949）》，上海：上海外语教育出版社，2004年。
③ 耿强：《史学观念与翻译文学史写作——兼评谢天振、查明建主编的〈中国现代翻译文学史〉（1898—1949）》，《中国比较文学》2007年第2期，第86页。
④ 同上文，第85页。

评价与定位，确立了翻译史编写的新范例。

值得一提的是，在当下"中国文学文化走出去"的热潮中，译介学成为跨文化交流的分析尺度和理论指导。早在2008年，谢天振就开始用译介学的视角分析研究中国文化文学"走出去"的国家战略。据不完全的统计，有如下重要文章问世：

《谢天振：如何向世界告知中华文化》（《辽宁日报》2008.5.9）

《语言差与时间差》（《文汇读书周报》2011.9.3）

《中国文化如何才能真正有效地"走出去"?》（《东方翻译》2011年第5期）

《莫言作品"外译"成功的启示》（《文汇读书周报》2012.12）

《译介文学作品不妨请外援》（《中国文化报》2013.1.10）

《中国文学、文化走出去：理论与实践》（《东吴学术》2013年第2期）

《中国文学"走出去"不只是一个翻译问题》（《中国社会科学报》2014.1.20）

《中国文学走出去：问题与实质》（《中国比较文学》2014年第1期）

《顶葛浩文的"我行我素"》（《文汇读书周报》2014.4.4）

《中国文化如何才能走出去——译介学视角》载杨乃乔主编《当代比较文学与方法论建构》（复旦大学出版社，2014年5月）

《从文化外译的视角看翻译的重新定义——兼谈围绕中国文化"走出去"的几个认识误区》（《东方翻译》2016年第4期）

《历史的启示——从中西翻译史看当前的文化外译问题》（《东方翻译》2017年第2期）

上述著述运用译介学的基本原理对典籍外译的意义、途径、特征、方法和误区进行了系统和深入的阐述与翔实的论证。

从译介学的视角来看，中国文化文学"走出去"是一项跨文化工程，我们"一定要跳出简单的两种语言文字转换的层面，一定要把翻译的问题放到不同民族的文化、社会背景之下,去审视、去思考","才能深刻认识翻译与语言文字转换背后的诸多因素之间错综复杂的微妙关系,我们才有可能抓住'中国文学、文化如何走出去'这个问题的实质,才有可能发现问题的关键所在。"① 与此同时,我们必须意识到"译入"与"译出"的差异,不能将照顾"接受群体的阅读习惯和审美趣味"视为"对西方读者的曲意奉迎",要了解主流文化向非主流文化流动的译介基本规律;重视文化交际中的"时间差"和"语言差"。②

从译介学的视角来看,跨文化交际必须"摒弃'以我为中心'的思想",认清"适应"和"认同"在跨文化交流中的作用,③ "发现外译文化与对象国文化之间的共同点,构建两种不同文化之间的亲缘关系"④。在具体的译介中,要"让中国的专家、学者、译者参与到英语国家对中国文学文化的译介活动中去"⑤。

可以说,译介学原理不仅有助于发现当下中国文化文学外译中的偏颇与局限,分析产生失误的原因,并能提出建设性的意见和具体可行的译介策略。

结　语

译介学自 20 世纪 90 年代初问世以来,经过不断的丰富、完善和发展,已经成为翻译批评的重要理论资源。有意思的是,法国的译介学、"创造性叛逆"等思想也曾传入日本,并较中国为早,但"却没有枝繁叶茂,至今尚无'学名';'创造性叛逆'这一核心概念,也未能有效普及"⑥。而在中国,译介学却"生根发芽,迅速成长",成为"中国当代

---

① 谢天振:《中国文学、文化走出去:理论与实践》,《东吴学术》2013 年第 2 期,第 47 页。
② 谢天振:《中国文学走出去:问题与实质》,《中国比较文学》2014 年第 1 期,第 5—8 页。
③ 谢天振:《历史的启示——从中西翻译史看当前的文化外译问题》,《东方翻译》2017 年第 2 期,第 8 页。
④ 同上文,第 10 页。
⑤ 同上文,第 8 页。
⑥ 高宁:《"学"与"论"之间的日本近现代翻译研究》,《中国比较文学》2016 年第 4 期,第 142 页。

译学的一个重要组成部分,引起整个人文学界的关注与重视"。① 究其原因,有学者认为"日本缺乏像谢天振这样致力于译介学研究的大家"②。应该说此言不虚。在过去的20多年中,译介学的观念引发了多次论争,至今仍有不同的解读和理解。③谢天振曾比较系统地回应这些质疑,并指出若干误读。④ 不可否认的是,译介学及其引发的种种论争改变了学界对许多翻译核心概念的认识,扩展了翻译研究的领域,促进了翻译批评的理论提升。可以说,译介学在影响学界批评思路与观念的同时,也改变着当代翻译批评的进程和发展方向。

---

① 高宁:《"学"与"论"之间的日本近现代翻译研究》,《中国比较文学》2016年第4期,第142页。

② 同上。

③ 王向远:《"创造性叛逆"的原意、语境与适用性——并论译介学对"创造性叛逆"的挪用与转换》,《人文杂志》2017年第10期。

④ 谢天振:《创造性叛逆:争论、实质与意义》,《中国比较文学》2012年第2期,第34—36页。

余论：批评的惯性与趋势

1979年至今，翻译批评取得了长足的发展，无论是关注翻译批评的人数，还是翻译批评研究的深度和广度，都是历史上任何一个时期所不能比拟的。我们可以发现，传统的批评观念和政治影响的惯性、当代翻译研究范式的转换、批评模式和批评标准的多元，都使当今的翻译批评呈现出纷繁复杂的局面。

一、传统的惯性

传统的翻译批评观念和批评的政治化仍然具有持续的影响。传统的翻译批评主要集中于文本和翻译技术层面。有关翻译批评的论述基本上局限于翻译经验和对翻译的感性思考。比如，1981年刘靖之主编的《翻译论集》、1983年中国对外翻译出版公司出版了《翻译理论与翻译技巧文集》、1984年《翻译通讯》编辑部编选的《翻译研究论文集》、罗新璋编选的《翻译论集》、1989年王寿兰编选的《当代文学翻译百家谈》、1995年前后的《红与黑》大讨论、2000年许钧出版的《文学翻译的理论与实践——翻译对话录》等。有的学者也曾提到要从语言学、美学、阐释学、哲学、文化研究等理论上观照翻译和翻译活动，然而真正超越技巧与经验、达到一定理论深度的文章所占比例并不大，特别是上升到文化层面和思想层面的批评尚不多见（这里的"文化"是指学科意义上的"文化"而非一般的文化负载词、服饰文化、酒文化、茶文化等,或依照社会文化语境去考察词句的意义或转换)。一些翻译家研究或翻译史论著集中于史料的钩沉与整理,有史少论或有史无论,缺少学术洞见和理论提升。传统翻译批评理念(如"信达雅")的强大惯性、对西方研究成果的隔膜,以及专业批评家的缺失恐怕是翻译批评没有重大突破的深层原因。

与传统翻译批评观念相比,影响更加深远的是翻译批评的政治化。政治化又使批评概念化和简单化。这似乎是当代中国翻译批评的宿命:20世纪中国的翻译和翻译批评无时无刻不与政治缠绕纠结。各种论集的选目,学界对鲁迅翻译的评价与思考,"尼罗河上的惨案风波"的缘起、发展与终结,无不受到政治话语的驱动和制约。

首先,翻译批评政治化的惯性表现在各个翻译论集的选目上。如果比较一下内地翻译论集与香港出版的选集,或1949年之前的选集,可以看出,内地选目多集中于主流政治话语肯定的翻译家或批评家,如鲁迅、茅盾、郭沫若等。他们入选的篇目之多,显得非常突出。而那些有争议的或不被主流政治接受的翻译家,如梁实秋、赵景深、胡适等,则很少收录。对于数量上的悬殊,前面已有论及,兹不赘述。选目的偏颇与缺失有损选集的客观性和科学性,自然很难反映翻译批评的全貌。

其次,鲁迅翻译研究的意识形态化。鲁迅翻译过300多万字的外国文学作品和外国文艺论著,对翻译也有独到的见解。然而,在过去数十年中,一些学者简单地将鲁迅的政治评价迁移、甚至套用到对其翻译和翻译思想的评价上。研究表明,鲁迅的翻译作品基本上没有产生预期的效果和影响,他提倡的"直译"也没有成为主流的翻译策略。然而,"直译""硬译"却一度成为唯一正确的翻译主张,甚至是唯一的翻译原则和标准。1949年之后,无论是国家提倡的翻译语言民族化,还是人们心目中的翻译文学经典,几乎无一例外的都是流畅、易懂、归化的翻译。傅雷提出的"神似"、钱锺书提出的"化境"、杨必翻译的《名利场》、张谷若翻译的哈代小说,甚至"十七年"的翻译"红色经典"《钢铁是怎样炼成的》《牛虻》等体现出的翻译原则和主张，均与鲁迅相去甚远。这种理论表述与翻译实践的分离在很大程度上说明，对鲁迅翻译的评价已固化为一种政治标签，很难解释和指导当下和未来的翻译。

最后，"尼罗河上的惨案风波"也揭示出政治意识形态对翻译批评的主导。原本是对一部外国文学作品的评介问题，结果上升到政治事件。李景端在陈述中称，这是"学术性的问题。对这些问题，文艺界、翻译界有不同的看法，应该提倡讨论、研究、争鸣，而不宜用行政的办法轻易加以肯定或否定"[①]。尽管翻译界也从学术层面提出了不同意见；李景端也援引多位翻译家的观点来陈述对事件的看法，但事件的缘起、经过到最后的处理结案，似乎都由政治宣传部门左右。

不过到了世纪之交，研究范式的转换颠覆了传统对翻译的单一认识，翻译批评的模式、方法和标准不断更新，翻译批评逐渐从语言文字、文本语境上升到思想文化的层面。跨文化和跨学科的翻译批评也显露端倪。王克非的《翻译文化史论》、邹振环的《影响中国近代社会的一百种译作》等已经从大文化的视角审视翻译。谢天振的《译介学》、王宏志对翻译史的研究、王宁的全球化和跨文化翻译等，无一不是典型的跨文化、跨学科的批评研究成果。廖七一的《胡适诗歌翻译研究》《中国近代翻译思想的嬗变——五四前后文学翻译规范研究》等，则是从当代国人的精神思想建构上来审视翻译。

二、范式与翻译的界定

20世纪60年代，库恩率先将"范式"（paradigm）引入科学研究，引发了科学史和学术研究的范式变迁。库恩将范式界定为："为一个时代的一个从业者团体提供典范问题与解决方案的普遍认可的科学成就"（universally recognized scientific achievements that, for a time, provide model

---

① 李景端：《外国文学出版的一段波折》，《博览群书》2005年第6期，第94页。

problems and solutions for a community of practitioners)。①范式的转变改变了科学研究的思维方式,改变了"科学家对研究所及世界的看法"②。库恩甚至认为,科学革命不是源自知识的简单积累,而是来自范式的变迁。就翻译批评而言,范式的转换决定了翻译的定义、翻译的关注点、翻译的目的与动能,以及翻译策略的选择。换言之,翻译批评的模式、原则、标准和方法在很大程度上取决于我们对翻译的哲学假设。翻译的界定决定了翻译批评的原则与标准;进而决定了"好的""优秀的""可接受的"翻译的界定。

传统对翻译的界定有两个非常核心的观念,一是语言再现或模仿,二是忠实或等值。卡特福德认为翻译是"将一种语言(源语)文本材料替换成等值的另一种语言(目标语)文本材料"③。纽马克认为,翻译行为是"把一段语言或一个语言单位,即整个文本或文本一部分的意义由一种语言转换成另一种语言"④。奈达与泰伯认为,"翻译是用接受语再现与源语信息最接近的自然等值物,首先在意义方面,其次在风格方面"⑤。费道罗夫认为翻译是"充分传达原作的思想内容","在功能、修辞上与原著等值"。⑥ 刘军平、宋学智都曾详尽地罗列了数十条翻译的定义,⑦ 语言转换和忠实再现贯穿于几乎所有的翻译定义。

然而,就丰富多彩的翻译实践而言,这些定义"似乎总有其不完备的地方,不是顾此失彼,就是失之偏颇"⑧。国外有学者甚至提出:"一

---

① Thomas S. Kuhn, *The Structure of Scientific Revolutions*, 3rd edition, Chicago: University of Chicago Press, 1996, p. 10.

② Ibid., p. 111.

③ J. C. Catford, *A Linguistic Theory of Translation*, London: Oxford University Press, 1965, p. 20.

④ P. Newmark, *About Translation*, Beijing: Foreign Language Teaching and Research Press, 2006, p. 27.

⑤ Eugene A. Nida and Charles R. Taber, *The Theory and Practice of Translation*, Shanghai: Shanghai Foreign Language Education Press, 2004, p. 12.

⑥ 蔡毅:《翻译理论的文艺学派》,《外国翻译理论评介文集》,北京:中国对外翻译出版公司,1983年,第78页。

⑦ 刘军平:《西方翻译理论通史》,武汉:武汉大学出版社,2009年,第18—21页。

⑧ 宋学智:《"翻译"定义繁多之论析》,《扬州大学学报》2000年第3期,第45页。

部翻译理论史实际上相当于对'翻译'这个词的多义性的一场漫长的论战。"①《现代汉语词典》对翻译的定义看似无懈可击,但对于我们认识翻译、解释翻译现象,特别是针对当今纷繁的翻译实际,缺乏指导意义。究其原因,上述界定都是基于模仿论的哲学假设,认为"语言转换"和"忠实"就是翻译的本质或基本属性。然而,翻译"不是性质与范围业已确定的现象,而是依文化内部的种种关系而变化的活动。"②

20世纪60年代之后,国外学者对翻译的界定悄然改变。目的论、社会行为论、文化论、后殖民和女性批评、解构主义等学者都提出了与传统翻译观截然不同的翻译界定,极大地拓展了翻译研究的疆界,丰富了翻译研究的视角。中国学者也不例外,同样在研究中尝试新的视角。早在20世纪90年代初,谢天振就敏锐地意识到文学翻译中的创造性叛逆现象具有独特的学术研究价值,认为"在创造性叛逆中,不同文化的交流、碰撞、变形等现象表现得特别集中,也特别鲜明"③。在概括当代翻译研究的发展趋势时,他提出了"三大突破":第一,"从一般层面上的对两种语言转换的技术问题的研究,也即从'怎么译'的问题,深入到了对翻译行为本身的深层探究,提出了语音、语法、语义等一系列的等值问题";第二,"翻译研究不再局限于翻译文本本身的研究,而是把目光投射到了译作的发起者(即组织或提议翻译某部作品的个人或群体)、翻译文本的操作者(译者)和接受者(此处的接受者不光指的是译文的读者,还有整个译语文化的接受环境)身上"。第三,"翻译研究中最大的突破还表现在把翻译放到一个宏大的文化语境中去审视"④。

王宁从全球化和跨文化阐释来认识翻译。他严肃批评了翻译的"语言中心主义",认为"跨文化阐释式的翻译"使"莫言的作品在另一文

---

① 威尔斯:《翻译学——问题与方法》,祝珏、周智谟节译,北京:中国对外翻译出版公司,1989年,第19页。
② Itamar Even-Zohar, "The Position of Translated Literature within the Literary Polysystem", in L. Venuti ed., *The Translation Studies Reader*, London and New York: Routledge, 2000, p. 197.
③ 谢天振:《比较文学与翻译研究》,台北:业强出版社,1994年,第205页。
④ 谢天振:《超越文本、超越翻译》,上海:复旦大学出版社,2014年,第96—98页。

化语境中获得了新生";①而"泰戈尔和张爱玲对自己作品的英译就是一种'跨文化阐释式'翻译的典范:母语文化的内涵在译出语文化中得到了阐释式的再现,从而使得原本用母语创作的作品在另一种语言中获得了'持续的生命'和'来世生命'"。②翻译已经成为"跨语言""跨文化""跨媒介"阐释。③

王宏志从文化史和思想史的高度研究翻译。他明确指出,"大部分晚清文学翻译活动都带有政治动机和意义,当我们思考晚清翻译的政治性时,不难发现文学翻译活动其实只不过是较早时候已大量出现的非文学翻译活动的延续,文学与非文学翻译两者都带有几乎完全相同的政治目的。"④

许钧在《文化的多样性与翻译的使命》中提出:"近四十年的翻译研究先后经历了'语言学转向'和'文化转向'。每一次转向都为我们全面理解翻译、认识翻译提供了一种新的可能。"⑤ 他强调"翻译在多元文化的语境之下该如何定位?这一问题实际上涉及何为译,即我们对翻译本质的认识"⑥。

王东风的《解构"忠实"——翻译神话的终结》⑦ 和廖七一的《翻译研究:从文本、语境到文化建构》⑧ 都体现出与传统研究范式分道扬镳的趋势。有学者称,传统思维定式的主要表现是"批评标准的简单化"⑨。翻译已经不能用简单的"语言转换"或"模仿"来界定,翻译是意义深远的社会文化行为。

---

① 王宁:《比较文学、世界文学与翻译研究》,上海:复旦大学出版社,2014年,第37页。
② 同上书,第47页。
③ 王宁:《全球化时代的翻译及翻译研究:定义、功能及未来走向》,《外语教学》2016年第3期,第91页。
④ 王宏志:《翻译与近代中国》,上海:复旦大学出版社,2014年,第8、11页。
⑤ 许钧:《从翻译出发——翻译与翻译研究》,上海:复旦大学出版社,2014年,第196页。
⑥ 同上书。
⑦ 王东风:《解构"忠实"——翻译神话的终结》,《中国翻译》2004年第6期。
⑧ 廖七一:《翻译研究:从文本、语境到文化建构》,上海:复旦大学出版社,2014年。
⑨ 杨晓荣:《翻译批评标准的传统思路和现代视野》,《中国翻译》2001年第6期,第12页。

三、范式与翻译批评

如果说科学革命的根本动力是范式的演进，那么，范式的演进首先改变了我们对翻译"本质"的认识或哲学假设。在模仿论者看来，翻译是复制、是再现、是惟妙惟肖的语言转换；在社会行为论者看来，翻译是有目的的社会行为；在文化论者看来，翻译是权力不平等的交流，是介入政治和主张文化身份的工具。学界对翻译的认识已经从语言技能上升到文本、再上升到社会行为、文化间不平等权力之间的对抗。批评研究越来越多地关注翻译背后的权力、身份、差异等更加形而上的问题。翻译是什么直接决定了翻译批评的视角与标准。

意义是翻译批评的核心问题，而后现代对翻译的界定从根本上改变了人们对意义的认识。"意图谬见"（intentional fallacy）和"感受谬见"（affective fallacy）揭示了本质主义的意义观（essentialism）与建构主义意义观（constructivism）的分歧。意义不再是文本固有的属性，意义产生于文本与读者的互动；文本的意义与呈现的形态必然是特定文化多种因素协调的产物。巴斯奈特曾经断言，"没有绝对的意义，也没有毫无争议的原创"。[①] 她不仅颠覆了文本具有固定不变的、稳定的意义的传统认识，同时也消解了翻译与原创之间的界线，认为所有文本无一例外，都是"翻译的翻译的翻译"[②]。特定时代的翻译规范与习俗决定了译文"等值的类型与程度"[③]。离开了历史语境我们甚至无法回答什么是翻译。[④] 再者，与其他观念一样，我们对翻译的界定不过是"借以

[①] S. Bassnett, "The Meek or the Mighty: Reappraising the Role of the Translation", in N. Alvarez and M. C. Vidal eds., *Translation, Power, Subversion*, Clevedon: Multilingual Matters, 1996, p. 11.

[②] Ibid., p. 12.

[③] G. Toury, *Descriptive Translation Studies and Beyond*, Amsterdam and Philadelphia: John Benjamins Publishing Company, 1995, p. 61.

[④] Itamar Even-Zohar, "The Position of Translated Literature within the Literary Polysystem", in L. Venuti ed., *The Translation Studies Reader*, London and New York: Routledge, 2000, p. 197.

赋形和命名"的"文化工具的产物",① 任何界定都不可能是永远不变和永远有效的。晚清的翻译作品在我们今天看来,很难称得上是好的翻译,甚至很难称得上是翻译;例如林纾的翻译、鲁迅的《斯巴达之魂》、苏曼殊的《惨世界》,以及充斥市场的改写、杜撰、演绎的作品。什么是正确的翻译、什么是可接受的翻译也会因视角的不同而区别甚大。除了翻译的界定、忠实的判断之外,翻译研究和翻译批评本身也会受制于文化语境与研究视角。赫曼斯甚至说,"翻译研究如同其他学科一样,'事实'不是给定的而是人为的"(Fact is not given but made.)。② 而人们所持的翻译观念也是特定历史语境的话语建构,而非放之四海而皆准的金科玉律。

翻译的界定同样改变了翻译批评的模式、方法与标准。评价对象决定批评模式,并"改变批评模式本身的性质"③。豪斯就曾列举了数种批评模式(观念):心理—社会模式,以反应为基础的模式,行为主义的批评观,功能主义的批评观,文本—语篇批评模式,哲学、社会—文化、社会—政治批评模式等等。④ 肖维青也曾列举了13种批评模式;其分类还有讨论的空间。⑤ 但不容置疑的是,不同批评主体从不同的视角审视批评对象时所运用的批评模式与标准会大相径庭。原作者、译者、读者、出版商、翻译的发起人等,都有自己的评判意图、标准和倾向;而"对理论的不同理解和期待"也会导致批评者"关注翻译质量的不同侧面"⑥。翻译发起人将翻译视为商品,关心的是付出的报酬是否值得。同行译者则视翻译是特殊的语言技艺——漏译错译、语音语调、

---

① 卡瓦拉罗:《文化理论关键词》,张卫东等译,南京:江苏人民出版社,2006年,第5页。
② T. Hermans. *Translation in Systems: Descriptive and System-oriented Approaches Explained*, Manchester: St. Jerome Publishing, 1999, p. 90.
③ J. Drugan, *Quality in Professional Translation: Assessment and Improvement*, London: Bloomsbury, 2013, p. 36.
④ J. House, *Translation Quality Assessment: Past and Present*, London and New York: Routledge, 2015, pp. 8—14.
⑤ 肖维青:《翻译批评模式研究》,上海:上海外语教育出版社,2010年,第87—260页。
⑥ J. Drugan, *Quality in Professional Translation: Assessment and Improvement*, London: Bloomsbury, 2013, p. 39.

语法错误、甚至停顿、本地口音、信息过载等都会成为必要的考察因素。而听众、特别是专业的听众，则可能更关心的是术语是否准确，逻辑是否清晰，而对译员的语言的流畅、语法的完整、口音的纯正并不特别在意。翻译批评家不仅关注文本是否对等，可能更关心译文是否实现预期的文化功能。另一个显而易见的变化是批评的视角和方法：（1）传统的主观印象式评价逐渐让位于客观分析性研究；（2）规定性批评转变为描述性研究；（3）研究对象从局部的、零散的个别文本材料逐渐转向系统的、整体的文本材料，转向翻译的全过程，转向特定文化语境中的翻译规范、翻译习俗，甚至翻译共性的描述和概括。翻译批评不再局限于文本转换，还包含对原作、对翻译发起人、对译者、对接受者或使用者，甚至译作的文化功能等进行分析评估。

　　后现代的翻译观对传统批评的一些核心概念提出质疑，认为传统翻译批评"缺少对核心概念的界定，或界定模糊"①；争议最大的莫过于"对等"概念。有学者明确提出，"对等是近几十年最有争议的话题"②。威尔斯在讨论翻译等值问题时就认为："不论是从事翻译理论研究的人还是从事翻译实践的人，至今都还没有找到一个客观的、放之四海而皆准的答案"，以解决"翻译等值这个相当复杂的问题"。③ 他列举多个有关等值的术语："总体等值""功能等值""异中求同""在内容层次上保持一致""话语效果的等值""最切近而又最自然的对等""形式上对等对灵活对等""风格上等值""功能一致""信息等值""语用上得体的翻译""话语语用上等值"等等。他最后认为，"等值"是一个"不起作用

---

① G. Saldanha and Sharon O'Brien, *Research Methodologies in Translation*, London and New York: Routledge, 2013, p.96.

② J. House, *Translation Quality Assessment: Past and Present*, London and New York: Routledge, 2015, p.6.

③ 威尔斯：《翻译学——问题与方法》，祝珏、周智谟节译，北京：中国对外翻译出版公司，1989年，第125页。

而又难以取得一致的概念"。① 有人甚至"断然否定对等概念"②；还有人认为，"翻译质量没有绝对的标准，只有或多或少合适的翻译"③。

四、批评模式与批评标准

既然翻译批评是应然判断和价值判断，那么批评模式和标准必然是多元的。现代翻译批评特别强调翻译文本类型的差异，"内容为主的文本必须以信息的精确传递优先，形式为主的文本必须以内容的结构优先，感染性文本必须以文本的感染力优先，而音频文本必须以非语言媒介的限制因素优先"④。与此同时，翻译研究领域的扩展也使批评模式与标准变得多元。如果翻译批评对象不单是文本的转换，还包含原作、翻译发起人、译者、接受者或使用者、译文的意义与艺术、甚至译作的文化功能等，那么批评模式与标准势必随评价对象的改变而改变。"不同的批评模式评估不同的对象，是评估产品或过程的质量，还是译者产出合格翻译的能力，这将改变批评模式本身的性质。"⑤ 同理，不同的批评主体，例如，翻译发起人、客户、译者及读者的批评动机同样会影响翻译批评。批评主体"对理论的不同理解和期待"，其背后的"动机"会导致"理论家关注翻译质量的不同侧面"。⑥ 而批评家和职业翻译家也因"真实世界需求的巨大差异"而在批评的关注点、批评的方式、标准等诸多方面，很难达成一致。⑦ 对于不同的主体，翻译"可能具有不同的价值……人对价值的选择、创造、评价、拥有具有个体倾向性"，而"每个自然人、区域群体、集体组织、部门行业都可能形成自己的特殊

---

① 威尔斯：《翻译学——问题与方法》，祝珏、周智谟节译，北京：中国对外翻译出版公司，1989年，第126页。
② J. House, *Translation Quality Assessment*: *Past and Present*, London and New York: Routledge, 2015, p. 6.
③ C. Picken ed., *The Translator's Handbook*, London: ASLIB, 1989, p. 91.
④ K. Reiss, *Translation Criticism—The Potentials and Limitations*, Shanghai: Shanghai Foreign Language Education Press, 2004, p. 48.
⑤ J. Drugan, *Quality in Professional Translation*: *Assessment and Improvement*, London: Bloomsbrry, 2013, p. 36.
⑥ Ibid., p. 39.
⑦ Ibid., p. 37.

价值文化。"① 鲁迅曾言："一本《红楼梦》，单是命意，就因读者的眼光而有种种：经学家看见《易》，道学家看见淫，才子看见缠绵，革命家看见排满，流言家看见宫闱秘事……"② 国内有关鲁迅文学奖和葛浩文翻译的论争就清楚地揭示了翻译观念的不同所引发的批评模式和标准的尖锐冲突。

到2010年，我国举办了五次鲁迅文学奖，其中的文学翻译奖备受争议。从评奖通知和评奖评语我们可以发现，字当句对、忠实、风格等语言文本层面是评奖最重要的标准。第二届的评奖通知要求"原作必须是内容健康、艺术水平上乘的该国优秀作品"③。第三届有关获奖作品最核心的评语有：

"翻译家成熟的经验和技巧，处理得恰到好处。在音韵格律上，译者十分严谨，不避艰险，完全跟着原诗走，亦步亦趋，一丝不苟，力求体现原诗的形式美，音韵美"。"译者精通西班牙语（而不是旁通）"；"努力做到形神兼顾"；"不随意增删改动，为读者提供了一个比较忠实的全译本"。"对原文内涵不随意增删、美化，持忠实、严谨的翻译态度"。"力求忠实于原文，每个字都尽量扣紧，尽量接近原著风格，而又注意避免文字的晦涩费解，注解充实"。④

第四届的评奖标准"不仅注重译者的外语能力和文学表达，还会结合译者以往的翻译成绩全面考量"⑤。

第五届鲁迅文学奖文学翻译奖空缺，引起热烈的争论。空缺的主要原因是"错误""漏译"太多，⑥ "各个语类都不合格"，发现"多处误

---

① 王忠武：《社会科学的三体价值结构与评价规范建构》，《南通大学学报》（社会科学版）2014年第5期，第114页。
② 鲁迅：《集外集拾遗补编·〈绛洞花主〉小引》，《鲁迅全集》（第八卷），北京：人民文学出版社，1991年，第145页。
③ 《第二届鲁迅文学奖——全国优秀文学翻译彩虹奖推荐参评作品的通知》，《外语教学与研究》2001年第3期，第177页。
④ 方平：《又见彩虹，又见彩虹——第二届鲁迅文学奖全国优秀文学翻译彩虹奖概述》，《文艺报》2001年11月10日。
⑤ 王杨：《让获奖作品经得起考验》，《文艺报》2008年1月17日，第008版。
⑥ 《第五届鲁迅文学奖揭晓，翻译奖空缺》，《出版参考》2010年第31期，第7页。

译错译之处"。评委们本着"宁缺毋滥"的原则,大胆而且决绝地将奖项予以空缺。①

鲁迅文学奖翻译奖是一个比较复杂的翻译批评事件,是规范一个时期翻译标准和翻译质量的重要途径。对于奖项的空缺,有多位专家学者都撰文发表了很有见地的意见。从上面的评语可以看出,无论是获奖还是空缺,译文字面意义是否"忠实"是首要的标准。所谓的"硬伤""误译""错译"基本上局限于文字层面。这可以理解,因为传统的评价方式中国和外国都比较类似。正如有学者所言,译文质量评估关注的是"译者常用的技巧和文体"。② 从另一个角度看,评判者大多以自己的翻译经验为标准;或者以翻译教学的理念而非社会对译作的需求和反应来审视待评译作。原文本的社会价值、在译入语中的文化功能、翻译与当下主流话语之间的关系等,都被排除在评价视野之外,待评译作不过是翻译课堂的范本或教材。

如果承认翻译是文化交流,我们似乎更应关注"原作是否是优秀的文学作品""对译入语文化和文学的贡献"。③ 就"忠实"而论,有学者认为:"对于文学作品,大家的解读和理解往往因人而异,很难达成共识,更遑论在此基础上,用各自的表达方式和各自心目中的'信、达、雅'的标准把它翻译成另一种语言了";如果仅以个别误译、漏译等语言层面的失误作为评判标准,那么,

> 鲁迅自己也拿不到鲁迅文学奖,因为他的"硬译"之法某种程度上说都是"误译";我们公认的翻译大师傅雷也拿不到,因为他在一本书中的"误译"也不少,每次再版校订时,他自己都能发现很多错译误译之处。杨绛更拿不到,因为她用"点烦"之法"漏译"了十几万字。梁启超那批人的翻译就越发没希望了,他们那随

---

① 朱振武:《鲁迅文学奖翻译奖空缺引发的思考》,《社会科学报》2011年1月13日,第008版

② E. O. Simpson, "Methodology in Translation Criticism," *Meta*, Vol. 20 No. 4, 1975, p. 257.

③ 谢天振:《文学翻译缺席鲁迅奖说明了什么?》,《东方翻译》2010年第2期,第5—6页。

心所欲的"豪杰译",让眼下的一些仁人志士们看见还不给骂死!①

朱振武随后提出三条建议:文学翻译标准不应简单化,文学翻译奖要权衡参赛作品在文学文化上的贡献,"评奖规则"有待修改和完善。② 谢天振更是一针见血地指出,与其说"文学翻译界缺乏优秀的翻译作品,不如说目前鲁迅文学奖优秀翻译文学奖的评奖机制、方法、标准等存在问题。"③

鲁迅文学奖翻译奖的论争让人深刻地意识到翻译已不再是一个简单的文字层面的转换问题,翻译批评需要多元的评价标准。近年来国内有关葛浩文翻译的评价则进一步反映出翻译批评观念的尖锐对立和冲突。"众多学者如作家夏志清、柳无忌、金介甫、王宁、谭恩美、莫言等给予了葛译及其贡献以高度评价。"④ 有学者称,"就中国现当代文学'走出去'而言,葛浩文是最具里程碑意义的汉英翻译家。"⑤ 他的译文"实现了中西文化融合,也留住了中国文化的异域色彩";"极大地推进了中国文化的海外有效传播"。⑥

然而,不少学者也对葛浩文的翻译提出了尖锐批评,认为他的翻译"离'忠实原文'的准则""相去甚远";⑦ "汉语独特的韵味和魅力,几乎荡然无存。"⑧ 有人批评葛浩文在翻译中"自由发挥""大胆删减";⑨ 他的翻译是"脱胎换骨"、彻底"美化"的译文;⑩ 葛浩文"'偷天换

---

① 朱振武:《鲁迅文学奖翻译奖空缺引发的思考》,《社会科学报》2011年1月13日,第008版。
② 同上。
③ 谢天振:《文学翻译缺席鲁迅奖说明了什么?》,《东方翻译》2010年第2期,第7页。
④ 孟祥春:《Glocal Chimerican 葛浩文英译研究》,《外国语》2015年第4期,第84页。
⑤ 同上文,第77页。
⑥ 辛红娟、张越、陆宣鸣:《从葛浩文英译看中国文化的海外传播——以莫言〈师傅越来越幽默〉为蓝本》,《当代外语研究》2014年第2期,第53页。
⑦ 刘云虹、许钧:《文学翻译模式与中国文学对外译介——关于葛浩文的翻译》,《外国语》2014年第3期,第11页。
⑧ 同上文,第9页。
⑨ 参见邵璐:《莫言英译者葛浩文翻译中的"忠实"与"伪忠实"》,《中国翻译》2013年第3期,第62、63页。
⑩ 参见刘云虹、许钧:《文学翻译模式与中国文学对外译介——关于葛浩文的翻译》,《外国语》2014年第3期,第9页。

日'的'改写',实在太不严肃,太不诚实,简直近乎对外国读者的欺骗。"① 还有人认为"中国文学的真正成就甚至中国文化的真正内涵都一并被误读了"②。他的翻译"不但会加深西方人对中国人形象的进一步误解与扭曲,还会使中国文学离着所谓的世界中心越来越远"③。

葛浩文的翻译在一定程度上有助于中国文学"走出去",有助于西方读者了解当代中国的文学和文化。然而,传统翻译批评模式和标准似乎又无法解释这个鲜活的翻译个案。有学者因此认为,"陈旧的翻译理念,已经成了影响中国文学和文化'走出去'的绊脚石。"④ 批评的尖锐对立显然源自批评者不同的理论预设、批评角度和批评标准。

结　语

翻译是什么与翻译应该如何,这是两个完全不同的概念。前者是实然判断,后者是应然判断;前者是事实描述,后者是价值判断;前者是描述研究,后者是规定性研究。⑤ 我们声称的"必须""应该""好"已经预设了某种标准或尺度。"信达雅""善译""等值""直译""神似""化境"无一不是价值判断。价值评价的"基本原则是合规律性与合目的性的统一"。⑥ 而目的性必然会驱使批评者根据特定的历史语境制定出不同的评价标准。"案本""求信""善译""神似""化境"等概念内在的模糊性和可塑性,为不同的诠释与解读提供了巨大的空间。

中国的20世纪是多事之秋,主流话语剧烈变化的历史语境是批评研究最广阔的试验场。晚清的救亡启蒙、新文化运动的"中国的文艺复

---

① 参见刘云虹:《翻译的挑战与批评的责任——中国文学对外译介语境下的翻译批评》,《中国外语》2014年第5期,第90页。
② 参见刘云虹、许钧:《文学翻译模式与中国文学对外译介——关于葛浩文的翻译》,《外国语》2014年第3期,第9页。
③ 参见孟祥春:《Glocal Chimerican 葛浩文英译研究》,《外国语》2015年第4期,第80页。
④ 参见刘云虹、许钧:《文学翻译模式与中国文学对外译介——关于葛浩文的翻译》,《外国语》2014年第3期,第11页。
⑤ 张冬梅:《翻译之"应该"的元理论研究》,长沙:湖南人民出版社,2015年,第30—35页。
⑥ 吕俊:《价值哲学与翻译批评学》,《外国语》2006年第1期,第58页。

兴"、《学衡》的再造中华文化、30—40年代的抗战建国、"十七"年间巩固社会主义意识形态、"文革"期间的反帝反修、1979年之后的对外开放等主流话语始终引导、制约和规范着对翻译批评标准的解读和对"信达雅"的认知。翻译批评无时无刻不受制于批评的动机、批评者所持有的翻译理念或批评所认同（或反对）的翻译诗学。晚清到五四翻译规范和评价标准的急剧变化，"十七年"间俄苏文学从经典沦落为批判对象，1979年之后读者对西方经典译作的抢购，这些都雄辩地说明翻译评价标准很难独立于翻译意图、翻译目标和主流话语。换言之，一百年来有关"信达雅"的论争实际上也揭示了翻译批评标准的流变与歧义，而歧义则源于翻译观念的悄然变化。翻译批评话语与翻译本身一样，不过是主流话语的延伸、强化或颠覆。换言之，翻译批评是对翻译和翻译活动进行价值判断；是评价主体通过发现、选择、强化或挪用的方式对翻译的种种属性与功能进行整合，以维护或削弱现有秩序和意识形态的合法性。

然而，必须说明的是，对20世纪中国翻译批评话语发展趋势与主要脉络的梳理必然高度简化、必然会牺牲历史的丰富性和复杂性。正如翻译规范一样，任何时代的翻译批评话语都有其多样性和矛盾性。主流、中心或强势话语与非主流、边缘或弱势话语的对立几乎贯穿所有历史阶段，特别是在一种主流批评话语向新兴的批评话语过渡的阶段，这种冲突与并存表现得尤其明显。不同批评话语之间的对立与冲突是新话语生成与发展的原动力。新文化运动中，钱玄同、刘半农导演"双簧"，通过系统展示双方的矛盾与观念，使"新派获得压倒性的辉煌胜利",[1]从而确立了自己的强势话语地位。

在整个翻译批评的历史演变中，首先是翻译工具论与艺术论的对立。梁启超、新青年、文学研究派、左翼联盟、抗战时期主流的翻译批评多少倾向于工具论的翻译批评观。而严复、胡怀琛、张其春、梁实秋、林语堂、傅雷、钱锺书等，以及"学衡派"、新月派，似乎多少可

---

[1] 杨飞、段凌燕：《〈新青年〉：一出双簧戏》，《炎黄纵横》2009年第6期，第28页。

以代表翻译艺术论的批评观。其次，多种批评话语并存还体现在各个历史阶段有关翻译理念、翻译标准、翻译策略的论争。如晚清梁启超与严复有关"雅"的论争，五四期间对严复、林纾翻译的质疑以及白话的讨论，"学衡派"与新文化运动同人有关翻译主题与形式的论争等等，二三十年代各文学团体有关翻译的论争，特别是鲁迅与梁实秋、赵景深等有关直译、意译的论争，都使翻译批评话语呈现出五彩纷呈的繁荣局面。在多种批评话语并存的时期，党同伐异和同气相求又使批评话语之间壁垒森严，矛盾、冲突、论争异常激烈。宗派主义、意气用事、人身攻击、上纲上线在所难免。即便在批评话语高度政治化、极度单一化的"十七年"和"文革"期间，不同的批评主张和批评理念也以某种特殊方式表现出来。译者主体性虽空前削弱，上海翻译连的译者、杨宪益、戴乃迭等在自己被动或"听命"翻译中仍表现出对简单翻译工具论的不满与不屑。为数不少的"潜在"翻译，傅雷、钱锺书等的神似、化境的主张更是对强势翻译批评话语的质疑与抵抗。1979年之后，批评话语的并存则表现为传统的诠释与观念的外求。对传统翻译思想的现代诠释、翻译批评新理论、新观念的引入，特别是后现代研究范式的转换，使翻译批评进入了史无前例的高速发展阶段，呈现出目不暇接的繁荣局面。

20世纪首尾出现的两次翻译高潮、社会文化的转型、30－40年代日本的入侵、其后的政治动荡，都使中国的翻译和翻译批评话语具有异常丰富的形态，为描写和概括翻译批评话语带来了挑战。毋庸讳言，事件的取舍和切入角度必然受笔者学识、眼光和理论素养的局限，而宏观的描述也势必牺牲历史的丰富性和复杂性。笔者仅希望对翻译批评话语做粗略的梳理，勾勒出主要脉络和大致走向，许多重要的问题很难在容量有限的研究项目中充分展开。令人欣慰的是，进入21世纪之后，翻译批评逐渐受到译界的关注，不少有重大影响的成果不断涌现。更重要的是，随着年轻学者的加入，翻译批评的队伍将更加壮大。可以预见，翻译批评这一研究领域必将取得更大突破。

参考文献

Alvarez, Roman and Carmen-Africa Vidal. "Translating: A Political Act." Roman Alvarez and Carmen-Africa Vidal. Eds. *Translation, Power & Subversion*. Clevedon and Philadelphia: Multilingual Matters Ltd., 1996.

Baker, Mona. *Translation and Conflict: A Narrative Account*. London and New York: Routledge, 2006.

Bartsch, Renate. *Norms of Language*. London: Longman, 1987.

Bassnett, Susan and Andre Lefevere. Eds. *Translation, History and Culture*. London: Cassell, 1990.

Bassnett, Susan. "The Meek or the Mighty: Reappraising the Role of the Translation." N. Alvarez and M. C. Vidal. Eds. *Translation, Power, Subversion*. Clevedon: Multilingual Matters, 1996.

Bassnett, Susan. Eds. *Translating Literature*. D. S. Brewer, 1997.

Bermann, Sandra and Micheal Wood. Eds. *Nation, Language and the Ethics of Translation*. Princeton: Princeton University Press, 2005.

Catford, J. C. *A Linguistic Theory of Translation*. London: Oxford University Press, 1965.

Chan, Leo Tak-hung. *Twentieth-Century Chinese Translation Theory: Modes, Issues and Debates*. Amsterdam and Philadelphia: John Benjamins Publishing Company, 2004.

Chesterman, Andrew. "A Causal Model for Translation Studies." Maeve Olohan. Ed.

  Intercultural Faultilines：*Research Models in Translation Studies* I，*Textual and Cognitive Aspects*. Manchester and Northampton：St. Jerome Publishing，2000.

Chesterman, Andrew. *Memes of Translation*：*The Spread of Ideas in Translation Theory*. Amsterdam and Philadelphia：John Benjamins Publishing Company，1997.

Cheung, Martha P. Y. "Power and Ideology in Translation Research in Twentieth-Century China：An Analysis of Three Seminal Works." Theo Hermans. Ed. *Crosscultural Transgressions*：*Research Models in Translation Studies* II：*Historical and Ideological Issues*. Manchester：St. Jerome Publishing，2002.

Cook, Karen S. and Russell Hardin. "Norms of Cooperativeness and Networks of Trust." Michael Hechter and Karl-Dieter Opp. Eds. *Social Norms*. New York：Russell Sage Foundation，2001.

Delisle, Jean and Judith Woodsworth. *Translators Through History*. Amsterdam：John Benjamins Publishing Company，1995.

Drugan, Joanna. *Quality in Professional Translation*：*Assessment and Improvement*. London：Bloomsbury，2013.

Ellickson, Robert. "The Evolution of Social Norms：A Perspective from the Legal Academy". Michael Hechter and Karl-Dieter Opp. Eds. *Social Norms*. New York：Russell Sage Foundation，2001.

Even-Zohar, Itamar. "The Position of Translated Literature within the Literary Polysystem." Lawrence Venuti. Ed. *The Translation Studies Reader*. London and New York：Routledge，2000.

Hermans, Theo. Ed. *Cross-cultural Transgressions*. Manchester：St. Jerome Publishing，2002.

Hermans, Theo. Ed. *The Manipulation of Literature*. Becken ham：Croom Helm，1985.

Hermans, Theo. "Translational Norms and Correct Translations." Kitty M. van Leuven-Zwart and Ton Naaijkens. Eds. *Translation Studies*：*The State of Art*：*Proceedings of the First James S. Holmes Symposium on Translation Studies*. Amsterdam-Atlanta，GA：Rodopi，1991.

Hermans, Theo. *Translation in Systems*：*Descriptive and System-oriented Approaches Explained*. Manchester：St. Jerome Publishing，1999.

Hermans, Theo. "Translation and Normativity." Christina Schaffner. Ed. *Translation* and Norms. Clevedon and Philadelphia: Multilingual Matters Ltd. , 1999.

Hermans, Theo. "Translational Norms and Correct Translations." Kitty M. Van Leuven-Zwart and Ton Naaijkens. Eds. *Translation Studies: The State of Art: Proceedings of the First James S. Holmes Symposium on Translation Studies*. Amsterdam: Rodopi, 1991.

Holmes. James S. "The Name and Nature of Translation Studies." Lawrence Venuti. Ed. *The Translation Studies Reader*. London and New York: Routledge, 2000.

Horne, Christine. "Sociological Perspectives on the Emergence of Social Norms." Michael Hechter and Karl-Dieter Opp. Eds. *Social Norms*. New York: Russell Sage Foundation, 2001.

House, Juliane. *Translation Quality Assessment: Past and Present*. London and New York: Routledge, 2015.

House, Juliane. *Translation Quality Assessment: A Model Revisited*. Tübingen Narr Verlag Tubigen, 1997.

Hung, Eva. Ed. *Translation and Cultural Change: Studies in History, Norms and Image-Projection*. Amsterdam & Philadelphia: John Benjamins Publishing Company, 2005.

Katan, David. *Translating Cultures: An Introduction for Translators, Interpreters and Mediators*. Manchester: St. Jerome Publishing, 1999.

Kuhn, T. S. *The Structure of Scientific Revolutions*, 3rd Edition. Chicago: University of Chicago Press, 1996.

Lefevere, Andre. *Translation, Rewriting & the Manipulation of Literary Fame*. London: Routledge, 1992.

Munday, Jeremy. Ed. *Translation as Intervention*. London and New York: Continuum, 2007.

Newmark, Peter. *About Translation*. Beijing: Foreign Language Teaching and Research Press, 2006.

Nida, E. A. and Charles R. Taber. *The Theory and Practice of Translation*. Shanghai: Shanghai Foreign Language Education Press, 2004.

Nida, E. A. *Toward a Science of Translating*. Leiden: E. J. Brill, 1964.

Nida, E. A. *Language and Culture: Contexts in Translation*. Shanghai: Shanghai Foreign Language Education Press, 2001.

Nord, Christiane. "Skopos, Loyalty, and Translation Conventions." *Target* 3, 1, 1991.

Nord, Christiane. *Translation as a Purposeful Activity: Functionalist Approaches Explained*. Manchester: St. Jerome Publishing, 1997.

Perez, Maria Calzada. *Apropos of Ideology: Translation Studies on Ideology—Ideologies in Translation Studies*. Manchester: St. Jerome Publishing, 2003.

Picken, Catriona. Ed. *The Translator's Handbook*. London: ASLIB, 1989.

Pym, Anthony. *Method in Translation History*. Manchester: St. Jerome Publishing, 1998.

Reiss, K. *Translation Criticism—The Potentials and Limitations*. Shanghai: Shanghai Foreign Language Education Press, 2004.

Saldanha, G. and Sharon O'Brien. *Research Methodologies in Translation*. London and New York: Routledge, 2013.

Schaffner, Christian and Helen Kell-Holmes. Eds. *Cultural Functions of Translation*. Clevedon and Philadelphia: Multilingual Matters, Ltd., 1995.

Simms, Karl. *Translating Sensitive Texts: Linguistic Aspects*. Amsterdam: Rodopi B. V., 1997.

Simon, Sherry. *Gender in Translation: Cultural Identity and the Politics of Transmission*. London and New York: Routledge, 1996.

Simpson, Ekundayo O. "Methodology in Translation Criticism." *Meta*, Vol. 20 No. 4, 1975.

Torikai, Kumiko. *Voices of the Invisible Presence*. Amsterdam and Philadelphia: John Benjamins Publishing Company, 2009.

Toury, Gideon. *Descriptive Translation Studies and Beyond*. Amsterdam & Philadelphia: John Benjamins Publishing Company, 1995.

Venuti, Lawrence. Ed. *The Translation Studies Reader*. London and New York: Routledge, 2000.

Venuti, Lawrence. *The Translator's Invisibility: A History of Translation*. London and New York: Routledge, 1995.

Venuti, Lawrence. "Translation and the Formation of Cultural Identities." Christina Schaffner and Helen Kelly-Holmes. Eds. *Cultural Functions of Translation*. Clevedon and Philadelphia: Multilingual Matters, Ltd., 1995.

Wilss, Wolfram. *The Science of Translation: Problems and Methods*. Tübingen Narr Verlag Tubinger, 1982.

Ztaleva, Palma. Ed. *Translation as Social Action*. London and New York: Routledge, 1993.

《8 年来有多少苏联文学书籍进口？》，《文艺报》1957 年第 31 号。

《编者按语》，《中国翻译》2004 年第 1 期。

《编者的话——写在苏修短篇小说〈费多西娅·伊凡诺芙娜〉、〈小勺子〉的前面》，《摘译》（外国文艺）1976 年第 12 期。

《出版总署召开第一届全国翻译工作会议》，《人民日报》1951 年 11 月 29 日。

《第二届鲁迅文学奖——全国优秀文学翻译彩虹奖推荐参评作品的通知》，《外语教学与研究》2001 年第 3 期。

《第五届鲁迅文学奖揭晓，翻译奖空缺》，《出版参考》2010 年第 31 期。

《告读者》，《摘译》（外国哲学历史经济）1976 年第 9 期。

《格义》，见 http://baike.baidu.com/view/2780638.htm? fr＝aladdin

《关于建国以来党的若干历史问题的决议》（注释本），北京：人民出版社，1983 年。

《金色稻浪今何在·编者按》，《摘译》（外国文艺）1976 年第 8 期。

《晋冀鲁豫统一出版条例》，《人民日报》1948 年 1 月 21 日。

《决不允许"文革"这样的错误重演》，《人民日报》2016 年 5 月 17 日。

《苏联文艺影响巨大》，《人民日报》1951 年 2 月 20 日。

《苏修短篇小说集》，《摘译》（外国文艺）增刊，上海人民出版社，1975 年。

《通俗本的世界文艺名著》，《人民日报》1951 年 3 月 25 日。

《威至威斯佳人处僻地诗》，《学衡》1925 年第三十九期。

《文学新报·发刊词》，《文学新报》，第 1 卷第 1 期，1943 年 12 月 4 日。

《吴汝纶致严复书》（戊戌二月廿八日（1898 年 3 月 20 日），王栻编：《严复集》第 5 册，北京：中华书局，1986 年。

《新民丛报》第 8 号（光绪二十八年四月十五日），1902 年 5 月 22 日。

《学衡杂志简章》，《学衡》1922 年第一期。

《于右任辛亥文集》，上海：复旦大学出版社，1986 年。

《怎样看待稿费》，《人民日报》1958 年 10 月 5 日。

《摘译》（外国文艺）编译组：《答读者——关于〈摘译〉的编译方针》，《摘译》（外国文艺）1976 年第 1 期。

《〈摘译〉外国自然科学哲学 1974 年第 1 期至 1975 年第 4 期（总 1—6 期）总目录》，《摘译》（外国自然科学哲学）1975 第 4 期。

艾·丽·伏尼契：《牛虻》，李俍民译，北京：中国青年出版社，1981 年。

安宇:《冲撞与融合》,上海:学林出版社,2001年。

包天笑:《钏影楼回忆录》,北京:中国大百科全书出版社,2009年。

本刊记者:《访〈钢铁是怎样炼成的〉译者梅益》,《中国翻译》1983年第1期。

编者:《宇宙学的新动向》,《摘译》(外国自然科学哲学)1975第3期。

卞之琳、叶水夫、袁可嘉、陈燊:《十年来的外国文学翻译和研究工作》,《文学评论》1959年第5期。

宾符:《我的检讨》,《翻译通报》1952年第四期。

蔡毅:《翻译理论的文艺学派》,《外国翻译理论评介文集》,北京:中国对外翻译出版公司,1983年。

蔡韵韵:《谢天振教授的翻译研究对中国译学的影响》,《科技信息》2011年第8期。

曹靖华:《苏联文学帮助我们青年塑造新品质》,《中国青年》1952年第19期。

曹莉亚:《百年汉语外来词研究热点述要》,《深圳大学学报》(人文社科版)2009年第3期。

陈伯熙:《上海轶事大观》,上海:上海书店出版社,2000年。

陈丹燕:《上海的风花雪月》,北京:作家出版社,1998年。

陈独秀:《文学革命论》,《新青年》1917年第二卷第六号。

陈独秀译:《妇人观》,《新青年》1915年第一卷第一号。

陈福康:《论鲁迅的"直译"与"硬译"》,《鲁迅研究月刊》1991年第3期。

陈福康:《中国译学理论史稿》,上海:上海外语教育出版社,1992年。

陈福康:《中国译学理论史稿》(修订本),上海:上海外语教育出版社,2000年。

陈翰伯:《为少年儿童出版更多更好的课外读物》,《陈翰伯出版文集》,北京:中国书籍出版社,1995年。

陈宏薇:《方法·技巧·批评:翻译教学与实践研究》,上海:上海外语教育出版社,2008年。

陈鸿彝:《明清传教士的译著启动了中国白话文的初澜》,http://www.bh9z.com/info_Show.asp?InfoId=207&ClassId=30&Topid=0。

陈建华、沈喜阳:《俄苏"红色经典"在当代中国》,《俄罗斯文学》2007年第3期。

陈康:《论信达雅与哲学著作翻译——柏拉图〈巴曼尼得斯篇〉序》,罗新璋、陈应年编:《翻译论集》(修订本),北京:商务印书馆,2009年。

陈平原、夏晓虹:《二十世纪中国小说理论资料》(第一卷)(1897—1916),北京:北京大学出版社,1997年。

陈平原:《思想视野中的文学——〈新青年〉研究》(上),《中国现代文学研究丛刊》2002年第3期。

陈平原：《中国小说叙事模式的转变》，北京：北京大学出版社，2003年。

陈平原：《清末民初小说研究》，北京：北京大学出版社，2005年。

陈勤奋：《哈贝马斯的"公共领域"理论及其特点》，《厦门大学学报》（哲学社会科学版）2009年第1期。

陈荣衮：《论报章宜改用浅说》，《知新报》第111册，1900年1月1日。

陈思和：《赵景深译"牛奶路"的风波》，《世纪》2003年第1期。

陈伟军：《著书不为稻粱谋——"十七年"稿酬制度的流变与作家的生存方式》，《社会科学战线》2006年第1期。

陈新汉：《评价论导论》，上海：上海社会科学院出版社，1995年。

陈新汉：《社会评论》，上海：上海社会科学院出版社，1997年。

陈新汉：《关于评价论研究的几个问题之我见》，《天津社会科学》2000年第2期。

陈依范：《近代的中国艺术家是一个政治家》，马耳译，《抗战文艺》1938年第一卷第八期。

陈引驰：《梁启超学术论著集》（文学卷），上海：华东师范大学出版社，1998年。

陈钰：《俄苏文学"红色经典"在中国》（硕士论文），上海：华东师范大学，2010年。

陈子展：《中国近代文学之变迁·最近三十年中国文学史》，徐志啸导读，上海：上海古籍出版社，2000年。

重庆地区中国抗战文艺研究会、四川省社会科学院文学研究所编：《国统区抗战文艺研究论文集》，重庆：重庆出版社，1984年。

重庆抗战丛书编纂委员会编：《抗战时期重庆的文化》，重庆：重庆出版社，1995年。

出版总署：《办理书刊出版业印刷业发行业核准营业工作报告》，文化部出版事业管理局办公室编印：《出版工作文件选编》（1949—1957）（内部文件），1982年。

段怀清：《三个层面、三条途径、三种结果——欧文·白璧德在中国》，《中国比较文学》1998年第1期。

段自力：《翻译批评的社会文化思考》，《四川师范大学学报》（社会科学版）2003年第2期。

范伯群、朱栋霖主编：《中外文学比较史》（下卷），南京：江苏教育出版社，2007年。

范伯群：《中国现代通俗文学史》，北京：北京大学出版社，2007年。

方汉奇：《中国新闻事业通史》（第一卷），北京：中国人民大学出版社，1992年。

方厚枢：《对私营出版业的社会主义改造》，《出版史料》2006年第2期。

方厚枢：《新中国稿酬制度50年纪事》，《出版经济》2000年第3期。

方克平：《溯洄从美：从批评理论到文学翻译》，杭州：浙江大学出版社，2013年。

方梦之：《中国译学大辞典》，上海：上海外语教育出版社，2011年。

方平：《又见彩虹，又见彩虹——第二届鲁迅文学奖全国优秀文学翻译彩虹奖概述》，《文艺报》2001年11月10日。

方维规：《"经济"译名溯源考》，《中国社会科学》2003年第3期。

方长安、户松芳：《〈钢铁是怎样炼成的〉在新中国"17年"的传播研究》，《广东社会科学》2006年第4期。

斐然译：《同学们起来！》，《文艺先锋》1945年第六卷第一期。

费正清、刘广京编：《剑桥中国晚清史》（下卷），北京：中国社会科学出版社，1985年。

冯平：《评价论》，上海：东方出版社，1995年。

冯天瑜：《中西日文化对接间汉字术语的厘定问题》，《光明日报》2005年4月5日。

冯亦代：《海明威的迷——评〈战地钟声〉及其他短篇》，《抗战文艺》1944年第九卷第一、二期合刊。

冯亦代：《重译后记》，《第五纵队》，南昌：百花洲文艺出版，2009年。

冯友兰：《中国哲学史新编》，北京：人民出版社，1992年。

冯至：《给美国帝国主义者》，《人民文学》1950年四月号。

冯至、陈祚敏、罗业森：《五四时期俄罗斯文学和其他欧洲国家文学的翻译和介绍》，《北京大学学报》（人文科学版）1959年第2期。

傅斯年：《译书感言》，《新潮》1919年第一卷第三期。

傅斯年：《文言合一草议》，胡适编：《中国新文学大系·建设理论集》，上海：良友图书公司，1935年。

傅斯年：《怎样做白话文》，胡适编：《中国新文学大系·建设理论集》，上海：良友图书公司，1935年。

干戈：《经互会内部反控制斗争方兴未艾》，《摘译》（外国哲学历史经济）1975年第9期。

高惠群、乌传衮：《翻译家严复传论》，上海：上海外语教育出版社，1992年。

高名凯、刘正埮：《现代汉语外来词研究》，北京：文字改革出版社，1958年。

高名凯：《我在翻译中的官僚主义作风》，《翻译通报》1952年第四期。

高宁：《关于文学翻译批评的学术思考——兼与止庵先生商榷》，《东方翻译》2011年第1期。

高宁：《"学"与"论"之间的日本近现代翻译研究》，《中国比较文学》2016年第4期。

高平叔：《蔡元培全集》（第4卷），北京：中华书局，1984年。

高圣兵、辛红娟：《Logic汉译的困境与突围》，《外国语》2008年第1期。

高旭东：《翻译批评研究》，长春：吉林文史出版社，2013 年。

高玉：《现代汉语与中国现代文学》，北京：中国社会科学出版社，2003 年。

高玉宝：《我是怎样学习文化和学习写作的》（代序），《高玉宝》，北京：人民文学出版社，2004 年。

高植：《检讨我的资产阶级思想》，《翻译通报》1952 年第四期。

耿强：《史学观念与翻译文学史写作——兼评谢天振、查明建主编的〈中国现代翻译文学史〉（1898—1949）》，《中国比较文学》2007 年第 2 期。

耿云志：《近代社会转型中政治与文化的互动》，《四川大学学报》（哲学社会科学版）2008 年第 1 期。

弓：《对翻译界的两点建议》，《文艺先锋》1945 年第六卷第一期。

辜正坤：《翻译标准多元互补论》，《中国翻译》1989 年第 1 期。

谷鹰：《翻译与商品》，《翻译通报》（创刊号）1950 年第一期。

郭浩帆：《清末民初小说与报刊业之关系探略》，《文史哲》2004 年第 3 期。

郭沫若：《郭沫若给全苏第二次作家代表大会的贺电》，《人民文学》1955 年第 1 期。

郭延礼：《近代西学与中国文学》，南昌：百花洲文艺出版社，2000 年。

郭延礼：《中国近代翻译文学概论》，武汉：湖北教育出版社，1998 年。

郭延礼：《中国近代翻译文学史的分期及其主要特点》，王宏志编：《翻译与创作》，北京：北京大学出版社，2000 年。

郭长海：《试论中国近代的译诗》，《社会科学战线》1996 年第 3 期。

韩策：《师乎？生乎？留学生教习在京师大学堂进士馆的境遇》，《清华大学学报》（哲学社会科学版）2013 年第 3 期。

韩江洪：《严复话语系统与近代中国文化转型》，上海：上海译文出版社，2006 年。

何九盈：《中国现代语言学史》，广州：广东教育出版社，2005 年。

何勤华：《法律翻译在中国近代的第一次完整实践——以 1864 年〈万国公法〉的翻译为中心》，何勤华等主编：《法律翻译与法律移植》，北京：法律出版社，2015 年。

贺麟：《论翻译》，罗新璋、陈应年编：《翻译论集》（修订本），北京：商务印书馆，2009 年。

贺麟：《五十年来的中国哲学》，沈阳：辽宁教育出版社，1989 年。

贺麟：《严复的翻译》，《东方杂志》1925 年第二十二卷第二十一号。

赫胥黎：《天演论》，严复译，北京：商务印书馆，1981 年。

洪子诚：《中国当代文学史》，北京：北京大学出版社，1999 年。

洪子诚：《中国当代的"文学经典"问题》，《中国比较文学》2003 年第 3 期。

胡翠娥：《文学翻译与文化参与——晚清小说翻译的文化研究》，上海：上海外语教育出版社，2007年。

胡德香：《翻译批评的自我与他者》，《外语学刊》2006年第5期。

胡德香：《翻译批评新思路·中西比较语境下的文化翻译批评》，武汉：武汉出版社，2006年。

胡德香：《解读钱钟书的文化翻译批评》，《山东外语教学》2006年第3期。

胡德香：《文化语境下的翻译批评：现状与反思》，《解放军外国语学院学报》2004年第6期。

胡德香：《中西比较视野下的翻译批评》，《山东外语教学》2004年第5期。

胡风：《〈大地〉里的中国》，郭英剑编：《赛珍珠评论集》，桂林：漓江出版社，1999年。

胡风：《胡风日记》（上）（1948年12月9日—1949年12月31日），《新文学史料》1998年第4期。

胡汉民：《述侯官严氏最近之政见》，《民报》1905年第2期。

胡敏中：《价值规范与价值共识》，《哲学动态》2007年第5期。

胡敏中：《论规范的科学性和价值性》，《宁夏社会科学》2010年第6期。

胡适：《尝试集》，北京：人民文学出版社，1984年。

胡适：《论小说及白话韵文》，《新青年》1918年第四卷第一号。

胡适：《建设的文学革命论》，《新青年》1918年第四卷第四号。

胡适：《老洛伯》，《新青年》1918年第四卷第四号。

胡适：《关不住了!》，《新青年》1919年第六卷第三号。

胡适：《四十自述》，欧阳哲生编《胡适文集》(1)，北京：北京大学出版社，1998年。

胡适：《文学革命运动》，阿英编：《中国新文学大系·史料索引》，上海：上海文艺出版社，2003年。

胡适：《我的信仰》，欧阳哲生编：《胡适文集》(1)，北京：北京大学出版社，1998年。

胡适：《译书》，季羡林主编：《胡适全集》（第20卷），合肥：安徽教育出版社，2003年。

胡适：《致高一涵、陶孟和、张慰慈、沈性仁》，季羡林主编：《胡适全集》（第23卷），合肥：安徽教育出版社，2003年。

胡庭树：《价值哲学视角下的翻译元价值研究》，《三江高教》2013年第4期。

胡文辉：《语言评价理论的价值哲学研究》（博士论文），上海：上海外国语大学，2010年。

胡先骕：《评〈尝试集〉》，沈卫威编：《自古成功在尝试——关于胡适》，北京：北京广播学院出版社,2000年。

胡先骕:《评〈尝试集〉》,《学衡》1922年第二期。

胡先骕:《评胡适〈五十年来中国之文学〉》,《学衡》1923年第18期。

胡愈之:《第一届全国翻译工作会议开幕词》,《翻译通报》1951年第三卷第五期。

胡愈之:《论人民出版事业及其发展方向——胡愈之署长九月十六日在全国出版会议全体会议上的报告》,《山西政报》1950年4月21日。

胡兆云:《翻译:批评散论》,北京:中国书籍出版社,2010年。

户松芳:《〈钢铁是怎样炼成的〉在"十七年"的传播与接受》(硕士论文),武汉:武汉大学,2005年。

黄峰:《赛珍珠和她的〈爱国者〉》,郭英剑编:《赛珍珠评论集》,桂林:漓江出版社,1999年。

黄福庆:《清末留日学生》,台北:"中央研究院"近代史研究所,1975年。

黄嘉德:《翻译论集》,上海:西风社,1940年。

黄克武:《严复的翻译:近百年来中西学者的评论》,《东南学术》1998年第4期。

黄克武:《严复对约翰·弥尔自由思想的认识——以严译〈群己权界论〉(On Liberty)为中心之分析》,《近代史研究所集刊》1995年第24期。

黄琼英:《近十年来的翻译批评》,《山东师大外国语学院学报》2002年第4期。

黄亚平:《典籍符号与权力话语》,北京:中国社会科学出版社,2004年。

黄忠廉:《达:严复翻译思想体系的灵魂——严复变译思想考之一》,《中国翻译》2016年第1期。

黄忠廉:《严复变译的文化战略》,《光明日报》2012年10月17日。

黄忠廉:《严复变译思想考》,北京:商务印书馆,2016年。

黄忠廉:《译学研究批判》,北京:国防工业出版社,2013年。

吉尔伯特·罗兹曼:《中国的现代化》,国家社会科学基金"比较现代化"课题组译,上海:上海人民出版社,1989年。

贾植芳:《序一》,《译介学》,上海:上海外语教育出版社,1999年。

翦成文:《清末白话文运动资料》,《近代史资料》1963年第2期,北京:中华书局,1963年。

姜椿芳:《序言》,王寿兰编:《当代文学翻译百家谈》,北京:北京大学出版社,1989年。

姜望琪:《论术语翻译的标准》,《上海翻译》(翻译学词典与翻译理论专辑),2005年。

姜义华主编:《胡适学术文集·新文学运动》,北京:中华书局,1993年。

姜治文、文军:《翻译批评论》,重庆:重庆大学出版社,1999年。

蒋林：《关于"译意不译词"的几点思考——以梁启超的翻译实践为中心》，《天津外语学院学报》2009年第4期。

金兵：《翻译批评的新走向——试论建设性的翻译批评》，《天津外国语学院学报》2006年第6期。

金观涛、刘青峰：《观念史研究：中国现代重要政治术语的形成》，北京：法律出版社，2009年。

金人：《论翻译工作的思想性》，《翻译通报》1951年第一期。

靳彪、赵秀明：《"文革"十年间的中国翻译界》，《天津外国语学院学报》2000年第1期。

靳明全：《重庆抗战文学论稿》，重庆：重庆出版社，2003年。

卡瓦拉罗：《文化理论关键词》，张卫东等译，南京：江苏人民出版社，2006年。

康有为：《请广译日本书派游学折》，汤志钧编：《康有为政论集》（上），北京：中华书局，1981年。

康有为：《琴南先生写〈万木草堂图〉题诗见赠赋谢》，《庸言》1913年第1卷第7号。

康有为：《与张之洞书》，汤志钧编：《康有为政论集》（上），北京：中华书局，1981年。

克里斯托弗·朗德尔：《对法西斯主义的威胁》，吴慧敏译，王宏志主编：《翻译史研究》（第一辑），上海：复旦大学出版社，2011年。

劳陇：《意译论——学习梁启超先生翻译理论的一点体会》，《外国语》1996年第4期。

老舍等：《怎样编制士兵通俗读物》，《抗战文艺》1938年第一卷第五期。

雷里·宾茹：《中国的日本化》，王凤冈：《日本对中国教育改革的影响，1895—1911年》，北平，1933年。

雷亚平、张福贵：《文化转型：鲁迅的翻译活动在中国社会进程中的意义与价值》，《鲁迅研究月刊》2000年第12期。

黎照：《鲁迅梁实秋论战实录》，北京：华龄出版社，1997年。

李德顺：《价值论》，北京：中国人民大学出版社，1987年。

李德顺：《关于我们的价值哲学研究》，《吉首大学学报》（社会科学版）2006年第2期。

李德顺、孙伟平：《哲学的价值新论》，《哲学研究》2009年第6期。

李贵连：《〈法国民法典〉的三个中文译本》，何勤华等主编：《法律翻译与法律移植》，北京：法律出版社，2015年。

李海文：《新中国60年的著作稿酬与币值》，《中国出版》2009年第10期。

李家：《我参加演出〈钢铁是怎样炼成的〉一些心得》，《人民日报》1950年9月17日。

李江凌：《论价值评价的路径》，《学术研究》2004年第8期。

李杰泉：《留日学生与中日科技文化交流》，中国中日关系史研究会编：《日本的中国移民》，北京：生活·读书·新知三联书店，1987年。

李今：《二十世纪中国翻译文学史》（三四十年代·俄苏卷），天津：百花文艺出版社，2009年。

李景端：《波涛上的足迹》，重庆：重庆出版社，1999年。

李景端：《外国文学出版的一段波折》，《博览群书》2005年第6期。

李连科：《价值哲学引论》，北京：商务印书馆，2001年。

李俍民：《写在书前的话》，伏尼契：《牛虻》，李俍民译，北京：中国青年出版社，1981年。

李俍民：《关于翻译〈牛虻〉的一些回忆》，王寿兰编：《当代文学翻译百家谈》，北京：北京大学出版社，1989年。

李思纯：《仙河集编者识》，《学衡》1925年第四十七期。

李思纯：《仙河集自序》，《学衡》1925年第四十七期。

李薇薇：《论哈贝马斯的规范与价值问题》，《重庆邮电大学学报》（社会科学版）2012年第1期。

李宪瑜：《二十世纪中国翻译文学史》（三四十年代·英法美卷），天津：百花文艺出版社，2009年。

李焰明：《评许钧的〈文学翻译批评研究〉》，《法国研究》1993年第2期。

李怡：《论"学衡派"与五四新文学运动》，《中国社会科学》1998年第6期。

李育中：《幽默、严肃和爱——读张天翼的〈华威先生〉》，《救亡日报》1938年5月10日。

李泽厚：《论严复》，《中国近代思想史论》，北京：人民出版社，1979年。

梁启超：《梁启超全集》，北京：北京出版社，1999年。

梁启超：《绍介新著〈原富〉》，《新民丛报》1902年第1号。

梁启超：《沈氏音书·序》，《饮冰室书话》，长春：时代文艺出版社，1998年。

梁启超：《饮冰室合集》（文集一），北京：中华书局，1988年。

梁实秋：《编者的话》，《中央日报》副刊《平明》，1938年12月1日。

廖承志：《演出保尔·柯察金的意义》，《人民日报》1950年9月20日。

廖七一：《翻译研究：从文本、语境到文化建构》，上海：复旦大学出版社，2014年。

廖七一：《翻译研究》，王鲁男主编：《外国语言文学及相关学科发展报告2006》，重庆：重庆出版社，2007年。

廖七一：《胡适诗歌翻译研究》，北京：清华大学出版社，2006年。

廖七一：《中国近代翻译思想的嬗变——五四前后文学翻译规范研究》，天津：南开大学出版社，2010年。

廖七一等：《抗战时期重庆翻译研究》，天津：南开大学出版社，2014年。

廖七一：《范式的演进与翻译的界定》，《中国翻译》2015年第3期。

廖迅乔：《认知视角下〈人民日报〉社论（1966—1971）的批评语篇分析》（博士论文），北京：北京外国语大学，2014年。

廖云翔：《论日本文·本馆附跋》，李天纲：《万国公报文选》，北京：生活·读书·新知三联书店。

林煌天等：《中国翻译词典》，武汉：湖北教育出版社，1997年。

林宁：《论〈朝霞〉的办刊宗旨及文学史意义》，《文学评论丛刊》2010年第2期。

林疑今：《海明威的思想感情和艺术风格（代序）》，林疑今译：《永别了，武器》，上海：上海译文出版社，1995年。

林语堂：《白克夫人的伟大》，郭英剑编：《赛珍珠评论集》，桂林：漓江出版社，1999年。

刘半农：《阿尔萨斯之重光马赛曲》，《新青年》1917年第二卷第六号。

刘半农：《同情》，《新青年》1918年第五卷第三号。

刘半农：《文学革命之反响》，《新青年》1918年第四卷第三号。

刘半农：《我行雪中》，《新青年》1918年第四卷第五号。

刘半农：《依楼》，《新青年》1918年第五卷第三号。

刘半农译：《爱尔兰爱国诗人》，《新青年》1916年第二卷第二号。

刘成富：《译界确实需要对话——评〈文学翻译的理论与实践——翻译对话录〉》，《外语与外语教学》2002年第12期。

刘锋：《构建文学翻译批评理论的追求——评许钧著〈文学翻译批评研究〉》，《语言与翻译》1993年第3期。

刘海平：《中国对赛珍珠其书其人的再认识》，郭英剑编：《赛珍珠评论集》，桂林：漓江出版社，1999年。

刘宏照：《林纾小说翻译研究》（博士论文），上海：华东师范大学，2010年。

刘军平：《西方翻译理论通史》，武汉：武汉大学出版社，2009年。

刘纳：《民初小说的情感取向和文体特色》，《海南师院学报》1996年第3期。

刘念渠：《一九四三年的重庆舞台》，《时与潮文艺》1944年第二卷第五期。

刘群艺：《"理财学"、"生计学"与"经济学"——梁启超的翻译及其经济思想解读》，《贵州社会科学》2015年第4期。

刘树森：《〈天伦诗〉与中译英国诗歌的发轫》，《翻译学报》1998年第2期。

刘炎生：《梁实秋和鲁迅争论的起因及翻译问题的是非》，《鲁迅研究月刊》1995 年第 6 期。

刘炎生：《中国现代文学论争史》，广州：广东人民出版社，1999 年。

刘育文：《解构主义视角下的文学翻译批评》，杭州：浙江大学出版社，2014 年。

刘云虹、许钧：《翻译批评研究之路：理论、方法与途径》，南京：南京大学出版社，2015 年。

刘云虹：《翻译的挑战与批评的责任——中国文学对外译介语境下的翻译批评》，《中国外语》2014 年第 5 期。

刘云虹：《翻译批评研究》，南京：南京大学出版社，2015 年。

刘云虹：《解释的合理性：文学翻译批评的基础》，《外语与外语教学》2002 年第 5 期。

刘云虹：《论文学翻译批评的多元功能》，《中国翻译》2002 年第 3 期。

刘云虹：《在场与互动——试析许钧关于翻译批评的思考与实践》，《外国语》2015 年第 2 期。

刘云虹、许钧：《文学翻译模式与中国文学对外译介——关于葛浩文的翻译》，《外国语》2014 年第 3 期。

刘正埮等：《汉语外来词词典》，上海：上海辞书出版社，1984 年。

柳无忌：《苏曼殊传》，王晶垚译，北京：生活·读书·新知三联书店，1992 年。

柳无忌：《苏曼殊与拜轮"哀希腊"诗——兼论各家中文译本》，《佛山师专学报》1985 年第 1 期。

柳亚子：《柳亚子自传》，上海：上海人民出版社，1986 年。

柳诒徵：《中国文化史》（下卷），上海：东方出版中心，1988 年。

卢康华：《一步一个脚印——谢天振〈比较文学与翻译研究〉评介》，《中国比较文学》1995 年第 2 期。

鲁迅：《估〈学衡〉》，《鲁迅全集》（第 1 卷），北京：人民文学出版社，2005 年。

鲁迅：《集外集拾遗补编·〈绛洞花主〉小引》，《鲁迅全集》（第八卷），北京人民文学出版社，1991 年。

鲁迅：《孔乙己》，《鲁迅全集》（第 1 卷），北京：人民文学出版社，1973 年。

鲁迅：《鲁迅全集》，北京：人民文学出版社，1973 年。

鲁迅：《摩罗诗力说》，《鲁迅全集》（第 1 卷），北京：人民文学出版社，1973 年。

鲁迅：《我怎么做起小说来》，《鲁迅全集》（第 5 卷），北京：人民文学出版社，1973 年。

鲁迅：《一个青年的梦》，《新青年》1920 年第七卷第二号。

鲁迅：《致姚克》，郭英剑编：《赛珍珠评论集》，桂林：漓江出版社，1999 年。

陆定一：《要做促进派——为〈江海学刊〉创刊号作》，《人民日报》1958 年 3 月 14 日。

陆钰明：《文学翻译批评论集》，北京：中国戏剧出版社，2006年。

罗爱华：《晚清文人文化的转向与文学翻译活动》，《船山学刊》2006年第2期。

罗书肆：《翻译工作的计划与组织》，《翻译通报》1951年第三卷第二期。

罗荪：《与抗战无关》，《大公报》1938年12月5日。

罗新璋：《翻译论集》，北京：商务印书馆，1984年。

罗新璋、陈应年编：《翻译论集》（修订本），北京：商务印书馆，2009年。

吕进：《文化转型与中国新诗》，重庆：重庆出版社，2000年。

吕俊：《对翻译批评标准的价值学思考》，《上海翻译》2007年第1期。

吕俊：《价值哲学与翻译批评学》，《外国语》2006年第1期。

吕俊、侯向群：《翻译批评学引论》，上海：上海外语教育出版社，2009年。

马红军：《翻译批评散论》，北京：中国对外翻译出版公司，2000年。

马俊峰：《90年代价值论研究述评》，《教学与研究》1996年第2期。

马士奎：《翻译主体地位的模糊化——析"文革"时期文学翻译中译者的角色》，《临沂师范学院学报》2006年第5期。

马士奎：《文革期间的外国文学翻译》，《中国翻译》2003年第3期。

马西尼：《现代汉语词汇的形成——十九世纪汉语外来词研究》，黄河清译，上海：汉语大词典出版社，1997年。

马勇：《严复学术思想评传》，北京：北京图书馆出版社，2001年。

毛泽东：《毛泽东选集》，北京：人民出版社，1991年。

茅盾：《电贺第二次全苏作家代表大会开幕》，《文艺报》1954年第23、24号。

茅盾：《发刊词》，《译文》1950年创刊号。

茅盾：《抗战以来文艺理论的发展——为"文协"五周年纪念作》，《抗战文艺》1943年文协成立五周年纪念特刊。

茅盾：《茅盾给全苏第二次作家代表大会的贺电》，《人民文学》1955年一月号。

茅盾：《为发展文学翻译事业和提高翻译质量而奋斗》，《人民日报》1954年8月29日。

茅盾：《文艺创作问题——在文化部对北京市文艺干部的讲演》，《人民文学》1950年四月号。

茅盾：《新的现实和新的任务（一九五三年九月二十五日在中国文学工作者第二次代表大会上的报告）》，《人民文学》1953年十一月号。

茅盾：《新文学研究者的责任与努力》，《小说月报》1921年第12卷第2期。

茅盾：《译文学书法的讨论》，《小说月报》1922年第12卷第4号。

梅光迪：《评提倡新文化者》，《学衡》1922年第六期。

梅光迪：《现今西洋人文主义》，《学衡》1922年第八期。

梅益译：《钢铁是怎样炼成的》，北京：人民文学出版社，1980年。

孟祥春：《Glocal Chimerican 葛浩文英译研究》，《外国语》2015年第4期。

民革中央孙中山研究学会重庆分会编：《重庆抗战文化史》，北京：团结出版社，2005年。

牧口常三郎：《价值哲学》，马俊峰、江畅译，北京：中国人民大学出版社，1989年。

穆雷：《让更多的人来关心文学翻译批评事业——评介〈文学翻译批评研究〉》，《中国翻译》1994年第3期。

穆木天：《我对翻译界三反运动的初步认识》，《翻译通报》1952年第四期。

南木：《大胆的尝试，可贵的创举》，《中国翻译》1991年第2期。

尼·纳沃洛奇金：《阿穆尔河的里程》，江峨译，北京：人民文学出版社，1975年。

倪梁康：《译，还是不译——这是个问题》，许钧：《文学翻译的理论与实践——翻译对话录》，南京：译林出版社，2001年。

倪秀华：《翻译：一种文化政治行为——20世纪50年代中国译介〈牛虻〉之现象透析》，《中国比较文学》2005年第1期。

潘艳慧：《〈新青年〉翻译与现代中国知识分子的身份认同》，济南：齐鲁书社，2008年。

潘自勉：《论价值规范》，《现代哲学》2002年第1期。

彭建华、邢莉君：《论民初外国诗翻译上的分裂》，《甘肃联合大学学报》（社会科学版）2011年第3期。

彭甄：《文学翻译批评：结构与功能》，《北京大学学报》（外国语言文学专刊），1997年。

蓬子：《文艺的"功利性"与抗战文艺的大众化》，《抗战文艺》1938年第一卷第八期。

皮后锋：《严复大传》，福州：福建人民出版社，2003年。

皮后锋：《严复评传》，南京：南京大学出版社，2006年。

钱公侠、施瑛：《评〈爱国者〉》，郭英剑编：《赛珍珠评论集》，桂林：漓江出版社，1999年。

钱基博：《现代中国文学史》，上海：上海书店出版社，2004年。

钱俊瑞：《先走第一步——稿费》，《人民日报》1958年10月8日。

钱玄同：《钱玄同文集》（第3卷），北京：中国人民大学出版社，1999年。

钱玄同：《通信》，《新青年》1919年第六卷第六号。

钱玄同：《中国今后之文字问题》，《新青年》1918年第四卷第四号。

钱玄同：《通信》，《新青年》1917年第三卷第六号。

秦弓：《"五四"时期翻译文学的价值体认及其效应》，《天津社会科学》2005年第4期。

裘廷梁：《无锡白话报·序》，《无锡白话报》1898年5月。

屈文生：《早期英文法律术语的汉译研究——以19世纪中叶若干传教士著译书为考察

对象》,何勤华等主编:《法律翻译与法律移植》,北京:法律出版社,2015年。

瞿秋白:《再论翻译——答鲁迅》,罗新璋、陈应年编:《翻译论集》(修订本),北京:商务印书馆,2009年。

曲波:《关于〈林海雪原〉——略以此文敬献给亲爱的读者们》,《林海雪原》,北京:人民文学出版社,1977年。

权:《加紧介绍外国文艺作品的工作》,《抗战文艺》1938年第三卷第三期。

任达:《新政革命与日本——中国,1898—1912》,李仲贤译,南京:江苏人民出版社,1998年。

任东升:《圣经汉译文化研究》,武汉:湖北教育出版社,2007年。

萨·丹古洛夫等著:《不受审判的哥尔查科夫》,北京外国语学院俄语系三年级八、九班工农兵学员等译,上海:上海人民出版社,1975年。

单正平:《晚清民族主义与文学转型》,北京:人民出版社,2006年。

邵伯周:《中国现代文学思潮研究》,上海:学林出版社,1993年。

邵成军:《翻译批评管窥》,《外语与外语教学》2003年第3期。

邵璐:《莫言英译者葛浩文翻译中的"忠实"与"伪忠实"》,《中国翻译》2013年第3期。

邵荃麟:《沿着社会主义现实主义的方向前进》(在中国文学工作者第二次代表大会上的总结发言),《人民文学》1953年十一月号。

余烨、易奇志、余协斌:《中外译论百部述要》,《上海科技翻译》2009年第3期。

沈殿成:《中国人留学日本百年史》(1896—1996)(上册),沈阳:辽宁教育出版社,1997年。

沈国威:《汉语的近代新词与中日词汇交流——兼论现代汉语词汇体系的形成》,《南开语言学刊》2008年第1期。

沈国威:《回顾与前瞻:日语借词的研究》,《日语学习与研究》2012年第3期。

沈国威:《日语借词的研究》,《日语学习与研究》2012年第3期。

沈苏儒:《论信达雅:严复翻译理论研究》,北京:商务印书馆,1998年。

沈卫威:《我所界定的"学衡派"》,《文艺争鸣》2007年第5期。

沈志远:《发刊词》,《翻译通报》(创刊号)1950年第一期。

诗怡:《作为一项文化系统工程的译学理论建构——评许钧教授主编的〈翻译思考录〉》,《中国比较文学》2000年第1期。

施咸荣:《等待戈多·译后记》,北京:中国戏剧出版社,1965年。

施辛:《评苏修的气质学说》,《摘译》(外国自然科学哲学)1975第3期。

施蛰存：《导言》，《中国近代文学大系·翻译文学集》（1），上海：上海书店出版社，1990年。

实藤惠秀：《日本文化对支那的影响》，东京：萤雪书院，1940年。

实藤惠秀：《中国人留学日本史》，谭汝谦、林启彦译，北京：生活·读书·新知三联书店，1983年。

史国强：《谢天振的翻译文学思想》，《当代作家评论》2011年第3期。

史华兹：《寻求富强：严复与西方》，叶凤美译，南京：江苏人民出版社，1996年。

史修永：《现代乌托邦精神——试论梁启超翻译与创作的政治小说》，《太原理工大学学报》2006年第2期。

史义军：《"罗思鼎"和"朝霞"事件》，《炎黄春秋》2006年第2期。

史有为：《汉语外来词》，北京：商务印书馆，2000年。

宋学智：《"翻译"定义繁多之论析》，《扬州大学学报》2000年第3期。

宋友文：《价值哲学与规范问题——现代社会核心价值观的思想史语境》，《北京师范大学学报》（社会科学版）2015年第5期。

苏光文：《暴露与讽刺仍旧需要》，重庆地区中国抗战文艺研究会、四川省社会科学院文学研究所编：《国统区抗战文艺研究论文集》，重庆：重庆出版社，1984年。

苏光文：《大后方文学论稿》，重庆：西南师范大学出版社，1994年。

苏曼殊：《拜轮诗选·自序》，柳亚子编：《苏曼殊全集》（第一卷），北京：中国书店，1985年。

孙歌：《翻译的思想》，许钧：《文学翻译的理论与实践——翻译对话录》，南京：译林出版社，2001年。

孙会军：《普遍与差异：后殖民批评视阈下的翻译研究》，上海：上海译文出版社，2005年。

孙萍、綦天柱：《译介学理论在文学翻译批评中的应用》，《东北师大学报》（哲学社会科学版）2005年第6期。

孙施谊：《关于〈人约黄昏〉》，《抗战文艺》1940年第六卷第一期。

孙书文：《新时期文学价值论的演进与论争》，《山东师范大学学报》（人文社会科学版）2015年第5期。

孙伟平：《事实与价值》，北京：中国社会科学出版社，2000年。

孙应祥、皮后锋：《严复集补编》，福州：福建人民出版社，2004年。

孙致礼：《中国的英美文学翻译：1949—2008》，南京：译林出版社，2009年。

谭汝谦：《中国译日本书综合目录》，香港：香港中文大学出版社，1980年。

汤用彤：《汉魏两晋南北朝佛教史》，北京，北京大学出版社，2011年。

汤用彤：《评近人之文化研究》，《学衡》1922年第十二期。

唐沅：《中国现代文学期刊目录汇编》（第五卷），北京：知识产权出版社，2010年。

田汉：《田汉代表我国戏剧家向大会致贺电》，《剧本》1955年第1期。

田建明：《"红色经典"的称谓能否成立》，《河北大学学报》2005年第3期。

瓦吉姆·柯热夫尼柯夫：《特别分队》，上海师范大学外语系俄语组译，上海：上海人民出版社，1974年。

汪向荣：《日本教习》，《社会科学战线》1983年第3期。

汪向荣：《日本教习》，北京：生活·读书·新知三联书店，1988年。

汪向荣：《中国的近代化建设和留日学生——兼论松本龟次郎的影响》，杨正光主编：《中日文化与交流》（第一辑），北京：中国展望出版社，1984年。

汪子嵩：《陈康、苗力田与亚里士多德哲学研究——兼论西方哲学的研究方法和翻译方法》，《中国人民大学学报》2001年第4期。

王秉钦：《中国翻译思想史》，天津：南开大学出版社，2004年。

王大明、文天行、廖全京编：《抗战文艺报刊篇目汇编》，成都：四川省社会科学院出版社，1984年。

王德威：《想像中国的方法——历史·小说·叙事》，北京：生活·读书·新知三联书店，1998年。

王殿忠：《翻译理论研究中创造性的拓展——评许钧的〈文学翻译批评研究〉》，《外语研究》1993年第4期。

王东风：《解构"忠实"——翻译神话的终结》，《中国翻译》2004年第6期。

王东风：《跨学科的翻译研究》，上海：复旦大学出版社，2014年。

王恩冕：《论我国的翻译批评——回顾与展望》，《中国翻译》1998年第4期。

王国维：《论新学语之输入》，《王国维文选》，姜东赋、刘顺利选注，天津：百花文艺出版社，2006年。

王宏印：《参古定法，望今制奇——探询文学翻译批评的评判标准》，《天津外国语学院学报》2002年第3期。

王宏印：《试论文学翻译批评的背景变量》，《中国翻译》2004年第2期。

王宏印：《文学翻译批评概论：从文学批评到翻译教学》，北京：中国人民大学出版社，2009年。

王宏印：《文学翻译批评论稿》，上海：上海外语教育出版社，2005年。

王宏志：《翻译与近代中国》，上海：复旦大学出版社，2014年。

王宏志：《还以背景，还以公道——论清末民初英语侦探小说中译》，王宏志编：《翻译与创作》，北京：北京大学出版社，2000年。

王宏志：《民元前鲁迅的翻译活动》，《鲁迅研究月刊》1995年第3期。

王宏志：《怎样研究鲁迅的翻译》，乐黛云、李比雄主编：《跨文化对话》，上海：上海文化出版社，2004年。

王宏志：《重释"信达雅"——二十世纪翻译研究》，上海：东方出版中心，1999年。

王继权：《略论近代的翻译小说》，王宏志编：《翻译与创作——中国近代翻译小说论》，北京：北京大学出版社，2000年。

王建开：《五四以来我国英美文学作品译介史》，上海：上海外语教育出版社，2003年。

王健：《晚清法学新词的创制及其与日本的关系》，何勤华等主编：《法律翻译与法律移植》，北京：法律出版社，2015年。

王锦厚：《五四新文学与外国文学》，成都：四川大学出版社，1996年。

王敬轩：《文学革命之反响》，《新青年》1918年第四卷第三号。

王克非：《〈严复集〉译名札记》，《外语教学与研究》1987年第3期。

王克非：《翻译文化史论》，上海：上海外语教育出版社，1997年。

王克非：《关于翻译批评的思考——兼谈〈文学翻译批评研究〉》，《外语教学与研究》1994年第3期。

王克非：《若干汉字译名的衍生及其研究——日本翻译研究述评之二》，《外语教学与研究》1992年第2期。

王礼锡译：《跟着码头工人前进》，《抗战文艺》1940年第五卷四、五期合刊。

王力：《汉语史稿》，北京：中华书局，1980年。

王亮：《学部编订名词馆时期的严复与王国维》，《文化广角》2014年第4期。

王蒙：《青春万岁》，北京：人民文学出版社，1979年。

王宁：《比较文学、世界文学与翻译研究》，上海：复旦大学出版社，2014年。

王宁：《全球化时代的翻译及翻译研究：定义、功能及未来走向》，《外语教学》2016年第3期。

王平：《文学翻译批评学》，杭州：杭州出版社，2006年。

王奇生：《中国留学生的历史轨迹：1872—1949》，武汉：湖北教育出版社，1992年。

王若昭：《〈繙清说〉简介》，《中国翻译》1988年第1期。

王栻编：《论严复与严译名著》，北京：商务印书馆，1982年。

王栻编：《严复集》，北京：中华书局，1986年。

王寿兰编：《当代文学翻译百家谈》，北京：北京大学出版社，1989年。

王天根:《〈天演论〉传播与清末民初的社会动员》,合肥:合肥工业大学出版社,2006年。

王向远:《"创造性叛逆"的原意、语境与适用性——并论译介学对"创造性叛逆"的挪用与转换》,《人文杂志》2017年第10期。

王雪明:《制衡·融合·阻杭——学衡派翻译研究》(博士论文),上海:复旦大学,2008年

王杨:《让获奖作品经得起考验》,《文艺报》2008年1月17日。

王友贵:《20世纪中国翻译研究:特殊年代的文化怪胎"黄皮书"》,《广东外语外贸大学学报》2010年第3期。

王友贵:《20世纪下半叶中国翻译文学史:1949—1977》,北京:人民文学出版社,2015年。

王友贵:《翻译家鲁迅》,天津:南开大学出版社,2005年。

王友贵:《翻译家周作人》,成都:四川人民出版社,2001年。

王玉:《20年来我国价值哲学的研究》,《中国社会科学》1999年第4期。

王哲甫:《中国新文学运动史》,上海:上海书店出版社,1986年。

王志耕:《"红色经典"在俄国的命运》,《读书》2006年第9期。

王忠武:《社会科学的三体价值结构与评价规范建构》,《南通大学学报》(社会科学版)2014年第5期。

王宗炎:《对于全国翻译工作会议的建议》,《翻译通报》1951年第三卷第二期。

王佐良:《严复的用心》,王栻编:《论严复与严译名著》,北京:商务印书馆,1982年。

威尔斯:《翻译学——问题与方法》,祝珏、周智谟节译,北京:中国对外翻译出版公司,1989年。

卫茂平:《德语文学汉译史考辨》,上海:上海外语教育出版社,2004年。

魏斐德:《市民社会与公共领域问题的论争》,J. C. 亚历山大编:《国家与市民社会——一种社会理论的研究路径》,邓正来译,北京:中央编译出版社,1999年。

温秀颖:《翻译理论与实践之间的纽带——翻译批评》,《上海科技翻译》2003年第4期。

温秀颖:《翻译批评——从理论到实践》,天津:南开大学出版社,2007年。

文炳:《从〈康德译名的商榷〉一文解读贺麟的早期哲学术语翻译思想》,《岱宗学刊》2010年第1期。

文化部:《颁发"关于文学和社会科学书籍稿酬的暂行规定草案",请北京、上海两地有关出版社试行》,文化部出版事业管理局办公室编印:《出版工作文件选编(1958—1961)》(内部文件),1962年。

文化部：《颁发"关于文学和社会科学书籍稿酬的暂行规定草案"，请北京、上海两地有关出版社试行》，文化部出版事业管理局办公室编印：《出版工作文件选编（1949—1957）》（内部文件），1982年。

文化部：《关于北京各报刊、出版社降低稿酬标准的通报》，文化部出版事业管理局办公室编印：《出版工作文件选编（1958—1961）》（内部文件），1962年。

文军：《科学翻译批评导论》，北京：中国对外翻译出版公司，2006年。

文军：《中国翻译批评百年回眸》（1900—2004中国翻译批评论文、论著索引），北京：北京航空航天大学出版社，2006年。

文军、刘萍：《中国翻译批评五十年：回顾与展望》，《甘肃社会科学》2006年第2期。

文军编著：《科学翻译批评导论》北京：中国对外翻译出版公司，2006年。

文心：《沧桑变化说稿费》，《文史春秋》2007年第6期。

吴积燕：《文革内参片——中国电影的"封闭"传播》，《戏剧之家》（上半月）2014年第2期。

吴靖：《中国近现代稿酬制度流变考略——兼论稿酬制度对文学生产的影响》，《书屋》2013年第7期。

吴劳：《海明威和他的〈丧钟为谁而鸣〉》，程中瑞译：《丧钟为谁而鸣》，桂林：漓江出版社，2004年。

吴宓：《编者按》，《梦中儿女》（Dream-children: A Reverie），陈钧译，《学衡》1922年第九期。

吴宓：《论今日文学创造之正法》，《学衡》1923年第十五期。

吴宓：《论新文化运动》，《学衡》1922年第四期。

吴宓：《钮康氏家传》，《学衡》1923年第十五期。

吴宓：《韦拉里说诗中韵律之功用·编者按》，《学衡》1928年第六十三期。

吴宓：《吴宓自编年谱》，北京：生活·读书·新知三联书店，1995年。

吴宓：《英诗浅释》（一）《学衡》1922年第九期。

吴宓：《英诗浅释》（二），《学衡》1922年第十二期。

吴宓：《英诗浅释》（三），《学衡》1923年第十四期。

吴宓译：《钮康氏家传》，《学衡》1922年第一期。

吴其昌：《梁启超传》，天津：百花文艺出版社，2004年。

吴汝纶：《吴汝纶致严复书》，王栻编：《严复集》（第5册），北京：中华书局，1986年。

吴汝纶：《序》，赫胥黎：《天演论》，严复译，北京：商务印书馆，1981年。

吴梼译：《灯台守》，施蛰存编：《中国近代文学大系·翻译文学集》，上海：上海书店出版社，1999 年。

吴学昭：《吴宓诗话》，北京：商务印书馆，2005 年。

吴赟：《文学操纵与时代阐释——英美诗歌的译介研究（1949—1966）》，上海：复旦大学出版社，2012 年。

吴运铎：《把一切献给党》，北京：工人出版社，1964 年。

吴泽霖：《保尔的命运和被亵渎的理想》，《俄罗斯文艺》2004 年第 3 期。

伍国庆编：《域外小说集》，长沙：岳麓书社，1986 年。

伍蠡甫：《论赛珍珠的〈儿子们〉》，郭英剑编：《赛珍珠评论集》，桂林：漓江出版社，1999 年。

伍铁平：《普通语言学概要》，北京：高等教育出版社，1993 年。

武如：《谈谈红移问题》，《摘译》（外国自然科学哲学）1975 第 4 期。

奚如：《文学家的位置在何处？》，《抗战文艺》（武汉特刊），1938 年。

夏晓虹：《觉世与传世》，北京：北京大学出版社，1992 年。

夏晓虹编：《梁启超文集》，北京：中国广播电视出版社，1992 年。

夏谐复：《学校刍言》，璩鑫圭、唐良炎：《中国近代教育史资料汇编》（学制演变），上海：上海教育出版社，1991 年。

夏衍：《抗战以来文艺的展望》，《自由中国》1938 年 5 月 10 日。

夏仲翼：《文学翻译与批评理论》，《中国翻译》1998 年第 1 期。

咸立强：《译坛异军——创造社翻译研究》，北京：人民出版社，2010 年。

向仍东：《严译新词探究》，《成都大学学报》2010 年第 1 期。

肖维青：《翻译批评模式研究》，上海：上海外语教育出版社，2010 年。

萧瑟：《布尔特曼与哈贝马斯》，《读书》1996 年第 10 期。

萧萧：《书的轨迹：一部精神阅读史》，廖亦武编：《沉沦的圣殿》，乌鲁木齐：新疆青少年出版社，1999 年。

萧一山：《清代通史》（第四册），北京：中华书局，1986 年。

晓风：《文学翻译批评：对理论建构的期待——评许钧著〈文学翻译批评研究〉》，《南京大学学报》1994 年第 2 期。

谢天振、查明建：《中国现代翻译文学史（1898—1949）》，上海：上海外语教育出版社，2004 年。

谢天振：《比较文学与翻译研究》，台北：业强出版社，1994 年。

谢天振：《比较文学与翻译研究》，上海：复旦大学出版社，2011 年。

谢天振：《超越文本、超越翻译》，上海：复旦大学出版社，2014 年。

谢天振：《创造性叛逆：争论、实质与意义》，《中国比较文学》2012 年第 2 期。

谢天振：《对〈红与黑〉汉译大讨论的反思》，《外语教学理论与实践》2011 年第 2 期。

谢天振：《翻译文学——争取承认的文学》，《探索与争鸣》1990 年第 6 期。

谢天振：《翻译研究新视野》，青岛：青岛出版社，2003 年。

谢天振：《非常时期的非常翻译——关于中国大陆文革时期的文学翻译》，《中国比较文学》2009 年第 2 期。

谢天振：《国内翻译界在翻译研究和翻译理论认识上的误区》，《中国翻译》2001 年第 4 期。

谢天振：《论译学观念的现代化》，《中国翻译》2004 年第 1 期。

谢天振：《文学翻译缺席鲁迅奖说明了什么？》，《东方翻译》2010 年第 2 期。

谢天振：《译介学》，上海：上海外语教育出版社，1999 年。

谢天振：《译介学导论》，北京：北京大学出版社，2007 年。

谢天振等：《〈文学翻译的理论与实践——翻译对话录〉五人谈》，《中国翻译》2001 年第 4 期。

谢天振：《中国文学、文化走出去：理论与实践》，《东吴学术》2013 年第 2 期。

谢天振：《中国文学走出去：问题与实质》，《中国比较文学》2014 年第 1 期。

谢天振：《历史的启示——从中西翻译史看当前的文化外译问题》，《东方翻译》2017 年第 2 期。

谢晓霞：《〈小说月报〉1910—1920：商业、文化与未完成的现代性》，上海：上海三联书店，2006 年。

辛红娟、张越、陆宣鸣：《从葛浩文英译看中国文化的海外传播——以莫言〈师傅越来越幽默〉为蓝本》，《当代外语研究》2014 年第 2 期。

熊辉：《简论抗战大后方对海明威作品的翻译》，靳明全主编：《抗战文史研究》（第 2 辑），重庆：西南师范大学出版社，2011 年。

熊月之：《从晚清"哲学"译名确立过程看东亚人文特色》，《社会科学》2011 年第 7 期。

熊月之：《西学东渐与晚清社会》，上海：上海人民出版社，1994 年。

徐迟：《在掩蔽壕里·译者小序》，《文哨》1945 年第一卷第一期。

徐惊奇：《陪都译介史话》，呼和浩特：内蒙古人民出版社，2009 年。

徐静波：《编后记》，徐静波编：《梁实秋批评文集》，珠海：珠海出版社，1998 年。

徐守平、徐守勤：《雅义小论——重读〈天演论·译例言〉》，《中国翻译》1994 年第 5 期。

徐志摩：《徐志摩全集》（第4卷）散文集（丙、丁），上海：上海书店出版社，1988年。

许崇信：《历史·文化·翻译——鲁迅翻译理论的历史意义》，《福建师范大学学报》（哲学社会科学版）1984年第4期。

许钧：《从翻译出发——翻译与翻译研究》，上海：复旦大学出版社，2014年。

许钧：《翻译概论》，北京：外语教学与研究出版社，2009年。

许钧：《翻译论》，武汉：湖北教育出版社，2003年。

许钧：《翻译思考录》，武汉：湖北教育出版社，1998年。

许钧：《文学翻译的理论与实践——翻译对话录》，南京：译林出版社，2001年。

许钧：《文学翻译批评的基本方法》，张柏然、许钧：《译学论集》，南京：译林出版社，1997年。

许钧：《文学翻译批评研究》，南京：译林出版社，1992年。

许钧：《文字·文学·文化——〈红与黑〉汉译研究》（增订本），南京：译林出版社，2011年。

许钧：《重复、超越、翻译不可能有定本》，《中国翻译》1994年第3期。

许钧主编：《翻译批评研究之路：理论、方法与途径》，南京：南京大学出版社，2015年。

许钧、穆雷主编：《中国翻译研究（1949—2009）》，上海：上海外语教育出版社，2009年。

许钧、袁筱一：《试论翻译批评》，《翻译学报》1997年创刊号。

薛琪瑛译：《意中人》，《新青年》1915年第一卷第三号。

严复：《天演论·译例言》，北京：商务印书馆，1981年。

严复：《宪法大义》，王栻编：《严复集》（第二册），北京：中华书局，1986年。

严复：《译斯氏〈计学〉例言》，王栻编：《严复集》（第一册），北京：中华书局，1986年。

严复译：《孟德斯鸠法意》，北京：商务印书馆，1981年。

严家炎：《"五四"新体白话的起源、特征及其评价》，《中国现代文学研究丛刊》2006年第1期。

岩佐昌暲：《我们需要回到史料中去——有关〈华威先生〉的研究》，靳明全主编：《抗战文史研究》（第2辑），重庆：西南师范大学出版社，2011年。

杨春时：《中国文化转型》，哈尔滨：黑龙江教育出版社，1994年。

杨飞、段凌燕：《〈新青年〉：一出双簧戏》，《炎黄纵横》2009年第6期。

杨洪承：《公共空间"与文学社群关系——20世纪中国现代文学社团流派研究的再思考》，《文学评论》2011年第6期。

杨建军：《法律事实、规范与价值》，《法律方法》2006年第1期。

杨经建、易娟：《反思与重释："红色经典"论》，《社会科学战线》2006年第6期。

杨联芬：《晚清至五四：中国文学现代性的发生》，北京：北京大学出版社，2003年。

杨沫：《自白》，《我的日记》，广州：花城出版社，1985年。

杨武能：《智者与智者的对话——许钧著〈文学翻译的理论与实践〉漫评》，《中国比较文学》2002年第3期。

杨锡彭：《汉语外来词研究》，上海：上海人民出版社，2007年。

杨宪益：《漏船载酒忆当年》，薛鸿时译，北京：北京十月文艺出版社，2001年。

杨晓荣：《翻译批评标准的传统思路和现代视野》，《中国翻译》2001年第6期。

杨晓荣：《翻译批评导论》，北京：中国对外翻译出版公司，2005年。

杨晓荣：《关于翻译批评的主体》，《四川外语学院学报》2003年第2期。

杨义：《中国新文学图志》（上），北京：人民文学出版社，1996年。

姚君伟：《巴金、朱雯与赛珍珠》，《新文学史料》2007年第1期。

姚雪垠：《通俗文艺短论》，《抗战文艺》1938年第一卷第五期。

叶伯乐：《社会学——苏修法西斯专政的工具》，《摘译》（外国哲学历史经济）1975年第11期。

伊凡·沙米亚金：《多雪的冬天》，上海新闻出版系统"五·七"干校翻译组译，上海：上海人民出版社，1972年。

伊西多尔·什托克：《金色的篝火》，万山红译，《摘译》（外国文艺）1976年第8期。

衣寒：《关于对外宣传》，《抗战文艺》1940年第五卷第二、三期合刊。

余光中：《金灿灿的秋收》（代序），徐静波编：《梁实秋批评文集》，珠海：珠海出版社，1998年。

余嘉：《中国批评视野中的俄苏"红色经典"》（博士论文），上海：华东师范大学，2005年。

俞政：《严复著译研究》，苏州：苏州大学出版社，2003年。

虞和平：《抗日战争时期中国新文化的新发展》，涂文学、邓正兵：《抗战时期的中国文化》，北京：人民出版社，2006年。

袁进：《中国文学的近代变革》，桂林：广西师范大学出版社，2006年。

乐黛云：《"昌明国粹，融化新知"——汤用彤与〈学衡〉杂志》，《社会科学》1993年第5期。

曾克、秀沅：《文艺的民族形式座谈会》，《文学月报》1940年第一卷第五期。

查明建：《比较学者的学术视野与学术个性——谢天振教授的比较文学学科意识及其译介学研究》，《中国比较文学》2000年第1期。

张岱年：《论价值的层次》，《中国社会科学》1990年第3期。

张德鑫：《中外语言文化漫议》，北京：华语教育出版社，1996年。

张冬梅：《翻译之"应该"的元理论研究》，长沙：湖南人民出版社，2015年。

张法：《日本新词成为中国现代哲学基本语汇的主要原因——"中国现代哲学语汇的缘起与定型"研究之三》，《中国政法大学学报》2009年第4期。

张峰、佘协斌：《〈马赛曲〉歌词及其翻译》，《法国研究》1999年第2期。

张灏：《转型时代在中国近代思想史上与文化史上的重要性》，《张灏自选集》，上海：上海教育出版社，2002年。

张弘：《吴宓：理想的使者》，北京：文津出版社，2005年。

张华夏：《广义价值论》，《中国社会科学》1998年第4期。

张欢、秦晓：《走出乌托邦》，《南方人物周刊》2011年第15期。

张惠卿：《"灰皮书"的由来和发展》，《出版史料》2007年第1期。

张静、解庆宾：《论民初严复话语体系的衰落》，《天津师范大学学报》（社会科学版）2012年第5期。

张俊才：《林纾年谱简编》，福州：福建人民出版社，1983年。

张莉华：《价值规范对价值体系的重要性考察》，《理论界》2001年第1期。

张南峰：《特性与共性——论中国翻译学与翻译学的关系》，谢天振主编：《翻译的理论建构与文化透视》，上海：上海外语教育出版社，2000年。

张南峰：《中西译学批评》，北京：清华大学出版社，2004年。

张其春：《我国韵文之西译》，《文讯》1946年第六卷第四期。

张其春：《译文之作风》，《文艺先锋》1945年第七卷第二期。

张天翼：《从改编剧本问题谈到〈民族万岁〉》，《张天翼文集》（9）（文艺评论），上海：上海文艺出版社，1985年。

张天翼：《关于〈华威先生〉》，《张天翼文集》（9）（文艺评论），上海：上海文艺出版社，1985年。

张天翼：《华威先生》，《张天翼文集》（4）上海：上海文艺出版社，1985年。

张天翼：《论缺点》，《张天翼文集》（9）（文艺评论），上海：上海文艺出版社，1985年。

张泽贤：《中国现代文学翻译版本闻见录1934—1949》，上海：远东出版社，2009年。

张之洞：《劝学篇》，李忠兴评注，郑州：中州古籍出版社，1998年。

张志强：《翻译与翻译批评的框架建构》，《河南师范大学学报》（哲学社会科学版）2005年第2期。

赵冬梅：《五四时期的翻译批评研究》（博士论文），济南：山东大学，2007年。

赵稀方：《〈红与黑〉事件回顾——中国当代翻译文学史话之二》，《东方翻译》2010年第 5 期。

赵稀方：《翻译现代性——晚清到五四的翻译研究》，天津：南开大学出版社，2012 年。

赵稀方：《另类现代性的构建——从翻译看〈学衡〉派》，《安徽大学学报》（哲学社会科学版）2014 年第 3 期。

赵稀方：《思想改造与翻译转型》，《中国翻译》2015 年第 1 期。

赵晓阳：《译介再生中的本土文化和异域宗教：以天主、上帝的汉语译名为视角》，《近代史研究》2010 年第 5 期。

赵秀明：《文学翻译批评——理论、方法与实践》，长春：吉林大学出版社，2010 年。

赵征军：《文学翻译批评范式论》，《三峡大学学报》（人文社会科学版）2005 年第 1 期。

郑海凌：《关于"宁信而不顺"的艺术法则——鲁迅译学思想探索之一》，《鲁迅研究月刊》2003 年第 9 期。

郑海凌：《谈翻译批评的基本理论问题》，《中国翻译》2000 年第 2 期。

郑瑞君：《"灰皮书"、"黄皮书"在社会的流传及其影响》，《新闻界》2014 年第 22 期。

郑瑞君：《"内部发行"制度与"灰皮书""黄皮书"的发行》，《出版发行研究》2014 年第 11 期。

志希：《今日中国之小说界》，《新潮》1919 年第一卷第一期。

中华人民共和国出版大事记，http://www.chinawriter.com.cn。

中央人民政府文化部：《国外影片输入暂行办法》（中央人民政府文化部制定 1950 年 7 月 11 日公布）,《河南政报》1951 年 5 月 1 日。

钟吉娅：《汉语外源词——基于语料的研究》（博士论文），上海：华东师范大学，2003 年。

周舵：《当年最好的朋友》，廖亦武编：《沉沦的圣殿》，乌鲁木齐：新疆青少年出版社，1999 年。

周发祥等：《二十世纪中国翻译文学史》（十七年及"文革"卷），天津：百花文艺出版社，2009 年。

周行：《关于〈华威先生〉出国及创作方向问题》，《七月》1939 年第四集第四期。

周林：《新中国稿酬制度演变与作者地位的变化》，《韶关学院学报》（社会科学版）2002 年第 8 期。

周扬：《发扬五四文学革命的战斗传统》，《人民文学》1954 年五月号。

周扬：《在第二次全苏作家代表大会上的祝词》，《人民文学》1955 年一月号。

周一川：《近代中国留日学生人数考辨》，《文史哲》2008 年第 2 期。

周仪、罗平：《翻译与批评》，武汉：湖北教育出版社，1999 年。

周质平:《胡适与中国现代思潮》,南京:南京大学出版社,2002年。

周作人:《儿童文学小论·中国新文学的源流》(周作人自编文集),石家庄:河北教育出版社,2002年。

周作人:《国语改造的意见》,《夜读的境界》,长沙:湖南文艺出版社,1998年。

周作人:《可爱的人》,《新青年》1919年第六卷第二号。

周作人:《人的文学》,《新青年》1918年第四卷第六号。

周作人:《思想革命》,胡适编:《中国新文学大系·建设理论集》,上海:良友图书公司,1935年。

周作人:《周作人谈〈域外小说集〉》,伍国庆编:《域外小说集》,长沙:岳麓书社,1986年。

朱徽:《具开拓意义的翻译文学研究新著——评谢天振著〈译介学〉》,《中国翻译》2000年第1期。

朱晋平:《对私营图书零售业社会主义改造的历史考察》,《中共中央党校学报》2008年第5期。

朱雯:《"抢译"二题》,《中国翻译》1994年第6期。

朱振武:《鲁迅文学奖翻译奖空缺引发的思考》,《社会科学报》2011年1月13日。

朱自清:"导言",《中国新文学大系·诗集》,上海:上海文艺出版社,1981年。

竹可羽:《保尔·柯察金的爱情生活给我们的启示——〈钢铁是怎样炼成的〉读后记》,《中国青年》1950年第36期。

祝秀侠:《布克夫人的〈大地〉》,郭英剑编:《赛珍珠评论集》,桂林:漓江出版社,1999年。

邹进文、张家源:《Economy、Economics中译考——以"富国策"、"理财学"、"计学"、"经济学"为中心的考察》,《河北经贸大学学报》2013年第4期。

邹振环:《"死屋"中的"隐形铁窗"——"文革"后期的〈摘译〉研究》,王宏志主编:《翻译史研究》(2015),上海:复旦大学出版社,2015年。

邹振环:《抗战时期的翻译与战时文化》,《复旦学报》(社会科学版)1994年第3期。

邹振环:《赛珍珠〈大地〉的翻译及其引起的争议》,郭英剑编:《赛珍珠评论集》,桂林:漓江出版社,1999年。

邹振环:《影响中国近代社会的一百种译作》,北京:中国对外翻译出版公司,1996年。

左玉河:《论清季学堂奖励出身制》,《近代史研究》2008年第4期。

索　引

《1949—1966：我国英美文学翻译概论》291
《哀希腊歌》113—115
《爱国者》175—178
《巴黎茶花女遗事》12，13
《辩正论》1
《当代法国翻译理论》293，316
《当代美国翻译理论》293
《当代文学翻译百家谈》267，289，290，341
《当代西方翻译理论探索》293
《当代英国翻译理论》293
《翻译标准多元互补论》296
《翻译论集》（罗新璋编）233，240，267，289，290，298，341
《翻译批评——从理论到实践》2，297
《翻译批评导论》2，296
《翻译批评模式研究》297
《翻译批评散论》2，296
《翻译批评新思路——中西比较语境下的文化翻译批评》2，297
《翻译批评学引论》2，297

《翻译批评研究之路：理论、方法与途径》298，300，316，327
《翻译批评与赏析》2，297
《翻译思考录》318，323，324
《翻译通报》214，215，218，219，222，223，267
《翻译文化史论》291，300，343
《翻译文学与佛典》14
《翻译研究论文集》（1894—1949）289
《翻译研究论文集》（1949—1983）289
《繙清说》1
《钢铁是怎样炼成的》223，229，246，249，252，253，258，265，270
《海明威的迷》171
《汉籍外译史》291
《红与黑》汉译大讨论322
《华威先生》180—184
《科学翻译批评导论》2
《林纾的翻译》10，214，298，299
《论小说与群治之关系》13，14，18
《论译书》13，14，25，33，48，104

《马赛曲》53，98，100，114—116
《尼罗河上的惨案》10，288
《牛虻》223，229，249，253，254，256—258，262，266，343
《十年来的外国文学翻译和研究工作》232，239，240，304
《十五小豪杰》19，21，56，106
《苏联翻译理论》293
《天演论》12，27—31，35，36，39，42，44，46，55，67，109，110，208
《为发展文学翻译事业和提高翻译质量而奋斗》218，232，233，304
《文学翻译的理论与实践——翻译对话录》316，325，326，341
《文学翻译批评概论》2，297
《文学翻译批评论稿》2，297
《文学翻译批评学》2，297
《文学翻译批评研究》2，10，296，299，316，318
《无锡白话报》125，129
《西方翻译简史》293
《新青年》10，91，95，107，108，114，117—119，121，122，132，133，135—139，141，149，150，152—154，161，241
《学衡》105，136，146—148，150，151，153—156，158，161，355
《一个青年的梦》314
《译介学》（Medio-translatology）10，330，335，336，343
《译介学导论》336
《译林》288，323
《译印政治小说序》12—14，18，99

《译者行为批评：理论框架》2
《译者行为批评：路径探索》2
《语言与翻译的政治》293
《域外小说集》127，233，241，289，302—308，310—316
《摘译》（外国文艺）266，268，271，273，274
《战地钟声》（For Whom the Bell Tolls）170，171，173，175
《中国翻译家词典》289
《中国翻译通史》291
《中国翻译文学史稿》291
《中国近代翻译文学概论》291
《中国科学翻译史》291
《中国译学理论史稿》267，291
阿英 125
案本、求信、神似、化境 298，354
巴尔胡达罗夫（Barkhudarov）292，300
巴金 176—179，257
巴斯奈特（S. Bassnett）169，300，347
巴特（R. Barthes）8
白璧德（I. Babbitt）151—153，157
白话规范 122，131，134，137，141
贝克（M. Baker）9
被压迫的弱小民族 311，315
本土化（Localization）2，41—43，57，137，157，197
本质主义（Essentialism）248，319，347
边缘化 2，16，230，265，277，278，329
表现形式 6，8，23，43，58，96，98，101，102，105，133，145，151，195，196，200，239，260
蔡元培 27，34，36，305

操控（Manipulation）9，65，170，173，175，185，266，267

草婴 279—281，283

陈丹燕 283，284

陈独秀 51，132，133，143

陈福康 267，289，291

陈康 162，204—208

陈荣充 130

陈玉刚 291

陈子展 12，106，329

充分性 48

传统诗学 7，45，52，101

创造性叛逆 199，299，324，330，336，339，345

词致朴讷 307，312，313，315

达恉 28—30，35，38，39，42—45，48，62，109，118

大众化 2，82，92，163，193，195，196，211，299

等值（Eqivalence）7，160，320，333，344，345，347，349，354

读者反应 48，196，250，260，300，301

读者期待 98

发起人（Initiator）7，8，94，333，348—350

翻译"红色经典" 217，224，229，248，250，254，260，263，265，299，342

翻译策略 6，8，14，21，22，24—26，38，39，42，43，45，48，53，56，62，94，98，101，105，109—111，126，145，146，151，152，155，157，158，162，167—169，196，199，200，202，238，239，242，245，256，287，291，299，312，314，315，342，344，356

翻译的界定 196，343—345，347，348

翻译的艺术创造性 236

翻译稿酬 215，227，228，230，231

翻译功能 4，33，95，98

翻译共性（Translational Universals）301，349

翻译规范（Translational Norms）21，23，42，45，48，53，91，94，95，98，103，105，106，111，117，121，122，301，312，315，332，343，347，349，355

翻译机器 282

翻译连 280，286，356

翻译批评 1—10，13，14，17，19，21，25—28，35，43—46，48，53，57，62，70，91，92，95—98，103，104，111—114，116—118，121，122，125，131，142，145，146，151，152，159，162，163，166，170，175，178，180，183，185，191，193，195，196，200，202，203，210，212—217，220，223，224，232—234，240，248，267—271，273，276，277，285—292，294—303，305，306，311，312，316—322，324—336，339—344，347—350，352—356

翻译文学史 335—337

范式（Paradigm）53，101，300，301，323，328，341，343，344，346，347，356

方梦之 5，7

访谈 253，291，298，316，323—327

非历史化（A-historical）96，303
费道罗夫（Fedorov）300，344
分离赞助人（Differentiated patronage）217
冯亦代 170—175，186，187，257，296
冯友兰 40
冯至 169，254，288，304
弗米尔（H. Vermeer）300
福柯（M. Foucault）8，216
复制 145，208，300，326，347
副文本（Paratexts）53，268，286
傅雷 230，298，299，342，352，355，356
傅斯年 35，36，104，109，110，112，133—135，154，161，202
改译 23，48，110，118，196，197，199
感受谬见（Affective fallacy）347
格义 38—43，64
葛浩文（H. Goldblatt）338，351，353，354
葛兰西（A. Gramsci）8
工具论 169，294，355，356
公共话语空间 142，144，146，147，162，215，217，235
公共领域 142—145
公开发行 266，271，278，282，283
功能主义 295，348
辜正坤 296，299
雇佣译者 282
归化 23，24，60，98，101，102，108，126，141，145，157，158，236，299，319，322，342
规定性研究（Prescriptive Study）3，44，96，301，354
郭延礼 291，313
哈贝马斯（J. Habermas）8，143，144
海明威（E. Hemingway）169—175
豪斯（J. House）295，348
合法性 1，13，14，144，271，276，287，288，355
贺麟 35，36，44，67，105，162，204，206，208，209
赫曼斯（T. Hermans）53，300，348
红色经典 248—250，252，253，258，261—263，265
厚翻译（Thick Translation）156，206
胡德香 2，296，297，300
胡乔木 218，288
胡适 28，34，36，44，99，101—104，106，108，112—115，117，121，127，131—133，139，141，143，154，159，161，202，203，212，289，305，342，343
胡先骕 36，148，152，161
化境 298，299，331，342，354，356
黄嘉德 146，202，203，289
黄克武 35，42，44
黄皮书 268，278，282，284
灰皮书 268，278，282—284
霍姆斯（J. Holmes）4，6，332，335
价值观念 9，92，175
价值判断 3，5，350，354，355
价值哲学 300
间接翻译（Indirect Translation）48—50，63，103，121，245
建构主义（Constructivism）248，347

接受理论 295,300

解构主义 298,345

借词（Loan Word）63,65,70—74,82

禁书 265,266,283,286

纠错式批评 8

卡特福德（J. C. Catford）293,344

可接受性 48

抗战无关论 145,166

客户（Client）350

库恩（T. S. Kuhn）343,344

跨文化阐释式 346

勒代雷（M. Lederer）293

李景端 288,343

李俍民 222,254,256—258,262,265,266,299

李思纯 148,159,162

李亚舒 291

理论外求 3,4,294

历史语境化（Historical Contextualization）302,303,315

梁启超 10—27,31—33,36,37,45,46,48,49,55,56,58,66,70,74,82,95,98,99,106,113,114,125,128,129,141,309,310,352,355,356

梁实秋 2,10,104,145,166—169,180,289,305,306,342,355,356

廖七一 293,343,346

列费维尔（A. Lefevere）216,217,300

林煌天 4

林语堂 164,176,202,242,355

刘半农 100,108,111,114—117,121,132,133,138,203,355

柳无忌 106,113,114,169,353

柳诒徵 36,148

鲁迅 2,10,44,49—51,82,100,103,104,112,132,140,142,145,167,168,176,185,202,233,236—238,240,241,243,245,289,290,302—316,342,343,348,351—353,356

鲁迅文学奖 351—353

罗家伦 108,109,112,161

罗新璋 233,240,267,289,290,298,321,322,325,341

吕俊 2,6,296,297,300

马君武 103,106,109,113,114,121,159,310

马祖毅 291

茅盾 10,104,166,176,179,182,195,201,202,214,218,220,232—243,251,256,257,261,289,304,342

梅光迪 147,148,153

描述性研究（Descriptive Study）3,349

模仿论（Mimese）96,300,345,347

目的论（Skopos Theorie）291,345

奈达（E. A. Nida）292,293,300,344

奈斯（K. Reiss）300

内部发行 266,268,271,272,277,278,282,283,286

牛奶路 145,290

纽马克（P. NewMark）4,344

诺德（C. Nord）149,158,300

欧化 102,135,139,140,161,236,237,239,244,306

批评标准 3,6,57,97,162,287,295,

341，346，350，354，355
批评对象 4，301，348，350
批评话语（Critical Discourse）3，8—10，13，26，45，48，70，91，113，116，118，121，131，142，152，183，215，220，223，224，248，265，267，286，305，306，355，356
批评模式 114，213，217，298—299，301，316，328，341，348，350，351，354
批评主体 4，7，8，269，348，350
评奖机制 353
期待（Expectation）6，8，10，24，46，53，96，98，105，121，127，303，312，314，348，350
前科学（Pre-scientific）333
钱基博 289，299，305，306
钱玄同 107，129，132—136，355
钱锺书 10，35，214，298，299，342，355，356
潜在译作 266，271，282
趋时性 92，169，185，196，211
取便发挥 24，28—30，38，42—45，48，54，106，109，110，118，119，145，199，312
权力话语 8，121
日语借词 64，69—71，73—75，82，83，89，90
萨克雷（W. M. Thackeray）155，160
赛莱斯科维奇（D. Seleskovitch）292
赛珍珠（Pearl S. Buck）169，170，175—178
三个误区 331，332
善译 23，24，102，106，354

社会规范（Social Norms）10
社会行为论（Social Action）345，347
社会交往理论（Social Communication Theory）300
社会－政治批评模式 348
审美习惯 311，319
诗学翻译（Poetic Translation）169
实藤惠秀 72，75，76，79，87
顺应理论（Adaptation Theory）295
斯坦纳（G. Steiner）293，300
苏曼殊 51，103，106，113，114，121，348
谭载喜 292，293，324，326，327
汤用彤 40，147，148，155，154
统一赞助人（Undifferentiated patronage）217，232
图里（G. Toury）3
王东风 346
王国维 35，39，107，113
王宏印 2，296，297，300
王克非 67，88，291，300，316，317，324，343
王宁 343，345，353
王韬 37，98，116
王友贵 265，277
威尔斯（W. Wilss）293，349
文本－语篇批评模式 348
文化层面 6，97，323，331，341
文化功能 6，8，13，18，43，91，95，301，319，325，349，350，352
文化建构（Cultural Construction）302，346
文化误读 336
文化转向 333，346

文化转型 91—95，105，305

文学批评 10，250—252，297，300

吴芳吉 148

吴宓 105，147—149，151—162，208

伍光建 125，201，313

误译 104，113，234，312，352

夏曾佑 125，309

写作组 269—271，276，286

谢天振 265—267，273，277，279，299，301，320，323，324，326，329，330—338，340，343，345，353

心理－社会模式 348

新人文主义（New Humanism）148，150—153，157

新文化运动 1，4，14，91，93—95，102—105，107，117，121，122，125，127，128，130，131，135，136，142，143，145，146，149，150，152—154，161，162，305，314，354—356

信达雅 13，25—31，36，43，44，95，103，106，107，161，204，206，287，298，329，331，342，354，355

修辞（Rhetoric）9，23，29，31，135，239，344

修正主义 266，271—273，277，278，284

许钧 5，7，291，293，296，298—301，316—328，341，346

许渊冲 321，322，325

叙事理论 9

叙述（Narrative）9，19，45，46，48，54，94，98，132，141，163，169，180，281

学衡派 27，142，145—162，242，355，356

严复 12，13，23—25，27—40，42—44，46，48，50，55，56，58，62—69，75，83，89，90，95，96，103，106—111，118，135，161，204，206，208，209，298，355，356

杨格非（Griffith John）125

杨晓荣 2，5，295，296，300

艺术创造性 233，236，238

艺术论 355，356

异化 24，98，101，236，288，319

译名 42，62—65，67—72，74，75，83，88—90，145，146，203，214

译意不译词 21，22，24—26

译作流通 282

译作形态 57

译作质量 4，245

意识形态 3，6—9，13，23，43，45，53，96，104，121，158，163，164，169，170，185，211，213，216，217，225，232，239，240，248，250，251，254，256，257，266，267，276，277，286—290，301，303，342，343，355

意图谬见（Intentional fallacy）347

意象（Image）6，143，157，158，286

硬译 112，168，237，305，306，342，352

有无之辩 330

语境化（Contextualization）303

语篇 6，196

语言学转向 346

阅读心理 311

再现（Reproduction）4，7，23，35，39，43，108，117，141，159，169，300，326，344，346，347

赞助人（Patronage）8，117，216，217，224，232，236，240

张其春 169，200，355

张天翼 180—184，194，198，228

赵景深 145，289，290，305，342，356

赵元任 44，62

郑振铎 104，110，112

政治化批评 270，287

政治话语 7，14，43，58，92，97，142，163，165，167，173，175，185，240，250，253，260，288，289，306，316，342

直译 10，14，25，30，36，94，98，104，107，109，110，114，116，135，141，145，159，167，201，202，205，236，238，239，290，299，302，304—306，312—316，322，323，342，354，356

质量评估（Quality Assessment）4，6，295，296，352

中西之争 330

周作人 100，103，107，127，130，132—134，141—143，155，202，228，299，305，310

朱光潜 169，204，205，257

专业把门人 239，240

佐哈尔（I. Even.）95，300

后　　记

本成果系国家社科基金资助项目"20世纪中国翻译批评话语研究"（批准号：12BYY013）的最终成果。

中国历史上有四次翻译大潮，其中两次都发生在20世纪。伴随这两次高潮的是翻译批评的繁荣。作者认为，"翻译批评话语"不仅有助于认识翻译活动与社会文化语境之间的互动关系，深入认识翻译的本质特征，而且有利于翻译研究的深化与理论的建构。

显然，本研究所使用的"翻译批评"是广义的批评，是对特定文化语境中译作的质量、主题内容、功能、语言表现形式、社会反应，译者的翻译理念、动机、策略等进行描述、分析和评价。而"话语"是与社会权力相互缠绕的言语方式，隐含着言说者的兴趣、概念与感情；话语不仅反映或顺应现实，同时也"建构"和改变事物和世界的状态。研究翻译批评话语的目的是要关注、反思或揭示那些借助语言所构建的、影响翻译评价的、具有社会文化意义的事件。

翻译批评本质上是翻译的价值判断；翻译批评必须遵循一定的标准，因而是规定性的；但对翻译批评的梳理则应该是描述性的。价值评价的"合规律性与合目的性"使批评必然与特定的历史语境产生关联。"案本""求信""善译""神似""化境"等概念内在的模糊性和可塑性为不同的诠释与评价提供了广阔的空间。本研究并非要建构宏大的翻译批评体系，或制定抽象的、先验的翻译批评标准或原则，而是希望从"批评话语"的角度来审视100年来中国翻译批评的趋势与走向。

20世纪翻译批评的历史分期在学界颇有争议。按政治历史分期能展示翻译批评与政治文化变革之间的联系，但可能忽略翻译批评本身的演变和发展轨迹。比较理想的是既考虑历史的阶段性，同时关注批评观念演变的连续性和传承性。从翻译批评话语的演进来看，笔者认为，1898年梁启超的《译印政治小说》、1915年《新青年》创刊、1928年开始的鲁迅、梁实秋有关直译的论争、1954年茅盾在全国翻译工作者大会上所做的报告、1964年钱锺书发表的《林纾的翻译》、1980年因《译林》上发表《尼罗河上的惨案》引发的风波、1992年《文学翻译批评研究》和1999年《译介学》的问世等，似乎都是翻译批评重要的历史节点。

1978年之后，批评界对传统翻译思想的整理与诠释和西方翻译思想的引进，不仅推动了翻译批评的发展和繁荣，而且改变了翻译批评的进程和方向。批评标准从单一（信达雅）到多元，批评对象从文本、语境到思想文化，批评也逐渐从"术"上升到"学"的层面。研究范式的演进改变了学界对翻译"本质"的认识，目的论、社会行为论、文化论、后殖民和女性批评、解构主义等，拓展了翻译研究的疆界，丰富了翻译批评的理念、模式与方法。毋庸讳言，对翻译批评话语的梳理必然牺牲历史的丰富性和复杂性。翻译批评话语的多样性和矛盾性、不同批评话语之间的对立与冲突不仅是批评者预期价值的对立与冲突，而且是批评话语生成与发展的原动力。

项目的前期成果有多篇先期在学术期刊上发表，一些理念与思路也在不同的研讨会上交流。如"翻译批评的跨学科研究空间""战时历史语境与文学翻译的解读""翻译批评的历史语境化""严复翻译批评的再思考""从范式的演进看翻译的界定""'十七年'批评话语与翻译红色经典""严译术语为何被日语译名所取代"等，得到学界的积极回应。

项目的研究得到了国家社科基金的资助；四川外国语大学科研处、重庆市人文社会科学重点研究基地外国语文研究中心给予了时间和经费上的支持；翻译批评界谢天振教授、许钧教授、杨晓荣教授、王克非教授、王宏志教授、王东风教授、杨平女士、黄忠廉教授、赵文静教授、胡翠娥教授、马士奎教授、封一函教授、王建开教授等，都从不同的角度提出过建设性的意见；项目结项得到多位评审专家的肯定、建议与批评；成果出版得到北京大学出版社张冰老师的鼓励与支持；责编郝妮娜女士为本书的封面设计和编排付出良多；我的研究生，特别是李金树、王祖华等老师反复校对文稿，并提出了中肯的修改意见；在此一并致谢。

从批评话语视角研究翻译只是一种尝试，祈望方家批评指教。

2018年春于南国金椰园